Alonso López Pinciano

Filosofía
antigua poética

Barcelona **2023**
Linkgua-ediciones.com

Créditos

Título original: Filosofía antigua poética.

© 2023, Red ediciones S.L.

e-mail: info@linkgua.com

Diseño de cubierta: Mario Eskenazi

ISBN tapa dura: 978-84-1126-569-0.
ISBN rústica: 978-84-9816-597-5.
ISBN ebook: 978-84-9897-833-9.

Sumario

Brevísima presentación

La vida

Alonso López, más conocido como «el Pinciano», nació en Valladolid, hacia 1547, es uno de los humanistas españoles más insignes del siglo XVI. Tuvo un lugar relevante entre los preceptistas con su *Filosofía antigua poética*, publicada en Madrid en 1596.

Pinciano fue el médico de María de Austria, hermana de Felipe II casada con Maximiliano II. Cuidó además la salud de la infanta Margarita. Pinciano vivía en la calle de las Urosas, donde también residían Juan Ruiz de Alarcón y Luis Vélez de Guevara.

La *Filosofía antigua poética* es su obra más famosa, un tratado pedagógico de Poética dividido en epístolas. Sigue a Aristóteles en su *Poética* y *Retórica* y a Horacio. Las cartas contienen diálogos sobre la felicidad, la poesía, la doctrina sobre la tragedia, la comedia etc. Se cree que este libro fue escrito con el propósito de poner un freno clasicista a los éxitos dramáticos de Lope de Vega. Por ello Pinciano es considerado un preceptista aristotélico.

Sumario del Privilegio

Año de 1595, a 16 días del mes de septiembre, en San Lorenzo el Real: el rey, nuestro señor, hizo merced al doctor Alonso López Pinciano, médico de la Majestad de la emperatriz, de que pueda imprimir él (o quien hubiere su poder), por diez años, el libro intitulado Filosofía Antigua, según que más largamente se ve escrito en el original firmado de mano del rey, nuestro señor, y, por su mandado, de don Luis de Salazar y de los señores del Supremo Consejo.

Tasa

Yo, Alonso de Vallejo, escribano de cámara del rey, nuestro señor, uno de los que residen en el su Consejo, doy fe: que habiéndose visto por los Señores de él dos libros que compuso el doctor Alonso López, médico, intitulados Hipócrates Prognosticum —y el otro, Filosofía Antigua—, que con su licencia fueron impresos, los tasaron a cinco blancas el pliego de papel y mandaron que esta Tasa se pusiese al principio de cada volumen de los dichos libros, para que se sepa lo que por ellos se ha de llevar, y que de este precio no se haya de exceder ni exceda. Y para que de ello conste, de mandamiento de los dichos Señores del Consejo y pedimiento del dicho doctor Alonso López, di esta fe, que es fecha en la villa de Madrid, a 20 días del mes de febrero de 1596 años.

Alonso de Vallejo

Al conde Ihoanes Kevenhiler de Aichelberg

El doctor Alonso López Pinciano

Considerando este libro, aunque pequeño, tenía necesidad de grande escudo, así por ser el autor de diferente profesión, cómo por ser su verdad muy diversa de lo que comúnmente se piensa; y, pensando en algún gran señor y persona de mucho valor a quien le dirigir, súbito me ocurrió la de Vuestra Señoría, que por las muchas y grandes dotes que Dios le dio, y por el mucho crédito que acerca de todos tiene, y por la mucha benevolencia que todo el mundo le tiene, puede y es suficiente a tanta defensa y a otras muy mayores.

A causa de lo cual me resolví en suplicar a V. S. me recibiese debajo de sus alas. Confieso alguno me pudiera decir que bastaban las mercedes recibidas, y no servidas, sin afectar otras de nuevo: a la cual objeción podría yo responder y respondo con aquella sentencia de Marco Tulio, en sus Epístolas: *Est animi ingenui ei plus velle debere, cui multum debeas*, que es decir: es de ánimo liberal querer hombre deber más a aquel a quien mucho debe. A esta sentencia me arrimo y, a ella como a fuerte columna asido, suplico a V. S. permita este mi trabajo ande en manos de la gente debajo de su protección y amparo, en retorno de la cual merced pediré y desde ahora ruego a todos los que de este papel recibieran algún beneficio, escriban y canten altos peanes y heroicos himnos a V. S. que Dios nuestro señor guarde largos y felicísimos años. Amén.

Otrosí: suplico a V. S. si algún día hiciere a esta obra digna de sus oídos, los abstenga de la epístola nona y especialmente del fragmento cuarto de ella, cuya materia es ridícula y más conveniente a orejas populares y cómicas que no a las patricias y trágicas, cuales ser deben las de los Príncipes y grandes señores y cuales son las de V. S.

Al lector

Semejante es, dice el Filósofo, en sus Políticos, la ciudad a la nave, porque como en ésta los navegantes, todos a una, aspiran al salvamento común, así en aquélla los ciudadanos, a una todos, deben conspirar a la salud universal, de manera que si el piloto, calafate o remero gobierna, calafatea y rema por la defensa y conservación del vaso en que navega, el labrador, el soldado y el juez y los demás, cada uno en su ministerio, son obligados a la conservación y aumento de la república que habitan. Esta es la doctrina que el Filósofo enseña, a la cual añado que, aunque es así, debe y es obligado cada uno de los ciudadanos a servir y aprovechar a su ciudad en su particular oficio; puede, tal vez justamente, acudir el ciudadano a otros ministerios del suyo diferentes, y, como acontece que en la nave, forzado de la necesidad el calafate reme, el remero calafatee y el Piloto, patrón y capitán ayuden a poner la vela, sucede también en la república que el ministro de un oficio, suadido de la necesidad, no sin justicia, se entre tal hora en el de otro.

¿Quién acusará al labrador que, en tiempo de guerra, deja el arado y toma las armas por la defensa de la patria? ¿Y quién al soldado que, en tiempo de paz y de hambre, trueca la espada en reja? ¿Y quién me acusará ahora a mí, que emprendí escribir doctrina fuera de mi principal y primera vocación, si lo hice movido de honesto celo? Sabe Dios ha muchos años deseo ver un libro de esta materia sacado a luz de mano de otro por no me poner hecho señal y blanco de las gentes, y sabe, que por ver mi patria, florecida en todas las demás disciplinas, estar en esta parte tan falta y necesitada, determiné a arriscar por la socorrer. Dirá acaso alguno no es la Poética de tanta sustancia que por su falta peligre la república. Al cual respondo que lea y sabrá la utilidad grande y mucha doctrina que en ello se contiene. Mas ¿para qué lector te canso con esta apología, si sabes que Apolo fue médico y poeta, por ser estas artes tan afines que ninguna más? Que si el médico templa los humores, la Poética enfrena las costumbres que de los humores nacen.

¿Y para qué te detengo con estas defensas, si sabes y saben todos que en mi facultad procuré siempre y alcancé no ser el postrero de mis compañeros? Algo de esto manifestará un libro médico que con éste saldrá a luz, el cual, aunque tiene pocas hojas, costó muchas horas.

Torno al presente, a quien digo Filosofía Antigua. porque así, Máximo Tirio, filósofo platónico, a la Poética llama, y así lo es realmente, y se ve al ojo que los filósofos más antiguos enseñaron su filosofía con imitaciones poéticas y que los más modernos la enseñaron sin ellas después. De este nombre han huido nuestros españoles con justa razón, los cuales en su libros no han dado Filosofía antigua ni aun moderna, sino tocado solamente la parte que del metro habla.

1 Retóricos capítulo de iucundis y 3 Retóricos capítulo penúltimo

No sé el porqué; y esto, de los escritores poéticos nuestros y de los ajenos; digo que el Filósofo, así como de todas las demás artes filosóficas, fue de la Poética principal fuente y principio, mas que propuso hablar de solas cuatro especies, siendo muchas más, y que dejas cuatro se perdieron las dos, como se saca evidentemente del Epílogo de sus Poéticos y aun de los libros de Retóricos, adonde escribe haber hecho tratado de las cosas ridículas en su Poética, el cual no parece, argumento claro que se perdió el libro segundo de ella y que el que ahora tenemos es solamente el primero. Esto del Filósofo: de sus comentadores latinos e italianos no tengo que decir sino que fueron muy doctos, mas que fueron faltos como lo fue el texto que comentaron. De los que escribieron Artes de por sí, Horacio fue brevísimo, oscuro y poco ordenado; de Jerónimo Vida dice Scaligero que escribió para poetas ya hechos y consumados; y yo digo del Scaligero que fue un doctísimo varón y, para instituir un poeta, muy bueno y sobre todos aventajado, mas que en la materia del ánima poética, que es la fábula, estuvo muy falto. Aquí verás, lector, con brevedad la importancia de la Poética, la esencia, causas y especies de ella. Si para te ejercitar más quisieres, lee al César Scaligero, que él te dará mucho y muy bueno.

Epístola I. O introducción a la Filosofía antigua. Trata de la Felicidad humana
El Pinciano a don Gabriel

Frag. 1.

Domingo Último del mes pasado, señor don Gabriel, recibí un vuestro papel, por el cual me dais cuenta de algunas vuestras cosas y me pedís nuevas de esta Corte. A lo primero respondí con el portador, y a lo segundo de las nuevas respondo: lo haré siempre que se ofrezca; y quede contratado entre los dos que a las ciertas diré «son», a las razonables diré «parecen»; y a las que no lo fueren diré «dicen»; no seáis vos engañado, y yo tenido por mentiroso y engañador.

Con el título de «son» os escribo al presente unas que a mí han puesta admiración: que Homero fue el más feliz del mundo. Yo no entiendo cómo un ciego y mendigo pueda ser feliz por vía alguna; y, sí deseáis saber por qué arcaduces vino esta agua, prestadme un poco de atención.

El día siguiente al que la vuestra leí, así como otras veces, pasé a la posada de Fadrique, de cuyas letras tenéis ya noticia y cuya conversación a mí da siempre de nuevo y de mejor que África solía dar a Roma, Yo le hallé dando las gracias de la vianda recibida, y, con él, a uno de la patria, que, según luego entendí, su nombre es Hugo y su profesión, medicina y poesía.

Apenas me asenté, que Fadrique no dijese: ¿qué nuevas, señor Pinciano?

El Pinciano le respondió: Por ellas venía a pedimiento de un amigo residente fuera de esta Corte, al cual no siento qué escribir sino que se dice haber salido ya de Aragón el ejército.

El Pinciano calló, y, visto los dos guardaban silencio, prosiguió diciendo a Fadrique: Por vida mía, señor vecino, ¿no fuera acertado que esta gente armada atravesara los Pirineos en favor de la unión de los católicos?

Hugo dijo: Si yo fuera el preguntado, dijera sí.

Y Fadrique: Si yo soy el preguntado, digo que no sé; y prosiguió: Si yo supiera la disposición que tiene el estado, y el estado que tiene la habiendo, y la habiendo que haber pueden los amigos de Francia, pudiera ser me acreciera a discurrir sobre ello mas soy ignorante deseos secretos, y así tenga por mejor callar que no decir algún disparate. Pregunto yo ahora: acontecese que este escuadrón peligrase en Francia, estando las provincia súbditas a España sin presidio, ¿habría sido acordado lo que decís? Señores compañeros, las cosas que son sobre nos, no tocan a nos; déjense a sus dueños que estudian y trabajan en ellas, y quiera Dios que acierten. Yo una cosa sola sé acerca de esta materia, y es: que no sé nada.

Dicho, los dos compañeros quedaron sentidos de se ver reprehendidos, y admirados que un hombre que tan bien podía hablar en aquella materia, por haber de ella escrito muy bien, no solo calaste, mas que predicase silencio a sí y a los demás.

Fadrique dijo después: No lo digo porque estemos mudos, que otras cosas hay en el mundo de que hablar sin perjuicio de terceros otras cosas hay en el mundo de que hablar sin perjuicio de terceros y sin manchar la felicidad de los privados con nuestras murmuraciones.

El Pinciano habló entonces: Aunque sea fuera de propósito, pregunto: ¿qué es felicidad?

Fadrique respondió: Plática es la propuesta que siempre viene a propósito, y, especial, sobre la vianda, como ahora.

Hugo, que vio abierta la entrada a la cuestión, dijo: No por mí se porná estanco a lo comenzado, antes ayudaré; y pregunto por el Pinciano y por mí: ¿qué cosa es felicidad? Que a muchas cosas oigo aplicar el nombre de feliz, y aun litigar entre filósofos sobre el lugar propio de él, y, aun, que todos a un concuerdan en que está en el deleite quieto, no lo entiendo.

Gozo quieto, dijera el Pinciano, tengo yo cuando la bolsa llena, y, cuando vacía, mil pulgas me bullen en el cuerpo y mil géneros de sabandijas me comen el cuero.

Persio

Dicho, Hugo vino en contra diciendo: El menosprecio, según el Filósofo, en el segundo de sus Retóricos es una de las sarnas que más inquieta el espíritu del hombre, y, al contrario, el honor y honra es la que más le sosiega y satisface; que, como dice el Poeta Satírico, «dulce es ser la persona mostrada con el dedo y oír decir: éste es». Así que la honra verdaderamente es bien felicísimo y delante de quien la riqueza con razón se humilla. El Filósofo, en el primero de los Éticos, da a entender esta verdad, no sin vituperio de los que la beatitud ponen en el dinero; el cual dice que la felicidad es bien honorable y que yerran los que en el tesoro la ponen. Esto confirma el Filósofo mismo en el primero de sus Retóricos, adonde dice que la virtud menor se paga con interés de hacienda, mas la mayor no se satisface con menos que la honra.

Hugo acabó su plática, y el Pinciano replicó: Oí decir que el Filósofo, en varías partes del primero de sus Éticos, afirma la felicidad no estar sin la prosperidad, y que el pobre no puede hacer obra ilustre, y con razón: que el pobre vive miserable, aborrecido y despreciado; al pobre no hay quien le dé la mano, y todo el mundo le da del pie; al rico todo se le ríe, todo le respeta y reverencia. Feliz y bienaventurado es solo el que tiene paz en sus substancias y que pacíficamente goza la plata y el oro.

Fadrique dijo: ¡Feliz el que puede conocer y penetrar las causas de las cosas!

Juvenal

Y el Pinciano: El que es rico, sabe; y el pobre es una pécora; así lo significa el Satírico Poeta: «Dijo el pobre una sentencia y burlan de ella los oyentes; y el rico, una bobería y todo el mundo le estima y hace de ella una apotegma»; no es un hombre más sabio y necio de cuanto tiene; que el rico ignorante es un Salomón y el sabio pobre es un Margites. ¡Pobre y desnuda vais, Filosofía!

Fadrique se sonrió y, mirando a Hugo, dijo: El Filósofo parece que determina esta cuestión contra vos por boca de Simónide en el segundo de sus Retóricos, adonde dice que más sabios se hallan a las puertas de los ricos que no ricos a las puertas de los sabios; y, ¿no os acordáis del filósofo y de la perrilla de Luciano?

El Pinciano dijo que no sabía aquella historia y que recibiría gracia en la saber.

Y Fadrique respondió: Presto es dicha. Un filósofo barbado hasta la cintura (como entonces era costumbre) servía a una dama soltera y no casta; y, entrados ama y mozo en un coche, a cierta jornada, la moza al viejo encomendó la guarda de una perrilla lacónica y vedijuda que para su gusto tenía; el filósofo la recibió y, para la mejor guardar, la puso de manera que de su barba la hizo colchón adonde se recostase; a poco rato, la perrilla dejó su cama y se fue con su ama; ¡cuál sería bien que la criatura ahíta y que no sabía decir la caca, dejase a la lana del pobre filósofo!

No digo más: si queréis reír, id al autor, que lo supo mejor decir, que yo harto he dicho para confirmación de la opinión ¿el Pinciano; y aun pudiera decir más. si quisiera traer otro cuento del mismo Luciano en el Júpiter Tragedo. No me lo preguntéis, que es muy largo; id allí y veréis como los doce dioses, estando en concilio, altercaron sobre los mejores asientos y que después de una discordia larga, Júpiter sentenció que los dioses cuyas imágenes en tierra eran de oro, tuviesen el primer lugar, y el segundo, los que de plata; y así de esta manera, según tenían las estatuas más o menos preciosas en el suelo, recibieron los asientos más o menos principales en el cielo.

Dicho esto, dijo el Pinciano: ¡Gran felicidad es ver que el hombre tiene tras lo que todos andan! Mirad todos los sabios, los militares, los labradores, los navegantes, los mercadantes y negociantes a qué fin estudian, guerrean, aran, navegan, tratan y negocian, sino por la riqueza, la cual goza el rico libre de estas dificultades. El dinero es el precio de todas las cosas; con la riqueza seré honrado, y seré sabio, y poseeré todo cuanto querré, y aun la salud y la vida. ¿Sabéis que diferencia hallo yo de mi dinero y vuestra honra? Que el dinero hinche, yo lo veo y toco; y la honra, como el sabio significa, con ejemplo de la ciencia, hincha. Decíame un viejo de mi tierra: «Tras dos cosas especialmente se van desvalidos los hombres: tras la riqueza y tras la honra; la riqueza viene al que la busca, y la honra huye del que la apetece; déjate, hijo, de la honra y abrázate con el dinero; ternás lo uno y lo otro». Bueno es, digo, el caudal y para todo necesario, y aun para ser mendigante de puerta en puerta, pues está manifiesto que, por falta de dinero con que trocar, pierde el pobre la limosna; y aun en el infierno no os dejarán entrar si n dinero, conforme a la opinión de los antiguos, porque los que habían de entrar vivos, habían de llevar un ramo de oro, y los muertos pagaban el naulo, que es cierta moneda.

Ahora, dijo Fadrique sonriendo, lo habéis echado todo a perder; porque si los pobres entran mal en el infierno, como decís, y los ricos, como dice el Evangelio, no entran bien en el cielo, mejor mucho es ser pobre que rico. Diréis me que hablemos de las tejas abajo. ¡Sea enhorabuena!

Yo, dijo Hugo, de las tejas abajo y bien abajo: quiero probar mi intención con el mismo Virgilio, en el sexto libro, que en el infierno pone, no a los pobres, sino a los ricos, a los cuales dice con nombre de turba y canalla.

Eso, dijo Fadrique, es hablar ya más de veras, y de veras he de responder; que Virgilio no pone en su infierno a todos los ricos, sino a los que, dejado todo lo demás, se emplean en adquirir solo y no hacen comunicación de sus bienes con los suyos; así que los que con mala conciencia, y sin respeto a la virtud, y a tuerto y a derecho, como dice el refrán, se hacen ricos, están muy cerca de estar en el infierno, como también los que, siendo ricos faltos de caridad, no socorren a la necesidad del pobre.

De estos, digo, que habla Virgilio expresamente, no de los que con virtud y sudor suyo enriquecieron y sus riquezas reparten con los menesterosos; y ricos y pobres corren peligro casi igual, porque, si los, ricos están dentro del infierno, la pobreza está a la entrada de él; así lo dice Virgilio en ese mismo lugar. Si dijere el Pinciano que más vale estar a la entrada que no dentro, no me detengo.

Hugo replicó diciendo: Con todo esto, vemos que la antigüedad no fundó templo al dinero como la fama.

Y luego el Pinciano a Fadrique: Habéis oído, señor Fadrique, ventilada la cuestión entre los dos: ¿cuál sea más feliz, el rico o el honrado? ¡Por vida de todos, nos digáis vuestro parecer, y si es mejor el mío o peor!

El mío, respondió Fadrique, es que el uno ordeña a un mula y el otro recibe la leche en una criba; que la pura felicidad no se halla en esta vida, en la riqueza ni en la honra, sino en un cosa que es principio y causa de la un y de la otra.

Hugo preguntó cuál fuese el principio y causa.

Fadrique: Ya yo dije que la virtud.

El Pinciano: ¿Qué llamáis virtud?

Fadrique: Según el Filósofo, la virtud no es otra cosa que un fuerza del alma, mediante la cual obra según entendimiento.

Pinciano dijo: Según eso, los brutos no tienen virtud.

Fadrique: Ni los niños tampoco, hasta la edad de discreción. Doctrina es del Filósofo; y la razón está en la mano, porque obran naturalmente: que (malas o buenas) en las cosas de naturaleza ni merecemos ni desmerecemos como en las que son buenas o malas por elección, en las cuales podemos usar de persecución y huida, y de afirmación y negación.

Los compañeros, oído esto, se encogieron, y dijo Pinciano: Yo no entiendo esto de esta felicidad, porque oyó decir de muchos que son virtuosos, pero infelices, y que nunca les sucede cosa según su opinión.

El virtuoso, respondió Fadrique, dice el Filósofo que sobrepuja a la fortuna sufriendo; esto en el primero de los Éticos ad Nicomachum; y, en los ad Eudemon, que el virtuoso usa de las adversidades loablemente; y que a la afrenta pobreza, enfermedad y a todos los demás trabajos de esta vida se muestra fuerte y entero, consolado con que el tiempo hará su oficio y se trocará; y, conociendo que no hay miseria tan grande que el tiempo no la amanse y haga fácil, hace pasado a lo presente, y presente a lo venidero, y espera, después de la tormenta, volverá bonanza y, cuando no vuelva, que la vida es breve y que el premio de su virtud ha de venir algún día por fuerza, según el orden de la tierra y según la justicia del cielo; y, con esto, vive el profesor de su virtud, en la miseria, no miserable, y en la pena, despenado.

Frag. 2.

Dicho esto, calló Fadrique un poco, y, visto los compañeros esperaban el fin de su silencio, prosiguió diciendo: Entre los antiguos hubo varios filósofos que colocaron la felicidad en diversas partes. Fueron algunos que siguieron el parecer del Pinciano, y la pusieron en lo útil; fueron otros que siguieron la opinión de Hugo, y la asentaron en lo honesto: fueron quienes, cual se dice de los Epicúreos, en el deleite la fundaron; y, en suma, fundaron la beatitud en aquellas pasiones que más poder tenían sobre ellos, a las cuales llamaron dioses. De aquí nació que uno hizo su dios a la gula, y llamóla Baco; otro a la riqueza, y díjola Pluto; otro a la lujuria, y la dio nombre Venus; y otro a la sabiduría, y la honró con el título de Minerva; otro a la ociosidad, y la llamó Vacuna; y así de los demás, y advierto que los unos y los otros fueron de parecer que, sin virtud, no había beatitud alguna; todos a una concordaron en que el sumo bien consistía en gozo, y todos a una fueron en ello consentidores, mas desconvenían, como es dicho, en el lugar y asiento de este gozo, porque, o le ponían en el dinero, o en la honra, o en el gusto del paladar. Todos los cuales, como anduvieron ciegos en el asiento de la felicidad, tuvieron vista clara en el acompañarla con la virtud, porque, en la verdad, sin ella, no puede haber gozo ni aun gusto o deleite alguno en esta vida.

Dicho así, el Pinciano replicó: ¿Cómo, señor, pudo ser que aquellos filósofos que establecieron la felicidad y bienaventuranza en el manjar, fuesen virtuosos?; que, si lo fueron, no a lo menos de la manera que decimos blancos a los negros, los cuales son tales según los dientes.

Fadrique respondió: Virtuosos eran según los dientes y paladar y todo; que ellos nunca dijeron que se había de comer y beber mucho, sino que el deleite causado de la comida y bebida, era el mayor que en esta vida hallaban —dejemos ahora si erraban o no, que no es de este lugar—, y, supuesto que la felicidad fue por todos puesta en lo firme y estable, eran obligados a tener virtud en todo y por todo, y más, en el apetito de la vianda, al cual habían de corregir y corregían con la templanza, so pena que toda su felicidad diera luego en tierra; ¿vos no veis que la desorden en este particular es la madre de los enfermos, porque los engendra, y la ama de los médicos, porque los sustenta, y, finalmente, que es la ruina total de la salud del hombre, el cual, sin ella, puede mal tener gusto en cosa? Ni se escribe que los Epicúreos fuesen glotones ni lascivos.

Eso, dijo Hugo, para mí es cierto, que sé haber Epicuro condenado a la Venus como inútil a la humana salud. Supo este varón más alto de lo que el vulgo piensa y sus secuaces.[1] [2]

Respondió Fadrique: Se debe pensar, o no, si eran filósofos y no bestias; virtud debe seguir el que felicidad y gozo firme en esta vida busca, y el que no la sigue, es necesario carezca de todo bien que constante e importante sea.

El Pinciano dijo: Yo, a la verdad, señor Fadrique, no alcanzo este gozo de esta virtud; antes, veo que tiene un gran dolor al entrarla, de manera que me espanta más que el escudo de Minerva.

Todos los principios, respondió Fadrique, son arduos y más, el de la virtud, cuyo camino, a la entrada, por esto se pinta estrecho: mas, después, se ensancha en un amenísimo y un paraíso deleitosísimo. A los que han ya entrado este camino, dice el Filósofo agradan las cosas deleitosas a la naturaleza y de ella reciben el gusto que la razón enseña,[3] que al virtuoso ningún deleite que tenga fealdad satisface, porque la razón le contradice, a la cual sirve obediente el que ama la virtud.

Digo, en suma, que el virtuoso y bueno goza de dos deleites: el uno, que trae consigo la virtud, y el otro, que causa la virtud misma; que al vicioso ni

---

1   El texto de la presente edición ha sido actualizado siguiendo nuestro libro de estilo. Sin embargo, hemos considerado útil preservar en forma de nota, y en castellano antiguo, aquellos pasajes de la edición de 1596 que difieren de las posteriores. (N. del E.)

2   Texto de 1596: Supo este varón más alto de lo que el vulgo piensa ni de sus sequaces.

3   Texto de 1596: A los que han ya entrado este camino, dize el Philósopho, agradan las cosas deleytosas a la naturaleza y della recibe el gusto que la razón enseña.

el pan sabe a pan, ni el agua a agua; y, lleno de mil perturbaciones, vaga vacío de todo contentamiento firme. Así lo enseña el Sabio en la lección que comienza: «En aquel tiempo serán los justos muy constantes contra aquellos que los maltrataban, y los malos dirán, mirando a los buenos: ¿cómo están hechos hijos de Dios los que fueron escarnio y burla acerca de nosotros? ¡Verdaderamente anduvimos vías dificultosas!». ¿Veis como dice que los malos lo fueron con grandes zozobras? Y, si lo queréis ver con los ojos, mirad a los hombres y considerad en cada uno de los vicios las muchas perturbaciones que los combaten. Mirad al lascivo con cuánta pesadumbre busca el henchimiento de concupiscencia, antes del poseer lo que apetece, mil desabrimientos por mil vías diferentes, y, poseído, los miedos y pavores del perderlo o ser descubierto; y, cuando esto falta, el gusanillo de la conciencia le come las entrañas, si ya del todo no está prescrito; y baste éste por ejemplo, que lo mismo es del avaro, vengativo, maldiciente y de los demás, los cuales están llenos de mil pavores y recelos, de manera que no tienen gusto que sola una hora tenga de perseverancia.

Digo, en suma, que el hombre virtuoso es el feliz, y que a la vida perfecta, cual es la virtuosa, suceden las obras felices necesaria y naturalmente. Y digo otra vez que la virtud tiene gozo doblado, y aun tres doblado, porque, allende de los dos ya dichos, tiene otro de la esperanza que pone en lo futuro.

Eso es, dijo el Pinciano, subiros ya más alto que las tejas.

Y Fadrique respondió: No, no; sino que aquí, en esta vida, va gozando y esperando mejor, porque así naturalmente suele suceder a todas suertes de gentes, que en esperanza goza el justo y goza en posesión, que el virtuoso trabaja y no siente necesidad; tiene templanza y vive sano; es alabado por la virtud y honrado por la felicidad; y, si alguna vez ésta se mancha con algún trabajo —por usar del término peripatético—, ármase de una y otra virtud, dicha fortaleza y paciencia, con las cuales tiene en poco a los acometimientos más arduos y dificultosos de la fortuna; de adonde resulta lo que el Filósofo, en el primero de sus Éticas, enseña: que la felicidad nunca se aparta de las obras virtuosas, y que a la persona virtuosa y justa siempre sigue y acompaña la felicidad, y, finalmente, que es la virtud en quien la bienaventuranza tiene su fundamento constante y firme; que los gozos y deleites, sin virtud, son deleites y gozos; pero, vanos y fundados en el viento, luego se marchitan como flor, de la manera que antes está dicho; mas los hábitos de la virtud y deleites de ella costaron mucho los adquirir[4] y con dificultad se pierden. Así lo significa el Filósofo en el primero de sus Éticos.

Estoy bien, dijo Hugo, con lo dicho y que en la virtud, según razón, debe estar la felicidad; mas ¿qué diremos de algunos virtuosos mal contentos con su miseria y trabajos?

Fadrique respondió: Digo que Dios sabe quién es el virtuoso, porque hay algunos que lo parecen y tienen dentro a Satanás y a Barrabás; mas quiero que, como vos decís, sea uno virtuoso y malcontento con la miseria que Dios le envía a ratos, que siempre es imposible, digo que, con todo esto, terná felicidad por la virtud, aunque manchada con la mucha pobreza, o con la enfermedad, o afrenta, mas será feliz por la virtud presente y por el premio que espera. Y en esto no haya dificultad alguna, que yo no la tengo ni la tuvo el Filósofo (no digo bien), ni la tuvieron los filósofos antiguos todos. Así, como está tratado, es la virtud la emperatriz en la beatitud de esta vida humana, mas que tiene necesidad de algunas otras cosas, no para el ser de la felicidad, sino para que ella sea pura, limpia y no maculada, como son: tener que comer, vestido y habitación; tener salud, tener buena mujer, el que la tiene, y buenos hijos, amigos y otras así de esta manera.

Dicho, calló Fadrique, y el Pinciano dijo: Mucho, señor, gustara de saber del número cierto determinado de estos acólitos de la felicidad, y quiénes son, y en qué lugar los colocáis.

Hugo se sonrió diciendo: El Pinciano quiere saber en qué lugar se ponen sus dineros, y aun yo holgaría de saber el de mi honra.

A mí agrada, dijo Fadrique, y, primero, os alabo que habéis estado menos errados en el lugar de la felicidad que todos los demás que en la virtud no la pusieron, porque la honra y la riqueza son ajenas totalmente de los brutos irracionales, lo que no son la venus, la gula y las demás; y así, en alguna manera, los apetitos de estas cosas son racionales. Mas, dejado esto, que no está en su lugar, digo que muy pequeño es el que el oro tiene acerca de esta gran señora llamada felicidad; poco también la honra que de virtud

---

4   Texto de 1596: Mas los hábitos de la virtud y deleytes della costaron mucho a los adquirir.

no nace; otras gentes ocupan en ella el mayorazgo y primogenitura, que, aunque son muchas, por tanto difíciles de traer a la memoria, orden seguiré que pocas deje. Hagamos, pues, el balanzo de los gustos y deleites todos de esta vida; y, hecho, veremos en cuál el sumo gozo y deleite está colocado con más justa razón, y si uno solo bastara o si todos son necesarios para la felicidad humana. Para lo cual es de advertir que el hombre es un animal racional, digo, que usa de razón, y que puede tener deleite como animal, y también le puede tener como racional, y le puede también tener como animal racional junto.

El Pinciano dijo entonces: Yo, señor, he leído que el deleite y gozo es un sentido agradable y contrario del dolor, y así, pienso que el deleite que el hombre tiene, le recibe de aquella facultad sensitiva que como animal tiene, y que, en esta parte, la racional tiene poca esencia.

Fadrique respondió: ¿Queréis ver como la parte intelectual del hombre tiene deleite y gozo sin que intervenga el sentido jocundo? Considerad a san Laurencio en unas parrillas. Pregunto: ¿Tenía sentido triste? Sí; por la parte sensitiva y animal. ¿Y tenía gozo y gusto en morir? Sí; porque, si no le tuviera, no eligiera aquella muerte por mejor. ¿Cómo, pregunto, fue esto? Claro está que la parte del sentido rehuía aquel acto, mas la racional le eligió como mejor y más deleitoso. Veis que la parte intelectual tiene sus gustos y mayores que no la animal sir comparación.

Claro está, dijo Hugo, porque, si no recibiera gusto mayor el entendimiento, no venciera al dolor del sentido, mas eso aconteció, no por el bien presente, que no le había, sino por el que esperaba después de su martirio.

Y aun de eso, respondió Fadrique, podréis argüir la grandeza del gozo espiritual que, ausente, puede más que el sensual presente, cuanto más que la virtud de la fortaleza era presente, la cual sola bastaba a deleitar y deleitó a muchos gentiles que, sin esperanza de bien futuro, pusieron sus cuellos al cuchillo de los tiranos.

Frag. 3.

Torno a mi propósito, porque convine desmenuzar esta parte animal, y, después, la racional del hombre, a causa que, viendo los deleites de la una y de la otra, se entienda el número y eficacia de ellos. Digo, pues, que el hombre, en cuanto animal, tiene sentido, movimiento y apetito; y el sentido, cuatro potencias interiores y cinco exteriores. Las interiores son: sentido común, imaginación, estimativa y memoria; y las exteriores: vista, oído, olfato, gusto y tacto; y, porque estas potencias de los sentidos exteriores son las que dan materia a las de los interiores, será bien tomar de ellas el principio.

Aquí dijo el Pinciano: Vos vais hablando de la parte animal y bruta del hombre, y veo yo este término sentido aplicado a las obras de la razón.

Sentido

Entendimiento.

Así es la verdad, respondió Fadrique, así lo tomó Empédocles, y así Homero, como el Filósofo refiere en el segundo de Ánima; y aun así le toma el vulgo ordinariamente, que al hombre de poco entendimiento le dice tener poco sentido. Mas, en la verdad, son muy diferentes potencias, porque la del sentido muestra su acto con instrumento corporal, y la del entendimiento libre y suelto de tal instrumento, hace su operación; que el alma, suelta y libre del cuerpo, queda con sus potencias intelectuales; y, si esta diferencia no os satisface, otras hallaréis en el Filósofo en los libros de Ánima.

Yo lo creo, dijo el Pinciano, mas querría entender esto: ¿cómo la alma racional no usa de instrumento corpóreo, pues vemos lo contrario y que un hombre suele perder la razón por alguna enfermedad y destemplanza del cuerpo? Y ¿por qué, pregunto, es un hombre más ingenioso que otro, sino por causa del celebro bien o mal dispuesto?; que las almas, según nos predican en esos púlpitos, iguales son criadas de su Criador.

No es mala la dificultad, dijo Fadrique y luego: No es el cuerpo parte instrumental del alma en lo que tiene de intelectual y racional, que, si lo fuera, siempre tuviera necesidad de instrumento corporal para obrar; lo cual no es así, como antes fue dicho, sino al contrario; porque la alma separada y dividida de su cuerpo, fue criada con sus especies intelectuales, las cuales goza después de haber dejado a su casa de barro; y, como el que entra en algún aposento algo oscuro, al principio, no ve cosa alguna, pero, después, va viendo y distinguiendo las cosas, así la alma, cuando entra en el cuerpo humano oscuro, pierde las noticias con que fue criada, y, después, las cobra con la edad, de donde nació algunos filósofos decir que el saber era como un acordarse.

Yo lo entiendo ya, dijo el Pinciano. Sea enhorabuena que el sentido se diferencia del entendimiento. En lo dicho vamos adelante.

Sentido exterior e interior y parte de ellos

Fadrique prosiguió: El sentido animal es así como habemos dicho, el cual, o es exterior o interior; el exterior se divide en los cinco sentidos corporales, y el interior, en los cuatro interiores. Al interior sentido sirven los exteriores y, como guardas a su rey, así por defuera le asisten y rodean. Hablemos, pues de los mozos primero, y, luego, iremos a los amos.

Vista

Son los sentidos exteriores cinco, cada cual de los cuales tiene su potencia diferente, obra distinta y diverso objeto. En ellos hay instrumento que es como materia, y hay sentido, que es como forma; cual, en la vista, diremos que la facultad y como forma de ella está en el humor cristalino; y el cristalino humor es órgano principal suyo, y con el cual el ver principalmente se obra, y perfectamente con el instrumento todo, que es el ojo, cuyas partes, túnicas y humores aprovechan mucho. El principal objeto de la vista es el color; y así diremos que la vista es una potencia que, puesta en el ojo, distingue los colores por medio diáfano y transparente, cuales son aire, agua, vidrio, cuerno y si hay otros semejantes, los cuales, ilustrados por la luz, llevan las especies al ojo; así que la luz es la perfección que al objeto y a la potencia visiva pone en acto.

Hugo dijo entonces: ¿Qué me diréis de algunas cosas que sin luz se ven, y con ella no consienten ser vistas?

Fadrique respondió: Vos lo decís por algunos gusanos, hongos y leños podridos que de noche se muestran —y, en viniendo la luz, desaparecen—; con todo esto, tiene verdad lo que he dicho: que, si esos tales no se ven con la luz, es porque el lúcido que contienen, es tan poco, que cualquier luz le debilita y gasta; pero, cuando ésta no hay, ellos la dan al aire, y así resplandecen y son vistos. Y esto baste de la potencia visiva, y advirtiendo que esta obra se hace repentinamente, no poco a poco, como la del oír y oler. Dejemos las demás cuestiones a los filósofos; ellos dirán si la acción de ella hace recibiendo las especies dentro del ojo, o saliendo los espíritus hasta el objeto.

Sigue la potencia del oír, la cual no es otra cosa que una facultad que, puesta en el oído, distingue y diferencia a los sonidos. Su principal instrumento es un aire muy sutil, metido en una como vejiguilla que está a la raíz de la oreja, adonde se remata el nervio que del celebro desciende para efecto de oír; el cual comprende a la vejiguilla sobre dicha, como el nervio óptico al humor cristalino. En este aire dicho está la potencia del oír, y siente el sonido, y juzga las diferencias de él. El cual sonido se hace de la colisión de dos cuerpos duros, que, herido el aire medio y saliendo con ímpetu, va haciendo sus olas en el aire vecino y, después, en el remoto hasta que llega a la vejiga, de quien está dicho que es llena de aire natural, espirituoso y sutil; y de aquí nace que no obra esta potencia repente, como lo hace la visiva. Esto se prueba en el trueno y relámpago, que, habiendo sido primero el trueno, es de nosotros primero sentido el relámpago.

Olfato

Vamos al sentido tercero del olor, el cual también se percibe por medio del aire, así como del ojo y del oído, cuyo instrumento parece verdaderamente estar en la parte interior de la nariz, ya vecina del celebro; su objeto es el vapor o exhalación, la cual, envuelta en el aire, toca en las telas de los sesos, a do obra la potencia del oler. Será, pues, el olfato una facultad que en el celebro tiene su asiento y los olores distingue por medio del vapor y exhalación; y, aunque es así que esta potencia es muy de los animales que respiran no se debe dejar de conceder a muchos que no respiran, que, por tener muy abierto el camino desde la nariz al celebro, el celebro, sin atracción alguna, es herido de la exhalación o vapor; de esta manera huelen los peces y algunos animales imperfectos y ceñidos, como son las abejas, las cuales son partícipes del olor, según doctrina del Filósofo. De lo que del olor habemos dicho, se colige que no se dicen exteriores estos sentidos porque estén fuera del celebro, sino porque conozcan las cosas externas con órgano propio.

Gusto

Sigue el sentido cuarto, y éste es una potencia para distinguir los gustos mediante el tacto, porque así éste cómo aquél no conocen medio alguno. Son instrumentos suyos los nervios que en la lengua. paladar y garganta están derramados por la carne, que, siendo esponjosa y húmida, el sabor de la cosa se mezcla a ella y la mezcla produce aquella calidad, cuyas especies van al sentido común, adonde se perfecciona la noticia de todos los sentidos. De lo que habemos dicho se colige que ni el objeto duro y seco, si no se molifica en cierta forma y humedece, puede hacer gusto, ni tampoco el instrumento seco y duro, digo, la lengua, paladar y garganta; menester es humedad para que el sabor se perciba necesariamente.

Tacto

La virtud del tacto o toque sigue; su definición es facultad que distingue las calidades; éstas no se pueden decir con un solo nombre, como en los demás sentidos, porque no se les ha dado género por quien se entiendan; solo sé que son humedad, frialdad, blandura, aspereza, gravedad y sus contrarias. Estas son el objeto; y el instrumento está por todo el cuerpo sembrado, aunque, especialmente y con perfección, se halla en la palma de la mano. Diferénciase este sentido de los demás en que éste solo no percibe calidad semejante al instrumento.[5] La razón de esto callo ahora, porque es ya tiempo de pasar a los sentidos interiores; como también callo si esta potencia hace su obra en el lugar del instrumento, o si pasan especies de él al común sentido; cuestiones son que al presente no importan; mas no es de callar que este sentido es, para el deleite y dolor, más grande, y que los deleites y dolores de los demás sentidos no llegan a los pesares y placeres déste, a causa de lo cual en la felicidad humana tiene su lugar, y no el postrero de sus compañeros; así él por sí, como porque comprende también al gusto, el cual es una manera de tacto.

---

5   Texto de 1596: Diferénciase este sentido de los demás que éste sólo no percibe calidad
     semejante al instrumento.

Sentido común

Digo, pues, de los interiores sentidos, y primero del dicho común, porque concibe y distingue a los objetos de todos los exteriores sentidos mediante las especies que de ellos recibe.[6]

Eso, dijo el Pinciano, deseo saber cómo se hace.

Fácil es de entender, dijo Hugo, que distinguir azúcar blanco del negro es potencia visiva; mas distinguir, en el azúcar blanco, la blancura de la dulzura, no lo puede hacer sino un común sentido que al uno y al otro perciba; así, que cada uno de los exteriores sentidos se emplea en su particular objeto, sin entremeterse el uno en el otro; mas la potencia que se dice común sentido, se emplea en todos mediante las especies e imágenes que cada uno le envía. Este es el que, como rey, tiene su asiento dentro del celebro, y se sirve de los exteriores sentidos como de vasallos, y considera las obras de ellos; por éste, conocemos que vemos con la vista y oímos con el oído, y, en suma, éste es el que da el ser al ánima sensitiva; y de él toman el nombre los animales todos, hasta los más imperfectos; y, porque toda la esencia de este sentido está en la buena percepción de las especies, pide cálido y húmido instrumento y celebro húmido, en el cual, como sello en cera blanda, mejor se imprimen.

¿Qué llamáis especies?, preguntó el Pinciano.

Memoria

Hugo respondió: Especies son unas semejanzas incorpóreas de la cosa, como vemos en un espejo, a do las imágenes o semejanzas del que se mira, pasan de manera que parece al mismo que se está mirando estar otro como él dentro del espejo. Esto, en la potencia visiva, y lo mismo, debéis entender en los demás sentidos exteriores, de los cuales pasan las especies, imágenes y semejanzas al que ha de ser juez de todas ellas, dicho sentido común; estas dichas imágenes y especies, unas veces se desvanecen, otras quedan firmes en la ánima, cuya firmeza y conservación da nombre a la imaginación.

Otras quedan firmes en la ánima, cuya firmeza y conservación da nombre a la que decimos memoria; la cual no es otra cosa que una representación

---

6   Texto de 1596: Distingue a los objetos de todos los exteriores sentidos mediante las especies que dellos recibe.

de la cosa ausente, por la presencia de su imagen, con diferencia de tiempo pasado, y a cual demanda instrumento contrario al del sentido común en la calidad pasiva, por la razón contraria que las impresiones en hierro o piedra mejor se conservan que no las que en cera son hechas. Y, como quiera que para las obras del sentido común baste un moderado calor, a las de la memoria es necesario sea fuerte, como lo vemos en las cosas exteriores, las cuales aprehendemos fácilmente con la mano y retenemos con dificultad; y de aquí nace que los niños por mucha humedad y los viejos por defecto de calor, tengan esta potencia flaca.

Sobre las especies dichas que el sentido común percibió y la memoria conservó, revuelve una potencia, dicha imaginación, que, ni juzgando de ellas, como el común sentido, ni conservándolas, como la memoria, se ocupa, fingiendo otras semejantes a ellas. De manera que las considera aún más abstractas de la materia, por lo cual, en cierta manera, es muy más noble potencia que las demás sensitivas todas.

Pues yo he oído decir, dijo el Pinciano, que parece que la parte misma que imagina, es la que se acuerda, y que, según la breve o larga imaginación, la memoria es fuerte o débil.

Meditación obra de sentido común

Hugo respondió así: hay quien lo diga, mas yo lo entiendo de otra manera; por que la atención que el sentido tiene a la cosa, que algunos dicen ser obra de imaginación n, no lo es, sino del común, dicha cogitación o meditación. No atiende la imaginación a las especies verdaderas, mas finge otras nuevas, y acerca de ellas obra de mil maneras: unas veces, las finge simples, otras, las compone; ya finge especies de montes que nunca fueron ya de las especies del monte y de las del oro, hace un monte de oro; ya del oro hace un coloso, y ya un animal que tenga cabeza de hombre, cuello de caballo, cuerpo de ave y cola de pece, como dice Horacio; ésta es una gran persona, porque abraza las especies pasadas, presentes y aun futuras, las cuales no pueden el sentido común ni la memoria porque el común sentido solo abraza presentes, pasadas, y la memoria, las pasadas solamente; éste es fuerte instrumento para la felicidad humana, que, como dicen, tanto, es el hombre mísero, cuanto él se imagina, y al contrario, tanto feliz, cuanto él piensa; y, si no fuera que su sentido es flaco por se fundar sobre el falso... Y, si fuera que la razón diera lugar a usar de ella, fuera mucho mayor su deleite, por se extender a todas las diferencias de tiempo. El instrumento de esta facultad pide calor con sequedad, compañeros del furor, a cuya causa es un sentido muy conveniente para la poética.

Aquí calló Fadrique por espacio, y Hugo dice: Como jugador de primera que, teniendo buen juego, da a los compañeros mano, se va entreteniendo y dilatando el dar las cartas, esperando algún revoltoso que reenbide,[7] así Fadrique parece estar esperando quien le pregunte algo de este juego fantástico.

Fadrique respondió sonriendo: Eso es mucha malicia, si de hueras se dice: y, si de burlas, mucho artificio, y que para mí no es necesario. Sabe todo el mundo que, poco o mucho, lo que sé, lo comunico liberalmente con el mundo todo. Preguntad, preguntad enhorabuena, que yo responderé lo que entendiere.

A la medio risa de Fadrique replicó Hugo con risa entera, y a las razones respondió de esta manera: Deseo, en la verdad, saber en este particular el parecer vuestro; y si esta señora imaginación tiene tanta potestad en el hombre como es fama; y si basta a cuajar los vapores en el aire, y convertillos en agua y granizo, como significa un varón médico, grande mi devoto.

Ya le conozco, dijo Fadrique, y amigo es mío, porque todos los hombres extremados en alguna obra de virtud, son de mí en mucho tenidos, y yo les soy muy aficionado. Fue Avicena autor grave y que en sus obras enseña mucho ingenio y arte; confieso que, como todos los demás de su nación, algo fue tocado de la superstición y credulidad; y así lo es en esto de la imaginación. Y yo no entiendo que la humana pueda granizar ni aun llover.

Dicho esto, el Pinciano dijo: iO, señores, quién tuviera un criado de tan eficaz espíritu, y me excusara algunas pesadumbres, entre año, sobre el riego de medio celemín de tierra!

¿Pues qué había de hacer?, preguntó Hugo.

El Pinciano respondió: Regarme un huerto (que digo medio celemín de tierra) sin mohína, porque, si el mozo tuviera tan feliz imaginación, cuajará las nubes y con el trabajo de ellas regará el jardín sin pesadumbre suya.

---

7   Texto de 1596: Esperando algún reboltoso que rebide.

Fadrique holgó de la simpleza del Pinciano y le dijo: Vos, amigo, miráis el provecho y no el daño que pudiera recrecer; y, por excusar la mohína del riego, viniera el jardín acaso en mayor daño. Pregunto: Y si el mozo, alguna vez puesto en cólera, en lugar de llover granizara, ¿cuál os pusiera vuestro vergel?

Buena está la matraca, dijo Hugo. Mas dejadas burlas al un lado, respóndame el más sabio a las razones por la parte afirmativa: la naturaleza angélica mueve a los orbes celestiales con el entendimiento, y puede hacer y hace mil impresiones en el aire y los demás elementos. Si esto es así, ¿por qué el hombre, que es poco menos que el ángel, no podrá hacer algunas? Y decir que la imaginación no hace caso, es contra los refranes, a los cuales, no sin causa, agudamente el portugués llama evangelios pequeños.

Fadrique dijo aquí: No vaya el hombre contra los grandes, que contra los chicos no importa mucho. Pasa adelante.

Y Hugo: Pasaré, que campo tengo abierto; que, si el argumento de la razón y el del testimonio no ha bastado, bastará el de la experiencia, que es el mayor del mundo. Pregunto: ¿el arderse todo el hombre cuando está airado, y el enfriarse demasiado cuando está triste, no es obra de la imaginación? Luego la imaginación poder alguno tiene sobre las cosas.

El Pinciano dijo entonces: Experimentos son que no se pueden negar, y aun historias tenemos graves de otras obras que la imaginación obra muy mayores, como del hombre que, atados los ojos para le sangrar, sin le sacar gota de sangre, murió, porque le iban diciendo que se iba acabando y desangrando. Y de otro que, de la noche a la mañana, encaneció, imaginando que al día siguiente había de morir.

Fadrique esforzó los argumentos diciendo: Y de la otra reina de Etiopía que, siendo negra, parió una hija blanca, porque al tiempo de la generación estaba imaginando en la bella Andrómeda que pintada tenía junto a su cama.

Hugo cobró nuevos bríos y dijo: ¿Qué me dirán a los sueños? ¿Por ventura no son muchos verdaderos? Y así como ellos la imaginan, ¿no suele suceder la cosa? ¿Y qué de los que bostezan en viendo a otros bostezar? ¿Y qué de los que, en viendo a otros descargar la vejiga, les revienta por hacer lo mismo? Y nexo otras infinitas semejantes por no proceder en infinito.

Calló Hugo, y Fadrique, poco después, dijo: Verdaderamente, los hombres no sabemos tener modo; y la nave dé nuestra imaginación nos lleva continuo o por calma, o por tempestad. El que dijere que la ánima humana puede hacer impresiones en los elementos, caminará muy tempestuoso; y el que afirmare no poder la imaginación mucho dentro de su término redondo, que es el cuerpo humano, estará muy colmado; y éste es mi parecer: que la humana imaginación, en tanto que la alma estuviere encarcelada en esta cárcel mortal, no tiene poderío alguno fuera de él, pero que, dentro, es poderosa para muchas cosas.

Con esto están respondidas las razones todas por la parte afirmativa, porque el ángel no está atado, y libre puede hacer las dichas acciones, movimientos de cielos e impresiones de elementos que el alma humana no puede por la contraria razón. Y si la imaginación hace caso (quiero también confesar los evangelios chicos), es en cosas dentro del cuerpo humano del que imagina; y si el desangrado murió con el pensamiento que tenía, fue obra hecha acerca de sí mismo, la cual es muy verosímil, porque, si un pensamiento o imaginación triste puede enflaquecer, como lo vemos por experiencia, podrá también llegar a tiempo que mate al flaco; y por la misma razón pudo un hombre anochecer rubio y amanecer cano, que las canas no nacen de otra cosa que de la corrupción del pelo, el cual se puede corromper debilitando el natural calor de la intrínseca pasión; y, en el caso de la reina de Etiopía,[8] no es imposible que la imaginación, al tiempo de la generación, llevase algún blanco y rubio a las partes de ella, y engendrase alba criatura la madre negra. Esta misma razón se puede dar a las ovejas de Labán, guiadas por Jacob; ya mi entendéis.

Bien está todo eso, dijo Hugo, más los sueños y los bostezos no hacen la operación dentro de su término solo, que muchas veces salen fuera.

Eso hubiera lugar, respondió Fadrique, si porque vos soñáis, la cosa aconteciese, o si porque vos imagináis bostezar, el otro bostezase.

No es así, sino porque vos soñasteis lo que había de suceder, y el otro bostezó porque los vio bostezar; no porque lo imaginasteis, sino porque él tenía causas de bostezo presentes, que, por ser, pequeñas, estaban sepultadas, y resucitaron con la imaginación suya, la cual vos despertasteis con

---

8   Texto de 1596: Y el caso de la reyna de Ethiopía.

vuestro bostezo; y esto es lo de la vejiga que poco ha dijimos, y no siento otra verdad, sino ésta.

Paréceme, dijo el Pinciano, que os escapáis: con mucha ligereza de esta materia y que, como un sueño, os vais huyendo de ella. Lugar era éste bueno para decir algo de los sueños adivinos.

No mucho, respondió Fadrique, y, cuando lo fuera, callara las causas por que los soñadores adivinan muchas veces, por no hacer agravio a los tales, a quienes la doctrina del Filósofo desfavorece. Resumo que el cuerpo y la alma comunican entre sí sus pasiones, y que del frío del cuerpo se siente la alma; y del dolor de la alma, el cuerpo tiene sentimiento, y, aún, que las figuras del cuerpo son señales de las cualidades y condiciones del espíritu, y las templanzas de los miembros son causas de las costumbres del ánimo, como es fácil ver en la Fisonomía de Aristóteles y el libro de vuestro Cial, cuyo título es que las costumbres del alma siguen a la templanza del cuerpo; de que nace que la imaginación, como facultad y virtud del ánimo, tenga realmente potestad sobre el cuerpo humano de la manera que he dicho y no de otra; porque, como el Filósofo enseña, es esta fantasía sentido flaco y sin fuerzas respecto de los demás sentidos que dan dolor o deleite.

Eso no entiendo, dijo el Pinciano: basta matar a un hombre, como al otro, desangrado, y ¿no será llamado sentido robusto y fuerte la imaginación?

Fadrique respondió: Más presto la hiciera otro sentido que no la imaginación. Pregunto así: ¿el que fue sangrado fingidamente, si realmente lo fuera y en efecto, muriera antes que murió? Sin duda alguna: que, cuando yo imagino que me duele un diente, no me da tanto dolor como cuando en la verdad me duele.

Así parece, dijo Hugo; mas veo la autoridad de Virgilio en contra, y ésta me suade tanto, que apenas creo lo que miro.

Fadrique la demandó, y Hugo la dio, diciendo: En el cuarto de su Eneida dice la reina Dido a la hermana tales palabras:

> Ana, pues esperar pude estos daños,
> También terné valor para sufrirlos.

Como quien dice: si el temor imaginado de la ausencia de Eneas no me ha muerto, tampoco la ausencia del Eneas mismo me dará muerte, y antes me será trabajoso menos el verla presente que fue el imaginarla.

Fadrique se sonrió, diciendo: Peor que lo dijo, lo hizo la reina Dido; volved la hoja y hallaréis que, aunque tuvo mucha pena y dolor antes de la partida de su amante, pensando e imaginando en ella, empero no fue tanta cuanta cuando la vio presente; así parece, pues antes no se había matado, lo cual hizo después. Y, cuando no se diera la muerte, no quedaba cierto que, conforme a la opinión de Virgilio, la imaginación es más poderosa que la obra misma.

El Pinciano replicó: No entiendo bien estas imaginaciones, a mí me ha acontecido alguna vez, siendo niño, tener más pesadumbre, imaginando que me habían de sangrar que después, cuando realmente me sangraban.

Y a mí también, respondió Fadrique, acerca de lo cual es de entender que hablamos como es común y natural a la gente de edad y madurez buena, que los que carecen de ella, tienen la imaginación fuerte y la razón flaca, de lo cual nace lo que decís. Y, pues tan devoto es Hugo, de Virgilio, del mismo quiero sacar mi conclusión: que la imaginación es flaco sentido, así como el Filósofo enseña. Digo, pues, que el poeta, en el sexto de su Eneida, escribe, no sin grande orden, las penas que, después de pasada la Estige, las ánimas padecen, y dice que a la entrada del infierno, primero y ante todas las cosas, era el Cerebro, cuyo oficio es el espantar las almas con ladridos amenazadores; después describe el lugar a do los niños inocentes padecen, y, adelante, el de los condenados a muerte sin culpa, y después el de los amantes; y, así como procede en los lugares, procede en las penas mayores; de lo cual se colige qué la pena de la imaginación, tal es la causada del ladrido del Cervero, que es la menor de todas.

Bien estoy con eso, dijo Hugo, mas las plenas infernales, que son las mayores del mundo, oyó decir ser causadas de la imaginación, porque las almas no pueden padecer de otra manera.

Fadrique respondió diciendo: Nosotros nos vamos entrando en muy hondo lugar; y dejad esta cuestión a los teólogos, hablo en opinión de Virgilio, el cual quiere, en el mismo sexto de su Eneida, que las almas lleven consigo al infierno cierta porción terrena y corporal en quien padecen, la cual él llama peste corpórea, y, la cual purgada, queda la alma acendrada, pura y capaz de pasar a los Campos Elíseos, adonde no puede entrar alma que tenga algo de terreno. Y esto baste, si sois servido, de esta materia.

Paso adelante. Sigue la cuarta potencia sensitiva, llamada estimativa, o, como otros dicen, secretiva, cuyo oficio es discernir lo triste de lo deleitoso; podráse definir así: la estimativa es una noticia distintiva de lo útil y dañoso, como se ve en un pollo que anda sin pavor entre los pies de la acémila y, viendo al milano de media legua, va huyendo como quien discierne el poco daño que aquélla le hará, y el mucho que éste le puede hacer. Estas son las potencias sensitivas interiores, de las cuales goza el hombre así como el animal, y más perfectamente por lo que del entendimiento se le comunica.

El Pinciano dijo: Yo estoy admirado que los animales tengan todas esas noticias que significáis, y aun casi incrédulo.

Y Fadrique: Pues creedlo, que ello es como Hugo dice. Y, si lo queréis ver palpablemente, mirad a una oveja que va paciendo, y, aunque sean de un mismo color, huye de unas y pace de otras yerbas, porque el sentido común le da especies de olor diferentes, y la estimativa juzga, a las que huelen bien, buenas, y a las que mal, malas: no obstante, que tengan, como dicho tengo, un color mismo. Veis aquí el sentido común y la estimativa; y, si queréis ver al sentido común hecho cogitación y meditación, acordaos de las varas de Jacob, que las ovejas, por estar meditando en ellas mientras bebían, concebían según los colores de las varas; y, si buscáis la memoria, traed a la vuestra que un pollino huye tornar a pasar el barranco adonde una vez cayó; y, si la imaginación, mirad lo que hace vuestra mula en viendo a prima noche cualquier bulto, que, imaginando ser algún su enemigo, bufa y salta y no quiere pasar adelante hasta que reconoce que era imaginación la suya y que no había de qué tener temor.

Digo, pues, en suma, que el sentido interior y principal recibe las especies e imágenes de los sentidos exteriores y menos principales, mediante las cuales conoce las cosas de afuera y las discierne y juzga. Y si la impresión de las especies es hecha fuerte, nace la virtud conservadora de ellas; y si el dicho sentido se ocupa en las dichas semejanzas, sin respecto alguno a las cosas exteriores, produce a la imaginación y ficción;[9] mas, si las considera

---

9   Texto de 1596: Y si el dicho sentido... produzen a la imaginación y fictión.

en cuanto son imágenes, de ellas nace la memoria.[10] Estas son y de esta manera se producen las facultades y virtudes sensitivas; las cuales, no como algunos imaginan, se diferencian en los lugares, sino que todas ellas están en las mismas partes del celebro, de modo que en cualquiera hay sentido común, imaginativa, estimativa y memoria.

Dicho, dijo el Pinciano: A mí parece entender ya este negocio un poco mejor de lo que solía; proseguid, si sois servido.

Fadrique respondió: Sí; y comenzó a decir: sigue el apetito el cual no es otra cosa que un movimiento de la cosa a fin de su provecho y conservación; y porque este deseo es natural a todas las cosas, de todas las cosas se dice tener apetito; tiénelo el fuego de subir a lo alto, y la piedra de bajar al centro, adonde espera hallar su conservación; y, dejado aparte el apetito general que, como toda cosa natural, el hombre tiene; y, dejado el natural que, como viviente, goza, mediante el cual toda cosa animada recibe generación, aumento y nutrición, y el cual al hígado tiene por principal asiento y morada, porque él, como columna, a todas las demás partes sostiene sus fuerzas naturales; y, dejado también el apetito que el hombre tiene racional, por otro nombre voluntad, tratemos del que ahora viene a cuento, que es el apetito bruto e irracional y animal, pues del hombre como de animal vamos hablando en esta sazón. Digo, pues, que este apetito tiene morada y principal asiento en el sentido común, de cuya aprehensión nace y crece y envía sus semillas a otras partes, a los miembros de la generación y al estómago —adonde mueve a la Venus y a la gula y las demás pasiones de la concupiscible—; camina al corazón y despierta la ira y las demás pasiones de la irascible, a las cuales dos potencias se reduce cuanto el apetito bruto e irracional pretende.

El Pinciano dijo entonces: Yo holgara, señor, de entender mejor cómo esto se hace.

El apetito sensitivo, dijo Hugo, e irracional de quien hablamos, así el concupiscible como el irascible, se mueve, o por cosas interiores, o por exteriores; como si dijésemos el apetito libidinoso, que se incita en lo interior por un estímulo en los miembros de la generación, nacido de la simiente, o por ser mucha; o por ardiente y aguda; y muévese por lo exterior con vista, tacto y oído de cosas lascivas, de las cuales el sentido común saca especies que

---

10   Texto de 1596: Mas, si las considera en quanto son imágenes, dellas nacen la memoria.

comunica a las dichas partes inferiores. Digo que la simiente, primero, hace una titilación, la cual mueve al sentido exterior del tacto y, luego, al interior común, y éste, luego, al apetito, no solo en los despiertos, mas aun en los que están dormidos. Así que, al tal apetito concurre la interior titilación del miembro, y la obra del sentido común, y la exterior, ayudada de las cosas vistas, oídas o tocadas, aunque esta última no es tan necesaria. Esto es dicho, por ejemplo, de la Venus. Lo mismo, si se considera, se hallará en las demás especies de apetito irracional, el cual criado de la forma sobredicha, cría luego una pasión que, por otro nombre, dijeron afecto o perturbación; esta pasión es tan fuerte, y así suele perturbar a los hombres, que de hombres los hace brutos, si son obedientes a sus pasiones. Y esto se ha dicho del apetito irracional que, como animal, el hombre tiene. Digamos del movimiento, con el cual habremos puesto última mano a la parte del hombre bruta y bestial.

El Pinciano dijo aquí: Yo, señores, estoy ciego en estas pasiones, y no sé qué son.

Afectos o pasiones

Yo también, dijo Hugo, aunque sé que cosas son, estoy ciego en ellas.

Pero escuchad, y, en breve tiempo, os enseñaré lo que aprendí. Las cosas que se nos ofrecen de bajo de especies de buenas o malas, si con razón son seguidas o huidas, son obra del apetito racional; pero cuando sin la razón nos mueven, es tal movimiento obra del apetito irracional y autoras de las pasiones, como por ejemplo, de la irascible. Veréis que un hombre injuriado, súbito se perturba y sin discreción ama la venganza; de manera que aquella perturbación del ánimo es la que se dice afecto y pasión, la cual es indiferente en el hombre a seguir al apetito o a la voluntad; que, si esta perturbación[11] se une con lo irracional, queda flecho apetito, y, si con lo racional, se convierte en virtud.

Fadrique dijo: Baste, que nos vamos entrando en ajenamientos y turbando el orden comenzado. Propúsose de hablar, primero, de lo animal y bruto del hombre, y, después, de lo racional, y, últimamente, de todo junto, y esta materia pertenece al todo junto, racional, e irracional; y pues lo que

---

11   Texto de 1596: Si esta perturbación se vñe.

el hombre como bruto tiene no es acabado, débese proseguir y hablar del movimiento.

Movimiento

Hugo dijo entonces: El apetito mueve a todo animal y le incita a buscar lo que el apetito le pide.

Eso basta, respondió Fadrique, y en una palabra está dicho lo necesario; que si los caracoles y semejantes no mudan lugar, al fin se mueven. Al fin que decís, según sus partes, mueven sus partes estos animalejos, a su fin llegado del apetito, como en todo todos los demás brutos; los cuales no tan un paso sin orden y mandato de su apetito, ni tampoco están quedos, porque en ellos tiene imperio real y legítimo, y le deben seguir como obedientes vasallos.

Frag. 4.

Y, con esto, se acaba la plática del hombre como animal bruto, en todas sus potencias: en la sensitiva, en la apetente y en la locomotiva.

Sentidos interiores intelectuales

Vamos a las que como racional e intelectual tiene, que son otras tres: entendimiento, memoria y voluntad, cuyos bienes son proprísimamente tales, según el Filósofo, en sus Éticos, y por quienes es llamado feliz y amigo de los dioses el hombre sabio. Esto mismo significa el mismo Filósofo cuando en el lugar mismo dice: que la felicidad no está en las cosas de burlas, sino en las veras. ¿Pues qué más veras que las del alma? Ningunas. Digamos, pues, de la potencia primera dicha entendimiento.

Entendimiento potencia, Memoria

Esta es una facultad para entender las cosas sin intervención de corporal instrumento (la diferencia de los sentidos interiores), sino que hace su operación convirtiéndose a las especies incorpóreas que el común sentido la da; para la cual el sentido común bueno es de mucha eficacia, así como la memoria sensitiva para la intelectual; y no se puede ni debe entender que, por la semejanza que tiene la una con la otra, sean una cosa misma; que la intelectual conoce diferencias de tiempos, y más, que vivirá después del hombre muerto, lo que no hará la sensitiva. De esta memoria y del entendimiento se hacen los hábitos intelectuales. Esto quisieron decir los antiguos cuando dijeron que Júpiter y Mnemosine engendraron a las Musas: por Júpiter se entiende el entendimiento, y en Mnemosine quiere decir memoria.

Viene en el último lugar la voluntad, la cual no es otra cosa que el apetito guiado por razón; por esto, dicho apetito racional, contrario al irracional y que siempre anda con él en lid, y de cuya lid nacen los hábitos morales buenos y malos: buenos, si es vencedor el buen apetito racional, y malos, si es vencida la razón buena.

Fadrique dijo hablando con el Pinciano: Razón se dice el discurso que esta potencia intelectual va haciendo de unas cosas en otras, por el cual el entendimiento se perfecciona, como si para buscar este fin: «Pedro es animal», dijese uno: «todo hombre es animal; luego, Pedro es animal». Pongo este ejemplo en una de las partes o especies de hábitos intelectuales, que lo mismo es en, las demás.

¿Qué decís hábitos intelectuales?, preguntó el Pinciano.

Fadrique respondió: Hábitos o virtudes intelectuales se dicen aquellas disposiciones arraigadas que de las potencias intelectuales manan, especialmente del entendimiento y memoria, cuyo fin es distinguir lo verdadero de lo falso; el número de ellas es quinto: entendimiento, sabiduría, ciencia, arte, prudencia. Dicho habemos de las potencias y virtudes intelectuales. Vamos a las morales.

Hugo dijo: ¿Qué habéis dicho? Solo el número y el nombre, no la cosa.

Entendimiento hábito que sea

¿Y si alguno los negase?, preguntó el Pinciano.

A la pregunta respondió Hugo: El Filósofo enseña lo que con el tal se debe usar, y es: dejalle como hombre sin entendimiento.

Fadrique confirmó diciendo: Con los que niegan las cosas que a todo el mundo son manifiestas, no se debe disputar, tales son las que son objeto del entendimiento en cuanto es virtud distinta de las demás intelectuales y sin obligación a discurso y razón, a las cuales se obligan las demás virtudes susodichas.

Eso no entiendo, dijo el Pinciano.

Y Hugo: Yo sí; que el entendimiento es una virtud o hábito, el cual aprehende su objeto sin inquirille con silogismos ni razones; pero que las demás virtudes intelectuales gozan de discurso y razón, en el cual el entendimiento se perfecciona, que es decir no emprenden a la cosa simplemente, como lo hace el entendimiento, sino que, yendo de uno a otro, la razón inquiere los actos autores de los demás hábitos intelectuales, ciencia, sapiencia, arte y prudencia.

Ciencia

¿Qué llamáis ciencia?, preguntó el Pinciano.

Fadrique respondió: Un hábito adquirido con demostración; como sería decir en lo natural este discurso (doy ejemplo de un acto solo): «todo grave desciende a lo bajo; las piedras son graves; luego, las piedras descienden a lo bajo».

Y si alguno, dijo el Pinciano, quisiese negar la consecuencia, ¿cómo se probaría mejor?

Hugo respondió: Yo diré cómo: haciendo poner debajo a ese tal hombre, y dejar que cayese una piedra de lo alto.

El Pinciano dijo: No es menester más prueba; yo concedo la demostración de ese acto en la física disciplina; pasemos adelante.

Sapiencia

Fadrique se sonrió y prosiguió: Sigue la sabiduría, la cual, según el Filósofo, en el sexto de los Éticos a Nicómaco, es un hábito acerca de las cosas más altas de naturaleza, y como un montón o una llave maestra de todas las artes y disciplinas. Así la significa el Filósofo, en el primero de sus Retóricos, adonde dice que la sabiduría es un conocimiento de muchas y admirables cosas; de lo cual se colige que la sabiduría es una en[12] especie, y que de las ciencias hay muchas especies; aquesto confirma la común manera de hablar, que suele decir de un hombre que sabe muchas ciencias, mas no que entiende de muchas sabidurías. Así que el sabido en una ciencia se dirá sciente, y el que en muchas, sabio. Y si hallareis alguna vez este nombre dado a alguna

---

12   Texto de 1596: Y este exemplo sea puesto en las disciplinas, o en las sciencias Mathemáticas, y en las Pholosóphicas.

particular ciencia o arte —que lo hallaréis en Romero y en otros—, tenedle por metafórico y no propio. Y esto se ha dicho en breve de los tres hábitos intelectuales, dichos especulativos, porque consisten en sola especulación, sin tener respecto a acciones exteriores.

Vamos a los otros, dichos prácticos, porque son enderezados al uso de las cosas particulares y externas; el uno de los cuales es dicho arte, y el otro, prudencia.

Arte Prudencia

Arte es hábito de efectuar con razón verdadera, y prudencia, hábito de hacer con verdadera razón.

Aquí dijo Hugo: Eso he yo leído en el Filósofo, mas no he entendido la diferencia que hay del uno al otro hábito.

El Pinciano dijo entonces: Oído he que la arte solo considera la obra buena en si, sin respecto al artífice que sea malo o bueno en lo moral, porque la estatua será buena si tiene perfección, aunque el que la obró sea injusto o destemplado o tenga otros vicios; lo cual no acontece a la prudencia, a cuya obra acompaña siempre la virtud. De manera que, si el enriquecer el hombre a su casa e hijos es acto de prudencia, es necesario que la tal riqueza se adquiera con virtud, que, adquiriéndose sin ésta, no será hecha la adquisición con prudencia por manera alguna.

Hugo dijo entonces: Yo leí en un varón no santo como el vuestro, pero bueno, a lo que pienso, que la diferencia del arte y la prudencia es: que aquésta tiene por objeto a cosas principales, como son el gobierno de la república o de la casa, y aquélla, a cosas más manuales y viles; y no me parece mal.

El Pinciano dijo: Pues si sabéis la diferencia entre las dos, y que no os ha parecido mal, ¿cómo decís que no la habéis entendido?

Hugo respondió: Y con verdad; que ni esta mi distinción ni la vuestra, aunque sean verdaderas, satisfacen a la dificultad que yo puse; porque ni la que yo digo ni la que vos decís, se colige de la definición del Filósofo, la cual parece ser una misma en el arte y en la prudencia.

Fadrique dijo: Hugo tiene razón; y es una dificultad por la cual han pasado muchos, y aun el Comentador mismo; y lo que yo entiendo es que la diferencia está en el verbo efectuar, que está en la definición de la arte, y en el verbo hacer, que está en la definición de la. prudencia. Y si se mira la fuerza de los vocablos griegos, y aun latinos, se hallará que efectuar significa propiamente obra de manos, la cual usan los artífices, y hacer, obra de entendimiento; y que el verbo hacer procede de uno que, en latín y en griego, se dice ago, aplicado a cosas animadas; de manera que el hacer es como guiar o regir el hombre a otra cosa que tiene ánima, el cual es el oficio de la prudencia. Esto se acaba de entender mejor por el mismo Filósofo, en el 10 de los Éticos, adonde dice que los dioses ni, efectúan ni hacen tampoco; supuesto lo cual, y que no es en razón que estén ociosos, es fuerza que contemplen.

Hugo dijo: No es menester más; yo lo acabo de entender, mas preguntó: ¿esta prudencia adónde está? Porque yo veo libros de sabiduría, de ciencias y de artes, mas no veo libros de prudencias.

Fadrique se sonrió y dijo: Tampoco habréis visto libros de entendimiento o entendimientos. Son estas virtudes, digo, el entendimiento y la prudencia, sembradas por todas las acciones, artes y disciplinas, y quien quisiese escribir de las prudencias todas sería menester que supiese muy en particular de todas las disciplinas, que es imposible.

Hugo dijo: A lo menos así lo significa nuestro Hipócrates, que, para sola la médica arte, dice que la vida es breve; la prudencia mira, como el Filósofo en sus Éticos enseña, a su útil particular siempre, o sea, de su república, o de su familia, o de todo junto; y así cualquier sciente o artífice, y cualquier estado de la vida tiene su prudencia particular que mira a su particular provecho.

Yo acabo de entender esto, dijo Hugo, que para este fin escribió Hipócrates sus percepciones, y otros médicos, sus cautelas o avisos, los cuales van enderezados a la conservación de la autoridad y del provecho del médico.

Vos lo habéis ya entendido, dijo Fadrique, y esto baste por ahora; el que quisiere mucho y muy bueno de la materia, lea al Filósofo, y el que más, a santo Tomás.

¡O quién, dijo el Pinciano, supiera lo que vos sabéis de este negocio para se hacer muy rico!

Fadrique respondió: Quizá fuérades teórico prudente, y no práctico.

Pinciano: Como vos.

Fadrique: Yo, señor Pinciano, harto tengo para que no se manche mi felicidad, y no tengo tanta que me la estrague; y, según esto, aunque no soy rico, tengo la prudencia que me basta, y aun n basta lo dicho a este propósito; y prosiguió:

Frag. 5.

Dicho está ya de los hábitos o virtudes intelectuales, así especulativos como prácticos, dichos morales; bienes que tocan al alma, y no de los como prácticos, dichos morales; bienes que tocan al alma, y no de los menores; que si la virtud está en lo dificultoso, lo ético y moral tiene mucho de lo virtuoso; argumento claro es la experiencia, que nos enseña más hombres scientes que no virtuosos. Y no es de admirar, porque los scientes tienen por contrario a la ignorancia, enemigo privativo, mas los morales tienen a un enemigo positivo y fuerte, llamado apetito irracional, por cuya victoria con gran razón se alzan con el nombre de virtudes; de manera que, oído el nombre de virtud, luego es entendida la moral.

Ya yo veo, dijo Hugo, que se han alzado las morales con el nombre de virtudes, y sé que el Filósofo las dice más estables y más firmes que las ciencias mismas. Mas, si sois servido, nos digáis y contéis esta más que civil batalla entre el apetito sensual y racional; que, aunque todos la probamos y somos el campo de ella, no sabemos por qué lado nos entran los enemigos.

El Pinciano dijo: Esta materia, oí decir, trató Juan de Mena en la obra que comienza:

> Canta tú, Cristiana Musa,
> La más que civil batalla
> Que entre Voluntad se halla
> Y Razón que nos acusa.

Sí, respondió Fadrique; mas yo iré de otra manera; y, como histórico, daré a las cosas sus vocablos propios, porque el poeta, en ese lugar, llama al que es apetito irracional con nombre de apetito racional, el cual es la voluntad. No digo que habló mal e impropiamente, porque al poeta conviene otro lenguaje que al que escribe historia; y la abusión que a mí sería vicio, a él fue virtud. Digo, pues, que, para que nos entendamos de aquí adelante, diremos al apetito irracional, apetito solamente, y al racional llamaremos voluntad. Y, pues habemos de entrar en esta batalla, conviene empezar a ordenar los escuadrones, de quienes los caudillos principales son el apetito y la voluntad, compañera de la razón buena; si ésta vence, queda hecha la paz de la virtud; y, si es vencida, queda la guerra y la semilla de toda discordia, que es el vicio. Y esto es así, porque, como dice el Filósofo, la razón tiene imperio real sobre el apetito, que es decir, mándale con justa justicia y él es obligado como vasallo a la prestar obediencia. Así lo enseña Homero, cuando en su Odisea Ulises dice a sí mismo:

> Sufre también aquesto, o pecho mío,
> que otras cuitas más graves padeciste.

Veis adonde la razón habla con la irascible. Pero, si manda el apetito a la razón, queda él hecho tirano y como tal no sostiene en paz a su república, antes le da ocasión de nuevas lides. Digo, en suma, que el apetito como tirano señorea a la razón; y, atendiendo a su particular gusto, acocea a todo lo que es razón y justicia; mas la razón buena, autora de la buena voluntad, es una reina, la cual solo atiende y pretende el pro común y bien universal de la república. Bien sé que Aristóteles enseña que la razón no solo tiene imperio real sobre el apetito, mas también civil y político, porque mandan a veces, así como en las políticas o repúblicas acontece; mas esto no hace a nuestro propósito. Vamos a los capitanes de esta sangrienta lid.

El Pinciano dijo: Señor, yo ya sé las condiciones de estos dos capitanes, mas holgaría ver las señas, por si los veo, conocerlos mejor.

Fadrique respondió: ¡Sea en buena hora! Aunque a todas las cosas que en el mundo son, fueron o serán, compete el deseo de su conservación, que es decir, el apetito, mucho más perfecto se halla en los vivientes; el cual apetito tiene también sus grados de perfección, según la perfección del alma que le mueve, porque más perfecto es el del animal, dicho sensitivo, que no el de la planta, llamado vegetativo, y más perfecto el del hombre que no el del animal.

El Pinciano dijo: ¿Por qué llamáis apetito al del hombre, y no voluntad?

Fadrique respondió: Si yo dijera apetito del alma, dijera voluntad; mas digo de hombre, y así conviene decirle apetito, porque el hombre le tiene indiferente y puede seguir el intelectual y del alma, dicho razón, y puede seguir el de bestia, dicho apetito irracional. El hombre, cuerpo y alma junto, es el campo de esta batalla: que apartado el uno del otro, no hay lid, ni tampoco virtud ni vicio. Hombre ha de ser en quien haya apetito y haya razón para que haya guerra, producidora de las virtudes y vicios; que el alma, separada del cuerpo, no es liberal ni templada, y el bruto no es templado ni liberal, como el muchacho, en tanto que la razón no tiene fuerza bastante para lidiar con su contrario el apetito.

Doctrina es del Filósofo, dijo Hugo, y después: Ya tenemos el un capitán, llamado apetito; sepamos del contrario que se dice razón.

Fadrique respondió: Poco hay que decir de él. La razón es una misma cosa que el entendimiento, en cuanto, discurriendo de una cosa en otra, saca la verdad de ella; yo pienso está dicho antes de ahora. Veis aquí estos dos capitanes y capitales enemigos, cada uno de los cuales apetece y tiene por fin el bien y felicidad, mas muy diferentemente; porque el uno busca el bien mentiroso, que es el apetito, y el otro, que es la razón, al verdadero; y sobre esto es toda la civil batalla que decimos y probamos todos.

El Pinciano dijo: Esto es; yo lo conozco; lo que por otros términos oí otras veces: que el hombre es compuesto de cielo y de tierra, y que la parte celestial, que es la racional del alma, está en continua guerra con la terrena y brutal del cuerpo. Yo lo tengo entendido, y conozco ya estos capitanes; y aun los he servido al uno más y al otro menos de lo que quisiera.

Ya tenemos los caudillos; resta armar los escuadrones de esta pelea.

Apetito se divide en irascible y concupiscible

Fadrique respondió: Presto es hecho. El apetito se divide en dos escuadras: a la una dicen irascible, y a la otra, concupiscible. Irascible se dice aquella potencia que tiene por objeto lo arduo y dificultoso, y por fin, el gozo. Concupiscible, la que tiene por objeto lo deleitoso, y por fin, también el gozo. De la una y de la otra el fin es uno, y aun el objeto también realmente, que es lo bueno. Distínguense en que la concupiscible solo atiende a lo bueno como bueno, y la irascible lo mira como dificultoso y arduo. Quiérome declarar con un ejemplo: el amor, considerado simplemente como un deseo de gozar la cosa amada, toca a la parte concupiscible, pero, si se considera en cuanto está acompañado con la esperanza o desesperación, compete a la irascible. Esto se entenderá mejor si digo los soldados con que cada una de las potencias o escuadras milita, los cuales son dichos afectos y pasiones, como antes fue dicho; de los cuales digo así, según el orden de su generación: son los primeros amor y odio; y luego, deseo, huída, esperanza y desesperación, temor y osadía e ira; y más, el gozo y la tristeza, las cuales acompañan a las demás pasiones todas. Las primeras cuatro, que son amor y odio, deseo y fuga, son soldados de la concupiscible; y las otras cinco, esperanza, desesperación, temor y osadía e ira, pertenecen a la irascible; y el gozo y la tristeza, a la una y a la otra; todas tienen su contrarios, salvo la ira.

El Pinciano dijo: ¿Pues cómo, señor, la paciencia no es su contraria?

Fadrique respondió: No nos detengamos en cosas que no tocan a nuestro propósito.

Y Hugo: Tocará, a lo menos, el saber por qué os dejáis otros soldados atrás, los cuales fueron puestos por vuestro Filósofo y, por mi Galeno. Pregunto: ¿por qué ponéis entre las pasiones y afectos al dicho escandescencia, a la envidia, vergüenza y compasión?

Fadrique respondió: Todas esas son contenidas en las sobredichas, porque la escandescencia es el principio de la ira; la envidia, especie de tristeza, la vergüenza, de miedo; y compasión es una mezcla de dolor y de gozo. Y así se pueden reducir otros afectos y pasiones que el Filósofo escribe en el tercero de sus Retóricos, en el epílogo. Veis aquí los armados con que las escuadras del apetito militan, los cuales son once, y como materia de las virtudes y vicios, de quien es la forma, es la razón ordenada y el apetito; éste, de los vicios, y aquélla, de las virtudes. Vamos a las escuadras del otro contrario llamado razón, que son tres: el consejo o consultación, y la elección y la voluntad; porque, en acometiendo el apetito con cualquiera de sus pasiones, luego la razón ordenada repara con el consejo, y, después que con la elección ofende, vence a su contrario con la voluntad.

El Pinciano dijo: ¿Cómo es eso, que no lo entiendo?

Fadrique respondió: Veislo claro por un ejemplo: viene el apetito, y echa contra el hombre la pasión y afecto, dicho amor lascivo; la razón le repara y detiene, porque la es contrario; reparado, consultan si se ha de pugnar contra el enemigo; hecha la consulta, elige la elección en favor de la justa razón; y la voluntad responde con su quiero; y la razón, libre y señora y fundada sobre el quiero de la voluntad, enseñorea al amor; de manera que, antes que la nazcan las alas, le rompe la cabeza. Esto se hace con retirar los sentidos interiores y exteriores de la causa y objeto del amor, de cuya destrucción el acto nace de la castidad; y de esta manera misma se engendran las demás virtudes.

¿Y los vicios?, preguntó el Pinciano.

Fadrique respondió: Para esos hay muchas veces un atajo por un despeñadero; y sin andar por estos escalones se crían y producen con mucha facilidad, que, interviniendo una brevísima consultación y elección, suele vencer el apetito a la voluntad y a la razón y hacerse dueño tirano de todo. Otras veces suele haber más dilación en esta lid, y defenderse por un rato, y caer al cabo, y nacer de esta caída el acto de la lascivia; y si una vez, y otra, y otra, y muchas veces queda el acto de la lascivia vencedor, se produce el vicio llamado lujuria; como si muchas veces el acto de la continencia, queda el de la castidad. De lo cual se saca que, en las virtudes morales, primero es el acto que la potencia. Y no se entienda que, siempre y en todos géneros de gentes, para producir el acto de virtud hay la dificultad dicha, y para el del vicio, la facilidad significada; que el virtuoso, por el hábito que de la virtud tiene, no cae en pecado sin mucha lucha y contienda, y, al contrario, viene en la obra virtuosa casi sin resistencia alguna.

Bien está, dijo el Pinciano: Yo lo entiendo y digo que es feliz y bienaventurado el que en lid no entra con estos enemigos perturbadores que decís pasiones. ¡Qué feliz sería careciendo de tales enemigos!

Fadrique se sonrió y dijo: No sería feliz por manera alguna, porque carecería de las virtudes intelectuales y morales.

¿Cómo así?, preguntó el Pinciano.

Fadrique respondió: Yo lo diré. Porque el que oyendo una grande injuria no se resintiese, sería insensato; y el que viendo a un hombre indigno puesto en oficio principal no tuviese pesar y tristeza, carecería de la virtud de la indignación. Es menester que el hombre sienta algo de estas pasiones para que se entienda que tiene las virtudes intelectuales; y es menester que haya estas pasiones para tener las morales; en ellas hace la razón como la forma en la materia, de manera que, si faltan, faltará el merecimiento: que el enfermo fastidioso, no se dirá abstinente, ni el eunuco se llamará casto por manera alguna. Es necesaria lid y guerra para conseguir las virtudes, y son menester los afectos por cuya causa las virtudes intelectuales se mueven y las morales se perfeccionan; pero es menester que la razón los castigue para que, en vez de virtudes, no produzcan vicios desordenados.

Dijo el Pinciano: No quiero más; yo lo entiendo bien y rebién. Y sabido qué cosa sea el apetito, y la concupiscible y la irascible, y los afectos que de ellas nacen, y que las virtudes morales se producen de ellos, resta saber de las morales virtudes y el número especialmente; que lo demás ya lo sé, porque sé que fueron así dichas porque, acostumbrándose el hombre a ellas, las alcanza.

Fadrique dijo: Eso está muy bien entendido, y así no tengo que decir del número, sino que son en el Filósofo once, como las pasiones y afectos, y cuatro cardinales, que se mezclan con todas las otras morales; de manera que no hay virtud moral que no las tenga.

Eso, dijo el Pinciano, no entiendo.

Y Hugo: Es muy fácil; y tomad el ejemplo de la liberalidad, en la cual hallaréis que el que la tiene, es prudente, porque sabe usar de la riqueza; es fuerte, porque resiste a la codicia del dinero; es justo, porque da y parte su sustancia con el necesitado; y es templado, porque se templa en el avaro apetito de la prosperidad. Esto es así en esta virtud, y lo mismo hallaréis en todas las demás.

Calló Hugo[13] y dijo el Pinciano: ¿Que son once?

Fadrique respondió: Sí, son once acerca del Filósofo con algunas de las cardinales, o casi todas; no me parece el referirlas, porque no sé si me acordarán y porque hay otros que de ellas han tratado más ampliamente, a los cuales os remito y me remito por ahora, que no es este lugar de tratar estas cosas largas tan de espacio como eso.

Yo me contento, dijo Hugo, con lo dicho, si me decís: ¿por qué, entre esas once virtudes, no puso el Filósofo a la virtud dicha heroica; de la cual hizo mención en el séptimo de sus Éticos?

---

13   Texto de 1596: Calló Fadrique.

Mucho dijisteis, dijo Fadrique, en decir la virtud, porque esa es propia a Dios, el cual no es virtuoso, sino la misma virtud. Así lo dice el Filósofo en ese lugar, pero llamémosla virtud, en cuanto a los hombres podría tocar en alguna manera. Esta virtud es una mansedumbre inimitable y celestial, la cual, como don especial, se dice estar en los príncipes de la casa de Austria, a quienes el poeta heroico italiano, en un librillo que hizo de Nobilitate, la atribuye sobre todas las familias y gentes del mundo.

Calló Fadrique y dijo Hugo a Fadrique: A vos ¿qué os parece?

Fadrique respondió: Yo como su pan, como gentil hombre del rey Felipe II.

Hugo esperó a ver si decía algo el Pinciano, el cual dijo: Yo también como su pan en servicio de la Majestad Cesárea.

Hugo calló un poco y, después, dijo: Pues yo no como su pan, y digo que la forma de Príamo y la virtud heroica de la casa de Austria es digna de imperio.

El Pinciano dijo: Concedo.

Y Fadrique prosiguió: Con esto se dé por acabado lo que toca a los bienes del alma, así intelectuales como morales. Otro día se discurrirá sobre lo pasado, y se tratarán algunas cuestiones, y, en ellas, algunos primores: ahora baste lo dicho.

Aquí dijo a Fadrique el Pinciano: Vos, señor, andáis a buscar la felicidad de esta vida en el gozo del bien, y pudiérades seguir otro camino, declarando las especies que de bienes hay, según la doctrina de los Peripatéticos.

Fadrique reparó un poco y, después dijo: Así es como decís; y así, como ello es, lo dice el Filósofo en sus Éticos, y aun Retóricos. Seguir el camino comenzado me agradara por ser nuevo; pero, pues tanto el viejo os satisface, le seguiré de voluntad y no errare, porque le abrió, como dije, el mismo Aristóteles.

Frag. 6.

Bienes corporales

Hermosura.

Así dijo Fadrique, y, luego, prosiguió así: Tres géneros hay de bienes que al hombre hacen feliz en esta vida: de alma, de cuerpo y exteriores.

Bienes de alma se dicen aquellos que tocan a la parte racional del hombre; éstas son las potencias, actos y hábitos intelectuales y morales, de los cuales habemos ya hablado, y aun con principio algo remoto, pensando seguir otra orden. Digo, pues, que habiendo dicho ya de los bienes del alma, prosiguen los del cuerpo, que son cuatro: hermosura, grandeza, fuerza y sanidad. La hermosura de Platón, según del Fedro y del mayor Hippias se colige, se extiende a mucho más que la nuestra; porque en Castilla solamente se dice hermoso el hombre o la mujer que tiene el semblante bien proporcionado.

El Pinciano dijo que holgaría de saber cómo entendía este vocablo hermoso Platón, y aun cómo el Filósofo.

Fadrique respondió así: Supuesto que el castellano no aparta ni saca a la hermosura de lo que es el rostro y cara, digo que el Filósofo la amplía más, y más que el Filósofo, su maestro Platón. Aristóteles, en el primero de sus Retóricos, extiende la hermosura a la buena disposición y proporción de los miembros todos; y así dice: que es hermosa la mujer que, siendo honesta, tuviere las facciones perfectas y de buen color; y será hermoso el hombre que tuviere rostro agradable con la buena proporción de los demás miembros, Y más dice: que el rostro agradable en el hombre es que sea severo y ponga un tanto de pavor al que le mirase. Esto es lo que el Filósofo quiere de este nombre hermoso para que justamente se pueda conceder; por lo cual se entiende que extendió el vocablo hermosura a lo que nosotros decimos hermosura, que es de rostro, y gentileza, que es de disposición de cuerpo; y que no extendió la gracia de lo hermoso afuera de lo corporal, como lo hizo Platón, que, en los diálogos sobredichos, da a entender que no solo es objeto de la vista, mas del oído y del entendimiento; porque dice hermoso a lo que deleita al oído y a lo que da gusto al entendimiento. A causa de lo cual será hermoso el hombre músico y lo será también el discreto, los cuales deleitan al oído y al entendimiento.

Y a vos, dijo Hugo, ¿cómo os parece debemos entender ahora este vocablo hermoso?

Fadrique respondió: Como el Filósofo; porque, si lo entendemos como en rigor significa en Castilla, comprende poco el bien de la hermosura, y tanto es mayor su bien cuanto más bienes comprende.

Según eso, dijo el Pinciano, entiéndase como Platón la entiende, porque comprende más.

Grandeza

Fadrique replicó: No ha lugar, porque vamos hablando de los bienes corporales, y, tomado el nombre hermoso como Platón lo entiende, se extiende a los bienes espirituales y de la alma, de los cuales está ya hablado bastantemente por ahora; y si es, como el Filósofo en los Éticos enseña, que la felicidad se menoscaba con la fealdad, entendiendo la hermosura como la entiende Platón, todos los que no fuesen músicos, serían infelices; lo cual es muy al contrario, porque, antes, los prelados y graves varones se estiman en más cuanto peores voces tienen. Y vamos al otro bien, llamado grandeza, que, para conveniente, ha de ser moderada, porque la que es muy grande, es muy trabajosa en la vejez, aunque en la mocedad parece bien, y la muy pequeña tiene también sus inconvenientes no pequeños, y, especial, en la mocedad.

Entonces el Pinciano dijo: Pues por cierto yo he conocido hombres pequeños y de mucho valor.

Fuerza

Fadrique respondió: Y yo también, y aquí no les quitamos su valor, sino dice el Filósofo que, para la felicidad humana, fueran mejores si, con los demás bienes, tuvieran este de la grandeza. Viene, en tercer lugar, la fuerza, la cual debe ser tal al hombre feliz, que cómodamente sufra los trabajos de la guerra. De la sanidad no tengo que decir, que ya se sabe qué cosa es, y que, sin ella, mal se halla felicidad humana. Yo, a lo menos, antepondría este bien a la riqueza.

Hugo se sonrió y dijo: Has no a la honra.

No por cierto, respondió Fadrique. La honra es una joya de las más ricas que la felicidad tiene, en cuanto está fundada tu virtud, como por todas las demás honras no me daré un zeutí; que si por la honra entendéis el honrarme los hombres, porque, o me den su mano derecha, o me quiten antes el bonete, digo que querría más la felicidad del Pinciano que la de Hugo.

Dicho habemos de los bienes del alma, intelectuales y morales, y dicho de los del cuerpo; y por lo que está dicho se echará de ver cuánto más quiere Dios las cosas del alma que las corporales, pues al alma hermoseó con tantos bienes: entendimiento, sabiduría, prudencia, ciencias, y artes tantas y tantas virtudes morales; y al cuerpo vistió de solos cuatro bienes: hermosura, grandeza, fuerza y sanidad; no solo en la esencia y en el número de los bienes se manifiesta esta ventaja, mas en la duración que aquí tienen, la cual, en los corporales, con entero vigor, es desde treinta y cinco años; y en los intelectuales de treinta hasta cuarenta y nueve, según doctrina del Filósofo, en el segundo de sus Retóricos. Y esto, de los bienes del alma y cuerpo.

Frag. 7.
Bienes exteriores
Fortuna.

Digamos de la tercera especie de bienes dichos exteriores, que, a mi cuenta, son seis: fortuna, honra, mujer, hijos, amigos, riquezas; y digamos, ante todos, de la fortuna. por ser tan poderosa y que abraza más que una especie de bienes; digo que abraza a algunos corporales y a algunos exteriores; porque afortunado se dice el que, entre cuatro hermanos débiles y de poca salud, se crió fuerte, y el que, teniendo otros cuatro mayores que él, fue hecho heredero o mejorado de su padre en tercio y quinto, sin él pensarlo ni esperarlo, porque, si el tal lo hubiera pretendido con su buen servicio y obediencia, y lo alcanzara, no se dijera fortuna, sino prudencia; la cual es de tanta fuerza para lo que es prosperidad, que Juvenal, por gran encarecimiento, dijo que no había otra fortuna en el mundo, sino que ella sola era la que, con nombre de fortuna, era respetada y no conocida, por estas palabras:

> Toda deidad está do está prudencia,
> Pero la gente, ciega y codiciosa,
> Venera a la Fortuna como a diosa.

Hugo dijo: Vos, señor, me habéis absuelto de una duda que yo he tenido muchos días acerca de este particular, pareciéndome que la fortuna era la prudencia misma.

Fadrique dijo: No; que diferente mucho es ésta de aquélla; sino porque la una y la otra son causas de la prosperidad, Juvenal quiso reducirla toda a la prudencia, como causa más cierta y más necesaria.

Ahora, pues, dijo el Pinciano, si trae la prudencia al hombre riqueza y la fortuna también, ¿en qué se diferencia la una de la otra?

Fadrique respondió: En mucho; lo uno, en que la prudencia siempre tiene el fin bueno, y la fortuna, unas veces malo, y otras, bueno; porque afortunado se dice aquel a quien repente viene la miseria, y afortunado, aquel a quien la felicidad. Esta es una diferencia, y otra: que, aunque la prudencia y la fortuna convienen en atender a la riqueza, difieren en otros fines que, fuera déste causan, porque se dice afortunado el que tiene hijos hermosos, y en este género de fortuna no hay ni puede haber prudencia alguna: difieren también, y principalmente, en que prudencia es guiada por razón, y la fortuna, sin ella. Como si dijésemos: dos compañeros fueron juntos por una calle, y el uno dio con el pie en un tejón de oro, y el otro recibió en la cabeza una teja de un tejado. Veis que no hay razón ni se puede hallar para estos casos de fortuna; y. por eso, con razón, los filósofos la definieron sin ella, diciendo: fortuna es causa accidental acerca de los hombres, a diferencia del caso, que es acerca de los brutos.

Si, dijo el Pinciano, así se entiende, que es causa accidental y no guiada por razón: que si se guiara por ella, algunos que ahora son pobres, fueran ricos; mas a buen jugador, mala dicha; y, como dicen que el Filósofo enseña en los Grandes Morales, siempre los hombres sabios tienen poca fortuna.

Hugo respondió: Yo lo entiendo de otra manera y al contrario: que los hombres sabios se saben aprovechar de las ocasiones y que ordinariamente suelen tener prosperidad.

Fadrique dijo: A lo menos, los hombres cuerdos y prudentes; y, en lo que toca a lo del Filósofo en los Magnos Morales, creo que no está bien entendido por el Pinciano. Dice el Filósofo allí que, adonde hay mucho de entendimiento, hay poco de fortuna; que quiere decir: que a los hombres que tienen mucho de saber, pocas veces acontecen casos accidentalmente, porque, como saben mucho, están premeditados y la cosa les viene conforme a su razón, como al prudente la prosperidad. Doyos por ejemplo el de un filósofo, al cual vino una nueva que un solo hijo que tenía era muerto en la guerra, y el cual respondió: «Bien sabía yo que mi hijo era mortal»; y esto, sin alguna perturbación. ¿No veis como este caso, que fuera a otro una gran fortuna, al dicho filósofo no lo fue, porque tenía grande entendimiento y premeditación de la muerte del hijo? De manera que acerca de los sabios hay poco de fortuna, y acerca de Dios, ninguna, porque es la suma sabiduría que, con causa, lo mueve todo; atendiendo a lo cual dijeron algunos que no había fortuna, porque todo era guiado con razón divina.

El Pinciano dijo entonces: Bien estoy con ese dicho: que si la fortuna es causa sin razón, y, de todo cuanto hay, es Dios la causa, luego todo es guiado con razón: luego nada es la fortuna.

Honra

Fadrique respondió: En respecto de Dios no hay que dudar, sino que no hay fortuna alguna por esa razón que habéis dicho, entre otras que hay; mas, acerca de los hombres, hay fortuna de la manera que es dicho, que es una causa sin razón alguna y accidental. Porque, ¿qué razón hay[14] a dos hombres dos cofres iguales en lo de afuera, grandeza, guarnición y de lo demás, el uno escoge al que está lleno de oro, y el otro, al que está lleno de arena? ¿Qué prudencia bastará a escoger bien? Fortuna hay acerca de los hombres sabios y necios; pero, acerca de los sabios y premeditados, mucho menos, cuanto tienen más de uso de la buena razón. Y eso baste del primero de los bienes exteriores.

Vamos al segundo, dicho honra, de la cual poco habrá que decir, habiendo Hugo dicho tanto en lo pasado, digo, de su alabanza; que otras cosillas quedan dignas de consideración.

Acerca de ellas Hugo dijo: ¿Qué diferencia halla el señor Fadrique de honra a alabanza?

Más mucho, respondió Fadrique, a la alabanza que no a la honra, está vecina la gloria humana.

Y Pinciano dijo: No entiendo eso; porque yo veo tomar esos tres términos en una significación misma; y ¿qué va más decir: es digno de alabanza que digno de honra, que digno de gloria?

---

14   Texto de 1596: ¿qué razón ay para que, dando a escorger... Alabanza.

Fadrique habló un poco colérico y dijo: A los hombres poco considerados todo es uno; mas, a los que son diligentes y circunspectos, es muy diferente lo uno de lo otro, porque la honra consiste en hechos; la alabanza, en dichos; la gloria, en pensamientos. Yo sé que no me entiende el Pinciano; por las definiciones de cada cosa me entenderá mejor.

La honra, dice, el Filósofo, es juicio de la estimación de la persona bienhechora; quiérolo decir de otra manera, acaso seré persona bienhechora; quiérolo decir de otra manera, acaso seré mejor entendido. La honra es una estimación, la cual estimación se manifiesta con hechos; de manera que no es honrado uno, sino es que con alguna obra lo sea. Hónrase un hombre con darle asiento honrado, con darle de comer de la riqueza pública, o con darle un hábito de caballero, o con darle una borla de doctor y con otras cosas semejantes; mas éstas bastan para ejemplo de que el honrado recibe alguna obra y hecho que le manifieste su honra. La alabanza no tiene necesidad de obras, sino de palabras; porque como dice el Filósofo en el tercero de sus Retóricos, alabanza es un razonamiento manifestador de la grandeza de alguna virtud.

¿Veis cómo el loor no pide más que lengua, y no manos, como la honra? Yo lo tengo entendido, respondió el Pinciano.

Fadrique prosiguió diciendo: Consiste la honra en las obras, como es dicho, y la alabanza, en las palabras, y, como ya digo, la gloria, en los pensamientos; lo cual consta de la definición que el Filósofo da en el sobredicho lugar del primero de sus Retóricos. Dice, pues, que la gloria es una estimación y juicio acerca de todos los hombres; la cual estimación es apetecida de muchos buenos y prudentes; de lo cual se colige que, para tener un hombre gloria, no es menester que le honren con hechos, ni le alaben con dichos, sino que le estimen y juzguen en los pensamientos por digno, por su virtud, y que la virtud sea apetecida de varones graves.

Dicho, calló un poco Fadrique, y el Pinciano preguntó: ¿Cuál, señor, tenéis por mejor de esas tres cosas?

Fadrique respondió: A la gloria, porque es más universal; porque el honrado, lo es de pocos, el alabado, de más, y el glorioso lo es de muchos más glorificado, si lícito es este término en cosas humanas. Esto que acabo de decir tiene sus razones, mas no para este tiempo que es muy breve; otro se ofrecerá, Dios delante, en el cual digamos más de esta materia de honra; digo de la esencia, especies y diferencias de ella. Cierro con decir que la honra se da al poderoso por el bien y mal que puede causar: la alabanza, al virtuoso por su dignidad, y la gloria, al que goza de pública virtud. Hacen también feliz al hombre, como partes de la felicidad; la mujer, los hijos y los amigos; qué tales éstos han de ser, no es de este lugar, sino de los Morales y Económicos; allá os remito. Estos son, en suma, las partes que constituyen al hombre feliz, tocantes así al alma como al cuerpo, como a lo exterior; y, si alguna queda, pienso se podrá reducir a alguna déstas sin mucho rodeo.

Hugo dijo entonces: Ya yo veo que los amigos, son necesarios, porque, como dice el Filósofo, en sus Éticos: «La vida solitaria es dificultosa de llevar». En esto de las mujeres estoy dudoso, porque algunos se juzgan infelices con ellas.

Fadrique respondió: Como fueren. Si son malas, son parte grande de la infelicidad, y, si son buenas, de la felicidad; y no se entienda que, para ser un hombre feliz en esta vida, ha de ser casado por fuerza; que el que fuere continente y casto, lo será también.

Y aún mucho más que siendo casado, dijo Hugo.

Y Fadrique: Eso no. Mirad que hablamos de felicidad humana de las tejas abajo, para lo cual una buena mujer es gran persona.

Sí, dijo el Pinciano, ¡mas es menester tanto artificio para llevar los faustos, iras y fastidios soberbios de esta Amarílidas!

Fadrique respondió: Yo creo que muchas de esas impertinencias son causadas de la poca prudencia de los maridos, los cuales quieren tener imperio domínico o real sobre ellas; que, aunque las mujeres han de ser súbditas a sus maridos, no absolutamente, sino en cierta forma y ciertos casos; porque, como dice Aristóteles, en sus Éticos: «La casa de casado ha de ser cual la Aristocracia y República, adonde los buenos mandan a veces, y es menester que, en cosas, mande el hombre, y, en cosas, dé su vez a la mujer».

Hugo respondió entonces: Sí. ¡por vida mía! Dejadlas el imperio en algunas cosas, que ellas harán de Aristocracia, Monarquía.

Fadrique rió mucho, y el Pinciano, de manera, que fue preguntado de qué reía tan de gana, y respondió así: Pocos días ha me hallé presente a una conversación de tres hombres de letras, a do se movió plática sobre la providencia de la naturaleza y que nunca hace cosa baldía. Uno dijo: crió leche en los pechos de algunos hombres, porque yo lo he visto. Otro respondió: Yo no dudo, que no sin causa es criada la leche, y que naturaleza lo hace para que el hombre, en alguna necesidad, críe sus hijos. El tercero dijo a los dos: señores, hablemos paso, que, si mi mujer sabe esto, ella me hará criar sus hijos.

Mucho rió Hugo éste, y Fadrique más que el dicho, de Hugo, y luego prosiguió diciendo: Sigue la riqueza, de la cual ha dicho harto el Pinciano; y más de lo que ella merece la han hecho rica, porque, en la verdad, ella tiene un muy apartado lugar en la felicidad, y muchas veces es ocasión de su contraria, la desventura.

Y el Pinciano dijo: Eso que de la riqueza decís, me maravilla mucho.

Y Fadrique: Yo no, ni aun Epicúreo, que dijo: «si tuviera el pan y el agua seguros, compitiera con Júpiter sobre la felicidad»; la naturaleza con poco se contenta, y, como tenga uno lo que el sabio dice y pide a Dios, no es menester más.

El Pinciano preguntó: ¿Qué es lo que el sabio pide?; que de creer es supo pedir lo conveniente a la felicidad.

Fadrique respondió: Pidió a Dios que no le diese riqueza ni pobreza, sino lo necesario para sostener la vida humana. En lo necesario hay muchas opiniones porque hay muchos estados de hombres. Para Epicúreo bastó el agua y pan, y para otros será menester algo más. Y si queréis saber qué estado sea el más feliz, digo que el que Platón, en el 10 de su República, dice haber escogido Ulises, según cuenta en el dicho lugar un Ero que resucitó y vino a este mundo del otro.

El Pinciano rogó a Fadrique lo contase.

Fadrique respondió: El cuento es muy largo, allí os remito. Y si queréis saber en dos palabras la vida que Ulises eligió, es la de un escudero o hidalgo que, sin haber de servir a otro, tiene un día y vito bastante para sostener su familia honestamente. Y con esto se dé fin a lo de los bienes exteriores.

Ahora, dijo Hugo, me acuerdo que se os olvida el mayor bien de ellos, el cual es la nobleza. Preguntó: ¿Cómo se os fue de la memoria?

Nobleza

Fadrique respondió: No fue sino que, como dice el Filósofo, en sus Políticos, que no trató de nobles por haber tratado de los virtuosos y de los ricos, los cuales son los nobles del mundo; así yo, por haber hablado de la virtud y de la riqueza, las cuales son las fuentes de la nobleza, a la nobleza puse olvido entre los bienes exteriores; que allí debe tener su lugar, y allí se le dio el Filósofo, en el primero de sus Retóricos.

Aquí dijo Hugo: ¿Cómo, señor, significáis que la nobleza no toca al cuerpo, siendo cosa que nace con él? ¿Layda no fue noble por su hermosura solamente, y Milón por su fuerza?

El Pinciano dijo entonces: Yo no pensaba que la nobleza fuese bien exterior, ni aún que tocase al cuerpo, sino al alma, por lo que oí yo decir ser la virtud verdadera nobleza; y preguntó ¿quién más noble en el mundo que Sócrates? Y fue hijo de una partera o comadre. Lo que yo dudo, me parece digno de consideración; y aun lo que Hugo dificulta la tiene también.

Fadrique se sonrió un poco y dijo: Si tomamos el vocablo según lo que él significa, nobles son los que Hugo dice, porque fueron muy conocidos, que eso quiere decir el nombre de nobles; y noble fue Lays, no solo en la hermosura, mas en el oficio deshonesto que ejercitó (aunque esta noticia, en mala parte, no se dice nobleza, sino infamia); y, si atendemos a la cosa según razón y buen entendimiento, no hay otra nobleza que la que el Pinciano ha dicho: lo cual se puede colegir fácilmente de las cosas grandes que de las virtudes están dichas. Mas este término nobleza no es recibido según la significación, ni según la cosa que es y debe ser.

Hugo dijo: ¿Pues qué otra manera hay de entender los vocablos sino, o según la significación, o según la cosa?

Fadrique respondió: Según la opinión, y esto es de tanta fuerza, que nos necesita a no entenderlos de otra manera para huir encuentro de equivocaciones.

Qué cosa sea nobleza

Y, según. esta manera, ni toca al alma del hombre, ni al cuerpo la nobleza, la cual no es otra cosa que un lustre de antepasados. Así lo, quiere el Filósofo, en el 2 de los Retóricos; de manera que el que fuese nacido de mayores lustrosos y conocidos, ése es noble, y el que de no conocidos, ése innoble; de adonde nació el proverbio latino: «no sabe quién fue su abuelo»; así decían los latinos para significar a un hombre innoble y oscuro. Este lustre y conocimiento grande se ganaba de dos maneras: o con la virtud o con la riqueza; Y no hay ni hubo otra tercer forma de adquirir nobleza, fuera de estas dos.

Hugo dijo entonces: ¿Y el que es ahora noble por algún crimen que hizo su antecesor, con el cual dio principio a su nobleza?

Fadrique respondió: Los que de esa manera quedaron nobles, no lo quedaron por el vicio, sino por la riqueza que adquirieron, cuyos sucesores se dirán nobles por la riqueza de sus mayores, no por el crimen; el cual, antes pone mancha en la nobleza que por la riqueza tienen. El que con honesta y buena diligencia se hace rico, dejará a sus descendientes nobleza sin mancha alguna, y más el virtuoso que dejare la virtud a sus menores.

Yo no entiendo bien, dijo el Pinciano, esta nobleza de la virtud.

¿Cuántos hombres virtuosos habrá habido de cien y doscientos años a esta parte, y que han dejado hijos y nietos virtuosos, y no gozan de nobleza? Fadrique respondió: No cualquiera virtud hace a un hombre noble, sino la que es muy grande, y, por lo tanto, muy conocida. Una virtud moral como la de Sócrates, una intelectual como la de Aristóteles y semejantes, éstas son nobles y nobles hicieran a sus descendientes; que, si uno se entendiera ser descendiente de alguno déstos, no hay duda sino que fuera nobilísimo, como si lo fuera de Craso el Romano.

Aquí dijo Hugo: Vos, señor, dais a en tender que puede haber nobles y pobres, lo cual contradice al común lenguaje y opinión, que dice: «La nobleza es antigua riqueza».

No dijo mal, respondió Fadrique, que en la verdad los ricos ya sé lo son —nobles, digo— y los virtuosos lo suelen ser muy comúnmente; porque, a las grandes virtudes, siempre suelen suceder las honras y premios grandes, de las cuales resulta la riqueza. Esto es muy ordinario, y por esto apruebo el proverbio francés, mas no se entienda que sea siempre forzosa la riqueza a la nobleza; que, como está dicho, la virtud sola basta a causalla, como por ejemplo, de Sócrates y Aristóteles fue dicho, cuyos descendientes fueran nobles en todo el mundo ahora por el lustre de sus mayores. Voy con la definición de Aristóteles.

De manera, dijo el Pinciano, que, como quiera que sea ¿el noble ha de haber nacido de abuelos nobles en virtud o riqueza?

Así es, dijo Fadrique, y si no, no será.

Grande agravio, dijo Hugo, parece haber hecho el cielo a los hombres nacidos de, mayores sin lustre y nobleza, pues los priva de felicidad tan grande y primera entre los bienes exteriores.

Fadrique respondió entonces: Dios es justo y a nadie agravió jamás.

Yo así lo creo, dijo Hugo, mas no entiendo esta cosa.

Y Fadrique: Pues atended y entenderéis; y pensad ahora que un hombre es nacido de padres los más viles del mundo todo.

Ya lo veo, dijo Hugo, que es capaz de ir al cielo, y de ser un santo, y celebralle acá por tal, que será la mayor nobleza del mundo; mas no hablo yo ahora sino de la nobleza que decís.

Vos, señor Hugo, dijo Fadrique, o estáis muy colérico, o me juzgáis por un hombre despropositado. No digo eso; sino esto: si este hombre hiciese algunas obras ilustres, o siendo capitán conquistase a su rey bárbaras naciones, o defendiese a su patria de algún gran trabajo, o prestase alguna doctrina grave y llena de virtud, pregunto, digo: si éste dejase sucesores, si los tales serían nobles en el mundo.

Parece que sí, dijo el Pinciano, sin duda serán conocidos y nobles, pero eso tocará a los descendientes.

Eso, dijo Fadrique, es una respuesta que yo no entiendo. ¡Que sean los ramos nobles y no la planta!, ¡que sean los hijos ilustres y no el padre por quien el lustre tienen! ¿A otros salvó y a sí no puede salvar? Tirad de ahí. El tal hombre será noble en todo el mundo más que sus descendientes. ¡Cuánto él puso más de su casa para adquirir esta nobleza!

Bien parece, dijo Hugo, razonable lo que oigo, mas es contra la definición filosófica, si la nobleza es lustre de los antepasados.

Habéis dudado muy bien, respondió Fadrique; para lo cual es de advertir que hay nobleza antigua, y ésta es la que definió el Filósofo, y hay nobleza nueva, y ésta es la que acabo de definir. De manera que si la antigua es lustre de mayores, la nueva será lustre propio. Y esta nobleza fue la de Cicerón, el cual fue dicho nuevo, porque él fue el primero que en su linaje alcanzó el patriciado, que era el grado más alto de nobleza.

Aquí dijo Hugo: A mí me parece muy buena interpretación, pero ¿cuál tenéis por mejor de los dos lustres?

Esa es una cuestión, respondió Fadrique, muy antigua y muy disputada, y pide más espacio; otro día se ofrecerá ocasión de tratar de ella.

El Pinciano entonces resolvió la cuestión diciendo: Para mí, yo ya he elegido. Supuesto[15] que la nobleza tiene dos principios, la virtud y la riqueza, digo que quiero más la nobleza nueva de la virtud, ganada con mi persona, y más la nobleza antigua de la riqueza, ganada con el sudor de mis mayores. Así que distingo de la nobleza, y digo que, si es la que nace de la riqueza, es mejor la antigua, y, si la que nace de la virtud, es la mejor la nueva y propia. Dicho esto, se quedó riendo.

Hugo también se rió un poco, mas no Fadrique, el cual dijo: No hay que reír, que no es mala la distinción; y, luego, prosiguió diciendo: Esto baste de la nobleza, y pasemos adelante.

Hugo dijo: Por vida mía, que nos detengamos un poco para que yo entienda mejor de esta nobleza; porque veo yo algunos hombres que ni sus antepasados fueron insignes en riqueza ni en virtud, ni ellos lo son, y se dicen nobles, aunque estén en oficios bajos y viles.

Eso no, respondió Fadrique, en la Grecia ni en Roma, ni en otras partes del mundo, ni en aun en nuestra corona de Aragón, adonde no hay más que las dos fuentes de nobleza ya dichas, virtud y riqueza.

Hugo dijo entonces: Pues hay nobles de la manera que tengo dicha; no en las tierras que decís, mas en Castilla.

Hidalguías

Ya lo entiendo, respondió Fadrique, vos lo decís por las que decimos hidalguías, y vivís muy engañado, que las hidalguías (ahora se deriven del nombre itálico, corrompido el vocablo, porque gozaban de privilegio romano; ahora de Hedelg, que en alemán quiere decir noble; ahora de hidalgo, que quiere decir hijo de otro godo) de la manera que ahora se practican, aunque son una cama muy aparejada para ellas, no son noblezas, sino unas libertades y ejempciones solamente. Y, si lo queréis mejor entender, digo: que ni la nobleza es hidalguía, ni la hidalguía es nobleza, sino que la hidalguía es oficio vil,

---

15   Texto de 1596: Así que distinguo.

es innoble, y el que es rico heredado de sus mayores muy antiguos, es noble, aunque no sea hidalgo. Y si no, escudriñad a algunos nobles y pedidles la hidalguía.

El Pinciano dijo: Señor, no la tienen probada, porque no la han menester; mas todos ellos descienden de hijosdalgo.

Sí, dijo Fadrique, de algo fueron hijos. No hay que tratar; y algunos de ellos, hijosdalgo; mas, en la verdad, muchos de ellos por ser ricos, conforme de ellos, hijosdalgo; mas, en la verdad, muchos de ellos por ser ricos, conforme a todas buenas repúblicas, fueron recibidos en oficios nobles y asentados por tales en los ayuntamientos. Y, de esta manera, ganaron la nobleza y la dejaron a sus menores, los cuales son nobles y no hijosdalgo.

¿Pues qué diferencia halláis vos, dijo Hugo, de los nobles que ahora decís sin hidalguía a los nobles hijosdalgo?

Fadrique respondió: Ahora, poca; mas pudiérala haber, porque la nobleza, en la verdad, se pierde, y la hidalguía, no. De manera que los nobles que fueron tales por la riqueza, en siendo pobres y puestos en oficio vil, pierden su nobleza; y los hidalgo; nobles, puestos en vil oficio, pierden la nobleza, mas no la hidalguía, la cual es perpetua para siempre.

Vehetría: lugar adonde todos son pecheros

Yo acabo de entender esta cosa, dijo el Pinciano, por un ejemplo que poco ha aconteció en una vehetría. Y fue el caso que, siendo mandado por el Consejo que los oficios y magistrados se repartiesen de manera que la mitad de ellos fuesen dados a los hijosdalgo, y la otra mitad, a los buenos hombres pecheros, salió de esta vehetría sobredicha un hombre, cuyos pasados fueron ricos, y por ricos, recibidos en oficios nobles, diciendo que era hijodalgo, porque eran nobles y, como tales, sus mayores ocuparon oficios y cargos nobles; y, no pudiendo probar la hidalguía, le dieron que gozase de su nobleza, pero no de la hidalguía que pretendía.

Eso es, dijo Fadrique, lo que acabo de decir: que puede uno ser noble y no hidalgo, e hidalgo sin ser noble; y, con esto, se dé fin a la felicidad humana.

Dicho, quedaron los compañeros en silencio gran rato, y, después, dijo el Pinciano: Según lo que he oído ni hay, ni hubo, ni habrá hombre feliz en el mundo todo; y me parece esta felicidad humana un nombre vano y sin cosa fundamental. ¿Adónde se verá hombre que, teniendo las virtudes intelectuales y morales todas, tenga también los bienes todos corporales y exteriores? Pues más ha de haber, dijo Hugo, que ha de vivir y morir con la posesión de todo lo que decís; así lo quiere el Filósofo, en sus Éticos.

Y Fadrique: Pues más hay, y más adelante pasa la cosa, porque, aunque tenga todos los géneros de bienes dichos y viva y muera con ellos, no se dirá feliz consumado y perfecto por doctrina del Filósofo; porque, como él enseña en ese mismo lugar, a los ya muertos alcanza la felicidad; que al ya difunto, si deja o mujer o hijos o amigos en miserias y trabajos, decimos: «infeliz es fulano en la mujer, que no le guarda el debido honor; infeliz en el hijo, que no usa de virtud; infeliz en el amigo, que no acude a las necesidades de su familia huérfana». Yo estoy despedido de ser feliz del todo en esta vida, y me contentaría con dos cosas y no más, y es: con vivir vida virtuosa y agradable.

Dijo Hugo: Sáname la tiña y no quiero más. Debajo de ese agradable se pueden encerrar mil cosas.

Y Fadrique: Pocas bastan a un filósofo para la felicidad de la contemplativa.

Oído esto, Hugo a Fadrique preguntó cuál tenía por más feliz, la activa o la contemplativa.

El Pinciano dijo: ¿Qué llamáis vida activa, y qué contemplativa?

Hugo respondió: Yo lo diré. Vida activa es la que se emplea en hacer la cosa, y contemplativa, la que en la consideración de ella, como si dijésemos: un hombre devoto que gasta el tiempo en hacer las camas a pobres, dallos de comer, vestillos y cosas semejantes, se dice que ejercita vida activa; y, si este tal devoto estuviese con las manos atadas a estas obras, y con el entendimiento suelto y atento a la consideración de las causas de las cosas ya sabidas y entendidas...

Sí, dijo Fadrique, que eso quiso decir el poeta a Numicio, cuando le escribió que el no maravillarse hombre de cosa, es cosa feliz y beata; porque el que sabe la causa de ella, no se admira por vía alguna. Pero otro ejemplo se pudiera traer de la contemplativa y que respondiera mejor con el que da la vida activa se trajo, que es: cuando un hombre devoto, lleno y encendido en amor divino y deseando por puntos verse con Él, le está considerando como que ya le está mirando y gozando.

Esta, esta vida sería contemplativa y perfecta y verdadera; que, si la felicidad, como el Filósofo, en sus Éticos, enseña, está en las veras y no en las burlas, ninguna vida es más de veras que la que en la contemplativa se ocupa. Y si la felicidad está en gozar lo deseado, ningún deseo más alto y feliz, y ningún gozo más feliz y alto que este de quien ahora se dice.

El Pinciano dijo: A mí me cuadra esa razón, porque si el pensar un hombre glotón en la comida, y un airado, en su venganza, y un lascivo, en su dama, es de tanto deleite como vemos, ¿cuánto mayor será contemplar al Criador y autor de todas las cosas, que, con suma bondad, nos cría y sostiene en esta vida, y, en la otra, nos espera y desea ver consigo, por el mucho amor que nos tiene, el cual nos muestra por mil vías diversas? Si dulce cosa es amar el hombre al hombre que le ama, ¿qué será amar a Dios que le ama? Por cierto que, de aquí adelante, me pienso emplear mucho en esta consideración para gozar de tan alto gozo.

Fadrique se sonrió y dijo: Paso, señor Pinciano, poco a poco, que temo desde aquí os ha de arrebatar el espíritu al cielo, según el que temo desde aquí os ha de arrebatar el espíritu al cielo, según el hervor con que lo comenzáis. ¿Y vos sabéis por dónde habéis de caminar? Sabed que, ante todas cosas, habéis de acicalar el entendimiento en las disciplinas y ciencias para que estéis dispuesto bien al conocimiento de este gran Señor; que los que no saben sus maravillas mediante la sabiduría, no pueden comenzalle a conocer; y no le conociendo, no le sabrán amar, es menester primero estar iniciado o catequizado en las virtudes y hábitos intelectuales, para tener la Majestad de Dios alguna noticia bastante a la contemplación. Y más es menester tener a las pasiones todas sujetas y rendidas, porque, si os distraéis a otras cosas, mal podréis ejercitar la contemplativa. Veis cómo son menester virtudes intelectuales para saber bien amar la Majestad de Dios, y virtudes morales, porque las pasiones no os arrebaten de la contemplación; tened un poco y estudiad, y, especial, la Teología, y cobrad las disciplinas y las virtudes morales, y, después, podréis quizá ser recibido de la contemplación.

El Pinciano se quedó pensativo, y, después, dijo: De la felicidad de las tejas abajo habemos propuesto hablar y de ella se debe ir hablando; y dejo estas contemplaciones tan altas a los que son más buenos que yo; y me abajo a las de las ciencias, en las cuales yo no sé que pueda haber la felicidad que prometen. He oído decir que Aristóteles dice ser las virtudes morales más firmes que no las ciencias, y, según esto, parece que la vida activa es mejor y mas principal que la contemplativa.

Fadrique respondió: No es mal argumento en favor de la vida activa; mas es de saber que, sin haber pasado por la activa de las virtudes, se puede mal haber la contemplativa de las ciencias: porque las pasiones humanas divierten y retiran al ánimo de manera que no puede gozar de la consideración y contemplación de las causas de las cosas; así que, verdaderamente, la vida contemplativa fue con razón alabada del Filósofo como vida que incluye en sí la una y la otra; y, ahora sea en las cosas más altas y del amor divino, ahora en las ciencias y artes, es un deleite soberano el que trae la meditación de ellas; si ni a mí ni al Filósofo queréis dar crédito, dadle a Sócrates y a Platón, en el Filebo primero.

Yo no puedo entender, dijo el Pinciano, que puedan deleitar más esas consideraciones que las que se ocupan acerca del dinero y acerca de otros apetitos.

Fadrique respondió: El que no sabe una cosa, mal puede juzgar de ella; estudiad letras y sabed gustar de ellas, y, en teniendo pan y agua, no estimaréis en un ardite a todo el tesoro del mundo en comparación del gusto que recibiréis. Parece a los hombres que sobra en el mundo aquello de que ellos carecen; así como son tantos los que de letras son privados, parece al mundo todo sobrar en el mundo todo lo que es de letras; leed, estudiad, trabajad en inventar, y, después, tras la lección, estudio e invención propia, os vendrá el gozo mucho mayor que de la posesión del oro y de las demás posesiones de esta vida preciosas. Y con esto se dé fin por hoy a nuestra plática.

¡Sea enhorabuena!, dijo Hugo, mis ¿quién os parece que fue el hombre más feliz de los antiguos?

Fadrique respondió: En las virtudes morales dícese que Sócrates, y, en las intelectuales, Homero, de común consentimiento de las gentes todas, según Plinio, en el séptimo libro de su Historia; porque, según Platón en el Ión, fue Homero el hombre que más artes y ciencias alcanzó. Así que, si de la felicidad toda lo esencial son las virtudes, y de las virtudes, las intelectuales son las más principales (comprenden las virtudes intelectuales a las morales, porque, con prudencia intelectual no puede haber vicio moral, ni contra razón fuerte tiene fuerza el apetito), resta que sea el más feliz el que de más intelectual fuere posesor.

Dicho esto, entró a Fadrique una visita. Hugo y el Pinciano le dejaron, y, después de despedido el uno del otro, el Pinciano se fue, muy admirado, a su posada, de que un hombre como Homero, oscuro, pobre, ciego y que murió de necio, fuese el más feliz de la tierra; y más me admiro cuando veo que, siendo tan sabio como se dice, siguió un arte tan vil a los ojos del mundo como al presente parece.

Yo procuraré volverme con los compañeros para tener que os escribir, y también para saber qué cosa es esta Poética, a quien el ingenio más feliz que hubo en el mundo honró tanto con ser secuaz de ella, y en ella escritor.

Procurad vuestra salud. Vale. Fecha, en las Calendas de abril.

Respuesta de Don Gabriel a la Epístola I del Pinciano
Siempre me fueron tan deleitosas vuestras cartas que ninguna cosa más; y era necesario que fuera carta vuestra lo que había de ser más deleitoso, como lo fue esta última que recibí; porque, allende de la doctrina que contiene, que es buena, me agradé mucho de ver a Homero en tan buen lugar de la felicidad, no digo de la divina y sumo bien que Platón tocó en el Parménide, sino de la humana, la cual es el sujeto de esta vuestra epístola, y sujeto también de Platón en el Filebo, cuyo orden siguió Fadrique al principio de su plática: porque Platón comenzó su felicidad por los deleites sensitivos y, después, prosiguió a las obras racionales, el cual orden veo en vuestro papel.

Frag. 1.

Y porque entendáis que no se me olvidan vuestras cosas, sin tener la carta delante, digo que vino con siete fragmentos o pedazos. El primero contiene una cuestión entre vos y Hugo sobre el principado de la honra o de la hacienda, la cual resuelve Fadrique con decir que la virtud es la cabeza y el todo de la felicidad y sumo bien.

Frag. 2.

Frag. 3.

Confirma esto el fragmento segundo por varias vías, y, al fin, dice que la esencia y sustancia de la beatitud está en la virtud, con mucha razón, porque, si la felicidad está en el gozo, la virtud le da sin penitencia de lo hecho, lo cual no hacen los demás gozos y deleites, a quienes comúnmente sigue el arrepentimiento. Dice más, que la felicidad, para ser consumada, limpia y no manchada, tiene necesidad de otros bienes coadjutores y cuéntase el número de ellos en general, y, en particular, los empieza a declarar el fragmento tercero, comenzando por la consideración del hombre en cuanto animal, y como racional, y como animal racional, porque, según estas tres diversas consideraciones, le vienen diferentes deleites.

Divídese la parte animal en sentido, apetito y movimiento; y el sentido, en interiores y exteriores. De todos en particular habla, y, después, del apetito y sus partes y pasiones, y, últimamente, del movimiento.

Frag. 4.

Frag. 5.

Frag. 6. y 7.

El cuarto fragmento, de las potencias del alma y de los hábitos intelectuales; el quinto, de los morales; el sexto, de los bienes corporales, y el séptimo, de los exteriores. Y, aunque algunas muchas cosas que vienen resueltas, que están puestas en cuestión por otras, me llego mucho a las resoluciones de vuestro Fadrique, el cual me parece un galante hombre. Yo os ruego, pues le tenéis por vecino, os aprovechéis de sus razones para que yo me aproveche de vuestros papeles. En la plática pasada me parece haber abierto una zanja para la materia poética; procurad, por mi vida, proseguilla en vuestra conversación, y ver cómo entienden esos dos filósofos esta arte, que, según fama, está muy mal entendida de los Pirineos acá.

Esto haréis, como os lo ruego, y también me enviaréis desa Corte una Arte Poética que en romance ha salido nuevamente, dicen que por un religioso, y en esto no haya falta alguna, si me amáis.

De la maravilla y admiración vuestra, puesta al principio de la Epístola que me escribís, me acuerdo al fin désta. A la cual admiración y maravilla en favor de la Poética doy por respuesta: que leáis a Virgilio, en el sexto de su

Eneida, y veáis el lugar que el poeta Museo tiene entre los bienaventurados: en medio está de todos y todos no le llegan con la cabeza a los hombros. Así que, si en este mundo Homero es el más feliz de los humanos,[16] y en el otro, Museo, de los bienaventurados, y ambos fueron poetas en profesión, no es la poesía tan vil como la hacéis. Vale.

Fecha, en las Nonas de abril.

Epístola II. O prólogo de la Filosofía antigua

Frag. 1.

Domingo, antes de dos días de los Idus de abril de este presente año, señor don Gabriel, me dieron la respuesta a la Epístola que de la felicidad os escribí; y en ella me mandáis os envíe una Arte Poética en romance, y más nuevas, especial de lo que ha pasado entre los tres compañeros, Fadrique, digo, Hugo y el Pinciano. Así lo haré y os escribiré nuevas más nuevas que las pasadas; y son: que Lucano en su Farsalia fue historiador, y Platón, en sus Diálogos, poeta. El día siguiente que vuestra letra leí, hallé a Fadrique con el compañero dicho Hugo; yo les saludé y ellos a mí; y, como que yo no hubiera venido, Fadrique prosiguió diciendo: Mal se puede juzgar de las obras que no traen consigo las razones por que fueron hechas, y así soy de parecer que, dejadas éstas a una parte, tratemos de aquellas que traen juntas consigo sus causas.

Hugo respondió que le parecía bien; mas el Pinciano, que no lo entendió, preguntó cuáles fuesen aquellas obras; a lo cual respondió Fadrique: Los libros y las ciencias que dan las causas y motivos de las cosas; que el saber no es otra cosa que el conocer por las causas.

A tiempo estamos, dijo Pinciano, que yo traigo una pregunta tocante a este artículo. Pregunto, digo, señores: ¿Qué arte, de las Poéticas que en Castilla andan vulgares, da mejores causas y razones de lo que dice? Porque un mi amigo me envía a pedir una y no le querría enviar que tuviese de desaprender después.

Fadrique dijo entonces: Aquí está el señor Hugo, que podrá mejor que yo dar esa resolución, como quien fue laureado en la Universidad de Polonia.

---

16   Texto de 1596: Homero es más feliz de los humanos.

Hugo, respondió: Yo confieso que recibí ese honor indignamente; y también, que vale más un bien sciente como vos que no un mal experto como yo.

Fadrique quisiera responder, y el Pinciano le embargó diciendo: Yo no entiendo por qué estos lauros y coronas se den a los poetas, y a los históricos dejen mochos y pelados.

Fadrique respondió: Coronas han quedado para los históricos y aun para otros; coronada fue Clío y profesó historia; y coronada Urania y profesó astrología; y coronados fueron todos los varones y matronas insignes y señaladas en virtud.

El Pinciano dijo entonces: Yo no sé qué virtud es la de estos poetas, si Hesiodo dice:

Yo no quiero tener obras de justo,
Ni que carezca mi hijo de injusticia,
Malo es seguir el hombre la justicia,
Pues más derecho alcanza el hombre injusto.

Y Juvenal confirma diciendo así:

Atrévete a una hazaña que sea digna
De grillos y cadena, y serás algo.

Y Terencio no contradice, cuando en va de sus comedias dice:

Hasta ahora no vi día
Que la justicia se meta
En punir a la alcahueta,
Ni tampoco lo querría.

Y ultra de esto, sabemos quién fue Ovidio y Marcial y otros así; los cuales dejaron muchas semillas no buenas.

Dicho esto, Hugo respondió así: Si las objeciones todas que contra la Poética hay, fueran como ésas, presto eran deshechas; porque Hesiodo no aconseja, en ese lugar, ni tampoco Juvenal en el suyo mas antes reprehenden diestramente a los magistrados y jueces; lo cual más claramente hizo el Juvenal en otra parte diciendo:

A los cuervos licencia dan las leyes,
Y a las palomas simples, el castigo.

Y, en lo que toca a Terencio, es de saber que no habla el autor por boca de su persona, ni de otra alguna que sea justa y buena, sino por boca de una alcahueta, la cual. con mucha razón, deseaba que las de su oficio no fuesen castigadas. Esto hizo el poeta prudentísimamente por guardar la verosimilitud. A lo que Ovidio y Marcial, confieso alguna libertad demasiada, mas, con esto, sé que el uno y el otro dicen. El uno:

Lascivo en letra, mas en vida honesto.

Y el otro:

Mi vida es buena y mi pluma burlona.

El Pinciano replicó: Con todo eso, hacen mucho daño a la república los semejantes poetas; que, aunque el escritor sea en sus costumbres bueno, si no lo es en los escritos, será de mucho más perjuicio que si al contrario fuera.

Fadrique dijo entonces: No me parece mal la razón del Pinciano, y me parece bien la de Quintiliano, el cual enseña los poetas que deben ser elegidos y leídos. De lo cual consta que entre ellos hay, como entre todos los demás hombres del mundo, buenos y malos: y así se deben seguir los buenos, como son un Homero y un Virgilio y semejantes heroicos; los cuales levantan los ánimos a los oyentes con la grandeza de las cosas que tratan. Son buenas las trágicas lecciones por la majestad de las cosas y suavidad del lenguaje; y si las comedias son bien acostumbradas, deben ser escuchadas por la elegancia que contienen; y los poetas líricos, por la doctrina y sentencias de que están adornados; y, finalmente, digo que tengo por imposible que uno sea buen poeta y no sea hombre de bien.

Fadrique calló y el Pinciano dijo: Bien me parece ese parecer de Quintiliano, y que sean los poetas como los alcalleres que, los que hacen los vasos bien hechos y macizos, son buenos, y los que desproporcionados y frágiles, son malos.

Muy grande agravio, dijo Hugo, se hace a la Poética en esa comparación, porque, siendo arte liberal, es comparada a la servil.

El Pinciano replicó entonces: Eso de arte no entiendo bien, aunque lo he oído decir otras veces.

A esto respondió Hugo: Arte es, según Aristóteles, en los Éticos a Nicómaco, y en los Grandes se colige, un hábito de hacer las cosas con razón, digo, siguiendo el uso de ella; y de esta manera un arte la de amar de Ovidio y de esta manera lo es la Poética. Doy ejemplos de arte noble cual ésta y de arte vil como aquélla.

Paréceme que lo entiendo, respondió el Pinciano, mas deseara saber más, y es: ¿en qué está el ser vil una arte? Y por hay entenderemos si la Poética escapa de ello.

A esto dijo Hugo: Según la definición dada, consta que, así las que dicen artes liberales como las mecánicas y los que hoy decimos oficios, son comprendidos debajo de este nombre arte. Esto supuesto, digo, que el Filósofo, en sus Políticos, toca esta materia de las artes viles y de las nobles diciendo así: «Por vil ejercicio debe ser tenida la arte toda y disciplina que, o el cuerpo, o la alma del hombre aparta del uso de la virtud».

Y así es conforme a razón que el Arte de amar y semejantes son viles, como las que el Filósofo hay dice, que ocupan el entendimiento en cosas a las cuales acompaña siempre la mentira. Ya me entiende Fadrique por quienes hablo.

Muy bien, dijo Fadrique, y, para que sepáis que os entiendo, os tengo de contar un cuento breve. Sirvióse un señor gran tiempo de un criado, en oficio de mozo de cámara, al cual, por ser ya muy crecido, promovió en otro ministerio que era sujeto al contador. Este contador le tornó cuentas de la hacienda que a su cargo tenía y las halló tan malas, que dijo al señor: Por descargo de mi conciencia, digo que fulano no conviene para el servicio de V. S.; y, con esto, le dio las razones harto suficientes.

El señor se quedó pensativo gran rato y dijo al contador: Ese hombre, de quien me traéis tan mala nueva, me sirvió muchos años en otro oficio muy bien y legalmente, con toda verdad y llaneza; y, si ahora se ha trocado, creedme que no va en él, sino en el empleo que le di, yo le quitaré de él y él será, sin duda alguna, otro de lo que ahora le habéis visto y volverá a tratar su antigua verdad. Así dijo Fadrique, y los oyentes se rieron no poco de la gracia. Y, después, Fadrique tornó diciendo: Este es el oficio vil que al hombre, como dice Aristóteles, aparta del uso de la virtud y de la verdad, y el que en él se ejercita ordinariamente, dice mil juramentos y mentiras por un muy poco interés. Esto digo en general y por razón de la arte; que yo he visto hombres que, aunque ejercitan artes mentirosas, son de mucha verdad y llaneza.

El Pinciano dijo entonces: ¿Inclinan las artes como las estrellas? Sí; ya me voy acordando de la salsa de Esopo y cómo comieron de ella todos los oficiales, y no menos, los costureros. Mas, si por decir mentiras es vil una arte, no sé yo cuál lo es más en el mundo que la Poética, que toda ella es mentira y fullería.

Fadrique se rió mucho de la réplica, y, dejando de responder a la objeción, reventó en alabanzas de la poesía de esta manera: Ninguna arte que la Poética es de las gentes más frecuentada y ninguna menos entendida por su mucha dificultad. Esta alcanzaron los filósofos antiguos y significaron, por la mucha solicitud que para la haber pusieron y, por el grande premio que a ella depositaron, era el trabajo subir al monte del Parnaso, y era el premio la corona del laurel.

El Pinciano se quiso pagar y, riendo, dijo: ¡O, son, a mi parecer, en esta parte, los poetas como aquellos antiguos que, andando en busca de las Islas Afortunadas, a fin de traer mucho oro, después de muchos trabajos, las hallaron, y, en ellas, un azebuche solo! Mas pregunto: ¿Qué cosa es esta del Parnaso y de la corona?; que ya sé que los Poetas siempre habláis por unos rodeos exquisitos y peregrinos.

Honra

Hugo dijo: Yo quiero, con licencia, responder a esta pregunta, como quien comenzó a subir la áspera cuesta del monte, y como quien recibió la corona dada de gracia y en merced antes de la haber subido. La corona, señor compañero, es la honra, a la cual muchas veces sigue la inmortalidad de la fama; y la subida de este monte alto es el trabajo, ayuntado al natural ingenio. Y, si queréis saber qué tal ha de ser el trabajo, leed a Horacio, el cual dice que se ha de ejercitar con abstinencia de vino y Venus, y con sudor y frío y madrugar y trasnochar; y que la obra salida de esta abstinencia, sudor y vela ha de ser muy buena, porque la que no es buena, es mala; y que debe estar, después del título de buena, guardada en casa nueve años, como criatura en el vientre, cerrada al pueblo, mas no al autor, el cual la debe visitar por momentos. Esto es lo que Horacio dice; mirad vos si tanto trabajo merece bien la corona del laurel con honra, y aun con la inmortalidad de la fama.

Callaron un rato y, después, Hugo dijo al Pinciano: ¿Qué, señor, os parece?

Frag. 2.
Y el Pinciano: Que en lo dificultoso está lo hermoso, como dice Platón.

Y en esta Poética veo lo difícil y arduo, mas no la hermosura; porque, si la beatitud y buena vida está en la virtud honrada y en los bienes externos, como me habéis enseñado, los poetas deberían ser honrados, y lo dejan de ser, y premiados, y no lo son. Yo, a lo menos, más jugadores he visto ricos que no poetas, aunque dice la fama que nunca el jugador fue rico. De los unos y de los otros y de los que quieren hacer oro son muchos los pobres.

Fadrique dijo: Mas, tornando otra vez a la estimación y vileza de las artes, digo que en la Poética se cumple el refrán que dice «pobreza no es vileza»; y algunas veces el consecuente, que dice: «mas hace la hacer». Y esto es también común a otras artes liberales, las cuales de nobles se hacen viles por el mal uso; que, como el músico que se alquila, el poeta que se vende o adula, de noble hace su arte vil, mas el músico y el poeta que su arte ejercita a fin e intento de enseñar desinteresadamente, conseguirá su arte en la franqueza y libertad que ella nació. Lo que de aquí se colige es que hay unas artes que son siempre viles, como las que primero dijimos efectivas; y que otras son siempre nobles, como las contemplativas puras; y que hay otras medias, las cuales tienen lugar medio, como la música, poética y otras semejantes, las cuales fueron inventadas para dar deleite y doctrina juntamente. Y de la una y de la otra digo que son artes nobles y dignas de ser sabidas de cualquier hombre digno; el cual, ya que no las ejercite, a lo menos terná suficiencia para juzgar de ellas, y, juzgando, gozar mejor de su suave entretenimiento.

Aquí el Pinciano se opuso, diciendo. Las artes que solo aspiran al deleite propio muy malas fueron acerca de toda buena filosofía.

Fadrique dijo entonces: El que dice que la música y poética arte es causa de más deleite al que la tiene, no niega que no lo sea de lo útil y honesto. Tres provechos traen estas artes, como, por ejemplo, de la música Aristóteles, en sus Políticos, enseña: el uno, alterar y quietar las pasiones del alma a sus tiempos convenientes; el segundo, mejorar las costumbres; el tercero es el que ahora dijimos divertimiento y entretenimiento.

Bien estoy con eso, dijo el Pinciano y justo es que un gentil hombre, por lo que dicho habéis, entienda a la poética y música, pero que no las ejercite más que en la lección y oído, pues por tan viles son tenidas en común opinión por los hombres. A esto me persuade lo que los antiguos hablaron de Júpiter, los cuales nunca le hicieron músico ni poeta. Así lo enseña el Filósofo, en el octavo de sus Políticos, y que la diosa Minerva arrojó la flauta que había comenzado a tocar; dicen que vía el feo semblante que el tocarla la hacía, mas, según el Filósofo significa, no fue sino porque a la gravedad de la diosa de la ciencia y prudencia no convenía el uso de otro instrumento que el entendimiento. Esto mismo podríamos decir de la Poética, y que el uso de ella no solo no tiene hermosura, mas que trae consigo mucha fealdad.

Fadrique dijo entonces: Paso; no tanto mal; mucha diferencia hay de la poética a la música. ¿Vos no veis que ésta tiene su esencia toda en el movimiento, y aquélla, en el término; y que, así como la danza, la música espira con la mudanza; mas la poética obra queda siempre perpetua, fija y permaneciente, y que, por su constancia, da a entender su gravedad mayor? Lo cual hallaréis en que el Filósofo, en el séptimo de sus Metafísicos, dice haber habido gentes que no querían creer las cosas que no eran enseñadas por los poetas; y, en el primero de sus Retóricos, hablando de los testimonios para la prueba de la cosa, el primero pone el que con el poeta se autoriza.

Todo lo tengo entendido, dijo el Pinciano; mas lo que yo no entiendo es el cómo, si Aristóteles estima en tanto a la Poética, no hizo de ella mención entre otras artes que cuenta en el octavo de sus Políticos.

Yo lo entiendo, respondió Hugo, y es la causa que el Filósofo allí habla de algunas artes para su república solo por instituir a los niños habla de algunas artes para su república solo por instituir a los niños bien, y la gravedad poética no es buena para niños, la cual quiere personas ya mayores y más enteras.

Dicho esto, quedaron en silencio poco rato y, después, dijo el Pinciano: Todavía, señor Hugo, instáis mucho en la gravedad y nobleza de vuestra arte; y, aunque es así, por la definición que el Filósofo da de las artes viles, que en ellas no es contenida, holgara saber cuáles son las nobles y si es entre ellas la poesía.

Fadrique se sonrió y dijo: Dice el Pinciano muy bien, que quizá ni es vil ni noble, y es como una corneja, que ni es cuervo ni paloma. Y mirad, señor Hugo, que nos deis buena cuenta de esto que se os pregunta, no sea que os digamos que es alguna fullería o invención de locos, que no faltarán prosadores que lo crean. Mas, si me dais licencia, yo responderé a la pregunta primero, y, después de haber dado los soldados, vos haréis el escuadrón y desbarataréis con él cualquiera dificultad.

Hugo dijo que le daba sus veces, y, luego, Fadrique comenzó así: Supuesto que las artes y disciplinas todas fueron inventadas de la necesidad como eficiente, y para bien de la humana conservación como fin, digo que aquellas artes son más nobles que más ocurren a la humana necesidad y más conservan la universal salud; todas las cuales Cicerón, en sus Oficios, reduce a cuatro con mucha prudencia y maestría. Estas son: letras, armas, agricultura y mercancía en grueso; y no me opongáis al panadero, al que ara y cava, que los tales pierden la nobleza, como los mercaderes que venden por menudo.

Dicho, Fadrique quiso proseguir, y el Pinciano se le hizo encuentro y dijo: Primero que haga el pecado, pido perdón; y, aunque salgamos un poco de propósito, os tengo de preguntar si Tulio puso esas artes por el orden que dicho habéis, porque veo una cuestión muy reñida entre las armas y las letras.

Fadrique respondió: Y entre la agricultura y las dos que habéis dicho, la cual pretende su primer lugar, y alegará para ello la mayor antigüedad suya y la mayor necesidad que de ella las gentes tienen. Mas ahora no es tiempo de esto; otro día se ofrecerá mejor coyuntura, que mezclar todo a todo es un grande inconveniente y aun rapacería.

Dijo el Pinciano: Mas tengo de ser otra vez rapaz y preguntar: ¿por qué la mercancía no pretende entre los tres el principado?

Hugo dijo entonces: Mejor fuera preguntar: ¿por qué Cicerón puso a la mercancía entre las artes nobles?

Fadrique respondió así: Toda comparación es odiosa; y, dejada ésa aparte, digo que la mercaduría en grueso es oficio muy noble por la utilidad universal que trae a las Repúblicas; y, si el orden con que yo dije estas nobles maneras fue causa para la duda, digo y torno a decir que es noble la mercancía en grueso, noble la agricultura, nobles las armas y nobles las letras; y añado que la Poética, como parte de las filosóficas, es noble, noble por la virtud que enseña, y noble por la universalidad de la gente que de las obras de ella se aprovecha, y noble por la universalidad de las materias que toca, como otro día se dirá. Y no vale decir: es mentirosa facultad (con esto respondo a la objeción rato ha puesta), porque, en la verdad, adelante se verá cómo hay mentiras oficiosas y virtuosas; y, en tanto que esta razón llega, digo: que no es todo falso lo que dice el pandero y que hay muchas cosas en la Poética, y palabras también, que parecen mentirosas y no lo son, porque las cosas en lo literal falsas, muchas veces se miran verdaderas en la alegoría, y las palabras que parecen desviadas de la verdad, no se apartan de ella, sino que a ella están las más veces asidas y cosidas, mediante[17] las metáforas, atributos, conveniencias, causas, efectos y semejantes. De esto se hallará más especialmente cuando del poético lenguaje se hiciere alguna conversación, y de aquello muy presto, cuando se tratara de las mentiras útiles al mundo, y, en cierta manera, necesarias por ser suadidoras de la virtud.

Frag. 3.

Ahora más que nunca me admira, dijo el Pinciano, lo que Platón, en el tercero de su República, dice, y en el Epinomis también, de esta arte de que al presente es nuestra plática.

Y luego, Hugo: Yo no, porque sé su intención, la cual, en ese primer lugar del tercero de República, no es vituperar a la poesía, sino a los poetas,

---

17   Texto de 1596: A ella estan las más veces asidas y cosidas, mediantes...

porque ponían espanto al morir y acobardaban los ánimos de los hombres y les retiraban de emprender grandes hazañas; y si tuvo razón o no, no es de este lugar; mas digo en él no haber Platón reprehendido a la arte, sino a los artífices. En el lugar segundo del Epinomis confieso que reprehende a la misma arte poética, mas conviene romper más esta cáscara y sacar del todo el meollo que está dentro, para lo cual es de advertir el fin que Platón en ese diálogo tuvo, que fue buscar la sabiduría cierta, que niega estar en las más de las artes y más principales; y, habiendo dicho que la tal sabiduría no tenía su asiento en la arte de curar, cazar, regir y gobernar y navegar, ni en otra alguna de las artes imitantes, dice que ni en la Política. Y da la causa: porque no proceden por partes científicas y evidentes, sino por conjeturales. Así que, si Platón dice mal de la Poética en ese lugar, es por lo que reprehende a la Medicina y a la Política y a las demás; y las cuales no solo no son malas, pero son dignísimas y muy importantes. Pienso haber ya respondido a las dificultades: a la del Epinomis, con decir que no se despide a la Poética por ser mala, sino por ser incierta e inevidente; y, a la del tercero de República, con haber mostrado que Platón no reprehende en el dicho lugar a la arte, sino a los artífices que de ella usaron mal, poniendo miedo y pavor al morir. Y no se debe creer que un varón como Platón, habiendo en tantas partes alabado tanto a la Poética, hasta decirla furor divino, y tanto a los Poetas, hasta llamarlos intérpretes de los dioses, contradiga injustamente a lo que justamente dijo antes, y diga mal de la poesía, ni de los poetas en general; porque, si Homero puso temor a la muerte, y Quinto Calabro, amor a la vida, Actio y Pacuvio y los demás poetas, pudo haber quien, siguiendo contrario estilo, anime a los hombres a bien morir, que hay está el latino poeta, que, en el segundo de su Eneida, llama hermoso al morir en las armas por la patria por estas palabras:

Es hermoso morir entre las armas.

Y otra vez dice, en el cuarto:

Demuestra el miedo al ánimo sin lustre.

Y, en el sexto, pone en los campos Elíseos a los que por la patria dieron las vidas, aunque yo soy de opinión que Virgilio y Homero, éste acobardando y aquél animando, tuvieron un mismo fin, que fue la virtud.

Y que, así como Virgilio puso osadía al morir por suadir a la virtud de la defensa de la patria, Homero puso espanto a la muerte por desviar a los hombres de guerras injustas y de todo otro género de injusticia y pecado.

Esto, digo, verá claramente el que advirtiese en el propósito en que cada uno habla, porque Virgilio, que anima y da osadía al bien morir, está hablando de un hombre que defendía la patria; y Homero, que disuade el morir, razona de uno que vengaba su injuria; y Quinto Calabro, de otro que iba a socorrer al malhechor y criminoso: tal fue Memnón en socorro de Troya, robadora de Helena. Esta ha sido digresión del tema principal, que era responder a las dos objeciones: platónicas del Epinomis y del tercero de República, las cuales quedan bien deshechas, y, cuando no lo quedaran, Platón es un hombre solo y que pudo errar, y los que de la Poética han aprobado son muchos varones graves y santos, que, por muchos y graves, no es razón yerren, y, por tantos, es casi imposible.

Fadrique dijo: La opinión de Platón es tan grande, que bastó por muchas en su tiempo, y así importa mucho el tenerle de nuestra parte, digo de la Poética, si es posible.

Bien dice, dijo Hugo, Fadrique si es posible; y, si no lo es, ¿qué, haremos? Yo, a lo menos, despedido le tengo de nuestro bando y de la Poética; o quizá no lo entiendo.

Acaso es lo postrero, dijo Fadrique, y preguntó a Hugo diciendo: ¿Veamos qué os mueve a tanta desconfianza?

Hugo respondió: A mí agrada mucho vuestra pregunta, y agradará más la respuesta si, según espero (no quiero mentir), si, según deseo, se me da; y pregunto: ¿por qué, en el nono y décimo de República, Platón destierra a la Poética, de quien tan bien había hablado[18] en el Ion y en otras muchas partes que yo no alcanzo? Y sería para mí un Apolo el que me desatase esta dificultad.

Fadrique dijo entonces riéndose: El señor Hugo es un gran traidor que, habiéndole favorecido en sus cosas antes, ahora se ha puesto al bando

---

18   Texto de 1596: A la Poética de quien tambien auía hablado.

contrario, pues lo espero que será de mi parte y volveremos los dos contra el Pinciano, nuestro enemigo común. Y, sin ser yo Apolo, ni aun Edipo, desataré este nudo tan intricado. Y, porque entendáis que he pasado por esos lugares, digo que Platón, en el nono de República, dice que la Poética alborota e inquieta los ánimos de los hombres, y, en el décimo, que es fullera y mentirosa y que dista de la verdad tres grados, y quiere —y es su última voluntad y postrimera— que, así por alborotadora como por embaucadora, salga de su santísima República. ¿Así no lo dice?

Sí, dijo Hugo, y poniendo por ejemplo a un lecho, del cual dice que el primero, principal y verdadero autor es Dios, el segundo, el carpintero, y el tercero, el pintor que le pinta. Así que el pintor dista tres grados de la verdad, lo cual hace el poeta como el pintor, porque la pintura es poesía muda, y la poesía, pintura que habla; y pintores y poetas siempre andan hermanados, como artífices que tienen una misma arte.

Aquí dijo el Pinciano: Pues ¿por qué, si por hacer cosa tercera de la verdad destierran a los poetas, no azotan a los pintores? Los cuales de una imagen sacan otra, y de otra, otra, hasta llegar a ciento, y otros tantos dista la última imagen de la verdadera y natural figura.

Fadrique respondió: Los pintores no alborotan tanto los ánimos de los hombres como los poetas; por eso no son tan culpados acerca de Platón.

Así que, aunque mienten, mienten sin daño tanto; pero un poeta que con una ficción que jamás pasó y tan distante de la verdad, alborote los ánimos de los hombres, y que, unas veces, los haga reír de manera que se descompongan, y otras, llorar, de suerte que les lastime el corazón y le perturben tanto, esto es acerca de Platón malo.

El Pinciano dijo entonces: Y aun acerca de mí lo es también. Y, en prueba de la opinión de Platón y mía, si no os enfada, contaré un caso que me aconteció los días pasados con un amigo mío, nombre Valerio, el cual y yo fuimos convidados, cuatro leguas de nuestra casa, a una boda; caminamos juntos, llegamos juntos y juntos fuimos recibidos muy bien. Al poner de Sol, poco después, nos sentamos a la tabla, con los desposados y padres de ellos, más de veinte personas que a la fiesta habíamos sido convidados. Alzados los manteles, mi compañero se alzó también y demandó luz para irse a la posada, y, no le consintiendo salir de casa, le pusieron en un aposento honestamente aderezado, y adonde él me esperaba, aunque en diferente lecho. Valerio se fue a reposar; el cual, luego que fue dentro de la cama, pidió un libro para leer, porque tenía costumbre de llamar al sueño con alguna lectura; el libro se le fue dado, y él quedó leyendo mientras los demás estábamos en una espaciosa sala pasando el tiempo, ahora con bailes, ahora con danzas, ahora con juegos honestos y deleitosos. Al medio estaba nuestro regocijo, cuando entró por la sala una dueña que, de turbada, no acertaba a decir lo que quería y, después, dijo que Valerio era difunto: y yo me alboroté, como era de razón, y los demás, así galanes como damas, que, a gran prisa, desembarazaban la sala y llenaban los corredores, y, deseando cada uno ser el primero que al muerto resucitase, tropezamos unos con otros y caímos de manera los hombres y mujeres que, a no ir tan turbados, diéramos que reír. En suma: yo llegué antes y hallé a mi compañero como que había vuelto de un hondo desmayo; la causa le pregunté y qué había sentido. Él me respondió: «Nada, señor, estaba leyendo en Amadís la nueva que de su muerte trajo Arquelausa, y dióme tanta pena, que se me salieron las lágrimas; no sé lo que más pasó, que yo no lo he sentido». La dueña dijo entonces: «Tan muerto estaba como mi abuelo; que yo le llamé y le puse la uña del pulgar entre uña y carne del suyo; no sintió más que un muerto». Porque el caso no fuese entendido, dije en alta voz: «No es nada: un desmayuelo es que le suele tomar otras veces al señor Valerio»; y, diciendo yo que convenía dejalle reposar solo en su aposento, al tiempo de mi salida dijo la dueña embajadora: «Señor, por amor de Dios, que saque consigo aquel caballero que hizo el daño con su muerte, que, si acierta a resucitar, no será mucho que traiga otro desmayo de gozo, como antes le trajo de pesar». Yo disimulé, y, pareciéndome decía bien la mujer, lleno de una secreta risa, saqué el libro de Amadís conmigo.

Este es el caso, del cual se puede colegir fácilmente cuánto daño traigan consigo esas ficciones, pues no solo alborotó la de Amadís al lector Valerio, mas a toda la gente que a la boda fue llamada y convidada.

Fadrique y Hugo se rieron mucho, y Hugo dijo: Blando era de carona ese caballero.

Y los más helados suelen tal vez, dijo Fadrique, derretirse al calor de una compasión, como lo vemos cada día en esas tragedias, y, sonriendo, añadió:

Tiene razón el Pinciano que Platón hizo muy bien en estar mal con esta arte tan perjudicial y tan de poco provecho.

No tanto como eso, dijo Hugo, que si la poesía perturba, es por mayor bien y paz; que Platón es el que no tiene razón en este particular, y, a mi parecer, no entendió el primor de ella.

Fadrique dijo entonces: La arte es como habemos dicho, arte buena y útil y necesaria; y Platón, como habemos también dicho, la destierra por perturbadora y mentirosa; y Platón tuvo razón, y Platón no tuvo razón.

Frag. 4.

Dicho, Fadrique se quedó risueño y los demás, admirados; y, poco después, comenzó así: Pregunto, señores compañeros, y especialmente a vos, señor Pinciano: Si contra un rey justo, un pueblo injusto se rebelase y le negase la debida y justa obediencia, pregunto, digo, si el tal rey podría armar justamente sus escuadrones contra tal pueblo y de nuevo ponelle el yugo acostumbrado.

Si, dijo el Pinciano, y aun castigar a los culpados gravemente por perturbadores de la paz.

Fadrique dijo: Mirad lo que decís, que este rey, al tiempo de armar sus escuadrones, ha de poner su tierra en inquietud y desasosiego que la gente de guerra causará a la tierra por donde caminare.

No importa, dijo el Pinciano, que mayor es él provecho que el daño; y ésa es una perturbación que pasa en breve, y que, por causa de la paz común, es bien se reciba; porque si un pueblo se rebela y no se debela, otro, y otro y los demás harán lo mismo, y, después, arderá toda la tierra en guerra con la falta de la cabeza suprema y del regimiento conveniente.

Fadrique dijo: Y si este tal rey, o por la boca, o en escrito dijese alguna mentira por pacificar y tener quieto a su reino, ¿haríalo mal?

No, dijo el Pinciano, que hay mentiras oficiosas que no se pueden decir malas, y no solo no lo son, mas se pueden poner en el número de las buenas: y, si alguna hay en el mundo, es la que decís, por seguirse de ella bien tan grande como es la paz universal.

Fadrique dijo entonces: Vos, señor compañero, habéis dicho una muy cierta verdad, y yo os diré otra tal fundada sobre ella. Y, porque vuestra objeción ha sido trágica, os quiero responder con ejemplo trágico, que lo que de la tragedia se dijere, podréis entender generalmente de toda otra especie de Poética. Dice, pues, Aristóteles, en sus Poéticos, que la tragedia fue hecha para limpiar el ánimo de las pasiones del alma por medio de la compasión y del miedo. Así que la misma fábula que turba el ánimo por espacio poco, le quieta y sosiega por mucho.

Aquí calló Fadrique, y Hugo dijo: Vos, señor Fadrique, habéis hecho una larga digresión a contemplación del compañero; volved, si hecho una larga digresión a contemplación del compañero; volved, si sois servido, al tema, y proseguid la plática en contemplación mía. Y, porque pienso que os habéis ya olvidado, digo, que era sobre los dos lugares de Platón adonde destierra a la Poética; y decidme también cómo, si la arte es útil, cual vos decís y yo sé, y si Platón la destierra de su República, hace obra justa en ejecutar el destierro.

Fadrique dijo entonces: Aunque vos, señor Hugo, inquirís diversas cosas de mí, todas nacen de una fuente; y, respondiendo a la una, seréis respondido a todas. Y, para entendimiento mejor, es menester traer a la memoria las palabras formales de Platón en las últimas líneas del nono De República, las cuales dicen así: «entendiendo que la República que habemos estatuido tiene un ser solamente en las palabras, no en las obras, ni en la tierra, en el cielo acaso se hallará el dechado de ella». De estas palabras de Platón se conoce claramente que él fingió una República a imitación de la celestial; o, a lo menos, que la quiso fingir e inventar: supuesto lo cual, dice muy bien que en esta República, a do los moradores son tan buenos y es necesario que lo sean, no son menester poetas que turben y mientan para quietar y deleitar los ánimos de los hombres, ni por tales medios traellos a la enseñanza y virtud; así como, si no hubiese enfermos, los médicos serán baldíos, mas hay enfermos y son necesarios médicos, y los hombres son malos y han menester ser traídos con artificio a la buena doctrina y costumbres. Y con esto se responde a las autoridades de san Pablo ad Timotheum, que, en una parte, le manda huir de las fábulas vanas, y, en otra, le dice que vendrá tiempo que las gentes no sufrirán la sana doctrina y se convertirán a las fábulas; que, si los hombres fuesen los que deben y los que manda la doctrina Evangélica, no serían menester las tales fábulas.

Hugo dijo: Mirad, señor Fadrique, que san Pablo no reprehende sino las fábulas vanas, que de las sólidas y que llevan doctrina no parece hacer mención ni reprehensión.

Fadrique dijo entonces: Yo quiero apretar más este negocio, y digo: que Platón y san Pablo y san Agustín las reprehenden todas, porque quisieron ellos tanta perfección en las gentes, que, sin salsa de fábulas, comieran la virtud; ellos dijeron muy bien, el uno como filósofo, y los dos como santos, y con muy justa razón destierran las fábulas de sus Repúblicas celestiales; mas nosotros vivimos en estas humanas y frágiles casas, adonde hay tan poca perfección y tanto fastidio a la virtud, y es menester, aunque sea con fábulas, traer a las gentes a la senda de ella. Pienso haber respondido con lo dicho a las dificultades de Hugo acerca de Platón, y aun a las que se pudieran objetar de parte de san Pablo.

El Pinciano dijo entonces: Yo confieso estar pagado de esta interpretación y, por ser nueva, la estimo en mucho; y, aunque vuestra autoridad basta, holgara ver con firmado esto con algún varón antiguo.

Fadrique: No faltará.

Hugo: Será menester que sea persona que haya entendido el ánimo de Platón y que se dice platónico.

Respondió Fadrique: Máximo Tirio, en el séptimo sermón, enseña lo que habéis oído.

Hugo: Basta. Yo estoy contento con este particular; mas, en lo demás, no estoy tan satisfecho, que no me quede otra dificultad mayor, a mi parecer, que todas. Y digo y confieso que Platón amó mucho a la Poética y la honró, como consta en muchas partes de sus obras: y digo que la desterró de la República celestial suya; mas pregunto: ¿Por que razón, si de su República la destierra los recibe en su República?

Eso, dijo el Pinciano, sería acaso muy feo, porque una vez alaballa, otra vituperalla, otra recibilla parece mucha inconstancia y caso indecente para un tan gran varón.

Hugo dijera entonces: Pues pasa así como lo digo; y, si no soy creído, miren el sexto de su República, adonde dice: «que conviene en los himeneos y bodas haya poetas que las solemnicen» y en el 2 De legibus: «conviene que el poeta cande que el hombre justo es dichoso y bienaventurado, y el injusto, desdichado y miserable». ¿Por qué, digo yo ahora, si en el 9 y 10 los había de desterrar, los recibe en el 5? Y ¿por qué, si en el 2 De Legibus los había de admitir después, los desterró en el 9 y 10 de su República? Yo mando unos guantes a quien la dificultad me soltare y desatare el nudo intricado.

Frag. 5.

Sin guantes, dijo Fadrique, se desatarán mejor los nudos, y, sin romper, como Alejandro el Magno, desataré yo el vuestro. Y, para que mejor y brevemente se haga esta obra, quiero que me ayudéis y digáis aquel lugar que poco ha por vos fue traída del principio del último libro De República, digo aquel que habla contra los poetas.

Hugo dijo: A mí place. Las palabras de Platón son éstas: «Tensando en la ciudad que habemos ordenado, me parece haber estatuido muchas cosas derechamente, y, especial, las que a la política tocan, conviene a saber, que ninguna parte de las que imitan sea recibida».

Basta, dijo Fadrique. ¿De manera que la parte poética que imita es la desterrada? ¿Luego otra parte hay que no imita, acerca de Platón? No acerca de Aristóteles, que en esto están maestro y discípulo muy contrarios. Digo, pues, que acerca de Platón, hay dos maneras de poesía: una, imitante, que consiste en fábula, y otra, no imitante, la cual consiste en el metro. Y, con esta distinción sacada del mismo Platón, quedan vuestras dos grandes dificultades facílimas; porque, si hay poesía imitante y no imitante, la imitante pudo Platón desterrar de su República platónica, y la no imitante, que consiste en himnos, canciones y cosas de esta manera, pudo ser de él recibida, como lo fue, en la verdad, en el 5 De República y 2 De Legibus sobredichos.

Calló Fadrique y dijo Hugo: Por cierto, señor Fadrique, vos dais tan buena razón de vos, que no tengo que hablar ya ni que redargüir; y estoy muy contento que Platón está de nuestra parte, porque, a los que profesamos la Poética, luego nos dan con que Platón nos desterró, y destierro por hombre tan justo debe ser justo. Y, al fin, tengámosle de nuestra parte, aunque más y más diga de Homero que no enseñó y que su doctrina es poca y otras cosas semejantes.

Fadrique dijo entonces: Y aun esas palabras de Platón contra Homero tienen también su cierto entendimiento, porque no es verosímil que quien tan bien dijo de él en el Ion y en otras muchas partes, en ese lugar que decís del décimo de República le vituperare así malamente; yo, a lo menos, siempre fui de parecer que los dichos de los antiguos se deben interpretar amigamente y no reprehendellos resoluta y disolutamente. Y, supuesto que poco antes había echado Platón de sus Políticos a la poética imitante, por las razones antes dichas de las perturbaciones y mentiras y daño que por ella viene y recrece, con otras tocantes al poco provecho que a los hombres trae, y dice que Homero no enseñó cosa acabada y perfecta; y lo que dice de Homero, entended de los demás poetas.

El Pinciano rompió aquí la plática a Fadrique diciendo: ¿Eso es verdad?

Fadrique respondió: Sí por cierto, y así como, con razón, por sus razones, de su República a los poetas despide, sin razón despedirá otra cualquier República humana, porque, aunque no enseñan arte desde su principio, por el medio basta el fin, mas enséñalas todas a pedazos, en partes diferentes, según la ocasión que la tela de la narración da lugar; y éste es uno de los mayores primores que tiene la arte para su fin que ella pretende, que es variar la lección y no estomagar, con una misma, tiempo largo; y en aquella Política platónica y celestial no convenían floreos para el entretenimiento de la doctrina, sino que todo fuese puro grano; y sacadme a Platón de ella y veréis cuánto bien de la Poética y cuántas alabanzas a Homero hace, y cuántos versos le saca para comprobar sus opiniones.

Fue Homero sapientísimo y no escribió todo lo que supo, porque la arte que siguió no dio lugar; y, si como siguió la Poética, siguiera otra escritura o física sola, o política, bien sabe Platón y bien Aristóteles cuánto Homero se aventajó a todos los del mundo, y, si no, preguntadlo a Plinio, en el libro séptimo, que dice: «conviene convenir que ninguno ha habido en el mundo tan feliz en escribir como él, pues Platón, en su Timeo, capitán de los filósofos le llama». Todo esto que está dicho, bien lo alcanzo yo de Platón, y creo que las dificultades de Hugo con ello quedan llanas. No lo digo porque me dé los guantes, sino que, pues profesa la Poética, me diga: ¿Por qué siendo Platón poeta, ni burlando ni de veras, dijo mal de los poetas y de la Poética? Esta es la mayor dificultad que yo hallo en este negocio, que no acabo de entender.

Hugo dijo aquí: Este filósofo espaldado fue muy facundo, y dijo mal de la Retórica en la Gorgia; y fue poeta, y dijo mal de la Poética en su República. ¿Si lo hizo por celar sus artes? Y, dicho, dio una gran risada.

No se rió Fadrique, mas quedó pensativo y, poco después, dijo: No es lo dicho para reír, sino para considerar.

Y, luego, el Pinciano: Aquí hay quien se ha admirado y mucho en oír que Platón fue poeta.

Fadrique respondió: Así es; lo fue él en sus Diálogos, como Lucano histórico en su Farsalia; y quédese aquí la chaza hecha; que otro día, Dios adelante, se acabará este juego.

Dicho esto, pidió la espada y capa y, con Hugo, se fue a cierto negocio que entre los dos había.

El Pinciano se despidió y se fue a su posada contento en tener que os escribir de nuevo con el ordinario. Y está con su propósito de no os enviar la Arte Poética que pedís hasta hallar el fondo de esta plática, de la cual espera sacar la Arte que más arte tenga y a vos dé más deleite; a quien Dios guarde, etc. Fecha, en los Idus de abril desde presente año.

Respuesta de Don Gabriel a la Epístola II del Pinciano

Frag. 1.

Aunque, amigo Pinciano, con las nuevas que desa tierra me soléis enviar, yo suelo recibir no pequeño regalo, con las de la carta pasada fue tan grande, que no lo sé encarecer. De la epístola saqué el gusto doblado, así con la doctrina como con la admiración de ella. Esto es en lo general, y, en lo particular, considerado cada pedazo, que vos decís fragmento, de por sí, hallo, acerca del primero que toca a la dificultad grande con que la Poética se adquiere, que, no sin causa, el Filósofo, en el nono de sus Éticos a Nicómaco, dice que los poetas aman a sus poemas como los padres a los hijos; y, si dijera como las madres, dijera mal y viniera más a vuestro propósito, que las madres quieren más que los padres a los hijos, según el mismo Aristóteles en el lugar mismo siente, porque les costaron más. Así que, si los poetas aman mucho a sus poemas, yo no me maravillo, pues los paren y crían con tanto trabajo como vuestros amigos significan; hablo de los buenos hijos y de bendición; que los malos fácilmente se engendran, se paren y crían. Una diferencia hallo yo entre los malos poemas e hijos malos: que los hijos viven mucho y los poemas se mueren luego.

Esto respondo cuanto a la primera parte de la dificultad grande con que el nombre de poeta se alcanza. Y, a la segunda del premio, que decís ser la inmortalidad, premio grandísimo me parece y que viene a razón que cueste mucho trabajo lo que ha de gozar de tal premio. Así está ordenado del cielo: que lo mucho cueste mucho; y así lo confirma Platón en aquella sentencia que dice: «dificultoso, lo hermoso».

Frag. 2.

Esto en el primer fragmento; y, en el segundo, me agradó mucho de la alabanza y sublimación de la poética y nobleza suya, como también de las distinciones de las artes y oficios nobles, y de los que no lo son.

Frag. 3.

En el fragmento tercero hallo también mucha consideración y no poco ingeniosa, porque me acuerdo haber un tiempo pasado por los dos lugares de Platón, en el tercero de su República y en Epinomis, y que ellos a mí se me pasaron por alto, a cuya causa quedé por condenada a la Poética en la opinión de Platón; vuestra carta lo concuerda tan bien, que no hay dificultar de hoy más en ello.

Mas las confirmaciones dos del mismo filósofo sobredicho fueron, a mi parecer, muy fuertes, y fuertes también las razones que de ellas contra la Poética se sacan, acusándola de perturbadora y mentirosa.

Frag. 4.

Y, dejada aparte la confirmación del caso de Valerio, que fue donosa, digo que estuve algo confuso y que deseaba, mientras iba leyendo las confirmaciones, ver el fragmento cuarto, en el cual esperaba las solturas de ellas. Yo le vi y me agradé mucho de las respuestas, y aun me admiré cómo Fadrique dejó tan hermanado a Platón y al Filósofo en la aprobación de la Poética, cosa en que ninguna persona dudará, a mi parecer, de hoy más, pues del mismo Platón consta en otras muchas partes la mucha autoridad y veneración que le dio contino a la Poética.

Estimé en mucho la interpretación de Fadrique y el confirmalla con Máximo Tirio: dice en el dicho lugar expresamente lo que Fadrique en la vuestra; la cual interpretación es de tener en más por ser de discípulo del mismo Platón, y en la cual hallo que el Máximo anduvo muy conservador de la honra de su maestro, porque es tan grande la autoridad de Homero en el mundo, que el mundo todo se riera de Platón si de Homero se apartara, cuanto más si le desterrara, como es opinión de algunos, los cuales, así como a todas las demás artes, ponen a la Poética falta.

Frag. 5.

Vuelvo al caso; fueron también contra el mismo Platón muy bien traídos los dos lugares del, 5 de República y 2 De Legibus, los cuales resuelve vuestro Fadrique en el fragmento 5, muy bien a mi parecer; estímole en mucho por la bondad y novedad de la doctrina que enseña; y el cual no solamente hizo concorde a Platón con el Filósofo y con todos los demás gravísimos varones en esta parte, mas también le hizo concorde consigo mismo.

Yo, a lo menos, de aquí adelante no pienso dudar que el príncipe de los Académicos no haya sido muy en favor de la Poética, a lo cual me suade el habello él sido, y las muchas alabanzas que de ella en muchas partes canta; y si a alguno pareciere todavía que el Platón fue contrario a la Poética manifiestamente y que no tiene lugar en esta parte la concordancia, tenga por respuesta de ello la que, riéndose, dio Hugo al fin del fragmento, que, aunque dada con risa, no fue muy mala.

Proseguid en vuestra conversación y en mirar por vuestra salud, y yo proseguiré en desear vuestras cartas y en agradaros en lo que pudiere.

Pienso leer un poco estos libros de Poética del Filósofo, que, a deciros la verdad, no habían llegado a mi noticia. Fecha, nueve días antes de las Calendas de mayo de este presente año. Vale.

Epístola III. De la esencia y causas de la poética

Frag. 1.

El que aprehende mala doctrina, dice el proverbio, tendrá dos trabajos en vano: uno, en aprender mal, y otro, en desaprender lo aprendido. Deseoso, pues, vuestro Pinciano huir de trabajos inútiles, y amando seguir los honestos y, en suma, hacer lo que emprende de una vez, dejó su posada sin reposar la comida y se fue a casa de Fadrique, su vecino, al cual halló juntamente con Hugo, su coterráneo o compatriota, dando a Dios gracias de la vianda del mediodía. Saludáronse los tres, y Hugo alargó la cabeza hacia Fadrique, al cual dijo con voz oscura: A la conseja, el lobo.

El Pinciano lo entendió y respondió: Si, señores, y codicioso de saber adónde o cómo fue Platón poeta; yo lo he mirado todo, hoja por hoja, y, sí no son algunos versos ajenos, no le he hallado otros algunos: y, o él no es poeta, o yo no sé lo que es serlo.

Lo postrero, respondió Hugo.

¿Qué es lo que oigo? dijo el Pinciano ¿Por ventura poesía no es oración en metro, hecha para reformar y moderar las costumbres de los hombres?

Así la definen algunos, respondió Hugo, pero pregunto: ¿Cómo el metro reforma las costumbres? ¿Vos no veis que es fuera de toda buena lógica y uso de razón?

Pinciano: No el metro es el reformador de ellas, pero las cosas que en él se escriben.

Fadrique: Pues dése la definición por la cosa que es y no por la que no es; y, según esto, señor Pinciano, no os hizo agravio Hugo, el cual habló fundado en Aristóteles y en todos los buenos espíritus que en esta materia han hablado.

Pinciano: ¿Pues cómo Aristóteles y todos los espíritus, buenos ni malos, pudieron decir que yo no sé lo que me digo?

Fadrique se rió y Hugo dijo: No digo yo que tal dice Aristóteles, sino que, por lo que dejó escrito, se entiende que vos no sabéis qué arte sea ésta.

Pinciano: ¿Pues qué cosa es poesía?

Poesía y poema

Y Fadrique: Poesía, según la manera de hablar común, quiere decir dos cosas: la arte, que la enseña y también la obra hecha con la dicha arte. Mas llámese, si os parece, la arte, poesía, y la obra, poema, como algunos han querido y no habrá lazos en que se enrede vuestra plática.

Forma poética

Dicho, Hugo prosiguió diciendo: Así que poesía no es otra cosa que arte que enseña a imitar con la lengua o lenguaje. Y, porque este vocablo imitar podría poner alguna oscuridad, digo que imitar, remedar y contrahacer es una misma cosa, y que la dicha imitación, remedamiento y contrahechura es derramada en las obras de naturaleza y de arte. Ejemplo de la naturaleza es el niño, que apenas deja vacío el seno de la madre y ya comienza a imitar: si reís, ríe; si lloráis, llora; si cantáis, canta; si cerráis el ojo, le cierra; si amenazáis, amenaza, y, ya mayor, si jugáis pelota, juega pelota; si pala, pala; si hacéis procesión o disciplina, él hace procesión y se disciplina, y otras infinitas monerías. Mas éstas basten por ejemplo de naturaleza; y, de la imitación que hace la arte, está lleno el mundo. Pregunto: ¿Qué hace el zapatero, sastre, bonetero, calcetero, sino imitar y remedar al pie, pierna y cabeza del hombre? ¿Qué el armero, sino lo que todos estos cuatro? ¿Y qué el pintor, sino lo que todos cinco y mucho más? ¿Que el médico, sino imitar a la naturaleza cuando bien ejercita su obra? ¿Y qué el gobernador, cuando con hartura, justicia y paz, rige y gobierna su tierra, sino imitar al Sumo gobernador, el cual, con su infinita bondad, harta al mundo de pan, paz y justicia? Esto, pues, que la naturaleza y arte obran cuando remeda a las obras de otros, esto, digo, es dicho imitación.

El Pinciano dijo entonces: Yo por imitación entendiera, antes de ahora, cuando un autor toma de otro alguna cosa y la pone en obra que él hace.

Y Hugo: Esa es también imitación, porque es remedar y contrahacer a otra; y de la imitación está dicho que tiene su esencia en el remedar y contrahacer, así que esa y las demás dichas están debajo del género de imitación. Diferénciase en algunas diferencias, porque el autor que remeda a la naturaleza, es como retratador, y el que remeda al que remedó a la naturaleza es simple pintor. Así que el poema que inmediatamente remeda a la naturaleza y arte, es como re trato, y el que remedó al retrato, es como simple pintor. Y de aquí veréis de cuánto más primor es la invención del poeta y primera imitación que no la segunda.

Fadrique dijo entonces: Pero advertir conviene que, alguna vez, la pintura que simple decís vence al retrato, lo cual, según el pintor y el pincel, acontece.

Dice muy bien Fadrique, dijo Hugo, que Virgilio tiene pinturas que sobrepujan al retrato e imitaciones que vencieron al inventor, porque dejó en cosas a la pintura y siguió a la naturaleza misma. Y si los que imitan, de tal manera imitasen, no sería mucho vituperio, antes grande hazaña Y digna de serlo; mas no sé yo para qué fin imitaré yo mal lo que otro escribió e inventó bien. ¡No lo puedo sufrir! Ni aun Horacio sufrirlo pudo, el cual dice de estos tales imitadores que son rebaño siervo que no tienen ingenio libre para inventar, y siervo que estraga lo que otro hizo bien. Y de esta manera se ha de entender Horacio, el cual también fue imitador de otros, mas no siervo, porque imitó muy bien. Y vuelvo al propósito.

Aquí el Pinciano dijo: No es menester, que yo tengo ya entendido que la poesía es imitación, y aun que ha de ser hecha con lenguaje y plática, porque yo veo que hay muchas especies de imitación, y que el lenguaje es el que a la poesía diferencia de las demás.

Frag. 2.

Mas falta, dijo Hugo, que, allende de ser hecha con plática, para ser legítimo poema ha de tener el fin también, que es enseñar y deleitar; que las imitaciones que no lo hacen, no son dignas del venerable nombre poema.

El Pinciano dijo: El que aprehende debe creer al que enseña, y así yo, señor Hugo, os quiero creer lo que decís, especialmente callando Fadrique, aunque podría callar, entendiendo lo contrario, por cortesía de no contradecir.

Esa, dijo Fadrique, no sería sino muy gran descortesía y tanto mayor cuanto es en perjuicio de parte más principal, que es el entendimiento.

Bueno será que vea yo que a mi próximo le enseñan mala doctrina y que, por ser a otro cortés, le sea yo dañoso; nunca lo profesé. Y lo que ahora el señor Hugo ha dicho del fin de la Poética no sé yo que sea necesario, que, para una definición buena, basta que tenga género y diferencia, como materia y forma, sin que entre en ella la final causa. Pregunto: ¿el hombre no fue hecho para servir a Dios? Sí, y el que no le sirviere, también lo es, pues tiene materia y forma racional, cuerpo, digo, y alma. La obra que fuere imitación en lenguaje, será poema en rigor lógico; y el que enseñare y deleitare, porque estos dos son sus fines, será bueno, y el que no, malo. Y esto es lo que yo de esta materia entiendo.

Bien me parece, dijo Hugo.

Y el Pinciano: A mí, mejor; mas esto de cómo Platón es poeta, no lo acabo de entender, y holgaría mucho entendello de su raíz y fundamento.

La raíz, dijo Hugo, está ya bien fundada, y el fundamento, bien arraigado, y, a poca costa y en breve, veréis esta máquina levantada por vos mismo. Pregunto: ¿Los Diálogos y Coloquios en que Platón escribió su doctrina pasaron así como él los dejó escritos? Sí o no. Claro está que pudiera acontecer, mas no acontecieron, de manera que imitó a lo que pudiera ser y no fue.

Sí, dijo el Pinciano, yo lo creí siempre así.

Y luego Hugo: Mas pregunto: ¿Con qué imitó a aquella acción y acciones? ¿No fue con la lengua, o, si más queréis, con la pluma? Que todo es uno acerca de nuestro negocio.

Aquí se dio el Pinciano una palmada en la frente y dijo: No me digáis más. La obra de Platón tiene la definición del poema: género y diferencia, materia y forma, y aun las causas finales que de la Poética dijisteis; porque imitó con la lengua para enseñar con deleite, que, si escribiera sin imitación, no fuera tan deleitoso como es. Y de aquí nace que Platón tiene tantos devotos por el gusto que da su lectura, así con la imitación como con el lenguaje: el cual es artificioso y deleitoso tanto como significa el que dijo que, si Júpiter hablara en griego lenguaje, hablara el platónico.

Calló el Pinciano y dijo Fadrique a Hugo: ¿Qué os parece el discípulo que habéis sacado?

Y Hugo: Aunque el Pinciano lo ha entendido muy bien, pero, porque no piense que lo ha penetrado todo, le quiero añadir un poco que se ha dejado en esta materia comparativa entre Aristóteles y Platón; y es que, así como éste deleitó más que aquél, por ser poeta e imitante, por ser imitante poeta, enseñó mucho menos. ¿Vos no veis que tiene más granó una hoja de Aristóteles que treinta de Platón? No lo digo por vituperar a Platón, sino para que sepáis que en todo siguió a Homero, quien él tanto en su República vitupera.

El Pinciano dijo entonces: Todo está muy bien, mas, con todo, me ha quedado un vacío dentro de mí acerca de este poema de Platón, porque carece de metros y la común manera de hablar de antiguos y modernos es que los poetas cantan, que es decir, hablan en verso; los cuales son dispuestos para ser cantados, y Platón no cantó como poeta, antes lloró a los poetas, como habemos dicho en alguna parte. Y, aunque para mí debiera bastar vuestra autoridad, y basta, y digo que ya no dudo, sino que lo creo, holgara saber si algún varón grave antiguo había emprimado vuestra doctrina.

Hugo dijo: ¡Qué emprimado! Y aun bosquejado y aun retocádola, a mí parecer! Pregunto: ¿Bastará la autoridad del Filósofo? Que, si ésta basta, excusaremos muchas palabras.

El Pinciano: Luego a mí basta por todo el mundo junto en natural filosofía.

Pues mirad, dijo Hugo, que, en sus Poéticos, dice: «no la prosa y el metro diferencian a la historia de la Poética, sino porque ésta imita y aquélla no; porque si la obra de Herodoto se pusiese en metro, y la de Homero en prosa, no por eso dejaría de ser éste poeta y aquél histórico». Y, si queréis más de esta masa, leed a sus Poéticos, adonde hallaréis esta doctrina por tan llana que ninguna cosa más.

Fadrique afirmó diciendo: Ello es así sin falta alguna. Así lo confirma Plutarco cuando dice de Nicandro que no fue poeta en su Triaca. Y lo mismo Quintiliano, cuando a Lucano cuenta entre los históricos, y no entre poetas; que, en la verdad, la ánima de la poesía es la fábula, lo cual Aristóteles dice por el ejemplo de la tragedia, no sin misterio, porque la fina tragedia debe tener algo de lo histórico; y, con todo eso, dice que su ánima es la fábula, para que, por argumento de menor a mayor, colijamos que toda Poética no tiene más de vida y esencia que cuanto tiene de fábula. Esto, aunque me perdone Platón, no lo entendió del todo cuando dijo de los poetas que unos son imitantes, y otros, no; que los que él llama poetas no imitantes, porque hacen metros sin imitación, no son sino metrificadores. Y, en suma, el metro no es necesario a la Poética, como está probado; y otra vez quiere Aristóteles, cuando dice de la tragedia que es imitación en lenguaje o metro, que, para las disyuntivas, basta la una sea verdadera.

Fadrique calló, y dijo el Pinciano: Yo estoy convencido, con vuestra autoridad y con las de tan graves varones, en que el metro no es necesario a la

Poética, como está probado, y que basta la imitación en lenguaje hecha, y no tengo más que pedir.

Hugo añadió: Pues yo tengo más que dar y añadir fuerzas de razón a las autoridades dichas. ¿Acordáisos qué cosa es poema? Bien tenéis memoria de que es imitación; y bien lo creísteis por la autoridad del Filósofo; pues pregunto: ¿El que habla en metro, a quién imita? ¿Qué rústicos, qué plebeyos, qué ciudadanos hablan en metro, como en las bucólicas y cómicas? ¿Y qué príncipes, como en las tragedias, hablan en metro? ¿En qué senados, qué consultas, qué ayuntamientos hablaron príncipes y señores jamás en metros? Es tan contrario el hecho, que, por la misma causa que saben los príncipes y reyes que vuestra desgracia os dio tal gracia, no os fiarán cosa de importancia. ¿A quién, digo, imitan los trágicos en hablar en metro? ¿Ni qué tiene que ver el metro con el poema?

El Pinciano dijo entonces: Vos, señor Hugo, parece decir verdad, y digo que no solo el metro no es necesario a la Poética, mas que del todo la es contrario; y que yo estoy admirado cómo dieron los antiguos en un disparate tan grande de escribir las fábulas en metros; y que, proponiendo imitar, deshacen del todo los nervios de la imitación, la cual está fundada en la verosimilitud, y el hablar en metro no tiene alguna semejanza de verdad; y he caído en la cuenta que la Historia de Etiopía es un poema muy loado, mas en prosa; y también las comedias italianas en prosa son poemas y parecen muy bien; y los que dicen entremeses también lo son, y parecen mucho mejor en prosa que parecerían en metro. Creo que por aquí entenderéis que me voy aprovechando de vuestra doctrina, pues la confirmo con razones tan varias.

Frag. 3.

Paso, dijo aquí Fadrique; no tantas injurias a los metros; que, aunque yo en mi vida no los hice, soy muy abogado de ellos, y deben tener su lugar en la Poética. Confieso que, en alguna manera, repugnan a la forma de la poesía, que es la imitación, pero pugna mucho en favor del fin de ella, que es deleite para la enseñanza; porque la Poética, deseando deleitar, busca el deleite no solo en la cosa, mas en la palabra, y no solo en ésta, mas en el número de las sílabas cierto y determinado, al cual dicen metro. Así que, por la causa final, que es el deleite, pierde la formar en cierta manera, que, es la imitación. Y esto da a entender el Filósofo diciendo que el poeta más lo es por la fábula e imitación que no por el metro; adonde significa que el metro tiene alguna parte en la Poética, aunque no en la imitación. No es forzoso el metro al poeta, mas es una cosa que atavía, y orna mucho a esta dama dicha poesía, y anda con ella tan acompañada y tanto tiempo, que la amistad se ha vuelto en parentesco; y es cierto que, a lo menos, algunas especies de Poética no saben estar sin él; y no me pareciera mal que a la imitación con metro llamasen poesía perfecta, y, a la imitación sin metro y al metro sin imitación, poesías imperfectas.

Hugo: Vengo en eso como se den las principales partes de la imitación.

Fadrique: Quien eso contradijese, sería un ignorante; y esa traza no es nueva; y que otros la dieran antes.

Fin de la poética

Calló Fadrique, y el Pinciano dijo entonces: Sepa yo, señores, si sois servidos, de este fin de esta arte; el cual, aunque es postrero en la ejecución, es primero en la pretensión, porque lo primero que se pretende de todo es el fin.

Fadrique respondió que le placía, y prosiguió de esta manera: Desconcertóse la armonía y consonancia humana; y el hombre se tragó la inocencia el día que el primero la manzana, por cuya causa vino en disonancia y avieso; éste quisieron enderezar los antiguos filósofos prudentísimamente de la manera que hace el platero, que, teniendo un pedazo de plata o oro y, no hallando quien se lo compre, hace de él una medalla de algún rey o de algún santo para le hacer más vendible.

Eso no entiendo bien, dijo el Pinciano.

Y Hugo: Fácil es de ser entendido. La inclinación humana era aparejada más al deleite que a la virtud, y a la filosofía mezcló el oro désta con la figura de aquél, para hacer más vendible su mercadería.

Tampoco, dijo el Pinciano, entiendo eso, como esotro.

Y Fadrique: Pues a las tres va la vencida. Los filósofos antiguos quisieron enseñar y dieron la doctrina en fabulosa narración, como quien dora una píldora.

Ya lo entiendo, respondió el Pinciano, que el oro de la ciencia los antiguos filósofos figuraron con la fábula, y al útil de la doctrina añadieron el deleite de la imitación poética. Pero pregunto yo ahora una dificultad: ¿Cómo puede ser que sean dos fines de una cosa misma? Porque repugna a toda naturaleza, si no es decir que el uno es ultimado y principal, y el otro es no ultimado, sino medio para el fin verdadero; y este tal mejor sería dicho medio que no fin.

Vos habéis dudado muy bien, dijo Fadrique, y, si estuviera averiguado cuál de los dos, el deleite o la doctrina, era el fin, ultimado, no hubiera dificultad en lo que decís; mas hay cuestión cuál sea el fin último y principal, y así ponen dos fines mientras se averigua esta causa; porque, si el poeta imita con deleite para enseñar la doctrina, ésta será verdadero fin; mas si, como otros dicen, imita con doctrina para deleitar, el deleite se quedará con nombre de fin.

El Pinciano dijo entonces: ¿Y qué parece al señor Fadrique, por qué Aristófanes, por boca de Eurípides, dice, en una de sus comedias, que el deseo de enseñar y amonestar a los ciudadanos le hizo poeta? ¿Y Isócrates, que los poetas antiguos enseñaron cómo los hombres sean mejores, y, en otra parte, que la poesía divierte al hombre del vicio?

Aristóteles, dijo Hugo, más se acuerda en la heroica del deleite que no de la doctrina.

Y luego Fadrique: Y en la trágica, de lo uno y de lo otro; y aun, dentro de la definición misma, pone limpiar los ánimos de pasiones, que es enseñar; y el lenguaje suave y ornado, que es el deleitar.

El Pinciano quedó pensativo un poco, y dijo después: Abajándose va esta prima; si el deleite es fin de la Poética principal, no tiene tanto de bueno como yo pensaba, porque las artes deleitosas y adulatorias, ni son buenas ni aun medio buenas; que la virtud está en lo arduo, y virtud y deleite parecen contrarios.

Hugo se sonrió; dijo: Al Pinciano se le cayó de la memoria lo que antes de la humana felicidad se trató, y cómo consiste en el deleite que sobreviene a la virtud, o moral, o intelectual; y si la Poética enseña la una y la otra, y, por medio de ambas, da el deleite como fin de ella, su fin y la humana felicidad serán una cosa misma.

Hay dos deleites, dijo Fadrique, en la Poética: el uno es el de la imitación en lenguaje, medio para la doctrina, y el otro es el fin de la misma doctrina, en cuya contemplación y acción está la felicidad humana. Cuál de estos dos deleites sea el fin de la Poética, o si es el medio, que es la doctrina, quédese ahora en cuestión; otro día se desatará, y, por ahora, baste saber que, así el deleite como la doctrina, cumplen el fin de la Poética.

Mejorado nos habemos, añadió Fadrique, que hasta aquí teníamos dos fines, y ahora tenemos tres: dos deleites diferentes y la doctrina en medio; mas otro día se acabará este pleito. doctrina y deleite conviene tenga mezclado el que tiene el poema; que el que tiene mucha doctrina, no es bien recibido, ni leído, y el que tiene solo deleite, no es razón que lo sea; y, en suma, la Poética es arte inventada, como todas las demás, para bien y útil del mundo; de la cual fue origen y principio el fin que ya es dicho, y otra vez digo, la doctrina con el deleite. Dejo ahora lo que algunos han querido: que la maravilla o que la hermosura de la ficción y el lenguaje sean fines poéticos.

El Pinciano dijo: Bien veo el porqué Aristóteles y los demás autores sintieron ser la Poética útil y aun necesaria; y véolo tan claro, que no quisiera haberos oído decir ser útil como las demás artes, de las cuales algunas no solo no lo son, pero son perjudiciales, como la Mágica, la Quiromántica y la Arte de Amar, de las cuales están escritos libros que poca utilidad dan al mundo.

Fadrique se rió, y dijo: La Mágica y las demás doctrinas supersticiosas no son artes, sino artimañas para engañar necios; y la que decís de Amar, tampoco lo es, como ni tampoco la Historia de Etiopía es historia, sino que los autores, para autorizar sus escritos, les dan el nombre que se les antoja y mejor les viene a cuento.

Frag. 4.

De la forma y fin de la cosa, que siempre casi andan acompañados, dijo el Pinciano, estoy satisfecho; y digo que la forma es la imitación, y que es honesta; y digo que el fin es la doctrina y deleite, y que el deleite y doctrina son honestos; mas la materia acerca de que es esta arte, no sé si lo es, que algunos dicen ser Cupido.

Aquí dijo Hugo: ¿En esto nos habemos rompido el celebro? No es Venus ni Cupido el sujeto de quien en esta arte se trata, que las Musas castas fueron. No es ésa la enseñanza que promete con deleite; otra es mucho mejor y más al mundo importante. Horacio dice que las cartas de Sócrates dan materia a la Poética, del cual se sabe cuán virtuoso varón fuese, y que, después de haber penetrado la filosofía natural, pasó su estudio a la moral. Y, según esto, la materia de la Poética serán ambas filosofías.

Así que el buen poeta, o ha de tocar la filosofía moral o natural en su obra.

Aquí cesó Hugo, y dijo Fadrique: Paréceme, señor Hugo, que habéis andado un poco encogido en la poética materia, y que habéis interpretado al derecho estrechamente; que Sócrates fue dicho de Apolo el hombre más sabio del mundo; y así entiendo de él que supo de todo mucho; y que el sujeto de la Poética es cuanto cabe debajo de lengua y pluma, porque todo cuanto hay, se puede imitar, sino es Dios, que es inimitable, y aun se atreven los poetas muchas veces a imitarle.

¡Por vida mía, dijo el Pinciano, que yo lo he visto muchas veces eso que decís en los teatros![19]

Y yo, dijo Fadrique, mas no me parece bien; y querría que los poetas, especialmente los dramáticos que hacen para representar, dejasen estas imitaciones de las tejas arriba, y ya que se atreviesen, a un ángel, no a Dios y a santa María, que no se pueden imitar. Pero ésta es ya digresión del intento principal, que fue entender que la poesía comprende y trata de toda cosa que cabe debajo de imitación, y, por el consiguiente, todas las ciencias especulativas, prácticas, activas y efectivas. ¿Y no veis a Homero cuán lleno está de todas las artes generalmente, y a Virgilio también, y, en suma, a todos los épico-heroicos por otro nombre, junto con la política que es su principal intento? ¿No enseñan la astrología, la medicina, la economía y otras muchas facultades? Y así los demás poetas todos. Y algunos se ponen a enseñar una especie sola de ciencia; y éste escribe la filosofía; aquél, la medicina; el otro, la arte de cazar; el otro, la de navegar, y otro, de pelear; y, en suma, cada poeta elige la materia que se le antoja y él se halla más hábil para seguir. Porque el que quiere escribir política, ase de algún Príncipe para en consecuencia de su historia enseñar lo que quiere; y el que quiere escribir economía toma personas ciudadanas; y el que ética, emprende de la sátira.

El Pinciano dijo entonces: Esa doctrina me parece bien, mas veo yo que los épicos y trágicos se entran en la ética, y los cómicos, en la sátira, y, al fin, unos se encuentran con otros a la enseñanza y doctrina.

---

19   Texto de 1596: que yo lo he visto muchas vezes eso que decis en los reatros.

Ejemplo de esto sea el Poeta, que en el octavo de su Eneida dice así:

Cual honesta matrona, cuya vida
Con el huso sostiene y con la tela,
La secreta centella y escondida debajo la ceniza abre
y revela,
Afana día y noche ella, y convida
A todas sus sirvientas a la vela,
Por dar a su consorte el lecho casto
Y a los caros hijuelos pan abasto.

Veis, a do Virgilio, en consecuencia y comparación de la solicitud del dios Vulcano, describe una madrugada de una mujer casada, honesta y casera, y por ella enseña una fina y perfecta economía.

Fadrique dijo: Es así la verdad; pero es de saber que las ciencias fueron dichas Musas, que quiere decir unidas. Y así, tratando de la una en la poética, es necesario muchas veces entrar en la otra. Y esto no es vicio, antes deleita por la variedad, y tiene más doctrina por la misma razón. Y lo que yo dije de la trágica que enseña política, entendedlo principalmente, y que las demás doctrinas son accesorias, y, aunque, como dice Manilio, poeta,

Cuanto el mundo capaz dentro contiene
Cantado fue de los poetas sabios.

Materia de la Poética es el universal, digo, que principalmente lo son las tres artes dichas, entendidas debajo la Filosofía moral, Ética, Económica y Política; y esto quiso decir Horacio cuando dijo en su Arte: «El oficio de los poetas es apartar a los hombres do la Venus vaga; dar leyes a los maridos; fundar repúblicas»; como quien dice: aunque toda cosa es materia de poética, cuanta está en las hojas de Sócrates, más especialmente lo es la Filosofía moral; que, pues Sócrates dejó las demás ciencias por ir en prosecución de ella, es mejor, y lo mejor debe siempre buscar el poeta.

Aquí dijo el Pinciano: Casi tenemos otras tantas materias de poética como fines.

Pues más hay, respondió Fadrique, que la definición se dio por la materia sujeta, que es el lenguaje, y ahora se ha tratado la materia de que trata, y falta la principal, que es la materia acerca de que se ocupa, por otro nombre, el objeto; de quien, dejadas opiniones aparte, digo que el objeto no es la mentira, que sería coincidir con la Sofística, ni la Historia, que sería tomar la materia al histórico; y, no siendo historia, porque toca fábulas, ni mentira, porque toca historia, tiene por objeto el verosímil que todo lo abraza. De aquí resulta que es una arte superior a la Metafísica, porque comprende más mucho y se extiende a lo que es y no es. Torno a la materia de que, y digo últimamente, en doctrina de Horacio, que la Moral Filosofía es el sujeto de la poética, principalmente de la manera que principalmente el orador quiere arte y estudio, y el poeta, natural ingenio.

Frag. 5.

Eficiente de la poesía

Calló Fadrique, y dijo el Pinciano: El orden mismo de la plática nos ha traído a lo que faltaba; porque, habiendo dicho de la forma, fin y materia poética, restaba el eficiente, que ahora acabáis de decirme, que es el natural ingenio.

Hugo dijo: Así es verdad, que es lo principal, aunque Horacio dice que él no sabe cual es más importante a la Poética, la arte y estudio o la vena natural; y verdaderamente que me hace mucha dificultad esta su sentencia que dice así: «El poeta nace y el orador se hace». La cual parece contraria a la primera, porque, si el poeta nace con él y le es natural, ¿para qué el estudio y la arte?

Fadrique se sonrió un poco y dijo después: Está bien; mas se debe advertir que la Poética se considera diferentemente según sus causas diferentes. El que considera la eficiente, dice muy bien que es el ingenio y natural inventivo; y el que considera la materia acerca de que trata, dirá que, para ser buen poeta, debe tener mucho estudio y el que considera a la Poética según ambas causas, eficiente y material, dirá lo que Horacio, que la una y la otra, arte y naturaleza, son tan importantes, que no se sabe cuál más lo sea.

El Pinciano dijo: Con mucha brevedad se me ha dicho esto del ingenio, y yo deseaba más dilación; porque dijo Demócrito que el tal ingenio había de ser furioso, y esta sentencia suena mal al oído y bien al refrán común que habla de los músicos y poetas.

Hugo dijo entonces: Platón, en el Fedón o De pulchro, dice que furor es una alienación, en la cual el entendimiento se aparta de la carrera ordinaria.

¡Ya!, dijo el Pinciano, desvarío.

Fadrique lo rió mucho, diciendo: Cayó de pies el dicho.

Hugo dijo: No se le niegue. Para dicho es bueno, pero no dice nada; porque Platón pone cuatro especies de furor divino y sobrenatural, y sobre ellos pone el poético. Así que hay furores terrenos, y éstos son locuras y desvaríos; mas de los divinos, ¿quién tal dirá?, ¿quién imaginará que el de los Profetas y Sibilas era furor malo y loco?

Calló Hugo y el Pinciano miró a Fadrique, el cual dijo: Toda mi vida fui amigo de no ir a mendigar al Cielo las causas de las cosas que puedo haber más acá abajo; y así esto de estos furores divinos de Platón no me satisface; porque él dice ser cuatro: profético, amoroso, báquico y poético. Del profético yo no hablo, porque en la verdad es divino; mas en los tres que siguen yo no sé qué divinidad halla Platón; porque el amor es natural, y aun el amor divino, a mi juicio, lo es, y que naturalmente lleva al hombre a venerar y honrar al Sumo Hacedor y Criador de todas las cosas. Pues al venéreo, ¿quién le dirá divino? Llámole yo maligno. Y el dicho báquico porque es de Baco, antes se debe decir furor de vino, que no divino. El poético se pudiera reducir más a la divinidad, pero ni tal quiero confesar, porque si hallamos causas naturales y evidentes, ¿para qué habemos de ir a las sobrenaturales? Ingenio furioso es el del poeta, que es decir, un natural inventivo y maquinador, causado de alguna destemplanza caliente del celebro. Tiene la cabeza del poeta mucho del elemento del fuego, y así obra acciones inventivas y poéticas. Esto es lo que debiera decir Platón y lo que dijo Demócrito, y aun Cicerón, que es que ninguno puede ser poeta sin inflamación del ánimo y sin espíritu del furor. Mas quien esta materia llegó más a su perfección, como todas las demás, fue el Filósofo, en sus Poéticos, el cual dice así: «Es la poética de varón de ingenio versátil o furioso».

¡O, dijo el Pinciano, cómo me ha agradado que Aristóteles haya tocado esta materia, que verdaderamente me parece que, hablando de filosofía, no se puede hablar sin él, y adonde él entra todo parece que lo hinche y colma!

Quiero, palabra por palabra, entender esa su sentencia; y primero pregunto: ¿Qué quiere decir que la poética es de varón? ¿Por ventura las mujeres son imposibilitadas a ser poetas? Porque tenemos historia de una Safo y otra Corina, y otras así que lo fueron, y no malas.

Safo y Corina, hembras poetas

Fadrique dijo: No se debe entender este término tan literalmente como eso. Lo que quiso decir Aristóteles fue que la poética era de ingenio macho y varonil; y así como hay mujeres en otras acciones varoniles, lo pueden ser en ésta. Y, si estáis satisfecho de la primera palabra, pasaré a la segunda, que era versátil, que quiere decir ingenio aplicado y acomodado a todas cosas. Tal dice Tito Livio, en el Bello Macedónico, que era el ingenio de Catón. Furioso quiere decir ingenio que fácilmente se arrebata y eleva de las cosas acá materiales y se sube a la consideración y contemplación; el cual arrebatamiento y elevación puede muy bien acontecer humanamente, sin ser invención de divino furor particular. Es, pues, la poética, como dijo Aristóteles muy bien, obra de ingenio versátil, porque éste recibe fácilmente cualquier idea o forma de las cosas; o de ingenio furioso, porque el tal es aparejado para la invención. Y así, como el que tuviere arte y natural, será bueno para la poética, el que tuviere las dos partes del ingenio natural, digo, versátil y furioso, será más perfecto.

Hugo dijo entonces: Todo está muy bien dicho, pero, cuando los poetas invocan a las Musas, ¿no piden el furor divino?

Fadrique dijo: ¿Y los poetas satíricos de nuestros tiempos, y los líricos y derretidos amantes a quién invocan? ¿Por ventura viene socorro y furor divino en su ayuda?

Los afectos y pasiones ayudan al furor natural poético

Amor poeta.

¿Y por ventura verná el divino furor en sus malignos y muelles versos?[20] Mejor será qué digamos lo dicho; y digo de nuevo que el furor poético es natural y ayudado alguna vez del espíritu divino, como se ve en David y otros semejantes. Y las más veces es ayudado de otro furor natural más bajo, del

---

20   Texto de 1596: ¿Y por ventura verná el diuino furor en sus malignos y mueles versos?

cual son tantas las especies, cuantos los deseos y apetitos. Del amoroso apetito que añada furor al poético es tan cierto, que algunos hicieron a Cupido el inventor de la poética. Y el Petrarca dice que el amor le hizo poeta, en aquella Canción que comienza:

Quello antico mio dolce empio signore.[21]

Ira poeta; indignación poeta; avaricia poeta; odio poeta

La ira, dice Horacio, que armó a Archiloco de yambos. La indignación, dice Juvenal que le hizo hacer versos. La codicia y el interés, dice Persio, que hace a los cuervos y picazas poetizar. El odio hizo a Salaya hacer las diras y maldiciones; y, en suma, todo afecto, cuando es mucho, engendra furor, y añade al poético gran parte. Yo, a lo menos, conocí un hombre que decía de sí que, cuando estaba enojado, Demóstenes le podía servir el aguamanos y Cicerón el paño, y que de Quintiliano no hacía caso, porque era un rateruelo.

En todos los furores que habéis ahora dicho y comprobado por ejemplos, dijo el Pinciano, no os habéis acordado del báquico.

Y Hugo, luego: ¡El mejor material de este edificio! Y no sé yo cómo esto sea.

Fadrique respondió: Pues aunque habemos comido, no se me ha entrado en la cabeza; y digo de él que es una gran persona, según de Homero se colige, el cual le alaba mucho, mas Homero alábale en general. Vengamos a lo particular de la poética, acerca de quien se dice que nunca Ennio entró a cantar las batallas ayuno, y que las Musas huelen a vino luego de mañana; así lo dice Horacio.

De eso me admiro más, dijo el Pinciano, que, habiendo dicho Horacio que el poeta se debe abstener del vino, ¿cómo él mismo le alaba para la poesía?

Hay, dijo Fadrique, entra otra vez la distinción de la materia poética y eficiente. Que para adquirir la materia poética, que son las disciplinas y artes, no es el vino bueno, antes es muy dañoso, porque el aprender es cuando niños, a los cuales, como dice Platón, estraga el gran calor del vino, mas a los ya adultos y que saben la materia poética, aprovecha mucho el eficiente y añade furor al natural furor.

---

21 Texto de 1596: Quel dolce empio antiquo mio signore.

Digo, pues, que el furor poético es natural y que se ayuda de los demás dichos de la manera ya referida, mas es de advertir que conviene que estos furores sean con moderación, porque, si no lo son, cada uno de por sí basta para dar con el hombre en la casa de los orates. ¿Qué harán dos juntos? Los cuales, siendo destemplados, o darán con el hombre donde dije, o le sacarán del todo la vena. Así lo dice Ovidio, en los libros De Tristibus, que los versos quieren cielo que no sea tempestuoso, antes sereno. Paréceme a mi que un poco de furor extraño al natural añadido hará el ingenio lo que un poco de mareta al navío que, ayudado del templado alboroto, camina velocísimamente; y, cuándo es mucho, hace que, procurando el piloto contrastar el peligro, se turbe de manera que algunas veces no solo no pasa adelante, mas vuelve al puerto de donde salió; y éste es el menor peligro de los que pueden acontecer. Dicho esto, se alzó Fadrique y pidió cortésmente licencia para recibir una visita que le esperaba. Hugo y el Pinciano concedieron lugar y se despidieron a un día después de las Calendas de mayo. Vale.

Respuesta de don Gabriel a la epístola III. de la esencia y causas que de la poética le escribió el Pinciano

Frag. 1.

Otros cinco fragmentos veo en la segunda epístola vuestra como en la primera; y otro tanto deleite he recibido con la segunda que con la primera, y antes más que menos; porque en la pasada me hicisteis sabedor de cosas que yo ignoraba, y en la presente me habéis quitado una gran confusión que de la poética tenía en esto de su forma, la cual confusión me causaron nuestros naturales escritores, que, tomando la cosa materialmente, definieron a la poesía por el metro, como por parte más esencial de ella, y, asiendo lo de menos, dejaron lo más importante. Alabo mucho a esos vuestros amigos, no que sean los primeros fundadores de esta doctrina, mas que sean los primeros que a su patria la traen, y juntamente con ella otras, ni en su patria ni en la extranjera tocadas. También me agrado de la diferencia entre la imitación que decís forma de la poética y entre la otra que se ha alzado con el nombre de imitación; y me agrado especialmente con la brevedad de la definición del poema, pues en pocas palabras comprende la naturaleza de la cosa definida. Algunos autores añaden que ha de ser imitación de acción humana, o de obra que a humana acción se endereza; mas esta añadidura es poco importante a mi parecer, que tan imitante es el poeta que describe un templo por él imaginado, como el que a un hombre que está peleando en la guerra. Y no quiero hablar más en esto, porque entiendo que después se ofrecerá ocasión que vuestros compañeros lo traten, a cuyo parecer me tengo de arrimar.

Frag. 2.

Dais en el párrafo 2. 3. las causas finales de la poética, y mezcláis, con Horacio, a la doctrina el deleite. No me parece mal; pero quisiera ver más adelgazada esta cosa, y saber claramente cuál sea el fin de los dos más principal. Yo soy de opinión que ninguno sabe mejor juzgar del fin que tiene la obra que el mismo autor de ella. Y que, por lo que decís de Aristófanes y Eurípides, se puede y debe colegir ser la útil y honesto más cierto fin de la poética que no lo deleitoso.

Frag. 3.

Frag. 4.

Al fin del segundo y principio del tercero viene movida la cuestión, acerca de la cual, por evitar prolijidad, digo: que, en lo que toca a la necesidad del metro en la poética, no tengo que decir más de lo dicho, que me parece bien lo que me escribís; y asimismo lo que, al principio de la división tercera, del lugar que el metro debe tener en la poética, y en el fin me holgue ver confirmado mi parecer. En lo que toca a la principal causa final de ella, traída desde el largo origen suyo, de la materia sujeta acerca de quien se ocupa la poética, que en cuarto lugar viene, estoy muy satisfecho y pagado, así como malcontento de los que afirman que la materia no es lo dicho, sino la mentira; los cuales no sé yo cómo salvarán a Virgilio, que en muchas cosas de su acción tuvo mucha verdad; y los que no le creyeren, comparen a Tito Livio con el argumento de la Eneida y hallarán en éste más verdades que ficciones, y lo mismo en la Odisea de Homero, la cual es acción más fabulosa que cuantos tomaron fundamento en la verdad.

Frag. 5.

En el quinto fragmento me admirasteis primero, y después me hicisteis reír, y me distes mucho gusto y aun enseñanza. Cosas nuevas traen esos vuestros compañeros y no malas; con todas me tened gran cuenta y, especial, con las de Fadrique; etc. Fecha, tres días antes de las nonas de mayo. Vale.

Después de haber cerrado esta carta, pensando en algunas de las cosas que me escribís, y especialmente en la formal causa y sujetiva de la poética, me parece que en ella no tiene sujeto particular de ciencia, arte o disciplina, y que todo cuanto hay debajo del mundo es de ella sujeto, como traéis de Manilio poeta; y que no, como la Medicina, Filosofía y Astrología y las demás artes enseñan disciplinas particulares, la Poética enseña alguna en quien funde su esencia principal; la cual, a mi juicio, consiste, no en enseñar cosa diferente de las demás, sino en el modo de la enseñanza, que es por imitación en el lenguaje más alto de los modos todos, como está bien probado por la segunda de vuestra epístola; y me acuerdo de los confiteros, que, por mejor vender su masa de mazapán, la dejan de dar la forma llana y redonda que ordinariamente solían, y hacen de ella manzanas, camuesas, albérchigos, y aun cuescos de ellos, con, los cuales la hacen más vendible. Más dignos que éstos son los poetas, a los cuales, no el interés propio, sino el universal bien y pro de todos mueve a hacer sus imitaciones. Torno a decir que no tiene objeto particular la poética, sino universal de todas las artes y disciplinas, a las cuales abraza y sobrepuja, porque se extiende a las cosas y sentencias que, no habiendo sido jamás, podrían ser. Vale.

Epístola IV. De las diferencias de poemas

Domingo siguiente al jueves que recibí la vuestra, que fueron Nonas de mayo, apenas di fin a la comida de mediodía, que luego no pasé a casa de Fadrique, adonde hallé ya razonando a los dos filopoetas sobre ciertas enemistades de las gentes de algunos pueblos de España, las cuales ellos decían diferencias.

El Pinciano lo entendió y comenzó diciendo: Dejemos, por vida mía, la conversación de estas diferencias que no traen al mundo más que daño y confusión, y tratemos de las de las artes que traen provecho y definición de la cosa que ellas tratan.

Fadrique mudó la plática y dijo: Verdaderamente el Pinciano está paladeado con la miel de las parnaseas abejas, y quiere gustar más del dulcísimo licor, y que, pues se trató ya de la poética esencia, se trate de las diferencias de ella.

El Pinciano quitó el bonete y dijo a Fadrique: Yo os beso las manos por la merced, que yo soy el que decís; y deseo grandemente —pues me habéis dado la definición y causas de la poética— saber lo que en orden lógico y de razón se sigue, digo, las especies o diferencias de ellas.

Frag. 1.
De la ánima poética
Fadrique rogó a Hugo prosiguiese, y Hugo comenzó así: Repetir conviene otra vez la definición de la cosa para mejor sacar las diferencias de ella. Fue, pues, definido el poema diciendo que «era imitación en lenguaje», la cual definición es dada por el género y materia sujeta, como cuando decimos que la tranquilidad es llanura del mar.

Supuesto lo cual, digo que los poemas toman sus diferencias de la diversidad del género, que es la imitación; y que el poema es un compuesto de alma y cuerpo. Así que la imitación o la fábula, que todo es uno, es la ánima, y el lenguaje, el cuerpo. Torno, pues, a mi negocio y digo de la ánima poética, imitación y fábula primeramente, y después diré de la materia sujeta, que es el lenguaje, con lo cual estará puesto fin a toda esta arte; y lo que hoy no se acabe quedará para otro día.

Fábula, según doctrina de Aristóteles en sus Poéticos, es imitación de la obra, no la obra misma, sino una semejanza de ella; y como el retratador es más perfecto cuanto más hace semejante el retrato a la cosa retratada, así lo será el poeta cuanto la obra hiciera más verosímil.

Supuesto lo cual, como manifiesto por lo que antes dijimos, digo así de las diferencias de los poemas que legítimamente se toman de la parte esencial, que es la ánima, las cuales son cuatro: Épica, Trágica, Cómica y Ditirámbica.

Fadrique dijo entonces: Más que cuatro especies de poemas hay, y aun de doce también.

Y Hugo: Ya lo entiendo. Vos, señor Fadrique, sabéis mejor que yo lo que diré, mas, porque si aquí hay alguno que no lo sepa, digo que, como las reglas principales de Aritmética son cuatro, sumar, restar, multiplicar y partir, y hay otras muchas que a éstas como a cabezas se reducen, así las especies de poemas principales son cuatro, a las cuales las demás todas se reducen.

El Pinciano dijo entonces: Sepa yo, si sois servidos, qué cosas son estos poemas.

Y Fadrique: Bien me parece que se den algunas descripciones por donde sean conocidos, y en tanto que llega la razón de las definiciones legítimas y verdaderas, que será cuando de ellas en particular se trate.

Y Hugo comenzó así: La Tragedia es una acción representativa, lamentable, de personas ilustres, como la Hécuba de Eurípides; la Épica o Heroica es un montón de Tragedias, como la Ilíada de Homero, y Eneida de Virgilio; la Comedia es una acción representativa, alegre y regocijada entre personas comunes; y la Ditirámbica es un poema breve, a do juntamente se canta, tañe y danza, como se dice de David delante del arca del Testamento.

Fadrique dijo: Bien he leído que David tañese y danzase, mas no que cantase; y así soy de parecer que la Ditirámbica se dará mejor a entender por aquel poema sucio y deshonesto que dicen zarabanda, en el cual se tañe, danza y canta juntamente.

Hugo respondió: Está así muy bien dicho, que yo no me había acordado de traer el tal ejemplo. Y, pues las cuatro diferencias principales de la poética están ya dichas, crasa Minerva, como dicen, pasemos adelante.

Fadrique dijo: No; tened punto, que vais muy de prisa, y declaradnos de qué modo saca Aristóteles esas especies cuatro de poética, que, a mi parecer, es obra artificiosa y digna de su ingenio.

Frag. 2.

Hugo respondió que no sabía si se acordaría bien, mas que, confiado en su ayuda, comenzaría; y comenzó a decir de esta manera: Toma la poética, cuanto al ánima o fábula, diferencias de las cuales constituye sus especies según las diferentes imitaciones. Y, aunque Aristóteles saca estas diferencias por tres caminos diferentes, al cabo todos tres caminos vienen a rematar en uno mismo —digo en sacar las mismas cuatro especies de poemas dichas— de esta manera: del género de la imitación, de la cosa imitada y del modo de imitar diverso. Para el género de la imitación diverso es de considerar que, entre los muchos géneros que hay de imitación, la poesía se aprovecha de tres especialmente: el uno es del propio y esencial suyo, que es el lenguaje; el otro, de la imitación música; y el otro, de la imitación tripudiante, que así se dice la que se hace bailando y danzando.

El Pinciano dijo aquí: Yo no entiendo bien esta cosa.

Y Hugo luego: No es muy dificultosa. Dicho es ya que el poema es imitación en lenguaje, y que el hacerse la imitación con el lenguaje diferencia y distingue a la poética de las demás imitaciones; y digo ahora que unas de otras diferencias poéticas se distinguen, porque unas tienen solamente la imitación hecha con lenguaje, como es la Épica; tal es la Ilíada y Eneida, en las cuales no se administra otra imitación sino es la que el poeta hace con su lengua; otras no solo son imitaciones en lenguaje y plática, pero se aprovechan en diversos tiempos de la imitación música y de la tripudiante; tales son la tragedia y la comedia, en las cuales continuamente se ven los otros dos ya dichos géneros, de la imitación.

Fadrique dijo entonces: Pues yo sé adonde dice Aristóteles que la representación no tiene esencia en la tragedia; y si ésta no se representa, tampoco tiene música y tripudio, como la épica.

Claro está, dijo Hugo, que el poema que en papel está, no tañe ni danza, mas verdaderamente que las acciones trágicas y cómicas se dicen activas porque tienen su perfección en la acción y representación, y las que, leídas y en papel no mueven, representadas mueven grandemente.

Esto, dijo el Pinciano, que Hugo dice es tanta verdad, que ninguna cosa más; y es tan cierto, que tengo yo en mi casa un libro de comedias muy buenas, y nunca me acuerdo de él, mas, en viendo los rótulos de Cisneros y Gálvez, me pierdo por los oír, y mientras estoy en el teatro ni el invierno me enfría ni el estío me da calor.

Yo estoy contento, dijo Fadrique. Y luego a Hugo: Vos, señor, nos habéis dicho de la especie de la poética dicha épica, la cual solo tiene imitación en lenguaje, y también de las otras dos especies, trágica y cómica, que la hacen con lenguaje, música y tripudio en diferentes tiempos, porque a veces se habla, a veces se tañe, a veces se danza y baila en ellas; resta que digáis de la otra especie cuarta que falta.

Hugo respondió: Digo de la ditirámbica, que es imitación en lenguaje, con música y tripudio, no apartadas las imitaciones tres, sino unidas y a un mismo tiempo, como lo vemos en los zarabandistas.

Y de esta manera toma Aristóteles sus cuatro diferencias, según los diversos géneros de imitar; y, aunque alguno pudiera decir que no son las poéticas diferencias más que tres, porque la trágica y cómica caen debajo de un género, no ha lugar; que la cómica y la trágica son en otras cosas tan diferentes como luego se verá, y que se distinguen como blanco y negro.

Proseguid, dijo Fadrique, y con vuestro proseguir se borrará esa dificultad, que el intento del Filósofo fue sacar sus cuatro especies por tres vías diferentes, y, al cabo, hallaréis que lo hace como lo pretende.

Dicho esto, Hugo prosiguió por el género diverso de imitar diciendo: Así como está dicho se sacan las diferencias; y por la diversa cosa imitada de esta manera: Algunos poetas imitan a mejores que en aquellos tiempos fueron, como la épica y la trágica, las cuales son imitaciones de varones gravísimos cuales nunca fueron; y esto, por suadir a los príncipes que sean como aquéllos, o, a lo menos, los imiten y parezcan en algo, ya que no en todo. Así decía un amigo mío, estudiante en tiempo pasado, que estudiaba para Papa, y por lo menos se quedaría con el Arzobispado de Toledo.

Fadrique rió mucho el dicho y dijo: La razón es conveniente y justa, porque el poema épico o trágico que imitara a peores hiciera un gran daño en el mundo (que, por ejemplo de la liviandad de los pasados, se quisieran guiar los príncipes presentes y venideros); y como dice el proverbio que a ejemplo de él se mueve toda la gente, y a ejemplo de los pasados príncipes, sin duda alguna, se moverán los venideros. Así que unos imitan a mejores, como los ya dichos trágicos y épicos, y otros, como los cómicos, a contrarios; y esto, de la segunda diferencia que de la cosa imitada se toma. Sea, pues, la otra diferencia, la que ahora imita a mejores, ahora a peores, que por otro nombre fue dicha ditirámbica; así dice el Filósofo en sus Poéticos que Timoteo, ditirámbico, fingió a los persas mejores de lo que ellos eran, y Filogenio, peores.

Esta ditirámbica, dijo el Pinciano, cada día la veo yo mil veces hecha con solo el lenguaje; porque me llego a una parte y oigo decir de un ministro mucho bien, tanto que no cabe en él; y me llego a otra después, adonde de él mismo oigo decir muy al contrario; y verdaderamente que ni lo bueno ni lo malo le toca tanto como aquellos que de él hablaron significan.

Cada uno, dijo Hugo, cuenta de la feria como le va en ella, y especialmente cuando es poco prudente y deja llevar su lengua del amor o del odio. Mas ésta es ya otra materia; volvamos a la nuestra.

Dicho habemos cómo las cuatro especies de poética se sacan del género diverso de imitar, y de la cosa diversa que es imitada; resta decir de la otra vía por donde las mismas diferencias se consiguen, que fue del modo diverso de imitación.

El Pinciano dijo entonces: Con licencia, señor Hugo, ¿qué es la causa por que habiendo hecho mención de imitación de mejores y peores, no la hacéis de iguales? ¿Por ventura entre mejores y peores se comprenden los iguales?

Hugo respondió: Bien pudiera pasar ésa por respuesta, mas yo soy de parecer que pocas veces los poetas pintan a los hombres iguales como ellos fueron; y esto por mayor imitación, la cual antes fue significada por vos, cuando poco ha dijisteis que cada día víades ditirámbicas o imitaciones de mejores y peores, y pocas veces de iguales. Y esta respuesta apruebo: que si los hombres por vicio natural que tienen, y aun los históricos, por la causa misma, jamás dicen o escriben alguna cosa igual a lo que ella fue, sino que siempre añaden alguna cosa o de malo o de bueno, ¿por qué los poetas, que son imitadores de estos tales, como en las demás cosas, no los imitarán en éstas? Añado que, si el poeta pintase iguales como los hombres son, carecerían del mover o admiración, la cual es una parte importantísima para uno de los fines de la poética, digo, para el deleite.

Dicho esto, añadió: Y vamos ya a la vía tercera, con que Aristóteles saca sus diferencias cuatro, la cual es la postrera y por la cual, no sin razón, los escritores poéticos han olvidado a las demás, haciendo solo de ella caudal como de más principal y que mejor enseña su intento.

Frag. 3.

De la tercera manera de imitar diversa, que dicen diverso modo de imitación, se sacan las cuatro mismas especies así; porque unos poetas imitan hablando siempre ellos mismos, como está visto en la ditirámbica o zarabanda; otras veces nunca ellos razonan por sus personas, sino por ajenas e interlocutoras, como en los diálogos, tragedias y comedias; otras veces los poetas razonan por personas propias suyas a veces, a veces por ajenas, como en las épicas se ve.

A esta última especie llaman poema común porque participa del uno y del otro; al segundo llaman activo, porque en la acción o representación tiene mucho de su eficacia; a la primera dicen narrativa, porque el poeta se lo dice todo como narrando.

El Pinciano dijo entonces.: Porque veáis que tengo atención a lo que decís, os pido que me deis un ejemplo del poema que al principio hicisteis primero y ahora postrero; digo del narrativo, porque la ditirámbica no me parece que se usa ya, y a la zarabanda no la quiero admitir a ejemplo de poemas por ser tan vil y sucio, y digno de destierro.

Fadrique dijo: El Pinciano tiene mucha justicia; désele otro ejemplo del poema narrativo o enunciativo, que ambos términos le suelen dar.

Hugo respondió: Las obras de Lucrecio, Empédocles y los tres libros de las Geórgicas de Virgilio, y las Sierpes de Nicandro filósofo, y los demás semejantes.

Fadrique replicó diciendo así: Ejemplos de poemas pide el Pinciano, que todos los que ahora decís no lo son, porque carecen del alma poética y del género, que es la imitación, y no tienen más que el cuerpo.

Hugo dijo: Pues sean los líricos poemas, los cuales parece haber sucedido en vez de la ditirámbica.

Ni ésos, respondió Fadrique, porque muchos de ellos carecen de imitación, o, por mejor decir, los más; y los que la tienen, no se reducen al poema narrativo, sino al común, adonde a veces habla el poeta y a veces otra persona introducida; cuales son las de Horacio, lira tercera del libro tercero, y cuarta del cuarto y quinta del Epodo; y aquella del Petrarca que comienza:

Que'll antico mio dolce empio signore.

y algunas de Jacobo Sanazaro. Menester es buscar ejemplos nuevos del poema narrativo, que ésos no son bastantes.

Dicho esto, Hugo se quedó rato pensando. Fadrique vio lo que hacía Hugo, y que andaba con la reminiscencia en busca de algún ejemplo, y le dijo lo que Progne a Tereo: «dentro tienes lo que buscas». Todas las descripciones largas que no fueron ni son ciertas y verdaderas, son poemas narrativos perfectos, porque tienen la ánima, que es la imitación de aquélla que no es ni fue, mas es verosímil que fuese. Tal es la descripción de vuestro Paraíso, la, cual es una imitación verosímil de la cosa que no consta ser así; y está en metros que decimos terceros.

El Pinciano dijo entonces: Suplícoos, señores, sepa yo esta cosa para que más perfectamente pueda entender qué cosa es este poema narrativo.

Fadrique rogó a Hugo dijese su Paraíso, y Hugo dijo: La descripción es larga, y podrá ser que se me haya ido de la memoria; diré lo que en ella tengo. Dijo así:

> Al claro extremo del templado Oriente
> En medio de ambos Polos, encubierto
> A todos por un hombre inobediente,
> Se alarga y tiende un soberano huerto,
> Tan alzado del húmido Neptuno,
> Que al tiempo de Noé fuera buen puerto.
>
> No hay Invierno ni Estío aquí importuno,
> Ni el seco Otoño agosta su verdura,
> Siempre el Verano dura, el tiempo es uno.
> En el mayo la fruta es bien madura,
> En el diciembre está de flores lleno,
> La fruta y flor en todo tiempo dura.
>
> Jamás produjo acá cielo sereno
> Con artífice industria, y fértil tierra
> Plantas cuantas contiene el sitio ameno,
> Aunque es llano y campio, abraza y cierra:
> Todo fruto sabroso al gusto humano
> Que da el áspero monte y fría sierra.
>
> No es aquí necesaria humana mano

Que las escaue, pode, riegue, enxiera;
El Sol tan solamente es hortelano.

No nace la naranja, no la pera
Con escudete o púa, como aquellas
Que enxiere acá la rústica manera.

El tiempo limador no hace en ellas,
No las gasta, no agosta ni enflaquece,
En verde juventud siempre están bellas.

Ni el verde almendro ante el moral florece
Ni ante la fuerte palma victoriosa
El laurel victorioso se envejece.

La rubia, blanca y encarnada rosa,
El sanguino clavel y azul violeta,
El alelís de flor varia y hermosa,
El cándido jazmín, cana mosqueta,
El lirio al ver y el que al oler gustoso,
Y del agudo nardo la espigueta,
La odora juncia y bel junco oloroso,
Narciso en azafrán y leche tinto,
Un tiempo joven por su mal hermoso,
Y aquel que antes fue hayaz, ahora jacinto
A quien debe la palma justamente
El de Itaca, Dulic, Same y Zacinto,
Figuras son que el poeta finge y miente.

Fue el secreto vergel y en él, las flores
Primero que no Aiaz, Narciso y fuente.
Estos y otros suavísimos olores
Que mi memoria con industria olvida,
En olores distintos y en colores,

Igualan a la vid en larga vida,
Y ésta al prudente amigo de poblado,
Cuya flor nunca fue del hielo herida;
Y el moral, al que a Palas fue sagrado,
Indicio antiguo de la paz humana,
Bien mientras se posee en poco estimado;
Y el olivo a la palma soberana
Que mucho más resiste a la más grave
Y menos a la carga más liviana.

No tiene rama alguna el huerto suave
Que envidia tenga y de natura queja,
Del corto o del vivir largo se alabe,
Corren y correrán a la pareja
Del pasado principio al fin futuro,
Que breve ante los ojos se apareja.

Todo árbol del mal todo está seguro,
Y más que en el mundo pesce en agua clara
De toda enfermedad vive en seguro.

El loto azul y verde, planta rara,
De suavísimo olor y gusto extremo
Por quien hijos se olvida y mujer cara,
Que a la compaña del astuto Nemo
Su patria hizo dejar, tomar la ajena,
Si a mí no engaña aquel que a Polifemo;
La vid cuyo vigor el lauro enfrena,
El lauro que al poeta da corona
Y quita la arma al cielo cuando atruena;
Y el, que arroja su flor y la abandona
Al vario febrero y de pavés desnudo
Pone en manos del loco su persona;
Y aquél de quien ejemplo tomar pudo,

Digo, el moral que ampara el negro fruto
Antes gran tiempo con hojoso escudo;
El pino, amigo del terreno enjuto,
Enemigo de púa y coronilla,
De escudete, barreno y de cañuto,
Encino, abeto, roble y la cuadrilla
Que en la montaña crece, y frío pedrisco,
Y al hombre apacentó en la edad sencilla,
El avellano, albérchigo y perisco,
Blanco y negro, ciruelo y negro endrino,
Cerezo y guindo, amigo de arenisco;
Y aquél, en más preciado y de más dino
Que su padre, el durazno, y el cidoño
De rústica progenie hijo indino;
El áspero serual, rojo madroño,
Con la planta que flor jamás derrama
Y da un fruto al Estío, otro al Otoño;
Y aquella de Idumea noble rama
Que a la palma semeja, el fruto al dedo,
Por ello el dátil palma ella se llama;
El granado, que es dulce, y el acedo,
El níspero de tercio y quinto hueso,
A quien el cuerdo come no sin miedo;
El pero y el suavísimo camueso,
El manzano, ora grande, ora pequeño,
Y el que el olio nos da su grano espeso;
El peral, grato al gusto, y el cermeño,
El nogal, cuya sombra es de gran daño,
Especial si se entrega el hombre al sueño;
El cornudo algarrobo y el castaño,
Que su raíz a la montaña arrima,
Do la falta del pan suple cada año;
Y aquel de quien naranja, cidra, lima,
El limón, la zamboa y toronja pende

El tiempo que paso de más estima,
Y otras que enfermedad y tiempo ofende
En otros, no las daña en este suelo,
Plantándolas Dios, Él mismo las defiende
Libres de nublo, niebla, viento y hielo,
De bochorno, langosta, hormiga, coco,
Pulgón, oruga y de escarabajuelo,
Libres de muerde, huye y tajamoco,
Y de otros que al macizo ramo hueco
Y al hortelano sabio vuelven loco.

Revolvedor gusano ni reseco,
Telaraña, carcoma, estrepadura,
Jamás al verde tronco hicieron seco.

No de animal dañoso mordedura
Dañosa fue jamás, cual amaranta,
Eterna de continuo y verde dura.

Nunca jamás se vio en la estanza santa
Fiera alguna, o doméstica alimaña
Que mordiendo estragase alguna planta.

Ni planta tan odiosa y tan extraña
Que al hombre dañe ofenda y contradiga,
Como acá contradice, ofende y daña,
Ni malévola rama y enemiga,
Enferma en gusto, infausta en el agüero,
Toda benévola es alegre amiga.

No crece el ramo aquí que fue primero
Horca, soga y cuchillo al delincuente,
Llámanle caña y es muy más que acero.

Con su licor al Sócrates inocente,
Mientras de dioses se ríe la muchedumbre,
Quitó la vida la ateniense gente.

¡O siglo vano! ¡Antigua esta costumbre,
Cuál dañosas, punir las obras buenas,
A los buenos poner en servidumbre!
Matas tus sabios, ¡o cruel Atenas! tú,
Jerusalén, a tus Profetas
Apedreas, afierras y condenas.

Fléchanse el día presente estas saetas,
Si abres la vista y miras ojo atento,
No hay que buscar historias ni poetas.

No se siente tampoco en este asiento
El culantro mortal, ni apio risueño
Que risa y lloro engendra en un momento;
Ni aquellas yerbas que del torpe sueño
Toman el nombre y dan el zumo frío,
Frío y dañoso más que el frío velheño;
Ni aqueste que locura y desvarío
Produce en quien le come o quien le bebe
Y del celebro lleno hace vacío;
Ni el tejo, al vivir largo, al matar breve,
Temido más que con causa justa y reta
Que no el hierro pesado y fuego leve,
A nadie su malicia está secreta,
Muerte su sombra flechas su madera
Da, y su licor, veneno a la saeta;
Ni la yerba que dicen ballestera,
Que al que prende la sangre, en presto vuelo
Le hace vaya a pisar la otra ribera.

No produce tampoco el fértil suelo
Mandrágoras ni acónitos mortales,
Ni el que mata en un día, ni el napelo,
No mortíferos hongos, ni otros tales,
No el fárico cruel y adelfa amarga
Que imita a los laureles y rosales.

Dicho esto, Hugo reparó un tanto, como quien quería pasar adelante y procuraba reminiscencia de lo que había de decir, y, no le viniendo ella, dijo: Yo no me acuerdo del resto, y aun esto está mal acabado.

Y Fadrique: Lo mejor se os olvida; que aquellas descripciones de los cuatro ríos, que de uno nacen por ocultos canales, me parece están bien pintadas. Y aunque la del río cuyo nacimiento era a la falda de una cuesta, diviso en muchos arroyos, que a poco espacio juntos hacían el corriente maravilloso, y la otra, del que salía por entre unas peñas de manera que parecían sudar copiosamente, y cuyo sudor se convertía allí en el río segundo, me fueron muy agradables, pero especialmente me agradaron las otras dos descripciones de los otros dos ríos. El uno de los cuales tenía su nacimiento con profundo silencio, y el otro, con una armonía muy sabrosa. Nacía el río callado en un prado lleno de mil géneros de flores y muy espacioso, el cual después se estrechaba y al remate daba la alta corriente olorosa y con gran silencio. Y el último brotaba de un cascajal de piedras de mil colores hermosísimas, dijeras unas ser diamantes, otras rubíes, otras zafiros, otras granates, y en suma, había allí de todas suertes de piedras preciosas. La agua salía saltando de lo bajo, y, al subir, movía las piedras, las cuales, cayendo unas sobre otras, hacían una armonía soberana. Así, señor Pinciano, lo podéis imaginar, sino que estaba mejor en el papel de Hugo que no en mi lengua.

El Pinciano dijo: Yo estoy contento, mas pregunto: ¿Por qué llamáis poesía perfecta a esta descripción privada de toda imitación?

Hugo respondió preguntando así: Decidme, señor compadre, si en el Paraíso verdadero está como yo lo pinté.

El Pinciano respondió: Pienso que sí.

Y Hugo: Pues yo pienso que no; porque ni lo vi ni lo leí, sino imaginando como me pareció razonable; y, según esto, imitación ha sido la mía, y, por el tanto, poema perfecto; perfecto, digo, cuanto a las dos cosas, metro e imitación.

Está bien, dijo el Pinciano, pero yo no veo imitada acción alguna, afecto ni costumbre humana.

Aquí tomó la mano Fadrique y dijo: Movido se ha la cuestión, y no nueva, si el poeta perfecto debe imitar acción personal, acerca de lo cual diré mi parecer; con que el que sintiere otra cosa, me contradiga.

Ambos dijeron que lo harían. Y Fadrique luego: Dicho habemos que el poema es imitación en lenguaje, y cual el pintor de herbajes es pintor como el de figuras, ni más ni menos el poeta que pinta y describe las otras cosas, es también poeta como el que imita afectos, acciones y costumbres humanas; y tan fina poesía es la descripción del puerto que Virgilio en el primero de su Eneida hace, y la que, en el segundo, de las dos serpientes que se enlazan al Laacón, como la acción de Eneas cuando a Turno dio muerte; de manera que, en razón de poema, tan imitación es la primera como la segunda, y la segunda y las dos como la tercera. Y así no me parece se debe dudar de aquí adelante en este particular. Mas, así como en los hombres hay unas acciones más ilustres que otras, en los poemas las hay también; entre las cuales ternán más primor los que imitan cosas vivas que no muertas; y los que remedan acciones humanas que no brutales; y los que remedan acciones brutales que no los que cosas inanimadas, si en lo demás son iguales. Así que las descripciones de tiempos, lugares, palacios, bosques y semejantes, como sean con imitación y verosimilitud, serán poemas; y no lo serán si de imitación carecen, que el que describiese a Aranjuez o al Escorial así como están, en metro, no haría poema, sino escribir una historia en metro, y así no sería hazaña mucha; porque la obra principal no está en decir la verdad de la cosa, sino en fingirla que sea verosímil y llegada a la razón; por cuya causa, y porque el poeta trata más la universalidad, dice el Filósofo en sus Poéticos que mucho más excelente es la poética que la historia; y yo añado que porque el poeta es inventor de lo que nadie imaginó, y el historiador no hace más que trasladar lo que otros han escrito.

Esto dicho por Fadrique, Hugo y el Pinciano a una comenzaron a hablar, y a una dejaron la plática para dar lugar el uno al otro.

Fadrique dijo entonces: Sin duda que yo he menester escudarme con solicitud, pues tantos se me revelan. Con dos juntos dicen que Hércules no basta; uno a uno los quiero; y sea Hugo el primero.

Y Hugo: Por obedecer digo que mi propósito no es contradecir a vuestra sentencia dada, mas confirmarla diciendo: que en cierta manera es más del poeta la imitación de las cosas sin ánima que no de las animadas, porque a éstas se atreve muchas veces el histórico, y a aquéllas, nunca.

No me parece mal, respondió Fadrique, aunque en cuanto a la imitación del historiador podía decir alguno que la toma prestada del poeta por más deleitar. Sentid como queráis, que todo me parece bien. Y si de esta cuestión queréis entera resolución, averiguad primero cuál es más noble ciencia, la que enseña Filosofía natural o la que la moral, que de esta resolución nacerá esotra; porque el que imita a personas, casi siempre pretende la moral, y el que a cosas naturales, la natural. Y diga el Pinciano lo que quería.

Yo, señor, dijo el Pinciano, ni quiero argüir contra vuestra sentencia ni tampoco confirmarla, ni aun tocar en ese punto de la imitación, sino preguntar: ¿Qué entendéis por lo que habéis dicho que el poeta se ejercita en lo universal, y el histórico en lo particular?

Ya lo digo, respondió Fadrique, el blanco adonde tiran las saetas es muy pequeño; y lo que no es blanco, es tan grande como todo el mundo, así, la verdad está en punto y la mentira es todo lo que no es este punto de verdad. ¿Abisme entendido? Que el historiador va atado a la sola verdad, y el poeta, como antes se dijo, puede ir de acá y por acullá, universal y libremente, como no repugne a las fábulas recibidas ni a la verosimilitud.

¿Y cuál sería mayor delito, preguntó el Pinciano, pecar el poeta en contradecir a las fábulas recibidas o en apartarse de la verosimilitud?

Esto preguntado, Hugo se llegó hacia la oreja de Fadrique y por las primeras y las postreras sílabas pareció le decía a veces: «Estos ignorantes preguntan cosas que atajan a los que más saben». Y en voz algo más alta tornó diciendo: A mí parece que la verosimilitud es lo más intrínseco de la imitación, y, aunque Aristóteles no decide esta cuestión, se debe tener que lo verosímil es lo más importante.

Fadrique dijo: Está muy bien lo dicho; mas advertid si el mandar el Filósofo que no se alteren las fábulas recibidas es a fin que se guarde la verosimilitud, de manera que debajo de uno se incluya lo otro.

Yo, a lo menos, diría que sí, porque si Virgilio no fuera fundando su fábula sobre la de Homero tan recibida, Virgilio no fuera tan creído como hombre que traía cosas fuera de lo verosímil. De este aplomo de unas fábulas con otras se hablará cuando de la Fábula ahora esto baste, y pasemos adelante, que habemos hecho larga digresión de las diferencias de poemas, las cuales son nuestro principal intento.

Frag. 4.

El Pinciano dijo luego: Ya yo estoy en que son cuatro las especies principales de los poemas y que se sacan por tres caminos diferentes, por el género diferente de imitación, y por la diversidad de la cosa imitada y por el distinto modo de imitar. Y sé también que la forma más usada y más común de sacarlas es la última, que del diverso modo de remedar trata; y, en suma, estoy contento cuanto a las diferencias y especies que del ánima sacan; mas no estoy satisfecho del todo porque yo veo que del metro han tomado muchos poetas el nombre y la diferencia, y se dicen poetas exámetros, elegíacos y otros así.

Maravilla fuera, dijo Hugo, no haber aquí algún estropiezo con el metro, mas, en la verdad, éste no es el lugar propio de tratar de la parte que él en la Poética tiene, porque las diferencias de las cosas siempre se toman y deben tomar de la parte más esencial. Digo, pues, que delante de la imitación no tiene ser alguno el metro, ni le toca el poner diferencias a los poemas, sino que sea la fábula con él como Duero con Pisuerga,[22] cuando a la puente de Simancas se juntan, que Pisuerga deja el nombre a Duero y no vive más de hay adelante.

Así que los poemas todos que gozan de imitación es fuerza que tomen el nombre de ella y dejen el del metro, porque mediante la imitación se distinguen de los demás poemas.

Esas, dice Fadrique, palabras son de, Aristóteles en sus Poéticos, o, por mejor decir, sentencia es esa suya, aunque con diferentes palabras; la cual

---

22   Texto de 1596: Se ha la fábula con él como Duero con Pisuerga.

confirma con el común modo de hablar, diciendo a los que hacen metros sin imitación, no poetas, sino exámetros o élegos, o otro nombre según el metro; y que a las obras de los tales no pusieron las gentes nombres de poemas según la ánima y esencia, la cual no tenían, sino del cuerpo o materia sujeta, digo el metro, y, según éste era diferente, le dieron diferente nombre. Y así Empédocles. que escribió Filosofía natural e historia en metro, no fue dicho poeta, sino exámetro. O, si ya más queréis, escritor exámetro, añadiendo la diferencia poco esencial del metro, lo cual no dicen a Homero, cuya obra está llena de imitación, sino poeta simplemente, y si diferencia le quieren añadir alguna, dirán heroico a su poema, según la persona imitada, y común, según el modo de imitar; y según el género, le dirán poema que con solo la lengua imita.

Otro ejemplo, dijo el Pinciano, quisiera yo, señor Fadrique, que fuera por vos traído en confirmación de esta doctrina, y no el de la heroica que decís, a la cual el Filósofo dice Epopeya y ahora los modernos Épica; y estos nombres dos están tomados de Epos, que quiere decir verso exámetro o heroico; y, por el tanto, parece el tal poema, no obstante que es toda imitación, recibir con el nombre su diferencia y especie del metro y materia sujeta, habiendo menospreciado a la que del ánima e imitación debía tomar.

Hugo dijo entonces: Lo mismo casi fuera si trajera ejemplo de la trágica y de la cómica, las cuales, aunque no toman el nombre del metro, tampoco le toman de la imitación; por la trágica tomó el nombre del cuero y de las heces, y la cómica, de los barrios por donde andaban los que la representaban; y, al fin, no son nombres de género de imitación. A todo lo cual respondo que Aristóteles usó de los nombres que él halló en su tiempo usados, y que si los hubiera de poner de nuevo, fueran sacados de la imitación sola, como de la parte más esencial; y que el Filósofo no aprobó el uso que las gentes tenían en llamar exámetros o elegíacos, según los metros, a los que con imitación los escribían, antes quisiera él que les dieran nombre según la imitación. Esto verá el que atentamente leyere sus Poéticos, en los cuales permite que el autor de los exámetros o élegos, y de otros metros sin imitación, sea dicho exámetro y élego, mas no que sea llamado poeta simplemente, sino con añadidura de exámetro y élego; y así de los demás, como poco antes dije de Empédocles; por lo cual los que sin imitación hacen metros, prudentísimamente por algunos son llamados, no poetas, sino metrificadores. Esto confirma Aristóteles, y por otras maneras, y porque en todos sus Poéticos no hay mención de doctrina en metros, como que ellos para la poética imitación no fuesen necesarios, antes en cierta manera, como antes está dicho, repugnantes. Después verná tiempo que de esta cosa se trate más a lo largo, y que ahora mi intento no ha sido otro que excluirla como parte que no tiene esencia alguna para asignar las diferencias y hacer las especies poéticas, como ni tampoco la tuvo en la definición.

Ya yo veo, dijo Fadrique, lo que decís, y que estáis todavía muy colérico contra el metro, más de lo que es razón; que, aunque él no tenga esencia en la poética y de él no se saquen las diferencias legítimas, al fin es obra de ingenio versátil y furioso, cual para la poética dijimos necesario. Y estoy con recelo, según vuestra cólera, que otro día no me le echéis del todo de la poética.

Los metros, dijo Hugo, que no contienen imitación, echados están muchos años ha de la razón de poética, así como las imitaciones en lenguaje dentro de ella; y esto por lo que el otro día dije que la imitación y el metro se compadecen, a causa de estar contrario el uno de otro.

Fadrique dijo riendo: También la ánima humana y cuerpo son en discordia y pugnan infinitas veces, mas no dejan de cohabitar juntos; y yo he visto muchos casados muy discordes y cohabitar también, y aun dar fruto al mundo no escaso. Vemos a la imitación con el metro junta, y que parece bien. Y no me parece se debe de contradecir este casamiento, pues, en la verdad, presta fruto, que es el deleite, para que la doctrina mejor escuchada sea.

Dicho, luego dijo Hugo: Vos, señor Fadrique, sabéis mejor que yo la poca parte que en la poética el metro tiene, aunque más digáis; y si no, ajústame esta doctrina con la verdad y razón; si las diferencias de los poemas se sacan de los géneros diversos y personas y diversos modos de imitación, ¿cómo será poema el que de ella careciere? ¿Cómo será especie de otra cosa la que estuviere debajo de su género? ¿Por ventura queréis que uno sea caballo y no animal? Mas se os entiende que no eso. Y, pues esta materia del metro se ha dejado para otro día, entonces se tratará.

Fadrique dijo: La materia y el arte de hacer los metros es la que conviene se deje para otro día; mas esta de ahora que toca en las diferencias de los poemas, naturales de este lugar y no de otro alguno; y, por mi vida, que quien tantos metros, y no malos, ha hecho, no es razón esté hoy tan áspero contra ellos. Es la porfía en las disputas necesaria hasta averiguar la cosa; y así digo y porfío que, pues todos los poetas, o casi todos, usan el metro, será razón darle algún lugar, o algún rincón siquiera, en la Poética.

Por cierto, respondió Hugo, yo no lo hallo; si la Poética consiste en imitación, echad fuera la imitación, y entre el metro enhorabuena. Esto dijo Hugo, no sin cólera.[23]

Fadrique respondió: No sería yo el primero que lo hubiera hecho; algunos escritores lo hicieron y muchos lectores lo creyeron y creen.

A esto dijo Hugo: Pues creedlo vos, señor Fadrique, si tan amante sois del metro.

Fadrique se rió mucho de ver a Hugo tan enojado, que le hubiese dicho necio sin entender lo que decía, y respondió, riendo también: Digo que nunca creí en esa doctrina, y, si la creí algún tiempo, que reniego de ella.

Dicho, cayó, como dicen, Hugo en lo que había dicho, y, después de haber pedido perdón a Fadrique, dijo: Si al que hace metros por los hacer llamamos poeta, escribiendo la cosa como ella es, ¿qué diferencia habrá del poeta al histórico? Ninguna; y será tan bueno Pedro como su amo, y terná un mismo nombre el que se halla la cosa hecha y el que anda alambicando su cerebro para la hacer y deleitar y enseñar al mundo.

Ya lo veo, dijo Fadrique, que tenéis mucha razón; mas, con todo eso, es justo, por lo que antes dije, que el metro tenga algún lugar en la Poética.

Hugo replicó: Ya al principio se le dio más de lo que el metro merece.

Y, queriendo pasar adelante, el Pinciano se entrepuso diciendo: A lo menos, no se debe negar el lugar de la materia sujeta; porque si lo es el lenguaje, también lo será el metro.

Ni aun eso tampoco, dijo Hugo, admito; que sería hacer al metro necesario para la Poética; lo cual ni Aristóteles hizo, ni aun grave varón alguno; y sería que ni los Diálogos de Platón, ni las Fábulas de Esopo, ni las Milesias, ni la Historia de Etiopía y otras así, fueran poemas; y sería que ni la Odisea de Homero, que anda en prosa, ni Quinto Calabro, ni otros infinitos lo fuesen.

---

23 Texto de 1596: Esto dixo Vgo, non sin cólera.

Fadrique dijo entonces: Vos, señor Hugo, habéis apretado harto y bien este negocio el día pasado y ahora más; y, con todo esto, me habéis de conceder al metro el lugar que todos los varones doctos le dan, que es ornato de la Poética y deleite del oyente.

Eso, dijo Hugo, enhorabuena; y añado que pude dar diferencias en las obras que carecen de imitación, mas se entienda que no es ornato del poema; porque el poema tiene alma y cuerpo, y la alma, que es la imitación, no es de él adornada, antes desfigurada: será ornato del lenguaje o sujeto poético. Y quede asentado ya que la imitación en prosa es un poema sin atavío, pero vivo y verdadero, y la escritura sin imitación, en metro, es un cuerpo muerto adornado.

Fadrique dijo: No me parece mal, y hágase, por vida mía, una red barredera y que abrace a peces grandes y pequeños y a muertos y vivos, para que el Pinciano sepa, y todos sepamos, las especies que, vivas o, muertas, quedan de Poética sobre las ya dichas cuatro.

Poema enunciativo perfecto
Poema enunciativo muerto.

Hugo dijo entonces: De los poemas dijimos ya que unos son narrativos o enunciativos, adonde el poeta se lo dice todo; otros, activos, adonde todo es dicho por ajena persona del poeta; y otros, comunes, adonde a tiempos habla el poeta, y a tiempos otra persona por él introducida de la manera que antes dijimos. Ahora, pasando adelante, subdividamos estos géneros en sus especies; y, hablando del primero, que fue enunciativo, digo que es uno con imitación; otro, sin ella. El que es con imitación, o es ditirámbico, o descriptorio de alguna cosa —ya está dicho qué sean estas descripciones y qué cosa es la ditirámbica—, o es sin imitación; y éste se divide en tres especies: en angélico, que escribe sentencias, como las de Michael Verino; y en didascálico, a do se enseñan artes y disciplinas especialmente, como el de Empédocles, Lucrecio y Nicandro; y en histórico, como si la Historia de Herodoto o otra alguna le pusieran en metro, sin fábula ni imitación, o como la Farsalia de Lucano, que tiene muy poca o casi ninguna. Y esto, del enunciativo o narrativo.

Poema activo siempre es vivo

Poema común siempre es vivo.

Vamos al segundo, que fue el activo; el cual siempre tiene perfección de ánima e imitación, mas no siempre de metro; porque hay unos poemas activos que andan acompañados con el número contino, como las tragedias; otros nunca le tienen, como los diálogos; otros a veces están sin él, a veces con él, como las comedias, a las cuales formaron los antiguos con metro disfrazado, y al presente las vemos en Castilla con metros, y sin ellos, en Italia. Y esto del género activo y segundo. Digo del último y común, que siempre es vivo, como el heroico, del cual se sabe cuál sea, y que trata de grandes y altos varones.

Aquí cesó un tanto Hugo, y, visto por Fadrique, dijo: Vos, señor, prometisteis abrazar a todos los poemas y decir de las especies de ellos en particular y ni lo uno ni lo otro habéis cumplido. Pregunto: ¿debajo de qué género se comprenden las Epístolas de Ovidio? Y también pregunto: ¿por qué habéis dejado tantas especies de poemas como quedan? ¿Por qué al lírico, al satírico, al pastoral, y por qué a otros muchos que no me acuerdo, los cuales no están inclusos en vuestra división?

Epístolas de Ovidio se reducen a la heroica

Hugo respondió: Yo emprendo camino de otro ninguno andado; y esto por huir de los que otros errando abrieron; y así, señor Fadrique, os suplico que preguntándome me ayudéis a responder, porque verdaderamente estas entradas en vías nuevas son dificultosas, y más las salidas. Y, respondiendo a la primera duda, de las Epístolas de Ovidio, digo que yo las reduzco al poema común y a la heroica; y tomo, por lenguaje del poeta, la inscripción de la Epístola, y la Epístola toda por lenguaje de la persona inducida por el poeta; como en la Epístola de Penélope dice la inscripción: Penélope a Ulises; ésta, pues, digo yo que es la plática del autor, y lo demás, de Penélope, la cual es inducida por el autor. Así queda la Epístola debajo del poema común y de la heroica.

Fadrique dijo: No me parece malo. Veamos la segunda dificultad, que tiene mucho de su parte.

Frag. 5.

Poemas regulares e irregulares

Y Hugo a esto: Confieso que se me olvidó hacer una distinción y división al principio; y es que de los poemas, unos son regulares y puestos siempre debajo de un mismo modo de escritura, como antes hemos dicho de la ditirámbica y descripciones, que están debajo del narrativo, y como los diálogos, cómicas y tragedias, que están debajo del activo, y como la heroica, que está debajo del común. Otros hay irregulares y extravagantes, los cuales, ahora están debajo de este modo, ahora de aquél; tales son los líricos, de los cuales más están debajo del narrativo, a do todo lo habla el poeta, y algunos, debajo del común, y aun yo los he visto alguna vez debajo del activo, en las representaciones adonde canta y tañe y otro responde. Ejemplos del narrativo no son menester, que está lleno Horacio y Píndaro. Del común, Horacio en la Ode 3 del 3, 4 del 4, 5 del Epodo que antes referimos. De los pastorales digo lo mismo, que una vez se hallan narrativos, como en la Égloga 4 y 10 de Virgilio; otras, en activo, con el mismo Virgilio, Égloga 1, 3, 5, 9; y otras, en el común, como en la 2, 6, 7 y 8. Y esto respondo a lo del Poema lírico y pastoral. A lo del satírico digo: que no hay dificultad alguna, porque si habláis de la sátira antigua griega, ella es poema activo y lo mismo que la comedia; si de la moderna y latina, el poema narrativo comúnmente, y en el, cual siempre suele hablar el poeta reprehendiendo a quien le parece.

El Pinciano dijo entonces: Y si un poeta satírico quisiese introducir en la suya otras personas o quitar la suya del todo, ¿podría?

Fadrique respondió: ¿Quién duda? Hugo habla según lo que hasta ahora halla más general; y, si mucho escudriñásemos las lecciones satíricas latinas, pienso que en ellas hallaríamos de todos poemas, digo, narrativos, cuales son los satíricos ordinarios, y activos y comunes, aunque raros. Y lo que en estos poemas se debe tener es lo que Hugo muy bien ha dicho, que los tales son extravagantes y que se reducirán al modo de imitación narrativa y activa y común, si tienen imitación; y, si no la tienen, al modo narrativo solamente; porque éste es capaz de imitación y no imitación, lo cual los otros dos modos no son, y a quienes, como está dicho, necesariamente conviene el remedar.

Lírico
Pastoral
Satírico.

El Pinciano dijo: A mí parece haber entendido este negocio: que los poemas unos son regulares y que siempre guardan un modo de imitar y remedar, como la ditirámbica, que siempre es narrativa, y la Comedia y Tragedia, siempre activa, y la Heroica, siempre común; y que hay otros que, por no guardar orden, decís extravagantes, los cuales ahora del uno, ahora son del otro, ahora del otro modo, cuales del lírico y pastoral está probado, y del satírico habéis significado y me agradó mucho, mas holgaría saber de otras especies de poemas, si las hay, lo que sentís en particular.

Mimo
Apólogos
Epigramas.

Hugo dijo entonces: ¡Y cómo si las hay! hay poemas y aún poemillas. Y, dicho esto, echó mano al seno y, sacando un papel, dijo: Este escrito hice esta mañana para cierto efecto, y aquí están todas las especies que yo he podido recoger, y aun los nombres diferentes que de poemas hallo. Dicho, empezó a leer y decir de esta manera: hay Mimos, los cuales son especies de poemas activos, porque en ellos el poeta dice lo que quiere por ajena persona, o con persona de un ciudadano, o de un siervo, o de quien le parece. Y estos mimos no son, a mi parecer, otro que una persona de comedia que se ha alzado con nombre de mimo, porque son más imitantes que los demás poemas. Hay Apólogos, los cuales son poemas comunes; tales se ven las fábulas que dicen de Esopo, en las cuales ahora habla el poeta, ahora otra persona introducida por el poeta. Hay Epigramas, que, como la lírica y pastoral, son extravagantes, porque muchas veces son del modo narrativo y no pocas del activo, adonde pregunta una persona y otra responde, y también los debe de haber del común, aunque yo no me acuerdo.

Aquí cesó un poco Hugo, y Fadrique dijo: Vos, señor compañero, habéis dividido al poema por el modo diverso prudentemente y, después de haber hecho mención de los cuatro poemas principales y fuente de todos los demás (digo Heroica, Trágica, Cómica y Ditirámbica), habéis hablado de otras seis menos principales, dichas Pastoral, Satírica, Lírica, Mimo, Apólogo, Epigrama; y resta que digáis de los poemas o poemillas, que son muchos a mi parecer, y haréis una gran cosa, no digo en traellos en la memoria, sino en traellos en ese papel según son muchos.

Rapsodia
Centón.

Hugo dijo: Yo he cogido los que buenamente puede; si alguno se me ha huido de la memoria, la vuestra buena me le traerá. Atención: que doy principio a lo que mandáis. Y digo, primero, de las Rapsodias, que en verdad no son especies, sino pedazos de otro poema; así los antiguos dieron nombre a los libros en que fue dividida la Ilíada y Odisea de Homero, el cual se les dio como que eran pedazos de la obra principal, y porque, como los fueron hallando y juntando, los iban cosiendo: que el nombre de rapsodia quiere decir costura de cantos. Sigue el Centón, el cual no es otra cosa que una juntura de metros sacados de partes diferentes del poema que varíen el sentido del que en su lugar propio tenían, como si una persona de los versos de Virgilio tomara uno de una parte, otro de otra, y otros de otras, y, mezclando los de las Églogas a los de las Geórgicas, y éstos a los de la Eneida, hiciera algún tratadillo, cuyos versos fueran aplicados a cosa diferente de la que Virgilio los aplicó. De esta manera fue el que Aristóteles dijo Hipocentauro de Cheremón, en sus Poéticos, y el que compuso un Matrón, poeta, de los versos homéricos, de quien se escribe que juntó grande número y le aplicó a la cocina. Este poema se reducirá, según razón, al poema común, como el principal de donde manó lo era, que es la Heroica.

Este poema, dijo Fadrique, oído le he yo traer, mas no entre los Centones, sino entre las Parodias.

Parodia
Y el Pinciano: Si yo supiera qué cosa es Parodia, entendiera lo que dice Hugo.

Mezcla de Centón y Parodia
El cual tornó a tomar la mano y empezó así: La Parodia no es otra cosa que un poema que a otro contrahace, especialmente aplicando las cosas de

veras y graves a las de burlas. Y así confieso que el poema de Matrón, el cual aplicó los metros de Homero graves a las burlas de la cocina, tiene mucho de la Parodia; mas si estos versos, como yo imagino, fueron tomados uno de acá y otra de acullá, y juntados de partes diferentes, también será Centón.

El Pinciano dijo entonces: No nos detengamos en esto, que yo lo entiendo ya y esta fiesta a mí se me hace.

Grifos
Enigmas
Escolio.

Hugo se sonrió y dijo: hay también poemas dichos Sinthetas e hipocremmatas, los cuales son especies de Ditirámbica, o, por mejor decir, la Ditirámbica misma. Hay Grifos que dicen, difíciles mucho de ser entendidos, cuya dificultad no nace de los vocablos, los cuales son claros, sino del laberinto y enredo de ellos. Hay Enigmas, cuya dificultad nace de los vocablos peregrinos o contrariedad de los propios, en los cuales Enigmas no retienen los peregrinos su propia significación, sino que la truecan y mudan de manera que son desconocidos.

Loores
Encomiástico
Peán
Escolio
Epinicio
Hay también este nombre Escolio, el cual no significa otra cosa que canción hecha en banquete, o cantada antes, y si alguna vez Plutarco dijo, al Grifo, Escolio fue por razón de haber sido solemnizado en comida pública. Y, en suma, para abreviar, digo de los demás Poemas que restan, que, o se aplican a dioses, o a hombres.

Los que a dioses, fueron dichos Himnos, de los cuales, unos contenían las alabanzas de ellos; otros con la alabanza los invocaban, y por esto fueron dichos invocatorios; y aun estos eran divididos en otras especies que ahora no hacen al caso. Digamos de los poemas aplicados a los hombres, los cuales, o eran en alabanza de ellos, o en vituperio, o en nacimientos, o en bodas, o en partidas, o en tornadas de alguna persona amada, o eran para actos miserables y tristes. De todos iré haciendo mención, según el orden dado. Digo, pues, de los primeros, que se hacían en alabanza de hombres, que, si los tales poemas contenían solamente la alabanza de la virtud de algunos, se decían Loores; y si demás del loor de la virtud, por el poema persuadían a los oyentes la estimación del hombre, se llama poema encomiástico; si la alabanza era de algún acto militar y victorioso, tenían nombre Peán, el cual, si en banquete se cantaba, era llamado Escolio, y si en victorias y fiestas, juegos, luchas, carreras, era dicho Epinicio: tales fueron los más de Píndaro.

Panegíricos
Pedeuterios
Yámbicos Diras
Palinodia
Genetliacos Himeneos
Jonios
Oaristos
Elegos
Threnos
Elegías
Endechas
Epicedio

Panegíricos se dijeron los poemas que en alabanza de otro y concurso de gentes eran cantados; y los que en honor de sus maestros hacían los discípulos, eran Pedeuterios llamados. Y esto, de los poemas en alabanza de hombres. Digo de los que en vituperio se hacían; de los cuales los que contenían vituperio simplemente, eran Yambos; los que maldiciones mezcladas con vituperios, Diras; y el poema adonde el autor de Yambo o Dira se retrataba de lo dicho, era el llamado Palinodia. A los poemas todos que en nacimientos se hacían, dieron nombre Genetliacos, y de ellos no sé que hubiese más que una especie.

De los que se hacían a los matrimonios, dichos Esponsales, había muchas más especies, porque eran los dichos en alabanza de los novios llamados Himeneos; e ilarodos, los que se cantaban a las bodas, los cuales eran algo lascivos; y Jonios, los que lo eran más (aunque estos poemas fuera de las bodas también se cantaban, como ahora la zarabanda); otros, cuyo nombre olvidé, se cantaban a los novios, cuando iban a sello, lascivos también mucho. Y los que después de habello (que eran unos coloquios entre la dama y galán muy ridículos y no muy honestos) dichos Oaristos. Los que se hacían a partidas y tornadas de amigos eran asimismo muchos, porque según a lo que iban los ausentes, y las tierras y marcas que habían de pasar y otras cosas, así les daban los nombres. Los Elegos y miserables poemas fueron también no pocos, porque los que se hacían a subversiones de patrias, llamaban Threnos o lamentaciones; los que a Nehemia.

Epitahio
Parentalias
Inferias
Monodias
Epodo

Subversiones de patrias, llamaban Threnos o lamentaciones; los que a muerte, fueron dichos primero Elegías, mas ya este nombre de especie de tristeza se hizo género, y significa a todo poema luctuoso y triste, como son las que en Castilla decimos Endechas (hácense a destierros, ausencias, disfavores de amor y golpes de fortuna), y los poemas que a muertes se aplican, han tomado otro nombre, dicho Epicedio; y si el muerto había de ser quemado —que así lo usaban en algunas tierras— decían al poema Nehemía; y si enterrado, Epitafio; Parentalias o Inferias, los que se cantaban a los aniversarios; Monodia, cuando alguno solía llorar en el teatro alguna muerte; y Epodo, una breve canción que al remate de otras se asía, la cual se usaba, no en poemas tristes solamente sino en muchos de los líricos; y así dijo Horacio al último libro de sus líricos Epodo, y así digo yo a los remates de las canciones que se rematan con un pedazo de la misma canción Y éste también sea por hoy el remate y Epodo de la nuestra.

Bien está así, dijo Fadrique.

Y el Pinciano: Rebién. Mas hame venido a la memoria que aun faltan otras especies, o, si más queréis, sobran de las que aquí son dichas; digo, la dicha Emblema y la dicha Empresa, y el llamado Hieroglífico, tan usado de los egipcios.

Hieroglífico
Emblema
Empresa

Fadrique dijo: Yo quiero responder a la objeción, porque, como sé menos, acabaré más presto, y tengo cierto negocio que hacer.

Digo, pues, que, en la verdad, la Emblema y la Empresa son ficciones con lenguaje, y que se pueden permitir entre los poemas; mas el Hieroglífico, que solo tiene pintura y ficción sin lenguaje, no sé yo por qué lo sea, que el tal no es otra cosa que una pintura de animales especialmente, por los cuales los egipcios antiguos mostraban sus conceptos; como si para significar simplicidad pintásemos una paloma, y para la astucia, una serpiente o raposa, y para la ira, un cisne, porque en esto tenían los egipcios gran prudencia, que, sabiendo las naturalezas de los animales, daban a entender los vicios o virtudes o calidades que querían por ellas; esto antes que supiesen letras para escribir; así que éste no es tanto poema, cuanto una metáfora de una cosa en otra. La Emblema es poema por la razón sobredicha; la cual diría yo ser una especie de poema por la razón sobredicha; la cual diría yo ser una especie de epigrama didascálico, porque enseña doctrina moral casi siempre, y podría natural, o lo que más quisiere el dueño; el cual no está atado a doctrina alguna; solamente se ata el autor de la Emblema a poner ánima y cuerpo en ella (cuerpo es la pintura, y ánima, la letra que es sobrepuesta, por la cual es entendida y declarada); átase también a no ser tan claro, que todos le entiendan, ni tan oscuro, que de todos sea mal entendido; ha de mostrar su concepto como entre vidriera; átase también la Emblema a no tratar cosa particular, porque en tal caso sería Empresa, la cual dista de aquélla en poco más que lo dicho, digo, en que la Empresa mira a respecto particular siempre, y es tanto, verdad, que de las Empresas viejas se hacen muchas veces las armas nuevas. Y porque en estas cosas hay libros que más largamente lo escriben, ceso de esta plática, que no es tanto de nuestro propósito. Y demando licencia.

Hugo dijo: De mí la tenéis y para me mandar.

Y el Pinciano: De mí también la tiene el señor Fadrique, mas no para se ir por ahora, porque me ha de dar parecer sobre una Empresa, la cual he imaginado.

Veamos, dijeron Fadrique y Hugo.

Y el Pinciano luego: Bien puede parecer, y es ésta: Yo pongo en un escudo un niño pintado, sin ojos y sin pies y manos, y en la timbre, a Júpiter; y dice la letra a la orla del escudo: Domino illuminatio mea, etc. fortitudo mea, quem timebo.

Por cierto, dijo Fadrique, la Empresa es bien piadosa y religiosa.

Y el Pinciano, algo mesurado, replicó: Más quiero que eso, y más me habéis de dar.

Y Fadrique, sonriendo, dijo: Yo os he dado lo vuestro y no debo más, porque está contra leyes de las Empresas buenas y perfectas; las cuales, entre otras condiciones, no han de ser muy claras, como se dijo de la Emblema, y han de ser de vista alegre y de buena apariencia, y no han de tener figura de hombres, y aún que el mote no sea muy largo; y la que ahora vos habéis dado, es muy clara, y tiene poca vista, y está con imagen de hombre, y es largo el mote o letra; y si queréis un ejemplo de las Empresas adornadas −con todas sus condiciones, digo−, id a la posada del conde Ioannes Cheveniler,[24] embajador del emperador; el cual, junto al Escudo de sus armas, tiene una discreta y virtuosa Empresa y que, como dicen, no le falta hebilleta.

El Pinciano rogó a Fadrique le excusase aquella jornada, y Fadrique dijo: enhorabuena. El cuerpo de la Empresa es una doncella, que en la mano derecha tiene una corona de laurel, y en la siniestra, una, palma; y dice la ánima o la letra: Máxima fui.

El Pinciano se quedó un poco pensativo y dijo: No lo entiendo.

Hugo luego: Yo sí.

Y el Pinciano replicó: ahora digo que la Empresa es buena, porque es clara a los discretos y oscura a los que no lo son.

Sí, dijo Hugo, porque, presupuesto que la victoria es pintada con semejante cuerpo, la ánima es divina, la cual enseña que la victoria mayor es vencer el hombre a sí mismo; que lo que del mote y ánima se dice deberse tomar de alguna letra antigua y auténtica, no siento que sea necesario. Digo,

---

24   Texto de 1596: Conde Ionnas Cheueniler.

pues, que la Empresa es bella y clara; y si fue oscura, no por falta de lumbre suya, sino de otra; y si no tuviera figura humana, de la cual debe carecer la Empresa, según la doctrina que poco ha recibí del señor Fadrique fuera consumada.

Fadrique respondió: Yo la aprendí así, y así la enseñé y así la ratifico para lo cual es de advertir que esta figura no es realmente de mujer, y que la Victoria a quien significa, ni es hembra, ni macho, ni persona, sino casi persona que dicen; porque no lo siendo, se pinta como tal, y alegóricamente significa aquello para que fue inventada.

Estas figuras tales, aunque estén en forma humana, porque realmente no la tienen, son tenidas por no humanas, y, por el tanto, se alaban por buenas las Empresas que las tienen, si por otra parte no lo desmerecen.

Hugo dijo: Ya me acuerdo de la una que se atribuye a Garci Sánchez de Badajoz, la cual ha sido muy loada y la cual es con cuerpo casi persona, como dice el señor Fadrique. Era el dicho una figura masculina humana muy fea, con cuernos como cabrón y uñas como león, puesto en llamas; decía la letra: Más penado y más perdido y menos arrepentido.

El Pinciano dijo entonces: La invención es aguda, mas la vista del cuerpo no me agrada; más agradable al ojo es la de la doncella del conde.

Fadrique respondió: Y aun provechosa al ánimo; porque, junto con ser de mucho ingenio, enseña doctrina moral y divina, fruto que en las Empresas no suelen dar todos árboles.

Vos, señor Fadrique, dijo Hugo, estáis más aficionado a la tierra extraña que a la propia. ¿Por qué, me decís, no habéis hecho recuerdo de vuestro compatriota que escribió en esta materia, y por qué no habéis traído alguna de sus Empresas por ejemplo?

Fadrique quedó un poco pensativo, y luego dijo: Yo, señores, tengo un poco de ocupación. Dicho, los compañeros se alzaron y le dejaron solo. El Pinciano se fue a la posada y trasladó lo oído. En esta fecha, un día después de las Nonas de mayo. Vale.

Respuesta de Don Gabriel a la Epístola IV del Pinciano

Frag. 1.

Como quiera, que sea, fue en esta materia, como en todas las demás filosóficas, extremado el Filósofo, que, después de la definición, en el primer fragmento repetida, da sus diferencias cumplidísimamente; y en ello Aristóteles parece que, adivinando lo poco en que los Príncipes habían de estimar la Poética, quiso hacer de ella tanta estimación, que no satisfecha con saber sus diferencias y especies por uno ni dos caminos, se aprovechó del tercero. Honrar debe todo el mundo a Aristóteles, pero más que otros estudiosos, los poetas se lo deben, que a los pasados enseñó, y a los presentes y venideros amaestró, y a todos disculpó, si alguna vez en sus escritos no salieren tales.

Frag. 2.

Tiene el segundo fragmento la deducción de las diferencias en general, y en particular la de las dos primeras, que son: el género diverso de imitar y la cosa imitada, acerca de lo cual tengo una duda, causada de la doctrina del Filósofo, que dice así: «ahora, porque aquellos que imitan, o imitan a personas que hagan alguna cosa, y las personas o son buenas o malas». De estas palabras se podría pensar que el Filósofo quiere que no sea poema el que no tuviere imitación de persona; por otra parte, acerca de la diferencia que de la imitación se toma, parece, por decir imitación de cosa, que no se obliga a persona, sino que bastará que sea imitación de cosa cualquiera, como sea en lenguaje, para que tenga nombre de poema.

Frag. 3.

Frag. 4.

Leyendo, pues, este pedazo segundo quedé algo confuso; y después leí el tercero, adonde está la diferencia que del diverso modo de imitar se toma, adonde salí de la confusión; y, en la verdad, me pareció que es más perfecta la imitación de acción personal, pero que, en razón de poema, lo es el que imita la cosa sin ánima, como un templo, un palacio, un teatro, cual el que imita a un escaramuzar de ejército; y me parece a mí que el Filósofo, guardado el mejor bocado para la postre, que aprobó más esa última manera de sacar las poéticas diferencias; y que, suadidos de esto que digo, los escritores que después sucedieron, se aprovecharon más de ellas que de las dos primeras. Acerca de la cuarta división, digo que es tan cierto lo que en ella leí, que me ha venido a la memoria comparar la Poética a una empanada repulgada, hecha de pan, carne y yemas de huevos; y una empanada repulgada, hecha de pan, carne y yemas de huevos; y que la carne es la imitación; el pan, el lenguaje, y el repulgo, el metro, y las yemas que entre la carne ponerse suelen, son la alegoría, la cual es como el tuétano o meollo de la imitación y fábula. La comparación es de cocina, pero con quien declaro mi concepto.

Estoy, digo, bien en que el metro sea el repulgo de la empanada, a la cual da ornato, y no ser alguno; y no me parece mal la división del poema en muerto y vivo, y que el vivo sea el que decís —digo, el que tiene imitación— y muerto el que sin remedar tuviere metro.

Estoy bien en la división del poema en regular e irregular, y, últimamente, en la general división que me enviáis. Y declaración de las especies todas de poemas. Algunas cosillas tenía que preguntar que me escrupulan, mas, por ser cosas de importancia no mucha, me parece las disimular y dilatar para cuando, Dios mediante, nos veamos.

Frag. 5.

Lo del quinto está bien, aunque holgara se alargaran más los compañeros y pusieran más particularmente la esencia de los Hieroglíficos, Emblemas y Empresas. Fadrique lo deja por le parecer plática sin propósito, y a mí me parece que otras muchas cosas están escritas en el mundo con menos. A quien dan, no escoge; yo me contento y satisfago con lo que me dan: y a vos agradezco mucho el ser instrumento de mi recibo. Vale. Fecha, cuatro días antes de los Idus de mayo.

Epístola V. De la fábula

Cuatro días después que la vuestra recibí, señor don Gabriel, que fue domingo, un día antes de los Idus de mayo, el Pinciano se llegó a la ventana de su Posada por escuchar si en la de Fadrique había algún ruido de conversación, y, aunque no le oyó, pareciéndole hora de le haber, dejó la ventana y caminó al lugar acostumbrado, adonde halló a los dos compañeros en plática de unas nuevas poco razonables.

El Pinciano los saludó, y se asentó, y empezó a escuchar, y aun en ello se cansó, de manera que dijo: Dejemos, señores, por vida mía, las historias mentirosas, y tratemos de las fábulas verdaderas; comencé a comer de esta vianda sin gana, y estoy ya que me comeré, como dicen, un pobre con sus llagas.

Fadrique se sonrió y dijo: Ya lo entiendo; a la poesía queréis decir; que harto pobre y llagada anda por el mundo.

Sea como decís, respondió el Pinciano, como yo sea escuchado; que, si por nuevas lo habéis, yo también las traigo ahora, y son que he leído un pedazo de los Poéticos de Aristóteles.

Dicho esto, calló; y poco después Hugo. medio riendo, y, puestos los ojos en el semblante de Fadrique, habló así: Pues desa manera el Pinciano nos podrá enseñar la plática que de la Poética en orden sigue.

El Pinciano preguntó: ¿Qué es la que sigue?

Frag. 1.

Fadrique respondió: Siguiendo el orden resolutivo, como hasta aquí, sucede tratar de la fábula; porque, si el poema es fábula e imitación en lenguaje, habiendo hablado del poema como todo y de sus especies en general, resta el hablar de las partes del poema, que son fábula y lenguaje; y siendo, como es, la fábula parte más esencial, a ella se debe el principio de esta plática.

Otro orden, dijo Hugo, pensaba yo seguir; y es hablar de las especies de poema en particular, pero me parece mucho mejor el orden que decís, y que primero se trate todo lo general y después vengamos a lo particular. Habemos hablado del poema y de sus especies en género; hablar conviene de las partes esenciales del poema generalmente también; las cuales, como está dicho, son: fábula, que es ánima y parte esencial, y lenguaje, que es materia sujetiva en quien. Ea, pues, señor Pinciano, comenzad de la fábula, que, pues habéis leído al Filósofo, y sabréis el todo en la fábrica de ella, que los demás escritores muy poco han añadido a lo esencial que él escribió.

¿Añadido?, dijo Fadrique. ¡Ni aun atrevido!

Fábula, imitación de la obra

Hugo respondió: Ya lo veo, y eso es decir que me atreveré yo mucho si lo trato. Pues valga lo que valiere, que yo me tengo de atrever esta vez, confiado en vuestra ayuda. Ya sé que sigo camino de nadie andado, sino del Filósofo, y que él dejó en esta parte muchos estropiezos y muchos pasos vacíos, mas a los atrevidos ayuda la fortuna. Y, comenzando en el nombre de Dios, digo que la fábula es imitación de la obra. Imitación ha de ser, porque las ficciones que no tienen imitación y verosimilitud, no son fábulas, sino disparates, como algunas de las que antiguamente llamaron Milesias, ahora libros de caballerías, los cuales tienen acaecimientos fuera de toda buena imitación y semejanza a verdad. Ha de ser, digo, imitación de obra y no ha de ser la obra misma; por esta causa Lucrecio y Lucano y otros así que no contienen fábulas, no son poetas, digo, porque no imitan en sus escritos a la cosa, sino escriben a la cosa como ella fue, o es, o será.

El Pinciano dijo entonces: Pues yo leí en Aristóteles que el poeta escribe la cosa, o como pudo acontecer, o como en la verdad aconteció.

Fadrique se sonrió y dijo: No es malo el argumento; bien muestra el compañero con las obras lo que con palabras dijo, y que ha visto los Poéticos del Filósofo.

Y Hugo luego: Ese argumento no es de los muy eficaces; ni aun es menester para su soltura más que leer al mismo que dio el fundamento de la argumentación, el cual dice que puede muy bien un poeta escribir verdades y quedar poeta.

El Pinciano replicó: Ese es un enigma que yo no entiendo. Vos decís que el poema ha de ser imitación de la verdad, y que no ha de ser la verdad misma, y vos decís que puede ser la misma verdad; menester es que venga Edipo a desatar estos enigmas.

Aquí está, dijo Hugo. Atended y entenderéis. Y os torno a decir que son palabras de Aristóteles. Imaginad que un autor compone un volumen, en España, de obra y acción que en el tiempo que ella hace y finge suceda realmente en la Persia o en la India. Pregunto: ¿Cómo diréis a tal obra: historia o poema?

El Pinciano estuvo un poco pensando, y, visto por Hugo que no respondía, dijo: Claro está que, si él la fingió y escribió lo que imaginó, que la obra será poema, no obstante que acontezca en este mismo tiempo; así como habla mentira el que habla de cosa sin sabella, aunque realmente sea verdad, porque da la cosa por verdadera que él no sabe que lo sea; y, en suma, el tal dice contrarias palabras a lo que su entendimiento tiene, que por otro nombre dicen mentir. De aquí consta que una misma acción y acaecimiento puede ser fábula e historia; como lo sería la sobredicha, que el que la escribiese en la España, sería poeta, y el que en la India, o adonde aconteció, histórico.

Fadrique dijo: Ello está muy bien interpretado, y no hay que altercar sobre este negocio más, porque la prestancia de la Poética sobre la Historia en eso consiste: que el poeta escribe lo que inventa y el historiador se lo halla guisado.

Así que la Poética hace la cosa y la cría de nuevo en el mundo, y, por tanto, le dieron el nombre griego que en castellano quiere decir hacedora, como poeta, hacedor, nombre que a Dios solamente dieron los antiguos; mas la Historia no nos da la cosa, sino solo el lenguaje y disposición de él.

El Pinciano dijo: Pues Fadrique viene en esta doctrina, yo estoy en ella, y digo que me parece bien, y confieso que me parece de Aristóteles.

Mas, con todo esto, soy mal satisfecho acerca desde punto de la fábula, porque veo yo muchos poetas legítimos escribir en sus poemas historias finísimas, no acaso, sino de industria, y que las dan por tales; y si no, mirad a Homero, especialmente en la Ilíada, adonde toca no pocas historias griegas; y a Virgilio en su Eneida, adonde toca muy muchas latinas; mas, ¿qué necesidad tengo yo de traer estas autoridades, estando por mi parte Aristóteles? El cual manda que ciertas especies de poemas tengan historias antiguas, y aun significa que las que no se fundan en ellas —digo en historias— serán de poca perfección.

Baste, baste, dijo Hugo, que todo eso tiene su respuesta y vos la ternéis con satisfacción, si acaso me escucháis lo que voy a decir. Hay tres maneras de fábulas: unas, que todas son ficción pura, de manera que fundamento y fábrica todo es imaginación, tales son las Milesias y libros de caballerías; otras hay que sobre una mentira y ficción fundan una verdad, como las de Esopo, dichas apologéticas, las cuales, debajo de una hablilla, muestran un consejo muy fino y verdadero; otras hay que sobre una verdad fabrican mil ficciones, tales son las trágicas y épicas, las cuales siempre, o casi siempre, se fundan en alguna historia, mas de forma que la historia es poca en respecto y comparación de la fábula; y así de la mayor parte toma la denominación la obra que de la una y otra se hace.

Fadrique añadió: Por eso cuentan a Lucano entre los históricos, el cual, aunque tiene fábulas, son pocas en respecto de las historias. Y Hugo ha concluido muy doctamente que la fábula ha de ser imitación de la obra, y que, aunque el poeta escriba la verdad, si él no la sabía, será poeta, y que puede muy bien el poeta tocar historias, lo cual le es necesario en ciertas especies de poemas. Y, pues, esto de cómo la fábula es imitación de la obra está llano, pasemos adelante.

Frag. 2.

Hugo prosiguió diciendo: Después de haber declarado qué cosa sea fábula en general, resta hacer una declaración del nombre fábula, por quitar adelante ocasiones de equivocación.

Bien me parece, dijo Pinciano, que todo es necesario, y me admiro cómo, siguiendo la buena y perfecta lógica, no dividís primero al equívoco que deis la definición de él.

Argumento
Episodio
Hugo respondió: No es equívoco el nombre que igualmente abraza, y con razón genérica, a una, dos o más cosas como fábula, la cual contiene debajo de sí, y con una razón misma, al que decimos argumento y al que llamamos episodio y a la junta del uno y otro, que es la poética imitación toda.

Aquí cesó Hugo, y Fadrique dijo: Declaraos un poco más, señor Hugo, que no estáis bien manifiesto.

Y luego Hugo comenzó así: hay en la fábula —y se dice fábula como por analogía— lo que es fábula y por otro nombre se llama el argumento; y hay en la fábula lo que es fábula y se dice fábula con nombre genérico y con más especial, episodio; hay en la fábula lo que es fábula y se dice fábula, que es el compuesto del argumento y del episodio.

Dijo Fadrique entonces: Mirad, señor Hugo, que hay muchos poemas que no tienen más que el argumento y del todo carecen de episodios.

Argumento: qué sea; qué cosa sea Episodio

Así es la verdad, respondió Hugo, mas yo no he dicho que toda fábula tiene episodios. Ahora lo digo; que las principales —que son épica, trágica y cómica—, necesariamente los deben tener; aquélla largos, y éstas dos últimas, breves; esotros poemas son estrechos, y para su cumplimiento les basta fábula sola. Advierto que cuando digo fábula, solamente entiendo el argumento —que por otro nombre dice hipótesis, o cuerpo de fábula—, y cuando episodio, entiendo las añadiduras de la fábula, que se pueden poner y quitar sin que la acción esté sobrada o manca, y cuando dijere la fábula toda, quitar sin que la acción esté sobrada o manca, y cuando dijere la fábula toda, entiendo argumento y episodios juntamente.

Yo entiendo, dijo el Pinciano, los vocablos, y entenderé de hoy más lo que por ellos decís; mas la cosa no la puedo bien entender.

Fadrique rogó a Hugo trajese algún ejemplo, y Hugo dijo: El que Aristóteles trae de la Odisea de Homero en sus Poéticos; el cual dice que el argumento de aquel poema es de un hombre que, peregrinando muchos años, guardado de Neptuno solo, padeció en las cosas de su casa, de suerte que los pretendientes a su mujer le comían la hacienda, y a la vida del hijo aparejaban asechanzas; el cual peregrino vino a su tierra después de grandes tempestades, y dándose a conocer a los suyos, se ayuntó con ellos, y, quedando él salvo, destruyó a sus enemigos. Veis el propio de la fábula, y los demás que la Odisea contiene, son episodios. Estas son palabras del Filósofo mismo, adonde, por el vocablo propio, distingue a la fábula del episodio, como que lo que es contenido en este argumento sea propio y necesario, y lo que es fuera de él, que son los episodios, no lo sean, sino que se pueden quitar y poner y variar según la voluntad del poeta.

El Pinciano dijo entonces: ¡Pues cómo! ¿Homero no pudiera hacer fábula de Ulises de otra manera?

Hugo respondió: Bien pudiera Homero imitar a otra acción, mas no a esta que habemos referido, y, a mi parecer, el autor del dicho poema era necesario que llevase tal discurso en la fábula, so pena que, o la hiciera mal acostumbrada, o poco deleitosa, o todo junto; pero pudiera bien quitar los episodios y poner otros que quizás fuesen de más verosimilitud y aun deleite.

Fadrique dijo: Como quiera que sea, o fuese la mejor fábula del poeta, o no lo fuese, la intención de él fue dar aquel principio y fin a la fábula, en lo cual consiste la hipótesis y argumento esencial. Mas, si yo me acuerdo, otro ejemplo trae el Filósofo no malo, porque es de acción trágica y de episodios breves y que diversos poetas la tocaron, por cuya diversidad se declara más lo que la fábula tiene propio y lo que no; y aun también cómo se debe entender la sentencia de Aristóteles por la cual manda que las fábulas recibidas no se alteren.

Ya lo entiendo, respondió Hugo, ésa es la Ifigenia, sobre la cual poetaron Eurípides y Polides muy de otra manera; mas no en lo propio de la fábula y argumento, el cual, según el Filósofo, en sus Poéticos, fue de esta manera: Siendo una doncella a punto de ser degollada en sacrificio, fue desaparecida de aquellos que la querían sacrificar y llevada a una región remota a ser sacerdotisa; en la cual región era costumbre sacrificar los extranjeros que allí aportaban. Sucedió, pues, que, después de algunos días, arribó a aquella tierra un hermano de la doncella sacerdotisa, el cual fue preso y llevado, según la costumbre que allí había, a que fuese sacrificado por mano de la hermana, y al tiempo que le querían sacrificar se conocieron los hermanos, que fue causa de la salvación del hermano. Este es el argumento y propio de la fábula de la Ifigenia, y éste es el que no se debe alterar en manera alguna y que, como habemos dicho, es significado con nombre de fábula propiamente y como por analogía. Así que las fábulas manda el Filósofo que no se alteren, que es decir, los argumentos de las fábulas recibidas: mas puédense alterar los episodios, como se ven legítimamente alterados en Eurípides y Polides, los cuales con diversos nudos y reconocimientos y episodios, ataron y desataron y cumplieron la misma fábula sobredicha, de la cual había una noticia común y recibida de todos; y adelante se ofrecerá la plática de la Tragedia, adonde se dirá más de estas tragedias, y de ello resultará más claro lo que dicho tengo.

Aquí dijo el Pinciano: Tan grande me parece la fábula de la Ifigenia como la de la Odisea, y la de la Ifigenia se comprende en muy pequeño libro, y la Odisea en 24.

Fadrique respondió: El Filósofo dice que las fábulas todas de su principio salen pequeñas, y que el hacerse grandes o chicas después, está en los episodios; los cuales tienen muy grandes las épicas, como muy chicos las trágicas y cómicas.

Hugo confirmó entonces diciendo: Eso es así; y yo lo había significado antes, aunque no tan bien como Fadrique.

Dejemos de cortesías digo, dijo el Pinciano, y sepa yo algo más de estos episodios, para que mejor los distinga de la fábula.

Qué sea Episodio

Sabida qué sea la fábula, dijo Hugo, presto es sabido qué sea el episodio, el cual es todo lo demás que no es fábula. Episodio, digo, es un emplasto que se pega y despega a la fábula sin quedar pegado algo de él.

Fadrique se rió mucho, y Hugo prosiguió diciendo: Sí, que el buen emplasto tiene estas condiciones, y el buen episodio también; el cual se añade a la fábula y se puede quitar, quedando ella entera en su propio y esencial, y se puede añadir otro y otros, según que el autor diese gusto. Y si esta comparación no os agrada, escuchad otra, y quizás será más enojosa al oído y más buena al entendimiento. Y haced cuenta que la fábula toda es un vientre o menudo, y que el argumento es aquella tela mantecosa, dicha entresijo, de donde están asidos los intestinos, y que éstos son los episodios, los cuales se van enredando con la fábula como los intestinos con la tela.

Fadrique se tornó a reír y dijo: Si no fuérades médico castellano, no trajérades esas comparaciones. Y, vuelto al Pinciano: Vos, señor, pensad que la fábula es una rosa abierta, y que el pezón y cabezuela es la fábula, y las hojas son los episodios que la ensanchan y florecen; y así, como las hojas penden de la cabezuela, deben pender los episodios de la fábula.

Hugo se rió y dijo: Si no fuera Fadrique valenciano, no trajera comparación de rosas; no lo digo porque no es mejor que las mías, mas que todos habemos hecho nuestra persona en la comedia. Digo, en suma, que los episodios son aquellas acciones, las cuales —aun que son tan fuera de la fábula, que se pueden quitar de ella quedando perfecta— deben ser tan aplicados a ella, que parezcan una misma cosa; y como se suele decir de las guarniciones o fajas bien puestas, que parecen haber nacido con la ropa guarnecida.

Aquí dijo el Pinciano: Yo también quiero dar mi semejante en esta conversación, por ver si la entiendo como ella es; y me parece a mí que los episodios son los montes, lagos y arboledas que por ornato y sin necesidad los pintores fingen[25] alrededor de aquello que es principal en su intención, como alrededor de una ciudad, de un castillo, o de un ejército que camina.

Fadrique respondió entonces: La comparación es muy a propósito, salvo que los episodios poéticos no solo traen ornato, mas útil y provechosa doctrina.

Entremeses

Yo he entendido ya, a mi parecer, dijo el Pinciano, esto de los episodios; digo qué cosa sean, mas no entiendo que deban estar tan asidos y cosidos como queréis suadir. Veo yo que los entremeses, según vuestra definición, son episodios; y tan fuera de la fábula algunas veces, que ninguna cosa más.

Sátiros

Fadrique dijo: Y aun los Sátiros que los antiguos solían usar en las tragedias para adulzar la melancolía de ellas, eran también muy fuera de fábula.

Eran estos Sátiros unos monstruos con pies de cabras y frente cornuda, los cuales salían, fuera de todo propósito de la tragedia, a solicitar las ninfas con canastillos de fruta.

Hugo respondió así: Yo hablo de las acciones perfectas y de artificio, del cual éstas carecen en esto; aunque en las tragedias, por la causa que da Fadrique, se pueden disimular, digo, porque en la tragedia no se consiente, ni en las fábulas, ni en los episodios, deleite de risa y pasatiempo, y así es bueno entrexerir algo fuera de la fábula que entretenga y dé pasatiempo. Mas en las comedias, a do la risa es lo principal que se ha de buscar, fuera de la doctrina, es justo que los episodios ridículos parezcan una misma cosa con la fábula; y esto vemos practicado en las comedias de Aristófanes y Terencio y las demás antiguas y modernas italianas. Con todo eso, digo que algunos entremeses, aunque la traída carece de arte, ellos no carecen de deleite; y como sean verosímiles y ridículos, se pueden y deben disimular. Y esto baste cuanto a la declaración del argumento y del episodio. Vamos a la fábula toda, que es compuesta de estos dos.

---

25   Texto de 1596: que por ornato y ne sin necesidad los pastores fingen.

Frag. 3.

Perdido habemos el orden resolutivo, y, poco a poco, habemos venido al compositivo; pues, habiendo hablado de las partes de la fábula, ahora somos para hablar de toda ella. De la cual haremos tres consideraciones: la una, de las partes sustanciales en que se divide; y la otra, de las condiciones de ella; y la otra, de las cuantitativas en que se parte.

Fábula: o es simple o compuesto

Digamos, pues, de cada una en su lugar, y primero, de las partes sustanciales. Digo, pues, que la fábula o es simple o compuesta; simple se dice la que no tiene agniciones ni peripecias; y compuesta la que, o tiene agniciones, o peripecias, o todo junto. Simple fábula será como la Ilíada de Homero, y compuesta, como la Odisea y la Eneida de Virgilio.

Aquí dijo Fadrique: Necesario será que Hugo se declare algo más, para que mejor sea entendido, y nos diga qué cosa es agnición y qué peripecia.

Que yo sé que no enojará el escucharlo al Pinciano.

El cual dijo: ¡O, cómo sois discreto, señor Fadrique, y adivináis los pensamientos!

Agnición

Peripecia.

Dicho, calló, y Hugo prosiguió, diciendo: Agnición o reconocimiento se dice una noticia súbita y repentina de alguna cosa, por la cual venimos en grande amor o en grande odio de otro; y peripecia se dice una mudanza súbita de la cosa en contrario estado que antes era. Ejemplo del reconocimiento sea, en la Ifigenia antes dicha, cuando, estando para ser sacrificado Orestes, dijo ciertas palabras con que de Ifigenia su hermana fue reconocido; y ejemplo de la peripecia sea lo que después del reconocimiento sucedió, que fue la libertad de Orestes, que tenía puesto el cuchillo a la garganta. Hay dos especies de peripecias: la una, que pasa del mal en bien, como esta que habemos referido; y la otra, al contrario, de bien en mal, cual se puede ver en los más de los trágicos antiguos.

El Pinciano dijo: Yo sé quien, a las acciones que tienen el fin feliz, quita el nombre de tragedias perfectas, y, cuanto al fin, dice que son puras cómicas; mas ya veo que este lenguaje no es de este lugar.

Hugo respondió: Vos, señor Pinciano, lo habéis dicho todo; y así no tengo yo que decir más de lo dicho; y es que la acción cómica siempre tiene la peripecia al fin, que pasa de infeliz a feliz; y la trágica, en lo general, al contrario, pasa de feliz en infeliz estado, mas no que sea tan contino, que alguna vez no suceda lo contrario, sin que se pierda la esencia de la tragedia, lo cual otro día se tocará más a lo extenso. Vamos a las agniciones y reconocimientos, en los cuales hay también paso de infeliz a feliz, y déste a aquél. Del primero sea ejemplo Virgilio en el primero de la Eneida, adonde fue reconocido de la reina Dido con gran deleite y gusto; y de lo segundo sea ejemplo el mismo Virgilio, el cual, en el libro segundo, cuenta que el griego Androgeo, estando en la asolación de Troya, vino a encontrarse con los de Eneas con ignorancia, y, después que reconoció ser sus enemigos, con gran pesar se retiró de la refriega, o, a lo menos, se quiso retirar.

Aquí dijo Fadrique: Alguno hubiera que dejara esas vuestras diferencias de peripecias y agniciones dichas, por estar inclusas en las definiciones mismas; pero no importa mucho como la verdad se entienda, la cual es el fin de las artes intelectuales. Mas importará mucho que sepamos los modos que de agniciones se hallan, las cuales enseña el Filósofo no sin mucho primor; antes parece que en ellas tuvo grandísima vigilancia, como cosa a la fábula muy importante, especialmente a la trágica, épica y cómica, que verdaderamente no parece hay deleite en la acción adonde no se hallan algunas agniciones.

Hugo dijo a Fadrique: Vos, señor Fadrique, que tan bien sabéis el interés de la agnición, sabréis mejor la doctrina de ella, y así, si no os desagrada, holgaría en lo escuchar.

Fadrique respondió que por ahora tenía más gana de oír que de hablar, y Hugo habló de esta manera: El Filósofo, en sus Poéticos, dice hay cuatro especies de reconocimientos o noticias súbitas: la una, menos artificiosa y más acostumbrada entre poetas, por ser más fácil, se hace y ejercita con señales, las cuales o son interiores (como cicatrices y lunares), o exteriores (como escrituras, anillos y collares); y la segunda especie es también poco artificiosa, y que es hecha del poeta, porque éste, dice, inventa, para que el reconocimiento se haga, palabras que no son nacidas de la fábula misma, sino desviadas y desasidas de ella; la tercera es por la memoria hecha; la cuarta, por silogismo o discurso, en las cuales dos especies se hace el reconocimiento.

En la primera, acordándose de alguna cosa que a la persona mueva a llanto o alegría, en la segunda, discutiendo de una en otra razón hasta venir en conocimiento de lo que está presente. Mas, si no os da pesadumbre, quiero yo deciros una imaginación que me ha sobrevenido para poner en más método, a mi parecer, esta doctrina del Filósofo, la cual quedará más clara con sus ejemplos.

La agnición se suministra por las tres potencias del alma
Agnición por el entendimiento.

Fadrique dijo que dijese, y el Pinciano que recibiría merced, y Hugo comenzó así: La noticia y reconocimiento, o se adquiere por medio del discurso del entendimiento, o por medio de la memoria, o de la voluntad; y la que por medio del discurso, es de dos maneras: o por medio del verdadero o del falso, de los oyentes, o del teatro, que, como dice Aristóteles, todo es uno; digo, pues, que el reconocimiento que se adquiere mediante el verdadero discurso es cuando de una razón por otra razón se viene súbitamente en la noticia de la persona conocida. Ejemplo déste sea la tragedia de Esquilo dicha Coéforo, en la cual fue reconocido Orestes de su hermana Electra.

El Pinciano dijo: Yo no sé el caso de esa fábula, y, por lo entender mejor, holgaría mucho el saberlo.

Hugo respondió: Presto es sabido. Electra, hija de Agamenón, acompañada de algunas de sus sirvientas, iba al sepulcro de su padre con ofrenda para aplacar a los dioses infernales, y en la vía vio una cabellera por la cual discurrió que su hermano Orestes era venido de esta forma: «Esta cabellera es semejante a la mía; mi hermano Orestes tenía el cabello al mío semejante; luego este cabello es de mi hermano Orestes; luego Orestes, mi hermano, está en esta tierra». Otro ejemplo pone también Aristóteles del discurso verdadero, el cual fue de Polides, sofista, en la tragedia Ifigenia.

160

El Pinciano dijo entonces: ¿Ese llamáis discurso verdadero? Mas lo pudiera ser, que en las caras y en las hablas y en la letra con dificultad se halla uno que a otro parezca, pero en los cabellos hay muchos que tengan semejanza.

Fadrique respondió: Bien está, que debían tener alguna particularidad más que otros los cabellos de Electra y Orestes.

Y luego Hugo: Así es el verdadero diso. Y del falso digo que, por no parecer, la tragedia del Falso Mensajero de Ulises, la cual trae por ejemplo el Filósofo, tiene alguna dificultad en quien los comentadores andan varios, alambicando sus cerebros por se aventajar en sus pareceres. El mío diré, que es uno de ellos, y es éste: que algún hombre viniese ante Penélope, mujer de Ulises, diciendo que él era Ulises; y que, si lo quería averiguar bien, le trajesen su arco —era este arco de tal condición, que ninguno otro sino Ulises le sabía armar—, y que él le armaría y desarmaría; y que la gente del teatro y Penélope quedase con sola esta promesa satisfecha de que él era Ulises, y, sin hacer más prueba, fuese recibido por tal en casa de Penélope.

El Pinciano dijo entonces: Mirad, señor Hugo, que yo he oído tratar este punto, y Aristóteles no dice que fuese discurso falso de Penélope, sino del teatro, digo, de los oyentes; y en este ejemplo también parece haber sido engañada la mujer de Ulises.

Fadrique dijo: Otro lo había sido más, que era Ulises, si en su casa y en su lugar era recibido otro huésped. Esto dijo riendo, y, después, con severidad: No dice mal el Pinciano, y me parece a mí que será ejemplo dado bueno, si entendemos e imaginamos que el teatro solo fue el engaño, y que el reconocimiento tuvo respecto a los oyentes y no a Penélope, la cual conviene imaginar que disimuló por le castigar después. Con todo esto, dejo a albedrío de cada uno siga su parecer, que la tragedia fue del Falso Mensajero, y la agnición, por discurso falso y engañoso; y así no es mucho si nos engañamos en nuestros discursos. Y prosiga Hugo en la segunda potencia de la ánima, pues de la primera está dicho lo que basta.

Agnición por memoria

Por medio de la memoria, dijo Hugo, se hace el reconocimiento en otras dos maneras: porque, o la memoria procede de la vista, como el que, viendo la figura de la persona que amaba, suspiró, y por el suspiro causado de la memoria fue reconocido; o la memoria procede del oído, como a Ulises, el cual, estando con Alcinoo, rey de los Feaces, lloró por la memoria, y por el llanto fue reconocido del rey.

El Pinciano dijo entonces: ¿Cómo pasó eso?

Y Hugo dijo: Homero lo cuenta en su Odisea, y dice que, siendo con el rey Alcinoo, en un banquete sobre mesa, Demodoco, músico, cantó la entrada del caballo en Troya y cómo entre los primeros fue Ulises; el cual, luego que lo oyó, empezó a destilar lágrimas involuntarias, y las involuntarias lágrimas a dar noticia de su persona; y así fue reconocido del rey Alcinoo y de la demás gente que con él era. De esta forma, por la memoria que se viene en reconocimiento de alguna persona; y por medio de la voluntad en dos maneras también: o que la persona que ha de ser reconocida, quiere serlo expresamente, como a Ulises le aconteció con su ama y con sus pastores, a los cuales dijo: «Yo soy Ulises», y, diciendo, les mostró señales por las cuales fuese de ellos reconocido; o disimulada y fingidamente, como en la tragedia de Ifigenia, que al tiempo que Ifigenia quería sacrificar a Orestes, Orestes dijo palabras industriosas por donde fue reconocido de ella, sin que se imaginase haberlas dicho con tal fin y propósito. Y a éste dice Aristóteles modo de reconocimiento fingido del poeta, porque el poeta finge que la persona que ha de ser reconocida dice fingidamente palabras por donde lo sea, sin que se entienda haber tal pretendido.

El Pinciano dijo entonces: Mucho holgara de saber por ejemplo eso que me decís más particularmente.

Y respondió Hugo: Me agrada. Eurípides a la una de sus Ifigenias pone fin con que Ifigenia, hija de Agamenón, estando para ser sacrificada, fue llevada a ser sacerdotisa de Diana en la Táurica, región regida por el rey Thoante, a do era costumbre sacrificar a la diosa dicha los extranjeros que a aquella tierra aportaban. Esto de querer sacrificarla vino a noticia de Orestes, su hermano, mas no adónde ella fuese llevada; lo dicho está en la Ifigenia primera; y en la segunda dice el mismo poeta que Orestes arribó a aquella región y fue preso y llevado para ser sacrificado; y en el camino supo por una carta que su hermana Ifigenia era la sacerdotisa de Diana y la que había de hacer el sacrificio de su persona. Orestes, disimulado, permitió ser llevado a la ara, adonde estando ya para ser sacrificado, voluntaria y artificiosamente

se manifestó diciendo: «¡O, hados inicuos, mi hermana Ifigenia murió sacrificada, y yo también muero sacrificado!». De estas palabras resultó el reconocimiento suyo, y la vida salva juntamente, como está dicho.

Aquí dijo el Pinciano: Me parece estar antes traído ejemplo de la Ifigenia,
en la primera especie de reconocimiento que habla en el discurso.

Hugo dijo: No le traje yo, sino el Filósofo, y éste también trae el mismo.
Y es de advertir que el ejemplo que se tocó en el discurso y entendimiento,
fue de la Ifigenia de Polides sofista, y el que se tocó en la voluntad, fue de
Eurípides, y que pudieron bien los poetas disentir en la forma del reconocimiento y mudar especie, como, en la verdad, lo hicieron, y así lo da a
entender el Filósofo.

Aquí cesó Hugo, y Fadrique dijo: ¿Por qué vos, señor Hugo, no habéis
dicho cuál forma de reconocimiento es mejor, y cuál menos artificiosa para
que sepamos cuál se debe seguir?

Hugo respondió: cuál se deba seguir, no lo sé yo; porque la consecuencia
de las cosas trae muchas veces más a cuento la menos artificiosa; mas diré
cuál tiene más arte y es más agradable, y esto, sin mudar una cosa de lo que
el Filósofo enseña. Digo que el reconocimiento que toca a la última potencia,
que es la voluntad, es menos artificioso y aun deleitoso; y el que toca al de la
memoria es más deleitoso que ninguno otro; y que el que toca al discurso y
entendimiento es más artificioso. Así me parece a mí; no sé yo qué le parece
al señor Fadrique.

Fadrique dijo: No mal. Y me parece bien, porque se acabe esta materia
de los reconocimientos, con que digáis que los buenos reconocimientos, de
cualquier especie que sean, deben estar sembrados por la misma fábula,
para que sin máquina ni milagro sea desatada; sino que ella, de suyo, sin
violencia ni fuerza alguna, se desmarañe y manifieste al pueblo.

Hugo dijo: Ya está dicho por vos; y así no tengo que decir más que apro-
bar y probar vuestra sentencia con la Historia de Heliodoro, la cual para mí
es una galana fábula, y en quien el poeta sembró por toda ella la simiente
del reconocimiento de Cariclea, primero, con las escrituras, después, con
las joyas, y, después, con las señales del cuerpo; de todas las cuales vino
últimamente el reconocimiento y soltura de nudo tan gracioso y agradable,
que ninguno más. Y, aunque la forma del reconocimiento toca al menos

artificioso, que es al de la voluntad, mas el poeta fue tan agudo, y le hizo tan artificioso, que iguala a los demás, porque no hizo a Cariclea manifestadora de sí misma, sino a Sisimithres, que era el que la había criado.

Frag. 4.

Tres condiciones de la fábula
Primera condición unidad y variedad
Unidad de la fábula

Dicho esto, dijo Hugo: Dicha la esencia y división de la fábula en especies genéricas —que las especies son tantas como fue dicho de los poetas— resta saber de las condiciones de ellas; las cuales son tres pares contrarios, porque la fábula debe ser: una y varia, perturbadora y quietadora de los ánimos, y admirable y verosímil. Digamos, pues, del par primero, que contiene la unidad y variedad de la fábula.

Acerca de lo primero, digo: que la fábula, en doctrina de Aristóteles, es como un animal perfecto y acabado, el cual ha de ser uno y simple, porque el que no lo fuera, sería monstruoso; como si digamos un león: si tiene todas sus partes de león, cabeza, pecho, vientre y lo demás, es un simple y perfecto; y si por ventura tuviese el pecho o otro miembro cualquiera de otro cualquier animal, no se dirá uno y simple, y que consta de una sola naturaleza, sino monstruo, porque tiene más naturalezas.

Fadrique dijo: Declaraos un poco más.

Y el Pinciano: No es menester; yo lo entiendo. Lo que quiere decir Aristóteles es que los episodios digan con el argumento, como antes fue dicho.

Hugo dijo: Yo ahora no hablo sino según que antes signifiqué, entendiendo por la fábula el solo argumento de la obra; que de la unidad y hermandad entre el episodio y la fábula ya está dicho. Digo, pues, que la fábula-argumento ha de ser una acción.

Fadrique replicó: También es menester declarar esta unidad de cosas y cómo ha de ser una acción sola, porque veo yo muchas fábulas —y entre ellas cuento las de Terencio—, que son buenas, y tienen doblada la acción.

Hugo dijo: Bien puede tener, no solo argumento, pero la fábula toda, diversas acciones, mas que sea la una principal, como en el animal vemos que tiene muchos miembros y el corazón es el principal principio y fuente de todos; a los cuales él con su natural calor alimenta; confieso en las fábulas de Terencio y otras que no hay tanta simplicidad y unidad como Aristóteles quiere, mas, en la verdad, aunque faltan en esta parte, son buenas.

El Pinciano dijo: Yo no entiendo bien esta nuestra plática, y holgaría mucho saberla por algún ejemplo.

Hugo respondió: Es muy fácil si habéis leído a Terencio, y si no, leedle y hallaréis que la Hecira y el Formión son una acción, y las demás, Andria, digo, Eunucho, Heautontimorumenos y Adelfos son acción doble.

Yo lo entiendo ya, dijo el Pinciano; de modo que llamáis acción única a do se trata de una persona y de una obra, como en la Hecira y Formión, que solo se trata de una boda de una persona; y acción doble decís adonde se tratan dos acciones y de personas diferentes, como en las demás comedias terencianas, en las cuales se ven dobles enamorados y, después, dobles las bodas.

Allá va, dijo Fadrique a Hugo.

Y Hugo luego: No porque sea de una persona, es acción única y sencilla; que de una misma persona se pueden hacer veinte tragedias, si la sucedieron acciones dignas de ellas, como se ve en la Ifigenia primera y segunda de Eurípides, que, por ser dos acciones diferentes, el poeta hizo dos Ifigenias; la una, de cuando a ella la querían sacrificar, y la otra, de cuando ella quiso sacrificar al hermano.

Todo ello está bien, dijo Fadrique, mas falta decir si esta acción de esta persona ha de ser de tal manera que la tal acción solo dependa de la tal persona.

Hugo respondió: En las acciones heroicas pensaría yo que convendría fuese única la acción, de modo que solo mirase a una persona, como lo vemos en la Ilíada, Odisea, Eneida y en las de más épicas graves; mas en las trágicas no entiendo que sea necesario, como se ve, por ejemplo, de la tragedia Filotetes, adonde para la expugnación de Troya era Pirro la principal persona, mas no que pudiese obrar la tal acción sin Filotetes.

Fadrique dijo entonces: Vos, señor Hugo, habéis hablado con la experiencia, mas, siguiendo yo a la arte y ciencia, digo que, aunque es más perfección que la acción se atribuya a un solo varón, con todo eso, se puede permitir en la heroica que el tal varón tenga otra persona sin quien no pueda ejecutar su acción.

¡O, señor, dijo Hugo, que quien quiere engrandecer a un príncipe y le hace cabeza de la acción que pretende, no es razón dalle coadjutores, porque en cierta manera le hace afrenta! Y si los dieren, no necesarios, como lo fue Filotetes en esta tragedia, sino voluntarios, y que él pueda despedir y recibir a los que se le antojare.

Fadrique dijo: No quiero porfiar. Pasad adelante.

No, dijo el Pinciano, sino estemos quedos y sepa yo el porqué se condenan las fábulas dobles, si pueden ser provechosas y deleitosas, como las de Terencio, las cuatro digo.

Hugo dilató un poco la respuesta, como que la pensaba. Fadrique dijo: No sé si habéis bien entendido qué sea fábula doble; es el término del Filósofo, y por el ejemplo que traéis me parece desconocéis la cosa.

Digo, pues, que de las fábulas, unas son simples, y otras, compuestas de agniciones y peripecias, como está ya dicho; y las compuestas son las mejores en cuanto a esto; y digo más: que las fábulas son simples y son dobles; que es decir, no hay en ellas más que un tránsito de felicidad a infelicidad o al contrario, como se ve en la Hécuba y en la Ifigenia; y estas fábulas simples son trágicas y son mejores que las dobles, en las cuales hay dos tránsitos, como se ve en la Eneida, que Turno pasa de felicidad a infelicidad, y Eneas, al contrario; y esta especie de fábulas, como después se entenderá mejor, es buena para la Épica. Mas, volviendo a la duda del Pinciano, digo que tengamos cierto y por sin duda alguna la arte se fundó en la naturaleza, y que aquella fábula será más artificiosa que más deleitare y más enseñare con más simplicidad, porque, según el mismo Filósofo, en vano se aplican muchos modos para una acción; si uno solo basta para enseñar y deleitar en un poema, ¿para qué se aplicarán muchos? Y ultra: ¿no veis que es más artificioso, y, por el consiguiente, más grato sobre un solo argumento y fundamento de una fábula fundar un poema bastante en la grandeza y magnitud que no asir de muchos argumentos, que esto parece argüir falta de invención? ¿Cuánto será más digno de loor el que sobre una sola sentencia dijere una hora razones bien ordenadas o el que sobre dos o más sentencias? ¿cuál muestra más invención y cuál más facundia?

Y el Pinciano: Luego se tocará ese punto, que ahora estoy bien satisfecho de esta cosa, porque veo yo en esas representaciones ordinarias dos y tres y cuatro casamientos en una.

Hugo respondió: Y aún más que Bachilleres en Artes de una vez se hacen en Alcalá de Henares, y aunque los oyentes se quedan graduados en artes, conforme al refrán...

Y Fadrique: Tan asnos como antes, queréis decir, y decís muy bien, porque de la muchedumbre de enamoramientos que en una fábula se representan nace tanta confusión, que ni los oyentes lo entienden, ni los actores lo entendieron, ni los poetas supieron lo que hicieron. Sobre una sola acción se ha de fundar el poema y sobre un argumento, el cual, como está dicho, de su nacimiento es breve, y con la frecuencia y grandeza o grande frecuencia juntamente de los episodios artificiosos se debe traer la fábula toda a justa grandeza.

El Pinciano preguntó así: ¿cuál es la grandeza justa de la fábula toda? Que de los argumentos ya yo sé que son muy breves.

Hugo respondió: Sobre ese fundamento vos mismo podéis colegir que las fábulas de poemas incapaces de episodios todas son muy breves, y así no hay que hablar de su grandeza. Y, hablando de los principales poemas que reciben episodios, digo de su magnitud y grandeza —siguiendo la alegoría del animal, como el mismo Aristóteles la sigue en sus Poéticos— que, así como el animal muy pequeño no deleita, porque no se puede bien distinguir la proporción de los miembros, y como el que fuere tan grande como un monte tampoco deleitaría, porque no se podrían comprender bien los miembros de él, así la fábula muy pequeña y la muy grande pierden su fin en el deleite y gusto que deben dar al oyente. De manera que la fábula ha de ser grande, que distinga sus partes y las entregue claras, y no tanto, que las partes del animal se pierdan de vista; y si queréis que hable más claro y con palabras del mismo Filósofo: «La buena fábula, cuanto a la magnitud y grandeza, es la que más se alarga hasta que toda ella venga a ser manifiesta». Por alargarse da a entender que no ha de ser corta, para que tenga claridad en sus partes, y, por el se venir súbito a manifestar, da a entender que no ha de ser tan grande, que por la grandeza sea incomprensible.

No hay más que decir, dijo Fadrique.

Y el Pinciano: Yo tengo más que oír, y es: ¿Qué fábulas éstas sean?

Hugo respondió, algo enojado, preguntando al Pinciano: ¿Ya no está dicho que las que son capaces de episodios, cuales son las trágicas, cómicas y épicas?

Hay os espero, replicó el Pinciano. ¿Pues por qué las trágicas y cómicas son tan cortas en comparación de las épicas? ¿Por ventura está este negocio son tan cortas en comparación de las épicas? ¿Por ventura está este negocio de las fábulas en el uso también como las demás cosas?

No, dijo Fadrique, no está sino en razón. Y, aunque la diera mejor que yo Hugo, quiero ahora decir la mía. Las fábulas trágicas y cómicas bien se pudieran extender tanto como las épicas, cuanto al volumen de ellas; que aquí está la Celestina, que es muy larga, y también leí yo otra que dicen La Madre de Parmeno, la cual era mucho más. Pero como estos tales poemas son hechos principalmente para ser representados, siendo largos, no lo pueden ser —representados, digo—[26] y pierden mucho de su sal. De manera que la fábula activa y representativa no vendría a ser manifiesta a los oyentes en el teatro súbito; porque se tardaría en representar, de manera que antes que ella fuese acabada, lo fuese la paciencia del oyente. Conviene, pues, que la trágica y cómica tengan una justa grandeza, cuanto baste a entretener y no cansar al auditorio, que será espacio de tres horas, antes que más, menos.

El Pinciano replicó diciendo: ¡Eso se podría remediar con partilla en dos o tres representaciones! Que así lo he visto en estos teatros, primera y segunda y tercera parte de comedias.

¿Qué es eso? ¡O, qué gentil remedio! dijo Hugo. Animal perfecto, dice el Filósofo, que ha de ser la fábula, no insectil o ceñido, el que, hecho pedazos, vive como las culebras y lagartijas. ¿Vos no veis que, si ella es una acción sola, como debe, quedará manco el poema y sin gusto alguno, y que tendría fin en el teatro la representación en el medio y en la mayor perturbación de ella? ¿Y que este animal queda visto imperfectamente y no del todo? Será, digo, desabridísima la tal representación, y si alguna déstas han agradado, es porque se representan debajo de diversas acciones, de manera que la acción primera fue animal perfecto y la segunda, otro perfecto animal.

---

26   Texto de 1596: no lo pueden ser -representado digo-.

Esto se declarará mejor cuando se declaren las partes cuantitativas de la fábula, adonde se hablará del nudo y la soltura. Ahora cierro lo dicho de la unidad, grandeza y perfección de la fábula.

Menester es, dijo el Pinciano, abrir otro poco, y que por la abertura entre luz por donde yo vea el tiempo en que estas acciones se deben hacer, y si tienen término o no. Yo me declaro: si importa que la obra de ellas se finja ser hecha en largo o breve espacio de tiempo, porque veo yo a las épicas sin alguno, y las trágicas también algunas veces.

Hugo se rió y dijo: Y aun en las cómicas en esos teatros también. La cosa es de esta manera: que la épica no tiene cierto término, porque los episodios son muy largos y el poema muy largo —hablo en general y en su naturaleza—, mas la trágica no debe tener más término que un día. Lo mismo entiendo yo de la cómica.

El Pinciano dijo: La razón espero.

Y Hugo: Ella es ésta: deleitan y duelen más las obras deleitosas y dolorosas súbitamente venidas; y así como el fin del poeta es deleitar, tiene necesidad cuanto sea posible, dar breve tiempo a la acción deleitosa, porque cuanto se va dilatando el tiempo de ella, se va aguando más el deleite, y de otro modo, ni las acciones ni las peripecias perturban lo que debieran.

El Pinciano dijo: Yo lo he entendido.

De la variedad de la fábula

Y Fadrique: Esa es la razón de la doctrina del Filósofo; mas me parece mucho el rigor, y no mal lo que algunos modernos han dicho y antiguos practicado; que la comedia se pueda representar como que la acción de ella haya acontecido en tres días, y la de la tragedia, en cinco, a lo más largo. Y de aquí se puede colegir cuáles son los poemas a do nace un niño, y crece, y tiene barbas, y se casa, y tiene hijos y nietos, lo cual en la épica, aunque no tiene término, es ridículo, ¿qué será en las activas que le tienen tan breve? Y esto basta de la unidad de la fábula. La otra parte, contraria al parecer, que es la variedad, resta, y resta poco al que sabe que la naturaleza se goza con la variedad de las cosas, y que este animal fábula será tanto más deleitoso, cuanta más variedad de pinturas y colores en él se vieren.

De la segunda condición de la fábula

Todo está dicho, dijo Hugo, y yo no tengo más que decir acerca de la variedad sino que nos acordemos de Virgilio con cuánto deleite varía su poema, el cual, entre otras cosas, de tal suerte varía las muertes que, aunque son infinitas, una jamás parece a otra. ¿Qué diré de la variedad de las oraciones y de lo demás del sumo Poeta, el cual propongo para ser imitado? Vamos a la segunda condición: que ha de ser perturbadora y quietadora. Perturbación, dice el Filósofo, es una acción llena de alegría o tristeza; y así toda buena fábula debe perturbar y alborotar al ánimo por dos maneras: por espanto y conmiseración, como las épicas y trágicas; por alegría y risa, como las cómicas y ditirámbicas. Y debe también quietar al ánimo, porque, después de estas perturbaciones, el oyente ha de quedar enseñado en la doctrina de las cosas que quitan la una y la otra perturbación.

Y porque esta materia de perturbar tendrá su lugar propio en otro lugar, no digo más de ella.

Fadrique dijo: Dice muy bien Hugo, que la plática de la perturbación triste viene mejor en la tragedia, y de la alegre, en la comedia, para las cuales se quede; y acábese la condición tercera, que fue de la admiración y verosimilitud que ha de tener la fábula buena.

El Pinciano dijo entonces: Ya dije que he leído a Aristóteles estos días, y me parece, si bien me acuerdo, que esto de la perturbación es por él tratado en consecuencia de la tragedia, y adelante dice: «Traté de las partes esenciales de la tragedia, ahora he de hablar de las que tocan a la cantidad».

Fadrique respondió: Es así lo que decís, mas advertid que lo mismo podréis argüir de los reconocimientos y peripecias, porque éstas y la podréis argüir de los reconocimientos y peripecias, porque éstas y la perturbación andan acompañados a una, y a una trata de ellas el Filósofo en esa parte; y lo mejor que a mí parece es que perturbación, reconocimiento y peripecia son partes esenciales, como Aristóteles significa, a la tragedia, pero genéricas y no específicas, como si dijésemos: el sentir es esencial al hombre, mas genérico y que compete a los demás animales. Digo, pues, que la perturbación, reconocimiento y peripecia son tratados del Filósofo en materia de tragedia, como partes esenciales de ella genéricas, mas que también lo son a la épica y a la comedia. Y vos, ¿no veis esas fábulas cómo todas son llenas de perturbación, reconocimientos y peripecias? ¿y que la perturbación es acción llena de alegría o de tristeza? ¿y que la alegría más compete a la comedia que a otra acción alguna fabulosa, aunque alguna vez se halle en la épica y trágica?

El Pinciano dijo: Estoy satisfecho.

Frag. 5.

Condición

Y Hugo luego: Vamos a la tercera condición de la fábula, que es: ha de ser admirable y verosímil. Ha de ser admirable, porque los poemas que no traen admiración, no mueven cosa alguna, y son como sueños fríos algunas veces.

Esta doctrina enseña Galeno, que en el tercero Del uso de las partes dice así: «La poética musa, entre otros ornamentos y arreos que tiene, el principal es el milagro y maravilla; por lo cual parece que el poema que no es prodigioso es de ningún ser».

Fadrique dijo: No vengo en eso, señor Hugo, que, aunque el poema no sea admirable, con sola la imitación deleita mucho. Y si no, mirad a un hombre que hace alguna cosa ordinaria y común: mirad cómo uno está en su propio oficio ganando su vida a hacer buñuelos, y ¿qué haréis si le veis? Nada, y ni os moverá más que si nada fuese visto por vos; y mirad que un representante en el teatro pone sus trébedes, y en ellas, la sartén, y que enciende la lumbre, y empuña la pasta, y échala en la sartén, saca el buñuelo, cómese unos, vende otros, ¿por ventura podréis tener la risa? Claro es que os reiréis y holgaréis con sola la imitación; así que ésta es de tanto deleite, que basta mover a risa y pasatiempo; y lo mismo es en las acciones trágicas.

Hugo dijo entonces: Esa imitación común tiene también su admiración; y claro está que los que se ríen de ello, se admiran de la imitación tan a gusto.

Mas no hablo de esta admiración solamente, sino de otra causada de algún acaecimiento nuevo y raro; porque esta novedad hace mucho para el deleite, que, aunque como habéis dicho, y muy bien, sola la imitación le traía, mas cuando es de cosa no oída, ni vista, admira mucho más y deleita. Y así soy de parecer que el poeta sea en la invención nuevo y raro; en la historia, admirable; y en la fábula, prodigioso y espantoso; porque la cosa nueva deleita, y la admirable, más, y más la prodigiosa y espantosa; y el que no tuviere ingenio furioso harto e inventivo, añada a lo inventado, que la añadidura también tiene invención en cierta forma; y como hay hombres que sin arrimo andan mal, mas arrimados a arrimo, por ligero que sea, andan bien, así hay ingenios que de suyo no son muy inventivos, mas arrimados a las invenciones de otros, añaden cosas más que medianas. Y esto es lo que yo siento hay que decir en esto de la admiración y del poema admirable.

El Pinciano dijo: Vos, señor Hugo, andáis tan breve en vuestra plática, que la hacéis oscura; no seáis avariento de cosa tan barata como son palabras, y decid más, y ensanchad ese dicho para que quede más manifiesto.

Fadrique respondió: Por cierto, lo esencial de la admiración está dicho a mi parecer, aunque el señor Hugo lo pudiera extender un poco más, añadiendo a lo que dijo ser invención de ingenio versátil y furioso, que la facultad inventiva es de la parte que discurre, como Aristóteles enseña. Mas ésta y otras semejantes cosas no son de mucha esencia.

Para lo que al presente se trata quisiera yo, dijo el Pinciano, que me dijeran ¿cómo inventaré alguna fábula o trágica o cómica?

Yo lo diré, dijo Hugo. Imaginad una acción nueva y rara y que sea deleitosa; y si de una vez no se hace bien, volved otra, y otra, quitando y poniendo en el entendimiento y discurso que, sin falta alguna, al cabo de poco tiempo, habréis hallado lo que buscáis. Esta acción es la fábula, que después podéis ensanchar con otros acaecimientos, enderezados a la acción principal (a los cuales dijimos episodios). Y si no queréis trabajar tanto como esto, preguntad a cualquier hombre que haya llegado a veinticinco años el discurso de su vida, que él os dará materia para otras tantas comedias; y leed las historias, que cualquiera os dará para otras tantas tragedias, añadiendo y quitando de la verdad lo que os pareciere convenir, porque el deleite sea mayor. Y empezad, que yo os prometo que, si comenzáis, que os comáis las manos tras esta ciencia; y no os acobardéis, que el mentir es la cosa más fácil que hay en el mundo.

Pinciano: Mas el mentir con arte es muy dificultoso.

Hugo: Sí es, mas perdiendo se enseñan las gentes a jugar; y vos, haciendo disparates, os enseñaréis a poetar, que ninguno nació enseñado.

Ahora bien, dijo el Pinciano, entender querría la teórica y la parte contemplativa de esta filosofía. Pregunto: ¿Esa admiración que decís ser tan necesaria, divídese en especies o es sola una?

Hugo dijo: Sí; tres especies hay de admiraciones, porque unas son ni alegres ni tristes, como el vuelo de Pegaso; otras, trágicas y tristes, como la muerte de Príamo y desventura de Hécuba; otras son ridículas, como las burlas entre Mercurio y Sosia.

Fadrique, riendo, dijo: ¿Y por qué no decís la de Júpiter y Anfitrión?

Y riendo respondió Hugo: Porque ésas son burlas muy pesadas. Y después: Dicho habemos de la admiración; resta decir de la verosimilitud.

Verosimilitud

Yo lo deseo mucho, dijo el Pinciano, porque parece que tienen contradicción lo admirable y lo verosímil.

Hugo respondió: Sí; esta cosa de fábula tiene mucho que considerar, y en ella se ven muchos nudos, porque ha de ser la fábula admirable, como está dicho; y verosímil, como se dirá ahora; y ha de ser una, como rato antes dije; y ha de ser varia, como después poco; y con esto y de ser una, ha de ser dos, y tres, y cuatro, y aun cinco.

El Pinciano dijo: Yo me veo a la puente de los asnos, y con tantas dificultades que, si no tuviera tan buenas guías para el camino que resta, pienso que tornara a andar el camino andado y dejara lo de adelante.

Ahora bien, dijo Fadrique, vos podéis enseñar a todos; mas, con licencia del señor Hugo, yo quiero poner el fundamento a esta fábrica de la verosimilitud, y digo que es tan necesaria, que, adonde falta ella, falta el ánima de la poética y forma, porque el que no hace acción verosímil, a nadie imita. Así que el poeta de tal manera debe ser admirable, que no salga de los términos de la semejanza a verdad.

Yo lo entiendo bien, dijo el Pinciano, mas para entenderlo mejor quiero traer a Horacio, el cual, en su Arte, no pone límite alguno, mas antes dice que los pintores y poetas tienen facultad de atreverse a cuanto quieran fingir y maquinar.

Hugo dijo entonces: Volved la hoja, y hallaréis la respuesta, o, por mejor decir, volved el ojo a la hoja dos dedos más abajo; veréis que dice la forma que en esto se debe guardar, y es: que no se ayunten imposibles, ni aves a sierpes, ni corderos a tigres; lo cual fue también el introito a su obra, diciendo que de tal modo ha de ser la lección, que no dé que reír de imposible, que es decir, de necia; porque si un pintor, debajo de una cabeza de una dama, pintase un cuello de caballo, y debajo déste, un cuerpo de ave, y éste rematase con cola de algún pescado, no se podrían las gentes contener de risa.

Pues, señor, dijo el Pinciano, yo he visto pinturas de ésas y aun poemas. ¿Y vos no veis cómo Virgilio pinta a Atlante?

Fadrique dijo: Esas son pinturas alegóricas y significativas de cosas, y no son de las que ahora se tratan, que son de las que no tienen alegoría alguna, sino que, por causar admiración, algunos poetas pintan pinturas y disparates ridículos y ajenos de toda imitación. Torno, y digo que aquellos vocablos que declaran la naturaleza de Atlante son metafóricos: la cabeza significa cumbre del monte, el pecho, la bajada; y así, de lo demás. De a do se colige no ser aquella descripción fabulosa, sino histórica y verdadera, y que no tienen los pintores y poetas más licencia de se extender en sus ficciones de cuanto se alarga el término de la verosimilitud.

Yo entiendo, dijo el Pinciano, muy bien lo que decís, mas no cómo sea que muchos poetas y muy graves han dejado a la verosimilitud que pregonáis, y, teniendo por más esencial de la poética la admiración que no la verosimilitud, han escrito cosas prodigiosas fuera de toda verdad. Y, porque no se me olvide, pregunto: ¿Qué semejanza a verdad tiene Homero, cuando en su Odisea dice que los bueyes del Sol hechos pedazos y en los asadores bramaban al fuego? ¿Y en su Ilíada, que el río Simoes peleaba contra Aquiles? ¿Y qué también Virgilio, cuando dice que las naves de Eneas, quemadas, se convirtieron en ninfas? Y un número sin número, cuales vemos en Ovidio y otros.

Hugo dijo: A esta objeción respondiera Plutarco, y aun Aristóteles, que la alegoría es la causa bastante para lo poder hacer.

Y Fadrique se entrepuso diciendo: El que leyere los papeles de Palefato, terná andado mucho en este camino, porque este autor declara las tales alegorías. Dicho esto, prosiguió así: Supuesto que el poeta debe guardar verosimilitud en todo, la debe guardar también en la religión, ley y seta que en aquel tiempo y en aquella región se usaba. Digo que Homero, Virgilio y los demás no hicieron agravio a la imitación, mas fuéronla conservando con mucha perfección en general, porque en el tiempo que ellos escribieron, el Sol era tenido por Dios y Cibeles por diosa, y los ríos y fuentes, dioses juzgados por su perpetuidad. Y así no hay que maravillar si por milagro del dios Sol sus bueyes bramaban en los asadores, y si por Príamo el dios Simoes peleaba, y si por la madre Berecintia las naves de Eneas fueron hechas ninfas, la madera de las cuales se había cortado del monte de la dicha diosa; y si miráis la proposición de la obra de Ovidio, hallaréis que dice:

> En cuerpos nuevos las trocadas formas,
> Encomienzo a cantar; vosotros, dioses,
> Que fuisteis en mudarlas, dadme ayuda.

Así que, conforme a aquellos tiempos, Homero, Virgilio y los demás prosiguieron muy bien su imitación, y en ella la verosimilitud, la cual ahora en nuestros tiempos se guardará siguiendo nuestra religión en los poemas.

Dijo el Pinciano: Pregunto, por vida mía: ¿de dónde nace que la religión de los antiguos gentiles no nos ofende al leerla, y si los cristianos la usan en sus poemas, nos ofenden grandemente, pues sabemos que aquellas acciones no tuvieron verosimilitud alguna entonces, como ni ahora la tienen? ¿Y tan clara y desvergonzada fue la mentira de aquellos antiguos, que de ella ellos no tuvieron duda?

Fadrique dijo: Muchas disculpas pueden tener para lo que decís, y de las disculpas les nace el no ofender a los lectores; y, dejadas las demás aparte, sea una: que acerca del vulgo aquella religión tenía verdad en la letra, y acerca de los sabios, en alegoría. Y porque entonces los poetas escribieron cosas verosímiles en su falsa religión no enfadan ahora ni enojan a los lectores: lo cual harían los cristianos poetas, porque dirían mentiras muy descaradas, si siguiesen la tal religión.

Hugo dijo: Es tan necesaria la verosimilitud en doctrina de Aristóteles, que el poeta debe dejar lo posible no verosímil, y seguir lo verosímil, aunque imposible.

El Pinciano se rió y dijo: ¿Qué algarabía es ésta? ¿Que el poeta ha de seguir en su fábula lo imposible verosímil, y no lo posible y no verosímil?

Y Hugo: Sí; porque no es muy difícil que una cosa sea posible y no verosímil.

Y Fadrique preguntó al Pinciano: ¿Es verosímil que un hombre dance puesto de pies en una soga tirante y haga de las que dicen cabriolas?

Oído lo he decir, dijo el Pinciano, mas no parece verdad.

Y Hugo: Pues yo lo he visto.

Y Fadrique: Pues, si lo habéis visto, posible es. Así que, esa obra no es verosímil, mas es posible; y aun acontece ser necesario y no verosímil (hablo con las gentes cuales son comúnmente y aun con quien se trata generalmente). ¿Todavía parece que dudáis? Pues torno a preguntar: ¿El Sol es posible que sea mayor que la tierra?

Pinciano: Y aun necesario, si los matemáticos enseñan verdad.

La máquina quita a la verosimilitud, y más, al fin.

Fadrique: Pues haced un poema activo o común deso; veréis cómo se ríen las gentes, llevadas de la incredulidad y falta de verosimilitud para con ellas. ¿Veis cómo hay cosa posible y no verosímil? Y que sea una cosa imposible y verosímil, podéis ver en la tragedia de Edipo, el cual habla como que Edipo no supiese quién hubiese muerto a su padre, y, por lo que antes de la tragedia se sabía, era imposible que no supiese haberle él muerto. Así fue la verdad y así Aristóteles lo dice en sus Poéticos a este mismo propósito. Y si queréis otros ejemplos más claros, mirad a la República de Platón, la cual es muy verosímil al parecer ordinario, y si un poco la exprimís, la Platón, la cual es muy verosímil al parecer ordinario, y si un poco la exprimís, la hallaréis imposible. Y, en lo posible y no verosímil, imaginad que en un teatro se hace una representación de que, yendo tres hombres a matar a un rey, súbito se quedaron muertos. Posible fue que el uno muriese súbito, y que el otro, y el otro, mas no parece verosímil que en aquella sazón todos muriesen de repente; y así quedaría la acción fría, no más que por falta del verosímil, en el cual pecado caen los que desatan el nudo de las acciones con máquina; y es de advertir que, aunque en toda especie de fábula es la verosimilitud necesaria, pero mucho más en las dramáticas y representativas, las cuales mueven mucho más al ánimo, porque entra su imitación por el ojo, y, por ser acción sujeta a la vista, la falta es mucho manifiesta más que no en aquellas especies de fábulas que entran por el oído o lectura, como son las comunes; así que especialmente es menester la semejanza a verdad en las dichas fábulas activas, porque el bramar los bueyes del Sol y otras cosas semejantes parecen bien dichas en el poema común, pero, representadas en teatro, parecieran muy mal, que ni los bueyes se pudieran poner bien en los asadores, ni pudieran bramar.

Fadrique dijo: Bramaran más a mi parecer los oyentes de dolor de ver una acción tan fuera de toda imitación, o, a lo menos bramara Horacio, si presente se hallara, que dice:

No conviene Medea despedace
Delante del teatro sus hijuelos;
Ni delante del pueblo, Atreo tueste
Las entrañas del hijo de Thieste.

Calló Fadrique y dijo el Pinciano: Pues yo leo muchas veces en fábulas activas, trágicas y cómicas muchas acciones ajenas de toda verosimilitud, y no de cualquier autor, sino de muy graves, como Eurípides, Sófocles, Aristófanes, Plauto y Terencio.

Ay se me caiga la capa, dijo Hugo, mas veamos en qué parte y cómo.

El Pinciano respondió: Fácil es decirlas yo y confesarlas vos. Pregunto: cuando los actores en el teatro representan a las dos de la tarde una acción como es hecha a las dos de la noche, ¿qué semejanza a verdad tiene la tal obra, pues los actores dicen que es de noche y los oyentes están mirando al Sol? ¿A quién creerán más los muchos oyentes: a los pocos representantes que dicen ser de noche, o a sus ojos que ven el día claro? Y ultra de esto: cuando un representante se persigna al entrar al tablado, como si saliese de su casa, y a tres pasos llama a otra que se finge más de ciento de la suya, ¿qué verosimilitud tiene? Y cuando un actor está con otros razonando al oído, como en secreto, y da las voces que las oyen las mujeres que están más remotas, ¿qué verosimilitud tiene? Yo confieso que no lo alcanzo.

Hugo dijo: Argumentos son éstos hartos, y harto fuertes y que no tienen respuesta fácil a mi parecer; y veo que decís la verdad y que los poetas hicieron bien; y veo que la verosimilitud se debe guardar y que no se guarda. Yo pido término para responder.

Fadrique dijo entonces: En tanto que llega el parecer pensado del amigo, quiero yo dar el mío repentino. Para lo cual pregunto si la acción se puede hacer sin estos defectos. Parece que no. Y más pregunto: si parecen bien esos actos, aunque no verosímiles. Paréceme que sí. ¿Qué resta? Que pues no puede ser de otra manera y la acción es deleitosa, la tal fábula no sea condenada, ni el autor tenido en menos. Y como generalmente las faltas suelen estar en los artífices y no en las artes, al contrario, algunas veces suele estar la obra con alguna imperfección, no por falta del poeta, sino de la misma arte; la cual, así como todas las demás, tiene sus fragilidades e impotencias.

Ya lo veo, dijo el Pinciano, que por esto antiguos hicieron y fingieron sanos y enteros a todos los dioses, excepto a uno que entre ellos era artífice, el cual era cojo.

Personas sin cuerpo

Sí, respondió Fadrique, todas las artes son cojas; así ésta, en la cual no se pudo hacer la acción de otra manera que perdiendo la verosimilitud, y así el autor queda disculpado. De los pecados voluntarios me libre Dios, que de los forzosos no hay tanta culpa. Mas quiero ahora un poco reforzar el argumento contra la verosimilitud por otro camino. ¿Para qué efecto, y con qué necesidad los poetas activos y representativos, trágicos y cómicos, traen al teatro personas que nunca lo fueron, ni aun tuvieron cuerpo, como la lujuria, pobreza, Arturo y otros así? Ninguna cosa tan fuera de semejanza de verdad, y ninguna más fácilmente se podría excusar.

Hugo dijo entonces: Cosas son ésas de Aristófanes y Plauto, cómicos, a los cuales yo no tengo obligación de responder; y no porque no sean graves varones, sino porque yo estoy hablando de fábula, y esas invenciones todas están fuera de ellas, digo, en los prólogos.

Fadrique dijo entonces: Sí; yo estoy contento por ahora con la respuesta; que si estas ficciones son fuera de la fábula, aunque tengan alguna impropiedad, se puede disimular.

Y después Hugo: Esto sea dicho en lo generalísimo de la verosimilitud imitante; y en lo especial se debe advertir, para que de la vista no se pierda, la persona, tiempo y lugar en que la acción se obra. En la persona, el género, si es varón o si es hembra; y en el varón, la edad y estado de vida, de lo cual Horacio escribió y así no tengo para qué referirlo. Solo en el estado advierto de Aristóteles que los siervos siempre en general son malos, y así se deben pintar para que la imitación sea perfecta; y en el género, que las hembras son flacas y no se deben pintar fuertes.

El Pinciano dijo: ¿Pues cómo es eso que Quinto Calabro pinta a Pentesilea, y Virgilio a Camila fortísimas guerreras, y yo lo veo cada día en esos teatros?

Hugo respondió luego: A eso primero está respondido: que las cosas que no parecen en representación no son tan manifiestas, y por eso no mueven tanto; y así se extienden las fábulas de los poetas comunes a cosas más difíciles. Mas a lo segundo que decís de los teatros, no sabré responder sino que no se yo que trágicos antiguos lo hayan hecho, como tampoco representado ejércitos de hombres en los teatros, por la grande dificultad y desemejanza a verdad.

Estoy contento, dijo el Pinciano, mas no me acuerdo de aquello que Horacio acerca de las edades dice.

A lo cual Hugo: No es mi intento cansar con lo que está dicho, mas por os complacer digo que dice: «el niño naturalmente ser inclinado a juegos de niños y que presto se aira y presto se desenoja; y que el mayor gusta andar a caballo e ir a caza, es fácil a todo vicio y difícil al recibir reprehensión, poco próvido y muy pródigo; el ya mayor sigue amando las riquezas, busca amistades y honras, es algo más tardío en su resolución y determinación; el vicio es amigo más de riqueza y más de guardarla, todo cuanto hace es con remisión y flojedad, y, al fin, todo lo obra con pereza, si no es el guardar los dineros; cada edad sigue su estado y ni al niño está bien ser muy reposado, ni al viejo demasiadamente azogado y agudo». Esto sea dicho en general y en especial; y quien las causas de esto quisiere, búsquelas en los filósofos naturales; nuestro designo ahora no es más que ir tocando las cosas ligeramente, y así conviene que en lo demás mire el poeta a quien pinta, y siga siempre, como es dicho, a la naturaleza de la cosa, y, en suma, al verosímil y buen decoro, que por otro nombre se dirá perfecta imitación; ésta se debe guardar siempre, y, en ella, la edad, fortuna, estado, nación, hábito, instrumento y los dos adjuntos principales, que son tiempo y lugar.

Dicho, calló Hugo y los compañeros también por un rato, al fin del cual Fadrique dijo así: Todo, por cierto, me parece muy bien, mas quiero poner una duda contra ello, no por mí, sino por nuestro compañero el Pinciano.

Virgilio no guardó imitación en el tiempo y lugar, y luego: o Virgilio no supo lo que se hizo o vos no lo que decís.

Confieso, dijo Hugo, que me sacáis las palabras de la manera que a los hombres que no tienen gana de reñir se sacan las armas, que es provocándolos con injuria. Y pues es así, yo quiero sacar las armas mías, no más que para reparar; y enhorabuena jugad la espada a dos manos, que yo espero el golpe.

Fadrique dijo: Pues escuchad en el libro primero de la Eneida a Virgilio, que no guardó el lugar en dos cosas: la una, en la descripción del puerto que hace, porque no hay tal puerto en África, sino en la España, y dícese Cartagena; la otra, en la caza de los ciervos que en la África afirma, la cual no los cría, según Plinio. Esto es en lugar; y en el tiempo, ya se sabe cuánto antes que Eneas fue la reina Dido, y Virgilio junta un tiempo con otro, como se ve manifiestamente desde el principio del primero hasta el fin del cuarto.

Calló Fadrique y Hugo dijo: Reparo a los dos golpes con dos escudos, y no malos, y aun pudiera con muchos más, pero basten éstos; el uno es Platón y el otro Aristóteles, que dicen que el fabular es natural a la Poética; lo cual está ya tan probado, que no hay que gastar tiempo en ello; supuesto lo cual, digo que el poeta no se obliga a escribir verdad, sino verosimilitud, quiero decir posibilidad en la obra, y todas esas cosas que decís, la tienen, porque fue posible haber puerto en la África semejante en algo, ya que no en todo, al que describe Virgilio, y al poeta lícito le es alterar la Historia como está dicho y no la fábula.

Sí, dijo Fadrique, mas no en la Geografía y Cosmografía, ni tampoco en la Natural Historia; y así verdaderamente lo que yo entiendo es que en estos dos lugares, aunque lo parece, no está contradicha la verosimilitud, porque pudo ser haber puerto y puertos semejantes, haberlos el tiempo escondido, como otras muchas cosas. Y lo mismo digo de los ciervos de África, que pudo ser en algún navío llevado algunos y haber producido y criado al tiempo que fue Eneas en aquellas riberas. Y como quiera que sea, queda el precepto de verosimilitud inviolable. Y, en lo que toca a lo de Dido y Eneas, ya está respondido que puede muy bien el poeta en los tiempos, como se le antoja, alterar las historias que no son naturales.

El Pinciano dijo entonces: ¿Por qué puede el poema alterar en la historia del tiempo, y no en la del lugar y en la natural?

Hugo respondió: Porque el tiempo pasado no es evidente a la vista del hombre como es el lugar, que éste queda y aquél desvanece. Y en lo que toca a la Natural Historia es mal hecho escribir mala doctrina y falsa: y así no conviene que el poeta la altere, porque lo natural es perpetuo. Alguna vez se le permite por deleitar con algún prodigio: y con esto, si os parece, hago pausa a la parte de la verosimilitud.

El Pinciano dijo: Sea enhorabuena, aunque me quede con alguna duda en lo que toca a la verosimilitud de las edades, porque los viejos todos no son, como vos decís, avaros, indeterminados y espaciosos. Veo yo en las comedias algunos pródigos determinados, y más que unos niños, ligeros en las acciones corporales y aun espirituales, que no parecen mal; y según esto que veo y vuestra doctrina, parecen estas imitaciones malas y fuera de la verosimilitud.

Hugo dijo: No es tan fuera de ella como decís; porque realmente hay algunos viejos, aunque pocos, de esa condición; y a éstos imitan los cómicos y de ésos guardan la verosimilitud. Lo que dije o quise decir es que, según la naturaleza y comúnmente, los viejos son de las dichas calidades, y que en cosas graves conviene que el viejo se pinte guardoso, indeterminado y espacioso, porque es la común y natural acción suya, mas en cosas de burlas y de pasatiempo está muy bien pintar a un viejo de la manera que decís haber visto, determinado, colérico y aun enamorado, si queréis, por dar más causa de reír y más sal a la comedia. Así que si quiero pintar la cosa grave, como ella es, pintaré la senectud en un hombre grave, reposado, perezoso en su determinación, que así son naturalmente los viejos, mas si la quisiere pintar ridícula y de pasatiempo, pintaréla en un hombre súbito y colérico, el cual dé que reír con la demasiada desproporción. Así que esta acción súbita del viejo es verosímil y no verosímil, verosímil a la naturaleza particular de algunos viejos y no verosímil a la universal; y, por ser condición particular de alguno, no está fuera de la verosimilitud, como lo son las acciones que del todo carecen de ella y que ni son ni pueden ser (como sería pintar un ciprés en medio de la mar, y un delfín, en medio de un monte). Y acábese de cerrar esta cláusula de la verosimilitud con que el poeta la debe guardar en el género, en la edad y con el hábito y estado de la persona; y asimismo en el lugar y tiempo de la manera dicha, y en lo demás.

Frag. 6.
En la cuantidad de la fábula
Consideraciones
Nudo y soltura

Así dijo Hugo y prosiguió diciendo: Dicho de las partes esenciales y condiciones de la fábula, resta decir de las partes cuantitativas (quiero decir que dividen su cuantidad), acerca de la cual digo que la fábula ha de ser una, y dos, y tres, y cuatro, y cinco, como está dicho. Y no es mucho inconveniente que una cosa sea muchas debajo de diferentes consideraciones: que la fábula se considera como cuerda y tiene nudo y soltura, y tiene principio, medio y fin, y comienza a apretar, y aprieta, y aprieta hasta y hasta que más no puede (así como el que en el potro atormentan, que, apretado así, o confiesa o no confiesa, como quiera se le afloja el garrote). Así que, según estas tres consideraciones, es la fábula 1, 2, 3, 4, 5. Vamos a la primera, que es el nudo y soltura nudo en la fábula se dice aquella acción que va perturbándose más y más hasta el tiempo del aflojar, el cual se dice soltura.

De lo dicho consta que el nudo no tiene lugar cierto, sino que él está embebido en la fábula toda, y que no se puede decir aquí está, porque él se comienza a anudar al principio y va procediendo siempre más y más hasta el tiempo de desanudar.

El Pinciano dijo: Pues yo he visto muchas veces en los teatros fábulas que aprietan el nudo un poco y le tornan a aflojar, y le tornan a apretar y tornan a aflojar, y no parece mal.

Fadrique dijo: Y aun Virgilio usó eso mismo en el cuarto de su Eneida y aun en otras partes también, porque el nudo de la Eneida va atado y perturbado por Juno, y en el cuarto libro veréis que afloja ella misma. A esto podrá responder el señor Hugo que para apretar más después, como a la verdad apretó al tiempo de la entrada de Eneas en Italia, mas no me parece suficiente respuesta, salvo sino dijésemos que en la épica, porque es poema largo, es lícito aflojar un poco a tiempos.

Eso digo, dijo Hugo, y que parece imposible en obras tan largas ir siempre apretando sin quebrar, mas en las breves, como son dramáticas, trágicas y cómicas, no convienen altibajos, digo, ni apretar ni aflojar, sino ir contino estrechando más y más para la peripecia principal que se aguarda al fin; y tanto es mayor después el deleite en la soltura, cuanto más el nudo fue estrecho y porfiado.

El Pinciano dijo luego: La historia de Heliodoro épica es, mas, si bien se mira, atando va siempre, y nunca jamás desata hasta el fin. Dígolo, porque no contradice ser épica e ir atando siempre más y más.

Fadrique dijo: Don del Sol es Heliodoro, y en eso del nudo y soltar nadie le hizo ventaja, y, en lo demás, casi nadie. Hablo de la fábula, y así, conforme a la doctrina de Aristóteles, en toda acción conviene ir apretando y estrechando este nudo, y, conforme a lo que habéis dicho, especialmente en las acciones dramáticas y representativas, que todo se guarda hasta el tiempo de la soltura, para lo cual debe quedar siempre un cabo de donde asir, que, con mucha presteza tirado, deshaga el nudo súbitamente, como suelen hacer gitanos, porque hay en esto del anudar y soltar algunos errores, allende de lo dicho; y algunos atan tan flojamente y desatan tan perezosamente, que se pierde el deleite todo de la acción: otros desatan con presteza y bien, pero apretaron mal; otros aprietan bien el nudo, y de tal manera se descuidan, que pierden el cabo por donde era el desatar, y se hallan tan apretados, que tienen necesidad de socorro divino, el cual suele venir y dar mucha frialdad a la acción. Para atar el nudo lícito es el socorro divino, para desatarle parece muy mal y es mucha falta de artificio; porque el paso más deleitoso de la fábula es el desanudar, y, trayendo socorro del cielo, no queda la acción tan verosímil como cuando humanas manos lo obran.

Eurípides

Hugo dijo:[27] ¿Pues qué me decís de la Ifigenia de Eurípides, que remata con que Diana la quitó de ser sacrificada y dejó en su lugar una cierva?

Fadrique dijo: En eso no guardó perfección. Así la razón lo enseña, y así Horacio dice que no venga dios alguno a desatar estos nudos, confirmando

---

27   Texto de 1596: Fadrique dixo.

la sentencia de Aristóteles, que manda que ni por la imaginación venga máquina al desanudar de la fábula. Esto es de esta manera.

Aquí dijo el Pinciano: No lo entiendo.

Máquina mala para desanudar

Hugo dijo: Yo os lo diré. Hacíanse en aquel tiempo máquinas artificiosas en que venían algunos dioses a los teatros y tablados, y Aristóteles dio el nombre del artificio en que venía a la persona, que era el dios, y para decir lo que Horacio «no venga dios —dijo el Filósofo— no venga máquina», como que no viniendo ésta, no verná dios. De esta manera ha de ser dos la fábula, que ha de ser nudo y soltura.

Fadrique dijo: El sumo Poeta, al principio del 10 de la Eneida, en el concilio de los dioses artificiosísimamente obró lo que enseñáis ahora; de manera que, aunque él no dejara acabada la obra, era fuerza que el que la acabara, huyera de toda máquina, porque dice Júpiter y promete que será uno a todos igual, y con esto significa que al soltar del nudo no será parcial.

Hugo respondió: Muy bien; y, prosiguiendo, vamos a ver cómo la fábula ha de ser tres: principio, medio y fin. Del fin, ya se ha dicho que es desanudar; del medio, gran parte, que es el anudar y atar; del principio hay que decir dos palabras no más, que no comience de donde quiera, sino de alguna cosa insigne y muy vecina a la acción. Así comenzó Eneas de la tempestad que fue vecina a la primera parte de la acción, que era la partida de Troya; esto enseña Horacio cuando dice: el que hubiere de escribir la guerra de Troya, no comience de los huevos de Leda; tales principios y exordios tales son condenados también mucho en la Retórica y con mucha razón; de do se verá el yerro que antes dijimos de los que traen en la acción un niño en fajas, que ha de ser principal autor de ella; mas de esto es dicho ya bastantemente; vamos a la fábula cómo ha de ser, que con esto se dará fin a lo propuesto, y lo que más quedare, se quedará para otro día.

Fadrique dijo:[28] Siguiendo como seguís orden de compendio, poco o nada quedará que decir en lo general de la fábula a que os obligasteis.

---

28   Texto de 1596: Ugo dixo.

Cuatro partes de la fábula

Hugo dijo: En cuatro partes se divide la fábula, según los efectos que mueve: la primera dicen prótasis, porque es un principio de movimiento de la acción; a la segunda, tarasis, porque aquel movimiento va creciendo y turbándose; la tercera, catástasis, en la cual la turbación está en la cumbre; y a estas tres partes dicen nudo, porque como se va turbando la acción, se va anudando el nudo; a la cuarta dicen catástrofe, y ésta es lo mismo que la soltura. Así que el nudo tiene tres partes y la soltura, la otra.

El Pinciano dijo: Paréceme haber bien entendido esta cosa, pero con ejemplo lo entendiera mejor.

Por cierto, dijo Hugo, no sé qué ejemplo os dé; tantos se me ofrecen. ¿Queréisle en trágica, épica, cómica? Sea en la épica, porque es lo más difícil.

No, dijo Fadrique, mejor será que un día veamos una acción, o cómica o trágica, y por ella se declarará mucho mejor esto, adonde lo veremos con los ojos.

Bien me parece, dijo Hugo. que si la acción no fuere tan turbada como conviene, el señor Fadrique quitará lo que sobrare y añadirá lo que faltare, y, aunque la acción sea mala, quedará la doctrina buena. Y doy el remate a esta canción con que la fábula puede errar en dos maneras: la una, esencialmente, y la otra, accidentalmente; esencialmente yerra cuando falta en la ficción misma, como en las partes ya dichas, tocantes a la imitación. Otra manera es cuando yerra en la doctrina, como en este ejemplo. Es de Aristóteles. Si un pintor pintase bien un caballo en sus miembros y disposición, como que movía a una pie y brazo izquierdo, diríase del tal que acertó en lo esencial, que era la pintura de los miembros, y erró en la accidental, que era el movimiento del caballo, porque los cuadrúpedos se mueven con mano derecha y pie izquierdo adelante, y, después, con mano izquierda y pie derecho, y ésta es la ciencia, que no es de arte poética, sino de la filosofía natural, que enseña que toda cosa pesada va hacia abajo, y que si el caballo se moviese con pie y mano de un lado a una, se caería en tierra al punto por falta del sustento; mas si se mueve como es dicho, queda el cuerpo como sobre horquilla, y así se puede mover sin caer.

El Pinciano dijo entonces: ¿Pues cómo, señor Hugo? ¿No habéis dicho que el intento principal del poeta es la doctrina?

Así es la verdad, dijo Hugo, mas mirad que la forma es más principal que el fin, cuando no son una misma cosa, y la forma de la Poética es la imitación, y el fin, la doctrina, como es dicho.

Fadrique dijo: Yo quiero, para que este laberinto sea más manifiesto, enredarle más, y argumento así: la imitación se suele perder por causa de la alegoría; luego al poeta es más necesaria la doctrina que la imitación.

El Pinciano dijo: Yo, señores, no entiendo eso, y es necesario, primero que adelante pase, salga yo de este laberinto.

Fadrique respondió: Vos, señor Pinciano, ¿no os acordáis de la alegoría del lenguaje que es un montón de vocablos, los cuales conspiran en significación de otra diversa cosa que suelen significar? Pues la alegoría que ahora decimos, no es conspiración de vocablos, sino muy diferente; que la alegoría que antes dijimos consiste en palabras, y la que ahora, está en las cosas, y como la primera alegoría es cuando van significando a otras, la segunda, cuando unas cosas a otras enseñan. De la alegoría primera sea ejemplo Cicerón ad Herennium: «Si los mastines desuellan al ganado, ¿qué harán los lobos?». Adonde ni mastín significa a mastín, ni lobo significa a lobo, sino que mastín quiere decir el juez y gobernador bueno, y lobo el malo, inicuo y avaro.

El Pinciano dijo: Ahora bien; ya por lo pasado entiendo yo qué sea la alegoría primera, y no he menester más ejemplo. De la segunda alegoría primera, y no he menester más ejemplo. De la segunda me dad uno vuestro.

Fadrique dijo: A mí place; y será muy breve, mas por el cual se entienda esta doctrina muy bien. Alegoría segunda y principal es dicha la significación producida de otra cosa, la cual es secreta y escondida al vulgo, y manifiesta solo a los hombres doctos; de esta manera fabularon los filósofos antiguos que del matrimonio de Neptuno y Cibeles nacieron los gigantes; ésta es la letra, y la significación de ella —que por otro nombre es dicha alegoría— es que la tierra junta con el agua produce grandemente: tales son Neptuno y Cibeles y que, si no se ayuntan, los frutos de la tierra quedan estériles.

El Pinciano se dio una palmada en el pecho y dijo: Yo entiendo esto de la alegoría, y por una doctrina semejante no me parece mal que se pierda la imitación.

Fadrique dijo: Pues ¿qué diréis de las alegorías morales de Esopo? Las cuales, aunque carecen de verosimilitud e imitación, son muy provechosas y doctrinadoras de las gentes.

Callaron los dos y Hugo dijo: La una y otra filosofía y la poética andan juntas y tan unidas, que ninguna cosa más. Así es menester hacer una distinción de esta manera: que el poeta que guarda la imitación y verosimilitud, guarda más la perfección poética; y el que, dejando ésta, va tras la alegoría guarda más la filosófica doctrina; y así digo de Homero y de los demás, que, si alguna vez por la alegoría dejaron la imitación, lo hicieron como filósofos y no como poetas, como lo hizo Esopo con otros que han escrito apólogos, cuyas narraciones son disparates y frívolas, pero las alegorías muy útiles y necesarias.

El Pinciano dijo: ¿Y el que guardase la imitación y la alegoría?

Hugo respondió: Esa sería miel sobre hojuelas, y en eso está el primor todo y la perfección de la arte: que las épicas, trágicas y cómicas llenas están de estas alegorías finas, de quienes las narraciones son verosímiles e imitaciones deleitosas.

Fadrique se sonrió y dijo: Estoy contento.

Y el Pinciano: Yo no osaba volver a tocar en la verosimilitud por no cansar, pero, pues la plática la ha tornado, no tengo de ir con una carga que me pesa mucho; y es la causa de mi dificultad el Filósofo, el cual enseña que el poeta ha de escribir la cosa verosímil, y si ha de ser verosímil, no debe ser verdadera, a cuya causa es bien que vaya fuera todo género de historia; digo, en suma, que las narraciones que son verdaderas no son verosímiles.

Hugo respondió: El Filósofo dice que el poeta debe escribir la cosa como fue verosímil que aconteciese, o como fue necesario; y este necesario comprende a la historia.

Fadrique replicó: Perdonadme; que yo entiendo ese necesario de otra manera.

El Pinciano le rogó se declarase, y Fadrique dijo: Fácil es entender; en caso que el poeta fabulase y fingiese haber habido un eclipse de Sol en cierta ocasión, y dijese que la Luna oscureció a la tierra, poniéndose entre ésta y el Sol, lo primero (que es haber habido eclipse de Sol en la sazón dicha), es verosímil, porque pudo ser, y no verdadero, porque fue fingido.

Esto supuesto, digo, que es necesario que la Luna se pusiese entre el Sol y la tierra, porque de otra suerte no se eclipsara el Sol.

Hugo dijo: Yo estoy contento. El cual prosiguió diciendo: El campo de la Poética es inmenso, dice Ovidio, y a ninguna historia es obligado; que es decir: el poeta no es obligado a la verdad más de cuanto le parece que conviene para la verosimilitud; lo cual especialmente usan los trágicos y épicos prudentísimamente en general para hacer su narración más verosímil, y con algunas verdades como rafas tener firme la tapiería de sus ficciones. Todo esto se hace para el fin que está dicho, que es el deleite y la doctrina. Así que los poemas que sobre historia toman su fundamento son como una tela cuya urdimbre es la historia, y la trama es la imitación y fábula. Este hilo de trama va con la historia tejiendo su tela, y es de tal modo, que el poeta puede tomar de la historia lo que se le antojare y dejar lo que le pareciere, como no sea más la historia que la fábula, porque en tal caso será el poema imperfecto y falto de la imitación, la cual da el nombre. Lucano tiene algunas imitaciones fabulosas, y, por ser más la historia que la fábula, es numerado entre los históricos, como antes de ahora está tocado. Y esto baste; que si alguna vez se hablare de la épica o trágica, se acabará del todo esta materia.

Para mí, dijo Fadrique, acabada está en lo esencial y general de ella.

Dicho, pidió licencia para entrarse en su estudio y los compañeros se alzaron de la tabla, a los cuales dijo Fadrique: Esto se ha dicho de la figura: otro día diremos de la tabla adonde se ha de pintar, y otro, de los colores.

Dicho, se entró en su apartamiento, y los huéspedes se fueron a la escalera, bajando por la cual dijo el Pinciano: Yo no entiendo esto de esta figura, tabla y colores.

Hugo respondió: Metáforas son del Filósofo, el cual dice en sus Poéticos que el poema es una tabla formada de figuras y colores, y que la fábula es la figura, y el metro, los colores.

Yo lo entiendo, respondió el Pinciano, y me agrado de la semejanza y de la metáfora.

Hugo dijo: Pues más os agradaréis, si os digo lo que sobre esto el Filósofo enseña, y es: que como es más fácil el mezclar bien los colores para la pintura que no el hacer la figura perfecta y acabada, así más fácilmente se hallarán hombres que sepan hacer bien metros que no poetas que bien sepan formar las fábulas.

Yo lo pruebo, dijo el Pinciano, cada día en esos teatros; y esa doctrina es digna de su autor, el cual siempre fue siguiendo a naturaleza en sus contemplaciones.

Dicho, se apartó el uno y otro, y el Pinciano se fue a la posada, adonde luego hizo memoria de lo que había oído para os lo escribir el día siguiente.

Vale. Fecha, ocho días antes de las Calendas de junio.

Respuesta de don Gabriel a la epístola V del Pinciano

Frag. 1.

Yo he leído a algunos escritores de Poética, así comentadores como autores de por sí, mas en ninguno he visto orden semejante al que en el proceso de esta materia me enviáis, ni aun el mismo Aristóteles, que, a mi parecer, guardó más puridad. Es cierto que toda la doctrina, o casi toda, es nacida de la fuente de su sabiduría, pero de tal forma la dan vuestros compañeros que parece nueva. Todo lo apruebo, y alábolos en la cosa imitación y fábula que trataron, como también en hablar primero de ella como da forma, y, después, del lenguaje como materia sujetiva. Mas en esto les doy pocas gracias, porque las tengo ya dadas a quien se deben, que es a Aristóteles, el cual, por ese mismo camino, nos dejó su doctrina poética.

Con todo estoy bien, y con la declaración de la esencia poética y cómo puede ser una cosa historia y fábula juntamente; y asimismo de los tres fundamentos de los poemas estoy muy agradado, con todo lo demás.

Frag. 2.

La doctrina del segundo fragmento es del Filósofo, y así no tengo que decir más de ella, pues con esto solo la alabo. La división de la fábula, en fábula propiamente dicha y en episodio, está muy buena, porque sin ella está la doctrina poética confusa. La que también se hace en simple y compuesta me parece muy bien, aunque va algo diferente de la del Filósofo, el cual no divide la fábula en general en estos dos miembros, sino la especial que tiene nombre trágico.

Frag. 3.

Las divisiones también de las agniciones, que en el fragmento tercero están, son peregrinas y nuevas, aunque no las agniciones, porque todas son sacadas del manantial del Filósofo; en aquella especialmente de la Ifigenia, que Polides sofista y Eurípides usaron, parece alguna dificultad, si no es que me digáis que un mismo reconocimiento debajo de diferentes consideraciones puede estar en diferentes potencias. Y en lo que toca a la mejoría de los reconocimientos no veo tanta distinción como quisiera; porque un mismo reconocimiento puede estar en la voluntad y en la memoria; como sería en la Ifigenia de Eurípides, a do se entiende que Orestes voluntariamente se quiso dar a reconocer, y la memoria de lo que dijo, trajo a la hermana Ifigenia en su reconocimiento; bien sé que me responderán que dicho lo simple, es también dicho lo compuesto, y no me parece mal.

Frag. 4.

Viene el cuarto fragmento y, luego, el que sigue. En el cuarto hallo que considerar que la admiración es de mucha importancia para el poema, porque, en la verdad, es causa grande del deleite; y de aquí nace que los hombres de este siglo sean tan mentirosos; los cuales por poner admiración dirán que vieron bolar un buey. Acuérdome de una gracia que acerca de esta materia escribe Ovidio en sus Metamorfosis así: había descrito la casa de la Fama; de este palacio salen a veces cosas que, cuando a él tornan, de trocadas no son conocidas; como quien dice: sucede decir un hombre una nueva, la cual se ve mudando y alterando de lengua en lengua, que cuando torna al primer autor no la conoce. A mí, a lo menos, así me ha sucedido. Todo este truco y mentira hacen los hombres a fin de adular con la admiración, mas es menester que ésta tenga verosimilitud, porque, cuando carece de ella, la admiración de la cosa se convierte en risa; de manera que no se admira la nueva, sino escarnécese, y es burlado del oyente el dueño que la trajo. Verosimilitud es menester que tenga la fábula para lo que es deleitar, como para el enseñar basta que tenga alegoría, cual la tienen los poemas mitológicos o apologéticos, el príncipe de los cuales fue Esopo. En la quinta parte veo las tres condiciones de la fábula, contrarias en cierto modo, porque ha de ser una y varia, perturbadora y sosegadora, admirable y verosímil.

Trátanse en este lugar las dos primeras bien, por cierto, a mi parecer; y así yo no sé qué dudar acerca de ellas, como ni tampoco de la tercera.

Frag. 5.

En el fragmento quinto trata de la admiración y verosimilitud; y así no tengo que escribir acerca de esto sino una confirmación de todas las partes, y especial de la última, en la cual no hallo qué considerar.

Frag. 6.

En la sexta parte, del nudo y la soltura, estoy muy bien con todo y con que la perfección y estrechura de este nudo y súbita soltura (en las cuales está mucho del deleite) compete más a las acciones dramáticas y representativas que no a otras algunas; tienen éstas los episodios breves y pueden atar más estrechamente y desatar más brevemente. Vale. Fecha, tres días antes de las Calendas de junio.

Epístola VI. Del poético lenguaje

Un día solo, señor don Gabriel, se puso entre la carta última y quinta que os escribí y conversación sexta de los filopoetas, porque el miércoles la di al mensajero y el jueves siguiente envió a llamar Fadrique al Pinciano, el cual le halló con Hugo, y a quien, después de haber saludado, pidió Fadrique cierta diligencia en un negocio que Hugo tenía, porque su justicia fuese vista con brevedad. Y, habiéndole dicho el juez y escribano ante quien pasaba, dijo el Pinciano: Si para el despacho del pleito basta la amistad del escribano, todo está hecho; porque el que lo es de esta causa, profesa ser grande amigo mío, y aun desea ser mi pariente.

Todo está dicho, dijo Hugo, porque yo conozco al juez y sé de él que es hombre docto, justo y diligente en despachar.

Dicho así, se concertó que el Pinciano hiciese la diligencia prometida. Lo cual hecho, estuvieron los tres amigos en silencio un rato, al fin del cual empezó el Pinciano a decir: Todo este mundo es lleno de interés, y, como yo sea uno de los que le habitan, también le quiero para esta diligencia que prometí.

Fadrique dijo: Yo soy el que tomé a cargo este favor que se concedió al señor Hugo, y, así, quedo con el cargo de satisfacer, si puedo.

El Pinciano dijo: Sí podéis, y muy bien, lo uno, porque tenéis hacienda para satisfacer, y lo otro, porque vuestra mano es liberal en hacer merced; y así digo que, en cambio de la obra prometida por mí, quiero la tabla o lienzo de la figura del otro día; palabras quiero, mas que sean poéticas, porque oyó hablar de este lenguaje poético tan diferentemente, que no sé quién acierta ni quién yerra.

Frag. 1.

Fadrique dijo, riéndose un poco: ¡Ah! ¡Ah![29] Yo aseguro que quiere saber el Pinciano: ¿por qué dice el Filósofo, en el tercero de los Retóricos, «otro es el lenguaje del orador, y otro, el del poeta»? ¿Y con qué bula dijo Virgilio «Gaza», pero «Magalia» y «Mapalia», siendo vocablos extranjeros y de otras naciones fuera de la latina que él profesó? Y saber: ¿con qué privilegio llaman los poetas a «las alas» «remos», y a «los remos» «pies»; «copa de Marte» al «escudo», y «el escudo de Baco» a «la copa»? ¿Y qué algarabía es la de Virgilio cuando, para significar la navegación dificultosa, dice: Luchan en tardío mármol las rapadas llamando al «mar», «mármol», y a «los remos», «rapadas»? ¿Y por qué dicen «la blanca nieve», «el retorcido cohombro», cosa tan cierta, que, de cierta, parece necedad el decirla? ¿Y por qué inventan los vocablos que jamás su región ni otra alguna antes había usado? ¿Y por qué, de los ya usados y antiguos vocablos, hacen nuevas composiciones? ¿Y por qué, en suma, quitan y ponen letras, alargan y abrevian las sílabas, y, alguna vez, cortan un vocablo y, entre la cabeza y los pies, ponen tantas sabandijas, que no se sabe si aquellos pies son de aquella cabeza, y otras cosas así de esta manera?

Eso pido, dijo el Pinciano, porque no acabo de entender esta jerigonza; veo que uno dice: «este vocablo es poético»; otro, «que no»; otros, «aunque se puede permitir en Poética, pero no en toda especie».

Fadrique respondió: Yo soy el que recibí la cortesía del Pinciano y yo le quiero pagar la deuda.

29　Texto de 1596: Fadrique dixo, riéndose vn poco: iha! iha!

Y Hugo: Yo, señor, os agradezco mucho las buenas palabras, que, en la verdad, yo soy el deudor obligado a la paga.

Fadrique respondió: Pues, como fiador, quiero hacer la paga.

Y el Pinciano, riendo: ¡Mas qué de pagadores hallo a esta mi deuda! ¡Como es la paga en palabras, no me maravillo! Pues sea quien fuere el pagador, comience la deuda a ser pagada, y empiece yo a saber algo de lo que deseo por vuestra gracia.

Fadrique dijo: Obligado me habéis a que no siga el orden comenzado con haberlo dejado a mi gracia; porque este orden del Filósofo es un tanto breve, y, por breve, oscuro; ni tampoco seguiré el de los demás escritores, porque fueron muy largos; un otro camino andaré de nadie hasta ahora pisado.

Como caiga en el chiste a estas conjugaciones, dijo el Pinciano, de este lenguaje poético, seguid el que os pareciere.

Hugo dijo: Ya yo deseo tanto como cualquiera este orden nuevo, porque pienso ha de ser tal, que todos le debamos seguir. Y, verdaderamente, que el escuchar con traza nueva la cosa es como oírla de nuevo.

Frag. 2.

Fadrique dijo entonces: A vos, señor Hugo, nada será nuevo en esta materia, como quien la tiene tan arada y tan trillada; mas yo comienzo. Si digamos oración, lenguaje o plática poética, todo es uno; digo, pues, que la oración toda consta de cinco partes: de letras, sílabas, vocablos, frases, géneros, por otro nombre, estilos y caracteres. De las letras, cuanto a la Poética toca, no hay que considerar más que el sonido de ellas, lo demás búsquese entre los gramáticos. El sonido de las letras considera el poeta para la oración sonora. Entre las letras, especialmente las vocales, hay algunas de mucho y grande sonido, cual es la a y o; y otras, de pequeño, como la i y la u; y una, de mediano, cual la e. Los vocablos de letras vocales sonoras hacen gran sonido, como apóstol, vándalo; y, sí se ayuntan a consonantes sonoras, haránle mayor, como pámpano, bomba, romanos; y, con esta consideración, me parece haber cumplido cuanto a la plática de las letras por ahora; quien más quisiere, lea los Poéticos de Aristóteles, que allí lo hallará. La segunda parte de la oración que nos viene en orden es la sílaba, de la cual terné tan poco que hablar, cuanto tuvieron mucho los antiguos, los cuales nos dejaron llenos los libros de esta materia.

Dicho, el Pinciano dijo: ¿Por ventura no tenemos los españoles nuestras sílabas largas y breves, como todos los demás? ¿Por qué causa suenan unos versos bien con once sílabas y con ocho, y otros, con las mismas, mal? ¿Por qué, sino por las luengas y breves que se truecan, aunque, en la verdad, nosotros no las distingamos? Pero haylas, como se prueba por la experiencia.

Ahora bien, dijo Fadrique, esta plática de sílabas largas y breves solamente pertenece al metro; y ya habemos dicho que éste no es forzoso para la poética, y, así, será excusado tocar más esta materia, de la cual yo no alcanzo sino lo dicho, y es: que no alcanzo a distinguir las sílabas breves de las largas. Pasemos adelante, a cosa que mejor podamos palpar, que fue la tercera en nuestro discurso; digo del vocablo, cuanto viene a la consideración poética; acerca de lo cual es de advertir lo que dice Aristóteles: que, como no podemos traer las cosas a las escuelas, usamos de los nombres en vez de las cosas mismas, porque el nombre es imagen del concepto, como éste de la cosa, que es decir: no puedo llevar camino largo a mi mujer e hijos conmigo, llevo una tabla o lienzo que me los enseñe y haga presentes, y, así como el pintor que ha visto y revisto bien a la figura, la retrata mucho mejor que el que jamás la ha conocido, así el poeta que supiere bien la naturaleza de la cosa que trata, la sabrá mejor concebir con el entendimiento, y, según la imagen del concepto, darla el vocablo. Esto es lo que Horacio enseña, en su Epístola ad Pisones, diciendo: «el principio y fuente de bien pintar es saber la cosa bien sabida; ésta te enseñarán las cartas de Sócrates, y, luego que las sepas, voluntarias se te entregarán las palabras convenientes para la decir».

Hugo dijo: A muchos vemos que saben la cosa bien sabida, y no declararla, porque no tienen natural bueno.

El Pinciano replicó: Esto del natural bueno para hablar, no entiendo bien, porque oyó decir que el lenguaje todo es artificial, y que los sordos de su nacimiento son mudos, porque no pueden ser enseñados. ¿No os parece, señor?

Fadrique respondió: Pase adelante.

Y Hugo: No pase, sino es por impertinente; porque, a mi parecer, la habla y el lenguaje es natural y no artificial, a lo cual me mueve la Historia de

Herodoto; ella nos enseña la lengua natural al hombre ser la frigia, porque lo primero que los niños dicen es axo, que, en lengua frigia, significa pan. Y es cosa verosímil que, pues todos los niños piden el sustento humano por un mismo vocablo, que la lengua que usa de tal, sea natural a todos.

Fadrique respondió: Traslado a la lengua caldea, en la cual habló nuestro primer padre Adán, y de la cual se escribe que tiene mayor perfección que todas, y es de creer que, pues Dios vio que todas sus obras eran buenas, que al hombre acompañó de su principio la mejor lengua de todas; y añado que Adán fue sapientísimo y dio nombre a las cosas, según su más esencial, y, por el tanto, la lengua que él habló fue la más perfecta.

El Pinciano dijo: ¡Oh, cómo me parecen bien estas razones! Y que, sin duda alguna, la de Adán debe ser la natural a todo el mundo y que, en cosa tan importante, no tuvo naturaleza algún descuido.

Dicho, callaron un poco, y, después, dijo Fadrique: Es el lenguaje tan importante, que hay quien diga el ser la diferencia mayor que el hombre distingue de los demás animales, porque ellos todos tienen su manera de razón (llamémosle instinto o como queráis, que, realmente, ellos tienen su sombra de discurso).

¿De manera, dijo Pinciano, que la diferencia más intrínseca al hombre es ser hablador que racional? Pues conozco a algunos que, según eso, son muy hombres, y no tenidos en mucho.

Fadrique se rió y dijo: No tanto como eso; porque la risa a ningún animal acontece sino al hombre, y con más razón pudiera hacer la diferencia del hombre que no la habla. Yo hablé ponderando la importancia désta, no que le dé las partes primeras en la esencia del hombre; y, como quiera que ella sea instrumento del concepto, y éste, hechura de la razón, resta que la razón sea la cosa más intrínseca al hombre y más propia; que los brutos, o no tienen razón ni discurso, o es diferente en especie del hombre.

¿Qué decís?, dijo Hugo. ¿Que no hay discurso en los animales? Pues yo sé adonde dice mi Galeno que le tienen, y aun el más rudo de todos, que es el asno; mas, con todo, estoy en lo que Fadrique ha dicho. Volviendo al propósito del lenguaje natural y artificial, me parece haber oído una clara contradicción en esto: que si la habla es artificial, según está significado, ¿cómo será natural a todos la caldea?

Fadrique se sonrió y dijo: Yo hasta ahora no he hablado con mi lengua, sino con las ajenas; y no dije que la caldea era natural, sino trájelo en contradicción de lo que Herodoto dice de la frigia; y lo uno y lo otro traigo ahora en confirmación de mi opinión, que, en cierta forma, siente ser las lenguas artificiales y no naturales; porque, si no es natural la frigia, ni la caldea, ni la egipcia, ni se halla otra que pretenda serlo, resta que el hablar es todo artificial.

Hugo se encasquetó la gorra y dijo: Pruebo que no, y demos caso que dos mudos, marido y mujer, pasaron a las Indias de Poniente con un par de criados, y que aportan a una isla desierta, y que los criados mueren, y ellos se quedan solos, apacentándose de yerbas, peces y huevos de aves bravas, y también que ellos tienen tres o cuatro hijos. Pregunto si los hijos hablarán o no.

El caso, dijo Fadrique, es difícil, pero posible, y somos obligados a le conceder; respondo que sí.

Y Hugo: ¿Luego estos muchachos hablarán sin maestro y sin arte? ¿Luego, naturalmente?

Parece, dijo el Pinciano.

Y Fadrique: Y es así; mas pregunto: sí a otros aconteciese en Islas de Levante lo mismo que a los dichos en las de Poniente sucedió, si los hijos de los unos y de los otros hablarían una lengua misma.

Yo creo, dijo Hugo, que sí.

Y yo creo que no, Fadrique dijo.

Y el Pinciano: Yo estoy en duda, porque Fadrique contradice; que, si callara, allegárame, sin duda alguna, a la opinión de Hugo.

Fadrique se quedó un poco callando y sonriendo, y dice después: Ahora bien, no os quiero tener más suspensos; respondedme; mas dejad, que yo me responderé por abreviar. Y esto, con la condición de amigos: que, cuando no dijese lo que satisface, sea yo avisado. Soy hombre y me suelo engañar muchas veces. Pregunto, pues: ¿la palabra no se forma primero en el entendimiento del inventor? Sí. ¿Y después la lengua le da una voz, imagen y semejanza de lo que el entendimiento concibe de la cosa? Sí. ¿Y el concepto será diferente, según el diferente juicio del hombre? Así es. Luego los mozuelos de Poniente, si concibieron diferentemente la cosa, cada unos harán su vocablo a su propósito, y de él usará cada familia de las dichas, porque en ella se conformarían luego los hombres que se fueron produciendo, a causa que los vocablos tienen su significación por consentimiento común de ellos.

Yo no lo entiendo bien, dijo el Pinciano.

Y Fadrique: Digo así: que en una manzana se considera el olor, sabor, color, figura, peso y otras muchas cosas, y que la familia del mudo de la India Oriental la daría el vocablo según el color, y otro, según el sabor, y así, de los demás, por el diferente concepto que formarían de la manzana. Hay más variedad en los entendimientos humanos que en los gestos, voces y letras; de lo cual resulta que ninguna lengua es natural en particular, sino que, así como el hablar en general es al hombre natural, el hablar lengua particular es artificial.

El Pinciano dijo entonces: Ahora acabo de entender lo que he visto en mis hijos cuando comienzan a hablar, que, no sabiendo o no pudiendo pronunciar los nuestros, traen otros vocablos a las cosas, compuestos por ellos; y no todos los niños usan los mismos, sino diferentes; de lo cual se ve claro la opinión de Fadrique: que, según el concepto diferente, haría diferentes vocablos el de Levante que el de Poniente.

Los oyentes dijeron: ¡Bien! Y luego Fadrique: Vamos adelante, que no era éste el propósito de Hugo; otra cosa es lo que al principio, se trató por él, que era del lenguaje natural, o, otra cosa es lo que al principio, se trató por él, que era del lenguaje natural, o, por mejor decir, del natural que cada uno tiene para hablar; que unos lo tienen muy bueno, y otros, no tanto (y todos saben los vocablos igualmente), lo cual nace de la buena o mala disposición de ellos o de saberlos traspasar de su significación en otra por semejanzas o imágenes. Dejo aparte el artificio que acerca de esta materia hay, porque, así como el gramático enseña a hablar llana y convenientemente, sin gazafatón, como dicen, la Historia pide, allende de esta congruencia y conveniencia, algún ornato; la Retórica, lo uno y lo otro, y, más, los afectos y costumbres; digo que a la Retórica pertenece el mover afectos y exprimir costumbres, y a la Poética pertenece todo, y, más, el lenguaje peregrino. Confieso que éste muchas veces se ajusta mal con el congruo; y, con esto, baste de las sílabas y lenguaje en común.

Frag. 3.

Vamos a lo restante. Aunque el vocablo, que, como está dicho, debe ser imagen y semejanza de la cosa, a todas las partes de la oración comprende, quiero que por él se entienda ahora el nombre y el verbo solamente, porque ellos son los más principales de ella. Comienzo, pues, la división, y digo que todo vocablo, o es simple o compuesto. Simple es el que se divide en partes significativas, como hombre, que hom nada significa, y bre, que significa nada; compuesto es el que en partes significativas se divide, como proto-médico, que quiere decir proto, primero, y médico, al médico, y, junto, quiere decir médico primero; o, pongamos por ejemplo este nombre boquirroto, compuesto de boca y roto, que guarda con gran perfección la regla de los compuestos; los cuales, como enseña Aristóteles, no han de venir enteros en la composición, sino algo trocados, o, a lo menos, alguno de ellos; esto es de la primera división del vocablo; el cual, segunda vez, se divide en propio y peregrino; propio es el que guarda las letras, acento y significación común a todos y en uso de todos, como pan, comúnmente a todos pan; y león al león en Castilla significa, y tiene las letras propias suyas.

El Pinciano dijo: A mí hace dificultad esa declaración de vocablo propio, porque yo veo algunos que lo son, y no son comunes a todos; que los voca-blos de cosas deshonestas y bajas son propios, porque no son traídos de ajenos lugares, y no son comunes y en uso a todos, porque ninguna persona grave y principal dice jamás vocablo que tenga alguna deshonestidad y feal-dad y, por huir de él mil leguas, dice la cosa por circunloquios y rodeos que apenas es entendido.

Fadrique dijo: Ellos hacen muy propiamente en huir del vocablo propio en tal sazón, como la que decís, y así digo que no trato de esos vocablos, cuya fealdad los hace impropios; digo y hablo de aquellos que se pueden decir delante de todas gentes.

Hugo dijo: Muy al contrario andáis de los filósofos estoicos, los cuales decían que las cosas se dijesen por sus nombres.

Opiniones son, replicó Fadrique, y, dejando la de Zenón y abrazándome con la de Cicerón, digo que la vergüenza en las palabras es tan importante, que debe el hombre seguirla en todo caso; y más los poetas generalmente, y especialmente los que imitan a buenos, deben huir la sombra del vocablo malo propio y feo, porque harán imitación fea si así no lo hacen; que, como está dicho, los buenos y nobles nunca ponen en su lengua vocablos que no sean muy castos y limpios. Y esto baste del vocablo propio. Vamos al peregrino, que es su contrario. Vocablo peregrino se dice el que es fuera de uso, el cual, o es desusado o peregrino del todo, como el vocablo arábigo o griego al francés, o el vascongado y francés al alemán o a Castilla; cual si, o hablando, o escribiendo, dijésemos ahora utracuidanza; al castellano será peregrino del todo, porque nunca fue en Castilla usado, y será propio al francés, porque es de él usado; o es peregrino del todo, porque es inventado del autor, como si algún latino al río Pisuerga, por su invención, le dijera Pisoraca; o es peregrino no del todo, sino que el vocablo de suyo es propio y deja de serlo por algún accidente, mudándose de lo que antes era.

Pasa el vocablo y se muda en otro, o según su cuerpo, o según su alma —llamo el cuerpo las letras y sílabas de que es compuesto, y digo alma a su significación—. Por todas estas divisiones del peregrino vocablo iré con orden discurriendo, y así es menester atención, que empieza ya el poético lenguaje, mal entendido de muchos. Digo, pues, otra vez que los vocablos peregrinos del todo son en dos maneras: que, o son hechos, o son traídos de otra lengua. Hechos se dicen aquellos que inventó el poeta de su cabeza, al cual más que a otro alguno toca el inventar el vocablo, como también la invención de la cosa, y, por lo uno como por lo otro, es dicho poeta. Para esta invención es menester mucha autoridad, porque no diga alguno al inventor lo que Marcial a Emiliano por estas palabras:

> Si tú dices Pistilo al cocinero,
> Dime por qué razón, caro Emiliano,
> Decir no le podré yo Taratala.

Conviene, digo que el inventor de algún vocablo nunca oído en su lengua ni en otra alguna sea de mucha autoridad, y también conviene que tenga mucha el que trajere la segunda especie de vocablos forasteros y peregrinos del todo, y que sean traídos de naciones bien habladas, cual si, del lenguaje latino, italiano y aun francés, hiciésemos alguno castellano, como, en la verdad se han introducido muchos de poco tiempo a esta parte, y se van introduciendo. Así el latino lo hacía del griego, como Horacio dice en la Epístola ad Pisones, aprobando el tal uso; a do enseña que el vocablo no se traiga así como está en la otra lengua, sino que se mude algo. Y esto baste del vocablo que Aristóteles dice hecho y del que él también llamó forastero.

Dejo aparte que, de estos vocablos forasteros traídos, unos son traídos de más lejos, otros de más cerca, como si dijésemos el castellano; o le trae del latino, o francés, o del portugués, o andaluz, o del aragonés, que esto no es muy importante ahora; y vamos a las otras dos especies de vocablos peregrinos, dichos así porque, siendo propios en la misma lengua, son mudados en el cuerpo o en el ánima. Y, primero, sea nuestra plática de la mudanza del cuerpo o materia de que son hechos, digo, letras y sílabas.

Aquí dijo el Pinciano: Por cierto yo no entiendo esto de la mudanza del cuerpo, porque, si el vocablo es imagen de la cosa que significa, ¿cómo la ha de significar con el cuerpo? ¿Por ventura es danzante que, por el cuerpo, significa cosas varias?

Fadrique dijo: En materia muy honda nos entramos y, para abreviar el negocio, digo: que las letras y sílabas significan muy grande pedazo, como verá el que leyere a Platón en el Cratilo o De la Buena Razón de los nombres. Y ¿por qué pensáis que los poetas añaden, quitan y mudan sílabas y letras?

Ya yo sé, dijo el Pinciano, que no lo hacen por el metro, sino por usar lenguaje nuevo y peregrino, que así lo oí decir antes de ahora.

Bien está, dijo Fadrique, mas ni por solo eso, sino por dar al vocablo el sonido que les parece convenir a lo que dicen y hacer más perfecta imagen de la cosa para mofar y escarnecer.

Yo lo he visto en Marcial, dijo Hugo.

Juan de Mena

Para magnificar y engrandecer, yo en Virgilio, dijo Fadrique; y después: múdanse en el cuerpo y materia de muchas maneras los vocablos: o posponiendo lo que se debe proponer, como «tanta de parte» por «de tanta parte», o poniendo algún vocablo o vocablos en medio del vocablo, como si dijese uno «elegante habla mente» por «habla elegantemente». Este uso no es recibido entre Italianos y Españoles, como lo fue entre Griegos y Latinos.

Múdase en cuerpo añadiendo letra, sílaba, o quitándola, y esto al medio, principio, fin del vocablo, o poniendo una en lugar de otra, todas las cuales mudanzas tienen en el griego su nombre propio. Y múdase en la sílaba, alargándola o abreviándola, como habemos dicho, lo cual no toca a nosotros los Españoles, que, así como los Italianos, no conocemos esta diferencia, en el tiempo de la sílaba, que tiene por nombre larga o breve, la cual poco ha tocamos. Y, esto sea dicho brevemente en lo que pertenece al vocablo que de pronto es hecho peregrino, por razón de la mudanza de él en su cuerpo, que son letras y sílabas, según ya está referido. Resta ahora hablemos de la otra especie de vocablo propio, hecho peregrino por ser mudado y trocado, no en cuerpo, sino en su ánima, digo, no en sus letras, sino en su significación, la cual toma de varias maneras, y a las maneras dijeron tropos los antiguos escritores. Materia era ésta común al retórico como al poeta, cuanto digo a los tropos, mas, porque muchas más usan los poetas y con modos diversos y más afectaciones, será bien decir algo de ellos.

No, sino forzoso, dijo Hugo, porque es tan diferente el uso entre poetas y retóricos, que parece mudar especie.

Bien encarecido está, dijo Fadrique, y luego se haga como decís.

Frag. 4.
Metáforas
Deja un vocablo su significación propia y pasa en otra por siete tropos o modos metafóricos, los cuales hermosean a la oración y la dan luz de la manera que un velo sutilísimo a una imagen, y una vidriera a una candela; son, pues, los tropos metafóricos, en doctrina del Filósofo: metáfora, sinécdoque, metonimia, catacresis, metalepsis, ironía, hipérbole. Primero de la primera, y luego, de las demás. De la metáfora es de advertir que, en una significación, significa cualquier traslación de nombre propio en ajena significación; así Aristóteles la trata algunas veces en sus Retóricos, y, así, no solo comprende a la que particularmente se dice metáfora, sino a los demás vocablos que, de propios, se hacen peregrinos, sinécdoque, metonimia y los demás que dijimos tropos y ser siete. Tómase la metáfora más particularmente, como Aristóteles en sus Poéticos, y como al presente la entendemos, por la especie primera de los tropos que dicen los Retóricos, la cual es más

usada y con menos enfado frecuentada; hermosea la oración sobre todos los tropos y figuras retóricas y poéticas. Es, pues, metáfora traspaso de un vocablo a significar otra cosa diferente de aquella a que fue inventada, por semejanza que la una tiene con la otra. Por este ejemplo será mas manifiesto: «duro» significa propiamente la cosa que resiste al que la toca, y metafóricamente decimos «duro» al muchacho desobediente, porque resiste al orden que se le da. Así que el nombre «duro», cuando se da al muchacho, deja su significación en cierta forma y pasa a significar otra que es semejante a la que de suyo y propiamente significa. Désta dice Marco Tulio que fue inventada, o para ornato de la oración, o por necesidad y falta de vocablo propio. Cuatro especies de metáforas pone Aristóteles en sus Poéticos, las cuales quiero, primero, seguir. Dice, pues, el Filósofo que el vocablo se traspasa a significar otra cosa de aquella para que fue hecho de cuatro modos: que, o se traslada el nombre del género a la especie, como se dice a un hombre rústico que «es un animal», adonde «animal», que es género, significa al hombre, que es la especie; o de la especie al género, como el que dice: «rosas produce la primavera», queriendo dar a entender que produce «flores»; a do «la rosa», que es especie de flor, pasa a significar al género, que es la flor; o de la especie a la especie, como se dice al hombre bravo «león», que el nombre «león», especie diferente del hombre, pasa a significar el hombre; la especie última y cuarta se dice analogía, porque pasa el vocablo a significar otra cosa, y el vocablo de la otra torna a significar la cosa del vocablo primero; de esta manera decimos, a la poesía, pintura, y a la pintura, poesía; y al escudo, copa, y escudo a la copa; así que en esta especie cuarta se doblan las metáforas siempre, o, a lo menos, se pueden doblar.

Dicho esto por Fadrique, dijo Hugo: Pues, aunque no las puso Aristóteles, otras especies hay de metáforas, siguiendo esa misma división suya; así que parece haber estado el Filósofo algún tanto corto.

Fadrique respondió: Ya os entiendo, porque hay traslación y traspaso de un género a otro, y del género al individuo, y déste a la especie, y de un individuo a otro, pero es de advertir que estas traslaciones y traspasos, todos se contienen dentro de las ya dichas, y que algunas tienen su lugar en algunos de los tropos, como en la antonomasia se ve que el individuo de «Roma» es significado de la especie, que es ciudad; y, en suma, de las cuatro ya dichas especies primeras se saca el modo de las demás todas; cada una de las cuales recibe, según su fuerza y eficacia, de otras cuatro diferencias; porque, o se pone la acción de persona animada para acción de otra persona, animada también, como se dice al hombre «que gruñe», lo cual es de lechones; o se pone cosa sin ánima por otra sin ánima, como «la armonía de las virtudes es sabrosa», que «armonía» se pone por «consonancia», y la una y la otra son sin ánima; o se pone cosa sin ánima por animada, como decimos «rayo» a un león o a un hombre airado; o, al contrario, como se dice «cabeza del monte» a la cumbre, y que «muerden las palabras»; y en esta última manera de metáfora se halla mucha más fuerza y eficacia. Usan de esta figura los retóricos recatadamente, y los poetas, atrevida y licenciosamente; o humillándose mucho por una figura dicha tapinosis, o alzándose demasiado y variando de otros modos; porque el poeta llama «pastor» al rey, y a los remos, «alas», y toma las metáforas de más lejos que el orador no osaría. Y esto es por la afectación, la cual anda muy acompañada por la poética, y, especialmente, con la que está en número de sílabas atada, que decimos metro: mas advierto que las metáforas muy remotas son oscuras y tienen necesidad de declararse con esta partícula «como», cual si dijésemos, para decir «quebróse la espada delicada», «quebró la arma vidriada», no diríamos bien como diciendo: «la arma como vidrio». Y esto se ha dicho brevemente en cuanto al uso de la metáfora, aunque esto se podría consentir en la Poética.

Sinécdoque

Vamos a la segunda especie de los vocablos peregrinos, que, siendo propios, pasan en otra cosa su significación, dicho sinécdoque, el cual tropo especialmente fue de los Retóricos inventado, así como otros, por la variedad de la oración y lenguaje. De él se usa cuando se toma la parte por el todo, como cuando decimos «proa» a la nave; o el todo por la parte, como cuando decimos «nave» a la proa. Este tropo tiene ocho especies, las cuales dejo, porque están llenos los Retóricos de ellas; solo advierto que, así como de la metáfora, usa de la sinécdoque más licenciosamente el poeta, porque se atreve a llamar «fuente» al agua, que el orador no se atreviera.[30]

---

30   Texto de 1596: El orador no atreuiera.

Metonimia

Sigue la metonimia, por el cual el vocablo que significa la causa se da al efecto, como cuando se dice el vino «Baco» y el pan «Ceres», porque Baco y Ceres fueron los autores del vino y pan; o cuando el nombre del efecto se da a la causa, como cuando decimos a un hombre «es la misma simpleza», y de esta manera se dice «triste» el temor, y «amarilla», la muerte; y últimamente se ejercita cuando por la causa contenida se pone la que contiene, como quien dice: la «España fuerte» por «los españoles fuertes»; en este tropo se extiende la licencia poética hasta poner al dueño de la cosa por la cosa misma, como si uno dijese: «llevóse a Juan al río» por decir «llevó el río la heredad de Juan». También se reduce a esta figura cuando la señal se pone por la persona, como si por decir en este tiempo «que comieron con el rey los caballeros de la Orden del Vellocino de oro» dijésemos «comieron con el rey los Tusones», la cual forma sería más lícita al poeta, como la dicha antes.

El Pinciano dijo entonces: Sin duda alguna que no debían de ser poetas aquellos demandadores de mi tierra, que, si lo fueran, no les sucediera la desgracia que les sucedió.

Fadrique sonrió diciendo: Sepámoslo todos, por vida mía, si es posible.

De gracia, respondió el Pinciano. Ahora diez años, poco más o menos, vi sacar a azotar cuatro hombres, no más de porque usaron esta figura; y, si fueran poetas, digo que no los azotaran, porque lo que se hace con licencia, no merece castigo, y los poetas tiénenla, como decís, para alargarse en el uso de las figuras. Fue el caso que había, entre otros demandadores, cuatro; el uno de los cuales traía la imagen de Nuestra Señora; el otro, de santa Ana; el otro, de san Roque, y el otro, la demanda de la lámpara del Santísimo Sacramento, y, todos a una mesa y a escote, comían juntos y bebían hasta matar la sed, y, algunas veces, el seso. Bebieron un día tan alegremente y el vino les alzó tanto el espíritu, que les hizo atrever al uso y licencia poética, diciendo el uno: «Yo brindo a san Roque», por decir «al que tiene la imagen de san Roque». Otro: «Yo brindo a la lámpara». Otro: «Beba santa Ana»; y así, con gran regocijo, pasaron aquella tarde, en la cual los prendieron; y, como después de los nublados sale el Sol, a ellos, después del Sol salido, el día siguiente, descargó un nublado de azotes sobre las espaldas.

Así dijo el Pinciano y, después, de haber reído un poco los compañeros el cuento, dijo Fadrique: Por cierto que les costó muy caro el uso y modo peregrino de hablar, y fueron necios en —ya que no se pudieron llamar a la corona de laurel— no acudir a la de los pámpanos, y decir que el vino lo había hecho.

Catacresis

Hugo tornó a reír, y después dijo Fadrique: Sigue la catacresis, por otro nombre abusión, la cual es cuando se pone un vocablo por otro que a él es propincuo, como cuando decimos: «la fuerza es breve» por decir «poca», y «la calentura grande» por decir «ardiente». Hay quien dice que ésta solo se usa cuando falta vocablo para decir la cosa y se toma el próximo: como si uno dijese al que mató a su madre «parricida», que quiere decir el que mató a su padre; y esto, porque no hay vocablo que lo signifique, mas tengo por mejor lo que está dicho, y que, sin esta fuerza, se pueden usar las catacresis, y sin ellas las veo yo en Virgilio. Désta también usan los poetas con atrevimiento, como fue aquella de Virgilio, en el sexto de la Eneida: «Iban oscuros en la sola noche», a do el vocablo «solo» está puesto por «oscuro», y «oscuro», por «solo», los cuales son usados en este lugar sin necesidad alguna.

Metalepsis

Sigue la metalepsis; en quien pasa el vocablo a significar otra cosa por medio de otras significaciones, que algunas veces vienen a ser tres; como Virgilio usa en el vocablo «arista», que quiere decir la raspa de la espiga, la cual pasa a significar lo mismo que año, por medio de espiga y estío, y el estío en el año; este modo es todo poético y que el orador no puede de él usar en manera alguna.

Ironía
Hipérbole

Sigue la ironía, la cual es cuando por un nombre queremos significar la cosa contraria de lo que él propiamente significa, como para decir que uno es profano, le decimos «el santo». En este modo de hablar es igual el orador y el poeta, mas no en el séptimo, dicho hipérbole, el cual es tanto más licencioso a los poetas que oradores cuanto, el poeta debe ser más afectado que el orador, porque a éste le es lícito decir: «cabello más que el Sol», «más que el fuego resplandecientes armas», «ligero más que el cierzo», y otros de esta manera se usan para poner admiración, la cual anda más acompañada con el poema que con la historia ni oratoria. De estos siete modos dichos pasa un vocablo a significar otra cosa de lo que él propiamente significa, a cuya causa los griegos los dijeron tropos. Así Fadrique.

Y luego Hugo: Pues algunos tropos os habéis dejado, si yo no me engaño.

Fadrique dijo: Y no por olvido, sino de industria. Ya os entiendo, por la antonomasia, onomatopeya, alegoría, perífrasis e hipérbaton lo decís; los cuales, o están dichos, o no pertenecen a los tropos.

Antonomasia

La antonomasia fue dicha cuando se trató de la metáfora, que, siendo de especie, el vocablo pasa en el individuo, como se ve cuando decimos «ciudad» a Roma; que el nombre «ciudad», el cual es especie, se da al individuo «Roma» por la nobleza que tiene, como antes dijimos; y como diciendo «rey», el cual es nombre de especie, se debe entender en este tiempo el de España, cualquiera que sea, o Pedro, o Juan, o Felipe. Y, si más queréis, llamad sinécdoque a la antonomasia o haced lo que os pareciere, que el individuo parte es de la especie, pero, por la excelencia, es bien que retenga el nombre que tiene.

Onomatopeya

La onomatopeya se dijo cuando se trató de los vocablos peregrinos hechos, porque es hecho e inventado del poeta, o de otro; que el uso de los ya inventados, ni es tropo, ni figura, ni es nada, como si dijésemos «susurran las abejas». Y, si queréis decir que es algo, y que es figura a cualquiera que la usare, sea enhorabuena. Paso adelante y digo que, ni la alegoría, ni perífrasis pertenecen a los tropos, porque no son un vocablo, sino una junta de vocablos, y así es razón que no se pongan entre los tropos, sino entre las figuras; que la alegoría es junta de metáforas, y la perífrasis, una definición o descripción de la cosa, y así es razón que no se pongan entre los tropos, sino entre las figuras que se hacen de la composición de los vocablos.

Hipérbaton

El hipérbaton es dicho cuando se trató del vocablo peregrino cuanto al cuerpo, porque en el cuerpo parece su modo diferente, como se ve en el ejemplo dicho «elegante habla mente», el cual modo de hablar lícito fue a los griegos mucho, y aun a los latinos, como se ve en Virgilio, en sus Geórgicas, hablando del Septentrión. A los italianos ni españoles no es lícito, y sería figura muy ridícula, cuanto más a los históricos y oradores.

Calló Fadrique y dijo Hugo: Aunque se pudiera replicar algo en vuestra doctrina por ser nueva, no quiero por ahora sino preguntar: ¿Por qué ocasión, habiendo tocado las especies todas de vocablos peregrinos de Aristóteles, os habéis dejado la que él dice ornato? ¿Por ventura porque no pone el Filósofo ejemplo de él, como de todos los demás? ¿Y es menos claro que los demás todos?

Fadrique respondió: En la verdad, señor Hugo, a mí se me fue de la memoria, y aun holgara que vos a ella no le trajérades por las razones que habéis dicho de la dificultad de él; la cual se manifiesta en la variedad de interpretaciones que graves varones, comentadores de este lugar, le dan.

Ahora, por vida mía, dijo Hugo, ¿no os parece bien lo que algunos dicen del ornato, que es el vocablo sinónimo que significa lo mismo que el otro y otro a quien se ayunta? Como es decir «discrimen», «riesgo» y «peligro»; y como quien dijese «el ánimo», «espíritu» y «alma», que es todo una misma cosa y orna mucho a la oración y la entretiene.

No me parece mal, dijo Fadrique, y más que esta forma de ornato, según doctrina del Filósofo, en el tercero de sus Retóricos, es muy anexa a la Poética, aunque, según mi opinión... Así decía Fadrique y cesó, dejando su plática empezada.

Hugo y el Pinciano a una le rogaron que la acabase, y Fadrique, como forzado, empezó así: Estos que decís sinónimos, permitidos son tanto al orador como al poeta, y aún más. Otro ornato sé yo que usado, ofende al orador y hermosea al poeta; éste es el que decimos epíteto, por cuyo uso demasiado Aristóteles, en el libro tercero de sus Retóricos a Theodecte, reprehende a Alcidamante, orador: «Han de ser, dice, los epítetos como salsa al orador, y como vianda al poeta».

También, dijo Hugo, le reprehende por el uso de los vocablos compuestos.

Y con razón, respondió Fadrique, porque así éstos, como aquéllos, son más propios al poeta; y no me diga el Pinciano que el vocablo compuesto pudo ser el ornato del Filósofo, pues es tan propio al poeta, que Aristóteles ya había tratado del compuesto, y el compuesto no merece nombre de ornato por lo poco que orna. Confieso que engrandece a la oración, mas no la hermosea y atavía como nuestro epíteto.

Ya entiendo, dijo Hugo, lo que decís, mas, a decir verdad, no me satisface; porque, en las demás especies que de Aristóteles pone, es éste contenido y no había para qué ponerle de nuevo; que el epíteto puede ser vocablo propio, y peregrino, y forastero, y hecho, y alterado con adición y abstracción de letras y sílabas, y padecer todo lo demás que Aristóteles en ese lugar enseña, por lo cual no me parece conveniente que tal haya sido el ánimo suyo en este lugar.

Fadrique dijo entonces: Yo confieso lo que decís, pero debéis advertir que, allende de esas afecciones que el epíteto padece, comunes a todos los demás vocablos, padece otras aparte, las cuales, siendo anexas a la Poética sola, la ornan mucho; y es la una el mucho uso de ellos, el cual, como está dicho de Aristóteles, sería vicioso a la oratoria, y a la poética es ornato, así, en el número y en cuantidad, difiere el uso de los epítetos entre orador y poeta; y en la cualidad difiere también mucho. Pregunto: ¿qué orador se atreviera a decir «la blanca leche»? Aristóteles dice que ninguno, y, por el consiguiente, «la nieve fría» y «retorcido cohombro». ¿No veis como con razón se dice ornato el epíteto, porque, no siendo especie de los demás vocablos peregrinos, trae ornato a la oración poética?

Hugo dijo entonces: No hay duda del ornato que el epíteto da a la poesía, ni tampoco le hay que en esas dos maneras, en cantidad y en cualidad, ella le recibe, como tampoco no la tenía yo ya de que en estas dos maneras no es contenido entre los demás vocablos peregrinos del Filósofo; y, especialmente, me inclino a que sea dicho ornato por la cualidad, digo, cuando se pone al sustantivo declarando la condición que él tiene por propia; a esto me suade el Filósofo, que, en sus Retóricos, dice ornato a la palabra apropiada, o, por mejor decir, a la palabra ornada dice apropiada; y, si os agrada decirla ociosa por manifiesta, sea enhorabuena: como «blanca leche»; de modo que el vocablo propio y apropiado viene a se hacer peregrino, usándole adonde se pudiera dejar por manifiesto; y así me parece que debemos estar satisfechos en este punto; pero no lo estoy en lo que dice Fadrique del mucho uso de ellos, porque yo no he oído condenar a algunas oraciones poéticas por demasiadas en el uso de los epítetos.

Fadrique entonces dijo: Si un hombre come muchos pollos de una vez, recibirá daño en su salud; todo quiere una honesta medianía. Dicho está ya otras veces como la oración poética quiere un poco de afectación, y, por esa razón, admite más frecuencia de epítetos, mas de manera que no sean molestos y enojosos, como lo sería el poeta que, a cada sustantivo, echase dos o tres adjetivos y epítetos. Es menester, digo, una medianía, y, si son buenos y bien traídos, se puede echar a cada sustantivo uno, y, alguna vez, un par; mas el que ordinariamente echase dos o tres, haría una oración,[31] no ornada, sino hongosa y fea, como el que dijese así: «la dulce, alegre y agradable primavera al hombre triste, melancólico y desabrido le es de gran gusto, contentamiento y regalo». Esta frase y frecuencia de epíteto sería muy enojosa. Ha de tener, como digo, en la cuantidad discreta, discreción, y moderación en el número de las sílabas; porque los que son muy largos, enojan y caben mal en los metros, como «Constantinopolitano». Esto es en la cuantidad, mas en la cualidad es menester que hagan algo, que trabajen y no sean puestos para solo sostener el pie que se va a caer de enfermo y mal compuesto. Los apropiados, como son «blanca leche», «helada nieve», también añaden alguna acción y eficacia; son buenos los que publican alguna naturaleza secreta de alguna cosa, porque no solo ornan los tales, pero adoctrinan y enseñan. Acerca también del lugar adonde el epíteto debe estar, algunos hacen sus consideraciones, como es que el epíteto se anteponga al sustantivo y que el metro no haga fin en él. Buenas son, pero no esenciales, y lo que es esencial es lo que tengo dicho; que, teniéndolo, aunque se posponga, no importa; ni tampoco, aunque el metro remate en él, es indicio, de cierto, de metro forzado, porque lo vemos en Virgilio y no es menester más autoridad.

Hugo dijo entonces: Parece, señor Fadrique, que dais a entender que todos los epítetos son adjetivos, y no lo son.

---

31   Texto de 1596: Haría vna oracón.

Fadrique dijo: A lo menos, los que más ornan, que ya veo que tan adjetivo es decir «hombres de ciudad» como «ciudadanos». Estas son cosas que hacen poco a nuestro negocio, y baste, si os parece, lo dicho de los epítetos. Si más queréis, leed a Aristóteles, en el lugar sobredicho del tercero de los Retóricos ad Theodectum, y a Francisco Nigro, y a otros que os dirán más.

El Pinciano dijo entonces: Parece que el maestro está estomagado de esta salsa.

Sí estoy, dijo Fadrique. Pasemos ya de lo simple a lo compuesto, y, pues de los vocablos está hablado medianamente, empecemos a tocar la oración, la cual está compuesta de los vocablos.

Frag. 5.

Dicho habemos de las letras, sílabas y vocablos como parte que componen la oración; ahora resta decir de la cuantidad, cualidad y grados de ella.

De la cuantidad digo, primero, universalmente; que, según ella, es el poema, o oración breve, como una epigrama, o larga, como una épica; y en este modo hay muchas diferencias, pero, tomando a la oración más particularmente, digo que se divide en período o cláusula, en colo o en miembro, en coma o en semicírculo de esta manera: que, de adonde comienza adonde acaba la sentencia, se dice cláusula o período; y se nota y señala con un punto abajo de la letra. Adonde no se acaba período, hay un descanso notable, se dice colo o miembro; y nótase con dos puntos pequeños a la letra última, uno arriba y otro abajo; adonde hay un descansillo breve, se dice coma o semicírculo, y nótase con un circulillo abajo de la última letra.

Quiero decir un ejemplo para que sea esto más fácil, y sea éste: «Es útil y necesaria la arte que enseña a la gente virtud». Al «útil», hay un descansillo; a «la arte», un descanso mayor; a «virtud», le hay perfecto y acabado. De manera que, justamente, se dirá período a do está esta «virtud», y se porná colo adonde «arte», y coma, adonde el «útil». Entre los escritores ha habido algunos que han querido poner número en los vocablos que ha de tener el período, pero, en la verdad, no se puede hacer, porque se halla cláusula de ochenta vocablos, y que pasa; y que en una letra se encierra, como se ve en Virgilio la una y la otra. La muy larga, en el cuarto de sus Geórgicas, hablando de las enfermedades de las abejas, adonde, floreciendo, amplifica la oración dentro de una cláusula muy largamente. La brevísima se ve en el cuarto de la Eneida, adonde dice Dido a Eneas que se vaya, por esta letra I, en la cual comienza y acaba la sentencia, cláusula o período. Y baste esto de esta materia de cuantidad, la cual es común a la oración toda.

Vamos a la cualidad que se dice frase. Frase se dice la oración que es propia, impropia, clara o oscura, patria o peregrina, cortesana o rústica; y así de otras muchas maneras, como después se verá; de modo que la dicha frase es como cualidad y condición de la oración.

El Pinciano dijo: Mucho he holgado en haber llegado a este punto, porque he oído decir que la buena frase debe ser enmendada y clara y ornada; y la frase poética me parece muy contraria; y que no sea enmendada está claro, porque la frase enmendada es la que es cortesana y limada. La poética está llena de inmundicias y de moho, porque suele usar vocablos que de rancios y malos, eran ya olvidados, y de groserías grandes. ¿Qué mayor, si un cortesano por decir «pan» dijese «pana», añadiéndole una letra, o quitándola, o trasponiéndola de la manera que está dicho? Pues quien contara los solecismos de los griegos, y aun de los latinos, gran contador había de ser, y aun los de algunos italianos graves y castellanos. Y, si la frase está llena de barbarismos y solecismos es enmendada, no sé yo qué cosa sea enmendada oración. Pues la segunda condición de la buena frase, que es ser clara, mirad cómo lo será, que, allende que es la poética peregrina y de vocablos peregrinos y oscuros, el metro mismo la oscurece, y aun los autores, de industria, afectan oscuridad muchas veces. ¿No habéis oído lo que el rey Felipe II de España respondió a un su criado que favorecía a un médico, el cual había vuelto en verso los Aforismos de Hipócrates?

No, dijo Fadrique.

Y el Pinciano: Ya lo digo: «que los Aforismos de Hipócrates en prosa están oscuros, y en verso lo serían más». Dicho, por cierto, prudentísimo, porque ordinariamente los poetas andan buscando vocablos para no ser entendidos. Y esto, en lo que toca a la claridad; en lo que toca al ornato, no tengo que decir sino que la dama que fuere rústica y negra, como la plática que fuese grosera y oscura, mal podrá ser ataviada, y, si lo fuere, le lucirá poco el atavío.

¡Por vida mía!, dijo Hugo, que ha estado galante el Pinciano y, con licencia de Fadrique, tengo de responder a los argumentos.

Y luego Fadrique: Vos, señor Hugo, podéis proseguir mejor que nadie; y, por daros gusto y descansar yo un poco, lo consentiré de buena gana.

Dicho, Hugo comenzó de esta manera: Bien parece que el Pinciano es algo flaco de memoria, pues no se acuerda de las diferencias que, al principio de esta plática, hoy se pusieron entre las cuatro facultades a quienes toca el hablar.

El Pinciano respondió: Bien me acordé, mas no lo entendí bien, y ahora quiero acabarlo de entender y ser respondido a mis objeciones.

A esto respondió Hugo: Así será; y prosiguió diciendo: Bien pudiera yo responder a todas tres dificultades con sola una pregunta, que fuera si Virgilio había sido enmendado, claro y ornado en su frase. Mas no quiero con tanta brevedad rebatir a las dificultades y objeciones, y, porque haya lugar de declararme más, hablando, primero, de la oración y frase poética, digo debe ser peregrina, que es compuesta de los vocablos ya dichos peregrinos, mezclados con los propios. Y, con esto, debe ser enmendado, digo, no en respecto de la oratoria, sino en respecto de la poética, la cual demanda, como está dicho, la frase más afectada y peregrina. De manera que, como dice Quintiliano y Aristóteles enseña, la frase que en la oratoria fuese fea, es hermosa y enmendada en la poética. Así que las que fueren señales muy feas en la oratoria, serán lunares muy hermosos en la poética. Confieso que tiene necesidad de la templanza y prudencia esta mezcla de vocablos propios y muchos de los peregrinos metafóricos para que la frase poética sea la que debe, porque de tal manera se podría hacer la mezcla, que quedase muy fea y abominable, no solo no enmendada. Tenga, pues, la frase poética muchos vocablos propios y, de los peregrinos metafóricos, más, de los forasteros, hechos y absoletos, digo, de los ya olvidados y de los alterados en el cuerpo, sean muy pocos. De los demás alterados en el ánima, dichos tropos, medianamente, y con mucha variedad de ellos, porque no cansen; y así quedará la oración y frase poética no solo no bárbara, pero enmendada y muy agradable con la novedad que trae consigo.

De esto mismo que acabo de decir resultará también la claridad de la oración, la cual dicha claridad dice Aristóteles que es la principal virtud de la oración, porque, siendo pocos, los forasteros vocablos y los hechos y absoletos no serán parte para oscurecerla; que los demás vocablos peregrinos no la hacen oscura, si son bien traídos, pues ni las alteraciones de los vocablos en el cuerpo ni en el ánima suelen hacer oscuridad, antes las metáforas, cuyo uso es más necesario y más orna y menos cansa, aclaran mucho la oración.

El Pinciano dijo entonces: No sé lo que me decís; ello está bien dicho, mas yo no lo entiendo; y, aunque más me digáis, veo a poetas oscurísimos y que es menester intérprete que los declare; y, si no, mirad a Juan de Mena, que, para sus Trescientas, fue menester el Comendador Griego, y, para su Coronación, él mismo; y aun apenas se deja entender. Pues ¿qué diré del Petrarca en aquella canción: *Ma non uo'piú cantar com'io soleva* y que en los Triunfos no hay quien le entienda? Así lo dicen todos.

No todos, dijo Hugo, algunos hay que, sin comentos, entenderán esas lecciones que vos decís oscuras. Mas, hablando de todo y respondiendo a cada parte, digo que hay tres maneras de oscuridad, las dos son artificiosas y virtuosas, y la tercera, mala y ruda. La primera de las artificiosas es cuando un poeta, de industria, no quiere ser entendido de todos, y esto lo suele hacer por guardar el individuo, como, dicen los italianos; que si el Petrarca hablara claro en aquella canción que decís, y Mingo Rebulgo en su égloga, pudiera ser que no le conservaran, y que ni el Papa ni el rey de aquellos tiempos los libraran de la muerte. Y a quien pareciere mal esta oscuridad, parecerá bien una grande temeridad. La otra oscuridad artificiosa es causada de la mucha lección y erudición, en la cual no tiene culpa el poeta, sino el lector, que, por ser falto de ellas, deja de le entender el poema. Los Triunfos del Petrarca y otros muchos poemas son clarísimos a los hombres doctos y leídos; perdóneme el Pinciano, y lea, y entenderá; y no culpe de oscuro al aposento que está muy claro, mas culpe a su vista, que la tiene ofuscada. Estas son las maneras de oscuridad artificiosas que suelen usar los poetas. La tercera oscuridad es mala y viciosa, que nunca buen poeta usó, la cual nace por falta de ingenio de invención o de elocución, digo, porque trae conceptos intrincados y difíciles, o dispone, o, por mejor decir, confunde los vocablos de manera que no se deja entender la oración. Otra manera hay de oscuridad muy artificiosa, mas ésta no es propia de la poesía, porque es común también a los libros sagrados y como alma de la letra, la cual es dicha alegórica o sentido alegórico. Y esto es lo que hay que responder acerca de la claridad y oscuridad poética.

A la tercera objeción de la oración ornata, está respondido con estas dos respuestas ya dichas, porque, si la dama está bien afeitada y figurada y es blanca, claro es que la hermoseará más el ornato, el cual es hecho de los vocablos peregrinos, y más, de las figuras y esquemas, que los retóricos dicen, cuya materia no es de este lugar. Bien veo que hay mucho más que decir de las frases, pero me parece que verná luego coyuntura para tratar de ellas más en su lugar.

Fadrique dijo: Está muy bien.

Y el Pinciano, a Fadrique: Vuestra aprobación deseaba, que, aunque Hugo es muy docto, con todo, veo que el mundo todo está dividido en opiniones a causa de la fragilidad de las artes y de los profesores; y, cuando dos se conforman, parece que tiene la cosa más certidumbre y firmeza.

Así es la verdad, dijo Fadrique.

Y luego Hugo: Compuesto habemos a esta dama y oración poética desde su principio, dándola sus partes menores, que fueron letras y sílabas, y, después, mayores, dichas vocablos; y estos miembros juntos la han hecho y dado nombre de frases. Habémosla, después de echa en borrón, limado y figurado y puesto en lugar claro, que de todos sea vista ornada y ataviada con los vocablos peregrinos, figuras y esquemas; resta el poner esta señora en su lugar conveniente.

El Pinciano dijo: Apenas, señor Fadrique, os entiendo lo que decís, sino es que ya que habéis compuesto a los vocablos de las letras y sílabas, y a la frase y oración, de los vocablos propios y peregrinos, resta el decir de los estilos, géneros y caracteres de decir, y esto más lo saco por discurso que no por vuestras palabras.

Fadrique dijo entonces: Eso mismo.

Acudió Hugo y dijo: Punto que deseaba yo harto por la mucha variedad y dificultad que en esta materia veo, salida del nombre griego adron.

Frag. 6.

Fadrique respondió: Diré mi parecer, y, si fuere el vuestro, me holgaré. En tres órdenes repartió la romana República a su pueblo, imitando a los buenos repúblicos griegos. Al un orden llamó patricio, por el cual eran entendidos los magistrados, cónsules y senadores y los que tenían debajo de su mandato a la república toda y en ella ejercitaban la arte que manda y domina, dicha imperatoria. A este orden o estado de gente, que fue el más alto, otro estaba opuesto, el cual era dicho el estado plebeyo; tenía éste a los mecánicos todos y a los jornaleros, y, al fin, a los hombres que con sus brazos sustentaban su vida; entre éstos y aquéllos mediaba el orden ecuestre, que era como participio o partícipe de ambos, el cual, ni tan alto se alcanza como el patricio, ni tan bajo inclinaba como el contrario mecánico. Si a nuestra república española lo queremos aplicar, diremos que el estado patricio es el de la gente más granada y noble, como son títulos, y aun algunas casas que de muchos atrás tienen, sin título, mucho lustre y nobleza; y será el estado plebeyo el mismo que acerca de los romanos y griegos; en el mediano no querría poner ejemplo por no ser odioso, mas no seré, que, por poner ejemplo de algunos, no pongo ni quito a todos; digo que el estado medio ocupan los hidalgos que viven de su renta breve, y los ciudadanos y escuderos dichos, y los hombres de letras y armas constituidos en dignidad; digo, en las letras, los grados, y, en las armas, los oficios, como son capitanes, alférez, sargentos, que los maestres de campo ya tocan el estado más alto. Largo exordio he hecho y que, sin oscurecer, me pudiera excusar, pero no hará daño el saber esto.

Y, prosiguiendo, digo: que, siendo como es la Poética imitación en lenguaje, es necesario que imite a alguno de estos tres estados, o al patricio y alto, o al plebeyo y bajo, o al ecuestre y mediano. Y así quiera decir vuestro adron crecido, lleno, maduro, grueso, aumentado, robusto, grande, firme, ancho, perfecto, mucho, copioso, abundante, no hace al caso; lo que hace e importa es que se entienda que este estilo es con el que se imitan personas principales, como las dichas patricias, y que quiere decir estilo adron estilo imitador de personas reales, príncipes y grandes señores; con lo cual queda también declarado el orden y estilo contrario al adron, que el griego dijo lepton y unos traducen chico; otros, bajo; otros, delgado; otros, sutil, y así de otras maneras semejantes. Lo recto es juez de sí y de lo oblicuo; y así, habiendo dicho del adron, es dicho del contrario y del medio estilo, pero, para que nos entendamos, será menester demos algún nombre al estilo patricio, y llamarémosle alto, y, al plebeyo, bajo, y, al ecuestre, mediano; y, si queréis que los estilos sean solo dos, alto y bajo, y que el medio no haga miembro por sí, por ser una mezcla de ambos, sea como os pareciere.

Estoy muy bien, dijo Hugo, con lo dicho, porque, de aquí adelante, no nos equivoquemos, mas, aunque el nombre es conocido y la cosa de él significada, yo, que no he tratado tan particularmente con reyes, príncipes y señores grandes, no puedo distinguir y diferenciar bien estos lenguajes suyos de los del vulgo. Veamos, pues, en qué consiste el lenguaje y esta frase de hablar alto; veamos las condiciones que ha de tener, y, por un camino, me haced sabedor de dos cosas: la una, qué cosa sea estilo alto, y la otra, el estilo que los príncipes y reyes usan, que todo es uno.

Está bien dicho, dijo Fadrique, mas conviene que tengáis en la memoria lo que tantas veces habemos dicho de la afectación poética, porque no me digáis después: «no hablan así los reyes, príncipes ni patricios».

Yo lo tengo en la memoria, dijo Hugo, y no está en lo que pensáis mi duda, sino en otra cosa diferente, que es si el ser estilo alto o patricio, como decís, está en las personas de que se habla, o en las figuras con que se habla; porque unos dicen estilo alto el que habla de personas graves; otros, al que va figurado y que tiene lenguaje peregrino; otros dicen que, no cada uno de estos de por sí, sino ambos juntos; y, verdaderamente, no sé averiguar hasta ahora esta cosa.

El Pinciano dijo: Menos sabré yo, a quien es algarabía la poética y la deseo saber. Es verdad que, siendo estudiante gramático, aprendí unos principios de Retórica, y me quedó, de entonces, que no acabé de entender esta materia.

Fadrique dijo: Pues yo responderé preguntando lo mejor que sepa. Y os pregunto primero: si uno dijese a otro: «hombre vinoso, sois un cuero y os beberé en dos gorgorotadas», digo: ¿esta frase es figurada?

Y mucho, dijo Hugo, porque tiene tantas figuras cuantas palabras; que «cuero» es metonimia; «beberé», metáfora; y «gorgorotadas», onomatopeya.

Pregunto, dijo Fadrique: ¿es alto estilo?

Y Hugo y el Pinciano: No, sino bajo, porque esa imitación no es de personas graves, sino de plebeyas, y de las más sórdidas.

Luego, dijo Fadrique, no está en ser figurado el lenguaje ser alto; mas pregunto: aquellas palabras tan magníficas de la Eneida en el séptimo, que dicen:

> Tú también, o Cayeta, ama de Eneas,
> Diste con tu morir eterna fama a las riberas nuestras...

Pregunto, digo si es estilo alto y si tiene figuras algunas.

Hugo dijo: Son de estilo alto, y no tienen figuras; ya lo veo que habéis probado muy bien que no está el estilo alto en la muchedumbre de las figuras, ni el bajo, en la propiedad de ellas; que estilo alto era el que trataba de personas altas y graves, como reyes, cónsules y patricios.

Fadrique dijo: También tengo de responder a eso con otra pregunta. Pregunto: ¿Podría ser que un hombre hablase mal de un gran varón y con bajeza y que, en vez de ensalzarle, le vituperase?

Hugo dijo: Muy bien, que de Alpino poeta se dice que degolló a Memnón, hijo de la Aurora, porque escribió de él bajamente y con estilo plebeyo.

Mas pregunto, dijo Fadrique: ¿La *Batracomiomaquia* de Homero está escrita en alto o en bajo estilo?

En alto, dijo Hugo.

Y luego Fadrique: ¿Pues qué personas se introducen allí principales? ¿Por ventura las ranas y los ratones, que allí tienen las primeras partes, son heroicas? No. ¿Pues quién hizo el alto estilo? Claro está que otra cosa diferente de las personas.

Y aun de eso me maravillo yo, respondió Hugo, que las personas son pequeñas, y las palabras, bajas, y no sé de a dó le viene la grandeza, supuesto que las figuras no son suficiente causa para mayor estilo.

Fadrique dijo: Eso de las palabras bajas no entiendo.

Y Hugo: Yo me declaro, y digo que, aunque la Batracomiomaquia tiene muchas palabras grandes, tiene también muchas bajas, como fisignato, que quiere decir hinchacarrillos, psicharpax, robador de migas, traga pan, lame muelas, traga alegría, lame platos, cava quesos, come ollas y lame colas, come puerros, morador de cieno y otros muchos semejantes que Homero da a las ranas y a los ratones, los cuales tienen nada de lo grande.

Fadrique se sonrió y dijo: Ello está bien dicho, y mal entendido; porque de la plática pasada se sacó que los vocablos peregrinos tienen grandeza; así lo dice Aristóteles en sus Poéticos, y aun en sus Retóricos, y una especie de ellos son los compuestos, los cuales traen consigo grandeza por la admiración, como admiración por la novedad; acerca de lo cual Homero, como en lo demás, fue divino, que, queriendo escribir altamente de sujeto tan bajo, se alzó con la frecuencia de los vocablos compuestos en las cosas más humildes y bajas; de manera que las cosas bajas se levantan en alto estilo con vocablos grandes, los cuales lo pueden ser, o por su propia significación, como dijimos del principio del séptimo de la Eneida, o por lo inusitado, nuevo y peregrino. Cuáles sean esos vocablos, está ya dicho antes de ahora de sentencia del Filósofo, y, si no, advertid en Juan de Mena que la grandeza que tiene de estilo principalmente le nace de los dichos vocablos, en los cuales es muy frecuente.

Aquí dijo el Pinciano: Yo pensaba que la grandeza le venía de aquel metro tan sonoro, por no decir hinchado.

Vos decís bien, dijo Fadrique, que el metro es grande en esta parte, mas mirad en la Coronación suya, escrita en metro pequeño y corto, y hallaréisle en ella tan alto, que no se alcanza a ver, y fue menester que él mismo se mostrase a los ojos para poder ser visto; nacióle la grandeza de los peregrinos vocablos, y en esto no hay que dudar.

Hugo dijo: Pues yo sé a do el poeta sobredicho demanda perdón al oyente por haber alargado una i en el nombre máquina, la cual, de suyo, es breve.

Mejor dijérades, dijo Fadrique, en haber quitado el acento de la a primera y puéstole en la i; y en esa materia hay una cuestión: si Juan de Mena habló o no habló todo lo que escribió con arte o con sola naturaleza, no es de este lugar; algún día de espacio haremos juicio de nuestros poetas y entonces se averiguará mejor esta causa. En tanto, digo que Juan de Mena debió de seguir, en este lugar, el parecer de Marcial, el cual quiere que las musas sean no tan licenciosas, y Juan de Mena lo fue mucho, de manera que usa de estilo alto, pero muy licencioso, y, no pidiendo perdón de mil vocablos enteros que mudó, le pide de una letra que trocó el acento.

En esto de los vocablos, dijo Hugo, oí yo decir que no están usados de él tan licenciosamente como parece ahora, porque en su tiempo era en uso el tal lenguaje.

Fadrique dijo: Eso fuera hacerle mucho agravio, porque, si la grandeza del estilo que tiene, la tiene del vocablo peregrino, y entonces no lo era, síguese que él no habló en estilo alto. Verdaderamente, fue Mena peregrino en su lenguaje, y, en su tiempo, nunca usado; y, si no, mirad a otros que cuando él escribieron, los cuales usaron como ahora los presentes; no digo bien, mirad a él mismo en las obras de Virtud y Vicios y en su Comento que hizo a la Coronación, y hallaréis lo que digo ser así; veréis, digo, cuán diferente es uno del otro lenguaje y que el de las Trescientas y el de Coronación es peregrino en comparación del que él mismo habló en el metro de Virtud y Vicios y en la prosa de la Coronación; no se ha trocado tanto la lengua castellana en tan poco tiempo. Y, aunque las tierras, así como los árboles las hojas, mudan y renuevan los vocablos, no con presteza tanta, que, del tiempo del rey don Juan el Segundo a este nuestro, no son ciento y cincuenta años cumplidos, y éstos son muy pocos para tan grande mudanza en la materia de que hablamos.

Así dijo Fadrique. Y luego el Pinciano a Hugo: Estemos, por vida mía, satisfechos con las razones de Fadrique, y, pasando adelante, digo que ya yo he visto la grandeza del estilo en vocablos propios, digo en los que, siendo simples, son grandes, como decís del séptimo de la Eneida, y en los que son grandes por composición, de los cuales me dicen que está Homero lleno, mas de los demás vocablos peregrinos no la veo, y así recibiría gran gusto en lo oír.

Fadrique dijo: En el cuarto de la Eneida hallaréis un lugar, entre otros, adonde levanta el poeta la cosa que, de suyo, es humilde y baja, con esta suerte de vocablos. Dice, pues, hablando de las hormigas:

> Traviesa el escuadrón negro los campos,
> Y, por la angosta calle, entre la senda,
> Se ocupa en allegar junto a la presa;
> Parte la lleva encima de sus hombros
> Y arroja en la honda trox los grandes trigos;

Parte está sobre estando a las escuadras,
Y pune con rigor al negligente,
Hierve la vía así, y, en ella, la obra.

Veis como el poeta es grande en cosa pequeña por la frecuencia de las figuras o tropos, que son aquí en dos especies: o metáforas, o sinécdoques.

¿No veis que llama a la juntilla de las hormigas, «escuadrón», «calle» a la sendilla angosta, y, al sebillo, «presa»? Y antes había dicho «robar» al recoger el grano, y «casa» a la cuevezuela. ¿No veis, digo, la grandeza en las metáforas y en las sinécdoques? ¿No veis que dice al ombro, «hombros», y, al campo, «campos», y, a los granos, «grandes trigos»?

Yo lo entiendo, dijo el Pinciano, porque veo que los señores, por grandeza, suelen usar de alguna de estas figuras o tropos en sus provisiones, y aun en sus conversaciones, y, siendo uno solo y del número singular, dicen «nos» y «la nuestra merced» y «mandamos» y cosas semejantes, mas, cuando la cosa es del número plural y se pone en singular, que lo suelen hacer los heroicos, ¡cómo se engrandece la oración!

Antes parece que se humilla, Fadrique respondió.

El Pinciano dice: Lo que Virgilio dijo del caballo troyano:

Al caballino vientre de hombre armado
los enemigos griegos rellenaron.

Frag. 7.

Adonde por decir «de hombres armados», dijo «de hombre armado», y dice que esta frase antes humilla a la oración que la levanta. No a mis orejas.

Ni a las mías, dijo Hugo, ni a las de Aristóteles. ¿No veis que, por ser manera de hablar peregrina el dar el número singular al plural, levanta la oración? Cuanto más que basta haberlo hecho Virgilio, que, para mí, no es menester más autoridad.

¡O, dijo el Pinciano, el más feliz de cuantos han escrito, si todos son de vuestra opinión! Mas deseo saber de esta majestad virgiliana ¿por qué razón dice, en el segundo de su Eneida, a una abertura tan grande como en la puerta del palacio de Príamo se hizo, por qué, digo, la dijo ventana?

Y Fadrique: ¡Por vida mía! Pregunto: ¿Cuál os suena ahí mejor: «ventana» o «abertura»?

El Pinciano respondió: «Ventana», por cierto, mas, no sé el porqué; y me parece que me agrado de lo que es malo.

Hugo se sonrió, y dijo después: ¿Vos, señor, no veis que es vocablo peregrino y nueva manera de hablar llamar a una grande abertura «ventana»? ¿Y que también el epíteto «grande» que está sobre ella engrandece la oración? No hay que dificultar en eso sino que los vocablos dichos peregrinos alzan mucho a la oración, y las figuras que tocan al cuerpo del vocablo, todas, y las más, de las que miran y pertenecen al ánima.

Por cierto, dijo el Pinciano, yo entendía que los poetas, forzados del verso y no voluntarios, usaban de esas licencias.

Y Hugo replicó como enojado: Vos, señor Pinciano, pensáis haber entendido estas pláticas, y no es así, pues las llamáis licencias; llamadlas como Aristóteles, y diréis las grandezas; y llamadlas como dice la razón, y diréis las majestad. Pregunto: ¿los oradores, que muchas veces usan de ellas, hácenlo forzados o por levantar su estilo y deleitar con lo peregrino? Y, si vos no habéis considerado lo dicho bien, considerad lo que ahora os diré del tercero de la Eneida, al principio, hablando Eneas de la partida del pueblo troyano, por estas palabras:

Dejé llorando de mi patria cara
Las riberas, dejé también los puertos,
Y los campos dejé donde fue Troya.

Mirad esto, y mirad lo demás de Virgilio en esta materia, y hallaréis que no usó de esta frase como licenciado, mas como doctísimo doctor; y en cosa tan averiguada no me parece que hay que dificultar; mas haylo en otra, tocante a los estilos, que a mí la hace grande, y es si el poeta debe usar de lenguaje peregrino, y éste es alto. Siempre el poético lenguaje debe ser alto, y así la Poética no tiene necesidad de multiplicar los géneros o estilos de hablar, como lo hace el orador. Conviene, pues, en la Poética haya un solo estilo, común a todos los poemas, y éste sea el grande. Y, por el consiguiente, ¿debe ser reprehendido el que usó de todos tres —el alto, en la Eneida; el bajo, en las Bucólicas; el mediano, en las Geórgicas— como quiera que debía escribir todas sus obras en el mayor estilo?

En el metro las cosas y personas más excelentes y cómo

Duda es ésta, dijo Fadrique, no pequeña del todo, y que la objeción es sacada de la doctrina de Aristóteles en sus Poéticos y confirmada en sus Retóricos, el cual dice así: «La oración oratoria sea acomodada, y no sea más alta ni más baja de lo que pide la cosa; a la oración poética acaso no conviene que sea humilde, sino desacomodada y desproporcionada». Que fue decir —supuesto lo antes por él enseñado en sus Poéticos—: «debe la Poética tener alto lenguaje y peregrino, y el poeta, alzarse en las acciones de personas humildes y bajas, mas no abajarle». Lo cual, prosiguiendo, confirma algo más abajo de esta manera: «Hacen clara a la oración los vocablos propios; álzanla y ornanla las cosas que en la Poética dijimos; los vocablos desusados la hacen grave, porque aquello que nos acontece en ver a personas forasteras, nos sucede en oír la novedad de las palabras, las cuales, con la novedad, son admirables y, con la admiración, grandes. Por esto cómodamente se usan tales modos de hablar en el metro, en quien, así las cosas como las personas, se fingen excelentes, mas en la prosa es menor la causa, y así debe ser menor la oración, porque, si en ella el hombre humilde hablase altamente, sería indecoroso, lo cual, como es dicho, no lo sería en la poética». Estas son palabras de Aristóteles, y que el siervo en la oratoria, ni por pensamiento, hable alto lenguaje, el cual en la poética puede. Yo, a decir la verdad, todas las veces que en las representaciones oigo a siervos, o a pastores, o a otro género cualquiera bajo, decir palabras altas y razones bien fundadas, confieso que me deleito y hallo por experiencia lo que Aristóteles enseña.

El Pinciano dijo: Aquí os tengo. ¿No veis lo que habéis dicho? Que en el metro es conveniente el peregrino lenguaje, por lo cual dais a entender que la poética anda siempre con el metro.

Fadrique dijo: Lo más común, a lo menos, como ya está dicho; y así, en los poemas sin metro, no es tan necesario el alto lenguaje y peregrino, como lo vemos en Heliodoro y otros; los cuales no fueron muy altos en el lenguaje, ni peregrinos, y especialmente, en la grandeza que del cuerpo se toma.

¡Yo no sé, dijo el Pinciano, qué grandeza sentís en quitar y poner sílabas, que los poetas métricos hacen por la comodidad del verso!

Hugo se rió mucho, y Fadrique dijo: catequizado estáis; vos no os acordáis que los buenos poetas no usan de estas alteraciones de vocablos por el verso, que con mudarle de otra manera, quedaría hecho, sino por la grandeza.

La novedad y alteración del vocablo hacen, como he dicho, al lenguaje peregrino y alto, y ésta, y no otra, es la razón.

El Pinciano replicó: Yo he oído decir muchas veces: «esta letra fue añadida y quitada por causa del verso».

Y Fadrique: Decís muy bien; y ese «por causa» quiere decir, en el buen poeta, «por discreción», y, en el malo, «por ignorancia».

¿Pues cómo, dijo el Pinciano, sabré yo distinguir la discreción de la ignorancia, si dos poetas, uno bueno y otro malo, por decir «traza» dicen «trazo», mudando la a en o?

Yo os lo diré, respondió Fadrique. ¿Cómo conoceréis vos si un danzante a quien se le cae la capa del hombro, hace artificiosa la caída o no?

Y el Pinciano: Eso es muy fácil: en el volverla a coger.

Porque el danzante que deja caer la capa de industria, con industria la coge, mas aquel a quien de turbado se le cae, no acierta a cogerla bien.

Bien habéis dicho, dijo Fadrique, mirad lo demás del poema, y veréis si el poeta fue diestro o no, y, si lo fue, llamad a la alteración del vocablo grandeza, y, si no, llamadla licencia, y no de otra manera; porque no es razón que lo que está hecho con arte e industria, tenga nombre de licencia. Y, como sería impropiedad que a un hombre le digan: «tiene licencia de seguir la virtud», siendo necesario que siga virtud, así es impropiedad que digan «el poeta tuvo licencia de alterar el vocablo», siendo necesario que, aquí o allí, le alterase, conforme a la arte poética.

Nuevas cosas oigo, dijo el Pinciano, y que, si no las dijera un varón tan grave como vos, apenas las creyera.

Fadrique: Yo sí creyera, aunque no me las hubiera enseñado Aristóteles, porque sigo este albedrío, y me parece bien por la experiencia que tengo de la lección de los poetas. Volviendo, pues, al punto, digo que la plática peregrina, por nueva, es grande, y, por admirable, deleitosa: y que, a la poética que está en prosa, no conviene el vocablo alterado en el cuerpo; y, a la que en metro, convienen todas alteraciones a sus tiempos, de manera que engrandezcan a la oración y no la oscurezcan, y, aunque cierta manera contradiga a la perfecta imitación, digo, conforme a doctrina del Filósofo, que no desconviene en todo género de personas el peregrino lenguaje, y que el siervo no parece mal hable en lenguaje alto, y a la pastorcilla le parece bien; mas no por esto condenó Aristóteles, ni yo condeno, a los que, siguiendo el rigor de la poética forma, guardaren la perfecta imitación, como lo hizo el sumo poeta latino, el cual fue tan primo que, guardando la puridad de la imitación, fue tan deleitosísimo en su oración, y supo usar de tal manera de las figuras bajas en lo bajo, como de las altas en lo alto; y, si no, mirad esas Bucólicas cuán agradables son en su lenguaje humilde.

De esto dicho se colige que el quisiere hablar en alto lenguaje en las cosas bajas, será deleitoso por el lenguaje más que por la imitación, y el que quisiere hablar lenguaje más bajo por la imitación, podrá hacerlo; que esto mismo significa el Filósofo, en el lugar sobredicho, cuando dijo: «A la oración poética acaso no conviene que sea bajo el lenguaje»; como si dijera: «acaso no es necesario», porque puede y no puede usar el poeta del alto en cosas humildes, como está por mí dicho antes y Aristóteles dijo después de esto. Y, si me vuelven a preguntar cuál tengo por mejor: seguir la imitación o el deleite del lenguaje, estoy en duda.

Yo no, dijo el Pinciano, que se siga todo junto, pues lo hizo Virgilio en sus Églogas.

Y Hugo dijo entonces riendo: El Pinciano me ha parecido a un mozuelo que, preguntado de su madre, cuál quería más: huevos o torreznos, respondió que todo revuelto. ¿Quién podrá, y quién como Virgilio sabrá guardar la perfección de la imitación, hermosura de lenguaje y gracia del metro?

Y así dice bien el Pinciano: que el que pudiere, lo imite.

Dicho, calló, y Fadrique prosiguió diciendo: Dejados los loores de que, en todo lo demás, es digno el sumo poeta, digo: que es dignísimo en la parte que ahora se trata de los estilos y lenguajes, de los cuales usó tan altamente y con claridad tanta, que admira.

Eso, dijo el Pinciano, no sé cómo pueda ser, porque la alteza nace de lo peregrino, y, de esto, la oscuridad. No digo que Virgilio no fue alto, ni digo que fue oscuro, sino digo que no sé en qué esto se va, y tengo muy gran deseo de lo entender.

Fadrique respondió: Algo de ello se tocó al principio con alguna generalidad, cuando decíamos que el poeta, para ser claro y peregrino, había de ser escaso en los vocablos peregrinos, y liberal, en los metafóricos, porque los alterados en el cuerpo pocas veces hacen oscuridad y no se usan tanto como los metafóricos. Déstos es la dificultad en Virgilio: que, siendo tantos en él y muchas veces muy remotos, causen la oración tan clara y abierta.

Eso mismo también, dijo Hugo, y Fadrique: dicen los gramáticos que, de lo que precede y de lo que se sigue, se saca la claridad de la cosa, y así vemos en Virgilio metáforas altísimas y remotas, las cuales de esta manera son entendidas del mundo todo. Y sea ejemplo, cuando de lo que precede se saca lo por venir, el que se ve en el octavo de la Eneida, adonde dice de Caco:

> Vomita por la boca espeso humo,
> La casa envuelve de tiniebla ciega,
> Arrebata la vista de los ojos
> Y mezcla claro a oscuro en noche humosa.

¿Quién, pregunto, entendiera la altísima algarabía del último verso que no estuviera apercibido con el primero? Este sea ejemplo, cuando lo que se sigue se manifiesta por lo pasado; y, al contrario, sea el del libro décimo:

> Al hombre sucedió duro sosiego,
> Un sueño le ocupó de frío hierro
> Y te cerró las lumbres para siempre.

No veis cómo lo postrero declara lo primero? ¿veis aquí el artificio del sumo poeta, para que, subiendo más alto que las nubes, fuese visto de todos? Pero quiero que advirtáis otro primor no menor, y es que, siguiendo la buena disposición, debía proceder de menor a mayor en el género de decir, y así lo hizo en el todo y por todo, como parece por este ejemplo que, aunque tiene el fin y último verso más claro, no deja de ser más alto; lo cual hizo aprovechándose, no de los metafóricos que traen oscuridad, sino de los que son claros con grandeza, y, de claros, convertidos en propios. Porque llamar a los ojos «lumbres» es muy ordinario, como «noche eterna» a la muerte, y cerrar es vocablo propio; de manera que alzó el estilo con vocablos grandes, siendo casi propios; así acertó en la declaración y no erró en la disposición, como se ve por el verso último:

> Y le cerró las lumbres para siempre.

Cuyo estilo es muy heroico y grande con claridad. Soy, digo, del parecer de Hugo y que el Pinciano aconseja muy bien: que el dechado sea Virgilio, y más, que se reciban en la poética los tres géneros de decir así como él los usó.

Dicho, calló un poco, y dijo el Pinciano: Ya, ya he entendido a mi parecer esto del estilo alto, y que consiste especialmente en la grandeza de las palabras, o propias, o peregrinas. Resta que yo entienda del bajo, contrario a él, las condiciones y calidades.

Y Fadrique dijo: Casi está ya dicho. Estilo bajo será el contrario que tuviere las palabras propias y comunes, y que, si usare de algunas figuras, sean tomadas de cosas humildes y bajas, como por ejemplo se ve en Virgilio en la Égloga 3, que, después de haber dos pastores cantado un rato, dijo otro tercero:

> Cerrad, mozuelos, luego los arroyos,
> Harto han bebido ya los frescos prados.

Esto, para decir: cesad del canto, que harto habéis cantado; el cual lenguaje es lleno de metáforas humildes y convenientes a la cosa; por lo cual el decoro se conservó y el deleite se aumentó. De esto semejante hallaremos mucho en las Bucólicas virgilianas.

Ya habemos dicho del alto y bajo estilo, y del moderado no hay que decir más de que es una mezcla déste y de aquél, en el cual los vocablos propios y más de que es una mezcla déste y de aquél, en el cual los vocablos propios y peregrinos andan muy moderados, y, especialmente, de algunos tiene menos mucho que el alto, porque no consiente tanto los compuestos, ni los que se mudan en su cuerpo, y, menos, a los extranjeros. Estas son las naturalezas de los tres géneros, a los cuales consiguen otras —no diferencias, sino cualidades—: a la grandeza del estilo es siempre anexa la dignidad y sonido de las palabras y casi siempre la gravedad y vehemencia de la oración.

Estos términos, dijo el Pinciano, no entiendo bien.

Y luego Fadrique: Dignidad en la palabra es que la palabra que sigue al estilo alto debe ser digna de ser oída de altas personas, y sin vergüenza parecer delante de ellas, como el nombre de fama, virtud, puridad, grandeza y otros así, que son infinitos. Y por el contrario ejemplo será más claro lo que dije, digo, que no es palabra digna de parecer delante de reyes: bacín, estiércol, cogote, colodrillo, ni aun jarro.

El Pinciano dijo: ¿Pues si algún criado que con el rey habla tiene necesidad de decir «jarro», o algún poeta de escribirle en su poema?

Fadrique respondió: Busque otro vocablo y diga «vaso» por «jarro»; o, si no, use de algún circunloquio, y así en los semejantes, para los cuales las perífrasis son especialmente.

Esto de la dignidad, dijo el Pinciano, entiendo ya, mas del sonido no, porque toda palabra se hace por repercusión del aire en la garganta y es necesario que toda palabra tenga su sonido.

Fadrique respondió: Vos decís la verdad, mas sonido quiere decir aquí perfección en él, de manera que no sea delgado como el de los vocablos que tienen muchas letras tenues y delgadas, digo la y, l, n, como se ve en este vocablo: títere; ni tampoco muy gonfas, que tengan muchas m con b y p, como en éste: bomba; mas que tengan las palabras un sonido conveniente, no delgado ni hongoso. Esto se prueba en el sumo poeta con artificio sumo; y esto, de la dignidad y sonido.

De la gravedad poco hay que decir, sino advertir cómo hablan las personas graves, cuyas palabras son pocas y pesadas. De manera que el estilo será alto que guardare esta forma en su lenguaje. Alguna vez el poeta heroico por deleitar sale de esta gravedad y parsimonia de palabras, a la cual salida llaman florecer; pienso yo que porque como las flores deleitan la vista y no son de fruto notable, así que el poeta deleita sin cosa que sea esencial a lo que se pretende. Ejemplos de esto se ven en Virgilio, algunos muy elegantes.

La vehemencia también y eficacia de palabras es anexa al estilo grande siempre, sino es cuando usa de algunas descripciones, en las cuales no la puede usar como en las demás acciones.

Dicho habemos de los anexos del alto estilo; digamos de los del bajo, al cual conviene la tenuidad y humildad, como se ve en las Églogas de Virgilio. Y a esta humildad son anexas simplicidad que no sea artificiosa, y propiedad que no dé peregrinas palabras.

Hugo dijo entonces: Pues en las Bucólicas virgilianas hay algunas frases peregrinas y figuradas.

Ya lo veo, respondió Fadrique, y, por tanto, no dije que era esencial la propiedad, sino anexa, porque algunas veces la pierde por deleitar más, y en la pérdida debéis advertir lo que antes dije, que de tal manera deleita con las figuras, que no levanta la oración, porque las toma de cosas humildes y humildemente usa de ellas. Y, en suma, guarda la imitación y decoro con todo rigor.

Resta decir del estilo moderado o mediano, el cual tiene por esencial el ser voluble y redondo, porque, como es mezclado del costero, que es del alto, y del bajo, que es llano, viénese a hacer redondo y fácil para rodar. Y es de advertir que, como es medio y partícipe del uno y del otro, se acomoda a todas figuras, así a las altas como a las bajas, y, en suma, es como dicen del hijo de la madrastra que todos le daban, y así en él cabe más ornato que no en los demás estilos, porque el alto no consiente sino figuras altas, y el bajo, bajas; y él recibe a las unas y a las otras, y, en suma, puede florecer más y más veces. De lo cual nace el ornato mayor y mayor deleite, cuanto a la oración y lenguaje toca.

Esto del florecer, dijo el Pinciano, no entiendo del todo y deseo saber qué cosa sea más enteramente.

Hugo dijo: No es otra cosa florecer la oración que ensancharla con palabras no necesarias a la esencia y sustancia de lo que se trata por dar deleite y gusto al oyente. Es, en suma, un ornato que se puede poner y quitar, sin que la verdad de la cosa padezca injuria. De manera que semeja la tal oración a las plantas floridas, cuya flor es deleitosa: o se pierda caída o comida de las abejas, no se estraga el fruto y fin que naturaleza pretende. Ejemplo de lo dicho sea Virgilio, en el séptimo de su Eneida, a do describe el Tíbre floridamente en estilo alto así:

> Mira del mar Eneas a un gran bosque,
> Por el medio del cual el río Tíbre,
> Con amena corriente y curso raudo,
> va revolcando la bermeja arena
> Y rompe en la cerúlea agua sus ondas.
>
> Mil pájaros diversos en colores,
> Que tienen por morada a las riberas,
> Volando en derredor, por alto y bajo,
> Llenan los aires de armonía blanda.

Esto es florecer, que bastaba al poeta, para declaración de lo que principalmente pretendía, decir así:

> Mira del mar Eneas a un gran bosque,
> Por el medio del cual hiende el río Tíbre.

Tal es el lenguaje que dicen florido, el cual es común a todos tres estilos, como está dicho, pero más anexo al mediano.

Yo estoy contento, dijo el Pinciano, mas mucho holgara ver en Virgilio ejemplo de oración florida y no florida acerca de una cosa misma.

Enhorabuena, respondió Fadrique, y sea en la descripción de la noche, el cual, en el segundo de la Eneida, dice así:

> En tanto se revuelve el alto cielo
> Y la noche camina al grande Océano.

Esto sin flor, y un poco florido será, en el libro mismo, de esta forma:

> El tiempo era vecino en que empezaba
> El sosiego primero a los mortales,

> Y la quietud, gran premio de los dioses,
> Agradable ocupaba a los sentidos.

Y, si decís que ésta no es flor, será floridísimo, en el cuarto, hablando de lo mismo así:

> Era la noche, y los cansados cuerpos
> Gozaban en las tierras dulce sueño,
> Las selvas y los bosques sosegaban,
> Sosegaban también los crueles mares,
> En el camino medio iban los astros,
> Las campañas y bestias son callando,
> Y las pintadas aves en silencio,
> Cuanto habita en el líquido Neptuno
> Y cuanto en las ojosas matas mora,
> Entregado era ya al hondo reposo,
> Y, en la callada noche, a cuerpo y alma
> Aflojan el trabajo y los cuidados.

Basta, dijo el Pinciano, ya he acabado de entender la flor.

Y Fadrique después: Esto se ha dicho con brevedad del poético lenguaje, y, pues habernos acabado la plática con el sueño, pongámosle del todo en la oración poética, que, para la generalidad que profesamos, basta lo dicho.

Alguna vez acaso se hablará más particularmente de esta materia, si acaso fuere que hablemos de las particulares especies de la poética, las cuales siguen sus particulares estilos y vocablos; porque, como a la heroica grandeza son a propósito los vocablos peregrinos forasteros, para la lírica y las demás no lo son, en las cuales tiene mucha fuerza la sentencia de Marcial de la severidad que de las Musas latinas dijo.

Dicho así, Fadrique se alzó un poco para poner bien la ropa y, entendiendo los compañeros que era aquello señal de despidiente, se alzaron también y se despidieron.

Frag. 7.

El Pinciano y Hugo se fueron hablando, y a Hugo dijo el Pinciano: Mucho me pesa de no me haber acordado antes de cierta pregunta, cuyo lugar es después del lenguaje, y es la materia de los que dicen conceptos.

Hugo dijo entonces: Eso que decís del concepto ya perdió su razón, porque antes de ahora era su lugar, antes, digo, del lenguaje, porque primero es el concebir la noticia de la cosa que el decirla; y los que hablan antes que tengan de ella noticia entera, no escapan de ignorantes. ¿Pero que es lo que saber queréis? Podrá ser que yo os prepare para que mejor entendáis lo que Fadrique os enseñará después.

Yo, dijo el Pinciano, con poco me contentaré, no más de con saber lo que hay que saber en esta cosa.

Hugo respondió: Con otro tanto estuviera yo harto contento. No lo tengo, y así no os lo podré dar, mas daré lo que se me alcanza de buena voluntad.

El Pinciano: Lo acepto.

Concepto

Y Hugo dijo así: Concepto se dice una imagen que de la cosa el entendimiento forma dentro de sí; por lo cual, el que quisiere alcanzar concepto bueno, debe entender la cosa muy bien entendida. No sé más que decir, ni aun dice más Horacio, el cual así, en su Epístola ad Pisones:

> De hacer buen poema la ciencia es la fuente:
> Daránte el saber socráticas hojas,
> Y luego a la cosa muy bien entendida
> Palabras iguales vernán voluntarias.

De manera que, sabida bien la cosa, vienen voluntariamente las palabras, mas esto ya está dicho; lo que de nuevo es que Horacio no hace mención del concepto, y, porque éste no es otra cosa que la cosa, bien o mal entendida, por esto luego pasó a las palabras; así que Horacio no dio más doctrina del concepto, y, si vos queréis que yo os la dé, no sé el cómo, que los conceptos no caben en número y las especies son infinitas, y del infinito no hay ciencia. Muchos escritores han reducido las cosas y las palabras a número cierto, mas ninguno a reducir los conceptos se ha atrevido, y con razón, porque de las cosas y palabras mírase evidentemente el número, mas no de los conceptos. Y, si lo queréis probar por experiencia, dad a cien poetas o oradores que digan sobre una misma cosa y veréis la mucha variedad que en los conceptos de ello miráis.

Ya yo entiendo, dijo el Pinciano, lo que decís, mas no lo que pretendo y es: saber por qué Ovidio es alabado de conceptuoso y que tiene muchos conceptos, y Virgilio, que fue la prima del mundo, no lo es tanto.

Hugo lo rió mucho y dijo riendo: ¡O, si estuviera aquí Fadrique que me ayudara a reír, que yo no puedo tanto! No fue, no, Virgilio faltó en los conceptos, sino sumo en todo. Y, porque mejor me entendáis, digo que hay tres especies de conceptos: una, de graves; otra, de agudos: otra, de circunflejos y ni graves ni agudos; y, si más queréis, medianos, que del uno y del otro son hechos. Concepto grave se dice la noticia que el hombre de la cosa concibe, cuando es magnífica y alta. Con este género de concepto fue hecha la Ilíada de Homero y la Eneida de Virgilio y aun la Batracomiomaquia del poeta griego; de los cuales poemas, la Ilíada y Eneida hablaron altísimamente de lo alto, y la Batracomiomaquia, altamente de lo bajo. En este género también fue el Encomion Musce de Luciano, adonde, como él mismo dice, el autor hizo, de mosca, elefante; y también conceptos agudos y filosóficos, porque son muy sutiles y entre personas no tan altas; tales fueron los de Mingo Rebulgo, el cual, con agudas alegorías, abajando la majestad real, la púrpura convirtió en sayal; la corona, en caperuza, y el cetro, en cayado. Y, en suma, el concepto grave es aquel que el entendimiento forma de la cosa mayor que ella es, y el agudo, el que le forma muchas veces menor, pero más sutil y delicado.

El Pinciano dijo entonces: Yo no entiendo esta algarabía. ¿De manera que la heroica no consiente conceptos agudos?

Hugo dijo: Grandes, sí, pero agudos muy pocos. Y, si queréis saber la causa, acordaos que la épica es imitación de príncipes y señores grandes; y mirad que los príncipes y señores grandes hablan con gravedad, y simplicidad alta; y mirad la gente menor cuán aguda es en sus conceptos y dichos, que, así como hienden el pelo, hienden la oreja con la agudeza de ellos.

Juven
Sat.

El Pinciano dijo: Ya me parece que lo voy entendiendo, y me acuerdo del poeta que dijo del greguezillo hambriento: vuela tanto, que suben sus ingenios hasta el cielo.

Sí, dijo Hugo, que la necesidad es grande maestra de agudezas y sutilezas, mas los príncipes grandes que no son de ella estimulados ni inquietados, no tienen para qué inventar estos primores, sino mandar con llaneza y simplicidad, que son compañeras de la verdad. Y advertid que el poema heroico debe ser en lenguaje peregrino, y que el concepto agudo en tal lenguaje haría enigmas, como lo fueron las de Mingo Rebulgo, que, sin comento, se pueden mal entender. Y con esto, si os parece, se remate esta nuestra plática de los conceptos.

El Pinciano dijo entonces: Si, mas no habéis respondido a la objeción de Virgilio y sus conceptos.

Hugo respondió: Vos, señor Pinciano, habéis tenido en esta nuestra plática concepto de grande en ser sencillo, mas no en lo demás; porque, juntamente con ser sencillo, tiene un poco de lo rústico, y los grandes príncipes tienen con la sencillez mucho de lo urbano y cortés.

El Pinciano respondió que no le entendía.

Y Hugo: Fácil soy de ser entendido. Si Virgilio escribió con suma perfección heroica e imitó a príncipes y semideos, claro es que no tenía para qué usar de conceptos agudos, sino graves y severos, urbanos y cortesanos. Siga, pues conviene, cada poeta su advocación, y ni el trágico ni el épico tengan conceptos muy agudos, ni el cómico o lírico o epigramático, graves, sino que, así como en las palabras, sea en los conceptos imitador de todo género de persona.

El Pinciano dijo: Yo lo entiendo ya, y os lo agradezco, y os perdono el haberme llamado rústico, que el haberme sacado de una ignorancia es más que toda injuria.

Dicho, se apartó el uno del otro compañero con grande regocijo, habiéndose emplazado para el primer día de audiencia, digo, de fiesta, ante Fadrique. Fecha, cuatro días antes de las Calendas de junio. Vale.

Respuesta de don Gabriel a la epístola VI del Pinciano

De las pasadas y presente epístola, señor Pinciano, coligiera cualquiera, si no es muy rudo, la perfección de la Poética del fin, porque es el deleite útil y felicidad humana; de la materia de que trata, porque es cuanto hay y no hay; y de la materia sujeta en quien se funda su forma, que es el lenguaje, el cual debe ser el más alto de las artes todas; todas las cuales tienen su estilo y género de decir acomodado y particular. Mas la Poética, así como trata del universal, es también universal en todos tres géneros; y, si alguno tiene particular, es el más alto y peregrino de todas las disciplinas, y, en suma, en el género bajo ha de ser mediana; en el mediano, alta, y en alto, altísima; y, si quisiere, puede ser siempre altísima. Y así me parece bien el que dijo que la Gramática tiene por fin a la congruencia; la Retórica, a la persuasión, y la Poética, al deleite.

Acerca de esto y acerca de lo demás digo que vais creciendo en número de fragmentos y en hojas de papel, en lo cual vuestros compañeros guardaron muy bien la imitación, porque, como habían de tratar de palabras y valen baratas, fueron largos en lo que vale barato y tan fácilmente dan los hombres.

Frag. 1.

Frag. 2.

Siete párrafos me enviáis; el primero de los cuales solamente contiene una proposición de lo que adelante se ha de tratar, que es el poético lenguaje. El segundo, comenzando de sus primeros principios, contiene la consideración de las cinco cosas necesarias al bien hablar, que son: letras, sílabas, vocablos, frases y estilos. En todo lo cual no veo que añadir o quitar; y en lo de las sílabas oigo decir a muchos filopoetas que nuestra lengua las tiene largas y breves, así como las tiene el griego y el latino, cuyas razones me suadieron un tiempo, y, después que la vuestra leí, estoy muy desengañado, y hallo que la consideración de las sílabas es muy necesaria a la cosa poética nuestra, mas no en cuanto son largas o breves, sino en cuanto el número y acento. De manera que el que quisiere hacer metros, no tiene que gastar su tiempo en la cuantidad de sílabas, sino en la colocación del acento y cantidad discreta de ellas. Materia es ésta que habéis de tocar más despacio necesariamente, si proseguís esta plática, y así no tengo que hablar por ahora, mas que remitirlo todo a lo que en la vuestra leyere, especialmente si es sentencia de Fadrique, cuyo parecer me es Platón.

Frag. 3.

La división de los vocablos que a la Poética son convenientes me ha deleitado[32] con su novedad; el Filósofo la hace, mas no me parece comprende tanto como la vuestra. Solo advierto que la materia de los vocablos compuestos pudiera no mudar lugar, y quedarse en el mismo que Aristóteles la puso. Yo así lo hiciera, a lo menos, y es justo, en cuanto sea posible, no se desarmar de varón tan grave, mas no me resuelvo en ello hasta que me escribáis el motivo por que se hizo la tal mudanza, bien que a la esencia de la cosa no sea de esencia alguna que esté allí o que esté aquí.

Frag. 4.

Prosíguese, en el cuarto, la nueva división, y, por nueva, agradable, especialmente cuando trae alguna doctrina nueva o compendio de la vieja. La mudanza que decís de alma en los vocablos y la que decís del cuerpo es buena, a mi parecer, y la abrazo mientras que no hallo otra lección que más clara y más brevemente me lo diga, advirtiendo lo de Horacio: que el uso sea con vergüenza y no demasiado.

Frag. 5.

En lo que toca a la división de la oración en período, colo y coma, no tengo que responder, porque, siguiendo, como seguís, la doctrina común, yo también soy amigo de seguir comunidad en la doctrina con vuestros compañeros. En las frases había más que dificultar: si han de ser claras o oscuras en la Poética. Bien me parece que tengan de lo uno y de lo otro; que sean un poco oscuras al vulgo y claras a los doctos, que, de aquella oscuridad, la grandeza, y de esta claridad nace la suavidad a la oración; pero como todas las especies de poemas no buscan necesariamente alteza en el lenguaje, vengo en la distinción que Fadrique hace, y la apruebo, y seguiré en

---

32 Texto de 1596: La diuisión de los vocablos que a la Poética son conuenientes me han deleytado.

lo que se me ofreciere de aquí adelante, y asimismo en lo demás del ornato y elegancia de la oración.

No contradigo el orden y proceso en la plática de la plática, mas me parece que Cicerón siguió este orden, que los géneros son tres, así como decís, y que cada uno de ellos se divide, como especies, en largo, breve, mediano y florido. Diréis me que, según la cantidad y que según la calidad, tiene las divisiones mismas que de las frases son dichas. Sea enhorabuena, y sea también que hay algunas calidades que no son especies, porque no tienen contrariedad, sino afectos de la oración, como, de la heroica, la grandeza, belleza y esplendor; y, de la trágica, la grandeza y gravedad. Ya lo tengo entendido.

Frag. 6.

En la sexta parte me agradó mucho la declaración de los géneros o estilos de decir, y estoy satisfecho, lo que no solía estar antes de ahora por la misma confusión, y especialmente me agradé de lo que leí acerca de las licencias poéticas, por haber encontrado mi concepto con vuestro Fadrique, y, realmente, es así como él dice; que, sin las Mudanza, truecos, adiciones y menguas de sílabas que la trágica y heroica y las demás especies de poemas usan, queda muy baja la oración muchas veces y con ella se ensalza y sublima.

Frag. 7.

A la séptima y última parte, que toca de los conceptos de la cosa, respondo que vuestro compañero ha andado un poco corto, porque hay mucho más que decir. Veo que se decupla con la dificultad de los poner en número cierto, mas, con todo, entiendo del ingenio de Fadrique que, si ahí se hallara, hablara en ello con un poco más de cuidado y nos dijera algunas cosas nueva, sutiles y útil es, y que fuera de parecer que, como el metro no parece mal a todo género de gentes, aunque contradiga a la buena imitación, así el concepto agudo en cualquiera estado o estilo parece bien, y da mucho deleite y gusto. Con todo esto, agradezco a Hugo, que, como fuente, y a vos, que, como vaso, me enviáis doctrina de que gusto. Fecha, en las Calendas de junio. Vale.

Epístola VII. Del metro

Por vuestro servicio y mi provecho, señor don Gabriel, el día siguiente que la pasada os escribí, se pasó el Pinciano a casa de Fadrique a la hora acostumbrada; parlaron de cosas varias y no tocaron en la Poética, porque Hugo era ausente. Y, visto se tardaba más de lo que solía, el Pinciano preguntó por él a Fadrique, el cual respondió que había ido a negociar ciertos recados que para su pleito convenían. Después de haber así respondido Fadrique al Pinciano, le preguntó el porqué lo decía, que si le faltaba algo de la materia pasada.

Frag. 1.

Pinciano: Sí; que había visto la figura en la tabla, pero sin colores; y quisiera mucho oír algo de ellos a Hugo, porque, al fin, es poeta práctico, y estas menudencias son sabidas mejor de los que ejercitan la práctica que no de los que la teórica.[33]

Y Fadrique: Vos habéis dicho muy bien, que, si va a decir la verdad, jamás hice metros castellanos, y, aunque he leído algunos papeles que de ellos jamás hice metros castellanos, y, aunque he leído algunos papeles que de ellos están escritos, no me satisfacen bien.

Pinciano: Vos solo, Fadrique, sois extraño, ni las fábulas nuestras os satisfacen, ni el metro os contenta; o vos sois mal acondicionado, o no sé qué me diga.

Fadrique: En lo que toca a lo principal, que es la fábula, no me descontentaron a mí jamás vuestros escritores, porque nunca hicieron caudal, ni mención de ella; no sé yo la causa. Y, en lo que al metro, es verdad que no me satisface la arte que enseñan, mas son opiniones de hombres, y lo que yo aborrezco, es amado, de otros. Así que no condeno yo las métricas artes que hasta ahora están escritas, sino digo una verdad, y es que a mí no satisfacen.

Pinciano: ¿Pues cómo quisiérades vos que fuera el proceso de ella?

Fadrique: Acá es una imaginación mía, hasta ahora no vista: ha de parecer muy nueva, y por eso callo.

---

33 Texto de 1596: Son sabidas mejor de los que exercitan la platica que no de los que la theórica.

El Pinciano dijo: A los amigos aun los pensamientos se pueden descubrir, y me hacéis agravio en guardar tanto una cosa que yo tanto deseo.

Con condición, respondió Fadrique, que lo guardéis secreto para vos, comienzo y digo: Que no tiene el metro tan poca parte en la Poética como dijo Hugo, sino que me parece que el uso de lo que suelen los que quieren enderezar algún palo torcido, que le tuercen a la parte contraria: esta opinión de que la poética consiste en el metro era torcida y quiso, por la enderezar, torcerla a la contraria parte, haciendo al metro de ninguna sustancia en la poética. Ahora que no está aquí, diré lo que siento, y es: que me parece que el metro es la materia sujetiva en quien la poética se sujeta —perfecta, digo, y verdadera— y todas las imitaciones en lenguaje y plática que carecen del metro, tienen un no sé qué menos de lo que les conviene; no digo que no hay poesía en prosa, mas digo que la fina siempre siguió al metro y, aunque hay algunos poemas buenos sin él, no tienen aquella perfección que con él tuvieran.

Eso digo, dijo el Pinciano, es bueno, y siempre fui de ese parecer, sino que Hugo es tan riguroso lógico, que no hay quien le espere. Sí; que bien sabemos el poder que Virgilio da a los versos, y que dice que pueden traer del cielo a la Luna, y no vemos también que aquella grandeza de estilo alto está muy a propósito al metro y que en el real profeta se ve bien claro. Pregunto: ¿Qué profeta habló con aquella grandeza que él y con aquella frecuencia de figuras? Ninguno; porque los demás no escribieron ni profetaron en lenguaje numeroso y métrico.

Vos habéis, dijo Fadrique, magnificado bien el metro, y él lo merece: que, si es bueno, es una gallarda cosa y suavísima por cierto, a lo menos, a mis orejas. Y, si hubiera yo de escribir poesía, la escribiera en metro, sin falta alguna, especial si no fuera comedia.

El Pinciano dijo: ¿Pues qué?, ¿no parecen bien las comedias en verso? No parecen mal, dijo Fadrique, mas tan bien parecen en prosa como en metro, y fuérame a lo más fácil.

A decir la verdad, dijo el Pinciano, como los argumentos y casos de las comedias son tan ordinarios, no parecieran mal en común manera de hablar, porque así se hicieran más verosímiles, pero ¿por qué los poetas griegos y latinos cómicos usaron de los metros?

Fadrique respondió: No todos; que algunos usaron prosa, y el día de hoy la Usa los italianos con harta propiedad, allende de que, si miramos los metros de las comedias antiguas, son tales que parecen prosa, mas, con todo eso, digo que cada uno puede hacer lo que quisiere en este particular sin cometer yerro alguno. Y, volviendo al comenzado propósito, digo que el metro es una parte del número poético, porque, como dijimos, la imitación se hace con tres géneros: con lengua, armonía y número; y este número comprende al tripudio y al metro, y el uno y el otro se obligan a cierto número, éste de sílabas o de pies, y aquél, de pasos. Y, porque el metro se sujeta en la lengua y oración, podremos decir que el metro es una oración numerosa.

Prosa numerosa
Apenas acabó Fadrique esto, cuando el Pinciano dijo: No me contento, señor, con esta definición que dais, porque la prosa también se obliga al número.

Si ella es la que debe, Fadrique dijo, decís bien y habláis mal, porque habláis sin tiempo, y, si me diérades lugar, yo acabara mi definición. Y, tomando la cosa de más atrás, digo que toda oración necesariamente, o sea prosa o metro, o buena o mala, ha de ser numerosa y tener número cierto, porque, no le teniendo, procederá en infinito, mas la buena oración debe tener número tal, que vengan sus comas con los puntos, haciendo unos compases y remates agradables a los oídos; de manera que una cosa es oración numerosa; otra cosa, oración de número bueno y concertado. A este número se allega otro que le ata y ordena más estrecha y suavemente, el cual dicen metro, porque no solo tiene número concertado, mas concertado, determinado y particular en pies y sílabas que le hace ser metro.

El Pinciano dijo: ¿Pie y metro no es todo uno?

Frag. 2.
Metro
Fadrique respondió: Vos habéis dicho muy bien, y me habéis avisado, porque yo iba a la poesía y metro latino; y, pues vos preguntáis del castellano, hablo del castellano, y digo: que el metro, al presente en Castilla usado, es una juntura de sílabas en número cierto y determinado.

El Pinciano dijo: ¿Pues cómo, señor, no hacéis mención en el metro de los pies? Que con pies también andan los poemas castellanos.

Fadrique respondió: Metro, pie y verso en castellano no es todo uno, lo que no es en el griego y latino, en los cuales el pie es parte del metro. Así, que, si una vez diere lo uno o lo otro, sea entendido por una misma cosa, porque el metro se dice por la medida, y verso, porque en él se truecan los vocablos de una parte en otra al hacerle, y pie, porque con él y sobre él anda la rima. Y, supuesta la definición de la cosa, resta digamos la división, la cual tiene el metro castellano en dos partes: o en castellano antiguo o en castellano moderno, nuevamente a Castilla traído, que, por otro nombre, decimos metro italiano.

Digamos, pues, del castellano viejo y propio, el cual se divide en cuatro especies comúnmente, porque la una especie de metros tiene cuatro sílabas, y a ésta dicen pie quebrado, como «contemplando» en la Copla primera de don Jorge Manrique, que comienza así:

> Recuerde el alma dormida,
> Avive el seso y despierte,
> Contemplando.

Tiene la segunda especie seis sílabas, como:

> No lloréis, mi madre.

La tercera de ocho, como:

> Después que por este suelo.

La cuarta de doce, como:

> Al muy prepotente don Juan el Segundo.

En las tres primeras especies de metro dichas no hay primor alguno, porque, caigan como cayeren, si el acento está en penúltima, habiendo ocho sílabas, o seis, o cuatro, sonará como metro muy bueno y concertado; mas es de advertir que, cuando el acento se pone en la última sílaba, ésta vale por dos, de manera que en tal sazón el pie quebrado ha de tener tres sílabas no más, y así, en los demás, porque, si les dan sus sílabas enteras, con el acento en la última no sonarán. Lo que he dicho de estos versos castellanos menores, digo del mayor de a doce sílabas; y digo también de los que después diré italianos, que la última sílaba acentuada vale por dos. De estos sobredichos metros de a seis y ocho sílabas enteras, como tengo dicho, si el acento tiene en la penúltima, como quiera que caiga, sonará muy bien, y no tiene más primor; mas, si le tuvieren en la última o antepenúltima, no sonarán como deben, como en éste:

Amad a Dios de corazón.

y en éste:

Vos sois un hombre próspero.

Yo pensé, dijo el Pinciano, que tenían más primor los metros que el que habéis dicho.

Y Fadrique: Pues no tienen más éstos de estas tres especies que acabo de decir, ni yo la siento. Las demás que restan, tienen algún primor, pero, con todo, no llegan al de los griegos y latinos, porque los nuestros carecen de sílabas largas y breves. De aquí pienso que nació en ellos el usar de las figuras que los latinos dijeron «similiter desinente», que nosotros llamamos consonante, para que con ellas se supliese la falta de primor que nuestros versos tienen en comparación de los latinos.

¿Pues cómo, dijo el Pinciano, los castellanos no tenemos sílabas largas y breves? Me parece a mí que algún verso de arte mayor y de los italianos suena bien con once sílabas, y otro que tiene once también, suena mal, y esto claro es que está en algo.

Claro está, dijo Fadrique, mas no en lo que pensáis; que los castellanos no conocemos largas ni breves para el metro, ni aun creo que las pronunciamos con distinción.

El Pinciano preguntó si los italianos tienen en sus metros sílabas largas y cortas.

Fadrique respondió: Tampoco, como nosotros, las conocen en cuanto al distinguir el metro del que no lo es, mas conócenlas en la prosa y en el metro para la pronunciación, porque cuando quieren hacer una sílaba larga, abren la boca de un palmo y echan el aliento entero, y, cuando breve, pronuncian con la boca poco abierta, y que el aliento no pasa de la garganta afuera, al parecer. Nosotros no tenemos estas pronunciaciones, y así no hacemos estas diferencias tales, sino que a todas las sílabas casi pronunciamos con igual aliento y abrir de boca, como sean de unas mismas letras. Y, por esta causa, tenemos tantos equívocos en nuestra lengua castellana, que, si los supiéramos diferenciar con su pronunciación diferente, alargando a la una y abreviando a la otra sílaba, como lo hace el griego, latino, italiano, y aun algunos extranjeros, no hubiera tanta abundancia de ellos, ni nuestra lengua estuviera tan pobre. Mas esto es ya materia diferente de nuestro intento comenzado.

Metro de arte mayor

Habemos dicho de las tres especies de metros castellanos menores; digamos de la cuarta, que es mayor, en la cual hay un poco más de primor, porque no solo ha de tener sus sílabas, que son doce, mas ha de quebrar con el acento en ciertas partes, y, no quebrando, no es metro. Esta quiebra de acento conviene también a los metros italianos en diversas partes, especialmente a los pies y versos enteros, porque tiene otros que son como medio quebrados; de todos los cuales después se hará mención más espaciosa. Torno, pues, al metro castellano de doce sílabas; a éste diría yo verso o metro heroico de mejor gana y con más justa razón que no al italiano endecasílabo suelto que se ha alzado con nombre de verso heroico. Entre los italianos, que lo sea enhorabuena, pues que ellos no tienen verso mayor y de más sonido, mas nosotros, que le tenemos mayor y de más sonido y más correspondiente al exámetro, razón Serra que no quitemos a la nuestra el nombre de heroico, por le dar a la nación extranjera italiana, a la cual confieso mucho primor en todo, y, en la Poética, mucho estudio, mas no mayoridad en este género de metro.

Ya deseo, dijo el Pinciano, oíros un ejemplo de este metro de vos tan alabado.

Fadrique: En él fueron hechas las Trescientas de Juan de Mena.

Pinciano: Ese verso es dicho arte mayor.

Fadrique: Y le dieron nombre conveniente a su grandeza. ¿Vos no veis el ruido y sonido que va haciendo en su pronunciación tan grande y heroico? ¿Qué verso hay, fuera del exámetro, como éste?:

Al muy prepotente don Juan el Segundo.

Ninguno, por cierto; ni entre griegos ni entre latinos. Este, pues, debe de hoy más —de nosotros, a lo menos— ser dicho heroico; el cual, como dicho tengo, consta de doce sílabas y que quiebra con el acento en tres partes: la una, en quinta sílaba; y la otra, en octava; y la otra, en undécima, como lo veréis en el ejemplo dicho:

Al muy prepoten-te don Juan-el Segundo.

Y advierto lo que antes de los acentos en las últimas: que valen las sílabas últimas acentuadas por dos, de manera que, si el acento está en la última del verso de arte mayor o heroico, se contará con once sílabas no más, y esto quede dicho de una vez para todos los metros castellanos e italianos.

¿Y esa quiebra que decís, preguntó el Pinciano, con el acento en la 5, 8, 11, son forzosas para el metro?

Sí, respondió Fadrique, para el bueno, perfecto y sonoro, y de tal manera que, en dejando de quebrar, no sonará. Y, si no, deshaced el metro de arte mayor de manera que pierda el orden de las quiebras y se quede en el número mismo de las sílabas, y veréis cómo pierde el sonido, como si dijésemos:

A don Juan el Segundo, el muy prepotente,

el cual contiene las mismas doce sílabas, y, porque quiebra con acento fuera de la quinta, digo en la sexta, suena mal. Y esto siento hay que considerar en cuanto al metro antiguo castellano, el cual, así como el italiano, solo consta de números de sílabas y números de acentos en ciertas partes señalados, y según estos números se diferencia el castellano de castellanos, y de italianos también.

Aquí dijo el Pinciano: Vos, señor, desterráis la cuantidad de las sílabas, digo, las largas y breves, y verdaderamente que ésa es doctrina peregrina.

Fadrique: No a los italianos, a lo menos, los cuales confiesan ingenuamente que para sus metros no usan de la dicha cuantidad.

Pinciano: ¿Por qué?

Fadrique: No lo sé, lo que dicen sé, y sé que es engaño pensar que porque el acento esté en una sílaba, por eso es luenga. Y mirad los griegos, que muy ordinariamente ponen el acento[34] en las sílabas breves, y los latinos, que, en una dicción o vocablo que tiene tres sílabas largas, no ponen el acento más que en la una de ellas y tienen vocablos de tres sílabas solas todas breves, mas con sus acentos en una, así que es muy diferente la cuantidad de la sílaba y el acento de ella. Los castellanos, como he dicho, a la pronunciación que yo veo y alcanzo, abrevian las sílabas todas, y así nunca las alargan, sino para burlar o escarnecer, que entonces abren la boca de un geme y echan toda la voz fuera de ella, y mientras hacen esto, gastan los dos tiempos que pide la sílaba larga. Y, pues los italianos no conocen sílabas largas ni breves en los metros, no las conozcamos nosotros en los nuestros ni en los suyos, sino contentémonos con lo dicho de los acentos; que esto nos basta para la enseñanza de la doctrina más clara y más breve.

Yo estoy satisfecho, dijo el Pinciano, y me parece muy bien lo que decís por el presente, y os suplico prosigáis en la parte métrica.

Dijo. Y luego Fadrique: Dicho habemos de las especies de metros que Castilla antiguamente usó; ahora digamos de las que usa nuevamente, traídas de los italianos, los cuales pienso yo ternán esta materia de rima puesta en orden, como aquellos que en las otras siempre tuvieron mucha vigilancia y solicitud mucha, y me holgara haber encontrado con alguno que la hubiese escrito, pero buscadle, que a él me remito.

El Pinciano dijo: Y en tanto ¿no tengo yo de saber algo?

---

34 Texto de 1596: Los latinos, que... no pone el acento.

Metros italianos

Y Fadrique: Lo que tengo, os daré, pues tanta gana tenéis de lo recibir. Y digo que del metro italiano hallo tres modos: el uno es de siete sílabas, que responde a nuestro quebrado, porque nunca se halla que con otros de su linaje haga estanza de por sí, y continuamente anda mezclado con otros enteros, con quienes hace muchas y varias especies de estanzas (así los italianos dicen las que nosotros coplas). El otro es el endecasílabo o de once sílabas, con el cual el de siete se ayunta muchas veces, como con el castellano de a ocho se ayunta el de cuatro sílabas en la copla que dicen de pie quebrado. El tercero y último verso es de a doce sílabas, que por otro nombre llaman esdrújulo, a mi parecer porque parece que resbala la sílaba última. En los metros italianos, digo otra vez, corre lo que habemos dicho de los acentos en las últimas puestos, que hacen a las últimas sílabas valer por dos.

Ejemplo del quebrado de siete sílabas sea el Petrarca, en el primer verso de su canción que empieza:

> Criare, fresche e dolci acque,
> Oue le belle membra.

En esta especie de metro no sé que haya más consideración que del número de las sílabas, así como dijimos de los castellanos de arte menor (digo de los de a cuatro, seis y ocho sílabas). En la segunda especie de metro, que era el endecasílabo o de once sílabas, hay más consideración, porque se debe atender a los acentos, los cuales tienen en la sexta y en la décima, como se verá con ejemplo en este metro del Petrarca, traducido, digo:

> Vos que escucháis en metros el sonido.

El cual quiebra en la sexta y en la décima, como se ve pronunciando así:

> Vos que escucháis en me-tros el soni-do.

Puede también esta especie quebrar en la cuarta sílaba con el acento, con que quiebra también en la octava y décima, y se hacen de esta suerte unos metros muy facetos y galanos, como aquel del Petrarca:

> ¡O, fortuna-do que tan cla-Ra trom-pa!

Y ésta es la naturaleza del endecasílabo, que, no quebrando con el acento en las formas que habemos dicho, no sonará por manera alguna bien. Y, si lo queréis probar, desatad los metros dichos y veréis lo que pasa, y el mal sonido que a la oreja prestan, y que, desatado el primero así:

> Vos que en metros el sonido escucháis.

Aunque tiene las once sílabas, no suena, porque no hace las quiebras con el acento como debe, en la sexta y décima sílaba, o en cuarta, octava y décima, sino hácelas en tercera y séptima y décima; así que toda la sustancia de este metro endecasílabo no está solo en las once sílabas, sino también en las quiebras dichas con el acento. Lo mismo veremos en la otra especie de metro que quiebra en cuarta y octava, y, mudando el acento, pierde el sonido, como sería si dijésemos:

> ¡O, fortuna-do que tan-clara trompa!

El cual parece mucho al castellano de arte mayor, y lo es verdaderamente en el sonido, aunque le falta una sílaba para la perfección del, y sería del todo perfecto si se le antepusiese una sílaba, de modo que viniera a quebrar en quinta la primera vez, y la segunda en octava, como si dijésemos:

> ¡O, tu fortuna-do que tan-clara trom-pa!

Mas es tanto lo que hace el sonido en estos nuestros versos castellanos que, cuando éste hay, no importa una sílaba más o menos, lo cual no consiente el metro griego o latino, sino que, aunque más sonido tenga, si no consta de los pies que el metro requiere según es, no vale nada.

El Pinciano dijo: ¡Por vida mía! Vos decís cosas nueva y, por el tanto, gustosas para mí mucho, y aun creo para cualquiera que desee saber esta materia, porque hasta ahora nos andábamos quebrando la cabeza en esto de los metros; yo, a lo menos, andaba como ciego sin luz, y habéis alumbrado, no a mí solo, mas a todos los nuestros, y aun podría ser que los italianos sacasen de vuestras consideraciones algunas cosas dignas de consideración.

No sé, dijo Fadrique; yo no he leído lo que ellos han escrito en esta materia, ni puedo juzgar; y podría ser que ellos la hubiesen llegado más al cabo, como yo lo tengo creído, y también que no hubiesen llegado a esto, como vos significáis. Mas, dejado esto a una parte, que no importa, vamos a lo que importa, que es la especie tercera del metro italiano, el cual es dicho esdrújulo y es de doce sílabas, una más que el endecasílabo, e igual al de arte mayor.

El Pinciano dijo: Mucho me huelgo de que hayáis dicho esa semejanza, porque, tras ella, ha de venir a razón la diferencia.

Fadrique respondió: Si vos no me lo acordáredes, pudiera ser se me fuera de la memoria. La diferencia está en que el arte mayor quiebra con el acento en quinta y octava y undécima sílaba, como está dicho, y digo otra vez por ejemplo déste:

Tus casos fala-ces fortu-na canta-mos.

Y el esdrújulo quiebra en sexta y décima, cual el endecasílabo, como:

¡O mando! ¡O palo real-triste y solí-cito!

En el cual veréis, si le desatáis, lo mismo que en los demás metros desatados habemos visto, que, con la mudanza del acento, pierde el sonido, y no por otra causa alguna. Y esto baste de los metros castellanos e italianos comunes.

Metros nuevos.[35]

---

35 Texto de 1596: Metros nuouos.

Calló un poco Fadrique y dijo el Pinciano: ¿Pues cómo? ¿Hay otras especies de metros?

Fadrique respondió: Sí, yo sé algunos que no son conocidos ni se usa, y otros que no son conocidos y se Usa, como el pentasílabo o de cinco sílabas, el cual corresponde al adonio-dímetro latino, tal es en latín: *Terruit urbem*, que es el cuarto de la Oda 21 de Horacio, del libro primero, el cual, vuelto en romance, dirá:

Dio espanto-a Roma.

Esta es una especie de metro que nunca anda sino compuesta con otra, digo en castellano. Mas dejemos esto, que no hace ahora tanto al caso, y vamos al otro metro extravagante, el cual es nonisílabo o de nueve sílabas, y también, como el quinto, es desusado, sino en la composición, de manera que con él y con otro se hace un metro solo.

El Pinciano dijo: Vos, señor Fadrique, decís maravillas, pero a mí increíbles, porque, si el menor metro es cuadrisílabo y se junta con este nonisílabo, harán trece sílabas, y tal metro no le conozco yo.

Fadrique se sonrió y dijo: Pues yo os diré mayores maravillas: que hay también metro de diez sílabas, el cual es como los dos sobredichos de cinco y nueve, que, como algunas preposiciones, solo se hallan en composición; y decís bien que el nonisílabo, ayuntado al menor metro, hará trece sílabas. Ejemplo de nonisílabo sea éste: Señores de toda la tierra.

Y del decasílabo:

Súbito corte el tímido ciervo.

No me negaréis que éstos no tienen agradable juntura de sílabas, y, por el tanto, numeroso sonido, el cual hace al metro.

Parece, dijo Pinciano.

Y Fadrique: Todavía está el Pinciano un tanto incrédulo en que haya o pueda haber metro que tenga más sílabas que once o doce; pues es menester que escuchéis lo mucho para que creáis lo poco; puede haber metros de trece, catorce, quince, dieciséis y diecisiete sílabas.

El Pinciano quedó mudo gran rato y mudo también Fadrique, y, rato después, así rompió el silencio:

Frag. 3.

> Parece el raro nadante en piélago grande.
> Y mucho en la guerra sufre con sólido pecho.
> A Dido Fenisa prestan implácido sueño.
> Atruenan los polos, ya los aires relámpagos orden.
> Con hórrido estrépito férvido bate el Italo campo.

Al tiempo que estos versos está Fadrique diciendo, entró Hugo, y, oídos por él, dijo en alta voz: ¡Santo Dios!, ¿qué oigo? Paréceme haber oído a Virgilio en lengua castellana.

Vos habéis dicho bien, dijo Fadrique, que todos estos son exámetros de Virgilio: el primero de los cuales tiene trece; el segundo, catorce; el tercero, quince; el cuarto, dieciséis, y el quinto, diecisiete sílabas.

Hugo admirado, rogó a Fadrique tornase sobre aquellos metros y dijese de qué parte los sacó del poeta, y lo demás que para la enseñanza de aquella nueva doctrina convenía; que, a su parecer, no se podían reducir los metros latinos, ni pasarlos en romance, por el defecto de las luengas sílabas y breves de que los castellanos carecen.

Fadrique dijo a Hugo: Si hubiérades venido poco ante, os fuera manifiesto más lo que he dicho y cómo el romance no tiene sílabas luengas ni breves, pero pregunto: ¿El latino no tiene versos muchos, los cuales tienen muy buen sonido y no aquellas sílabas que deben tener? Como si dijésemos, por ejemplo, al exámetro: ¿cuántos habéis visto de muy buen sonido y que no constan como deben?

Hugo respondió: Muchos.

Y luego Fadrique: Pues acordaos de lo que habéis dicho: que el italiano y el español no tienen consideración más que del sonido bueno, el cual procede de la buena disposición de los acentos.

Hugo respondió que él lo sabía.

Y Fadrique: Pues hagamos una cosa: consideremos en los versos latinos el número de las sílabas que tienen, y las partes adonde ponen su acento, y haremos sus versos nuestros.

Hugo replicó aquí: Bien está, señor, si los metros latinos tuviesen número determinado de sílabas. ¿No veis[36] que, como la sílaba luenga vale por dos, que, unas veces la misma especie de metro tiene más y menos sílabas, como el exámetro, el cual, si consta de cinco espondeos, tiene trece sílabas: si de dáctilos, diecisiete?

Fadrique dijo: Vos, señor Hugo, habéis dudado muy bien por cierto, pero, si yo os mostrase claro que el exámetro se puede reducir al castellano e italiano, ¿quedaréis contento?

Hugo respondió: Y loco de contento, porque tal cosa jamás oí.

Pues escuchad, respondió Fadrique. Vos habéis dicho muy bien que el exámetro de cinco espondeos tiene trece sílabas, y el de cinco dáctilos, diecisiete; y, según esto, los exámetros intermedios ternán el número de sílabas próximo al uno o al otro, según participare de los dáctilos o espondeos; de manera que el que fuere de cinco espondeos y un dáctilo, terná trece sílabas; el que tuviere cuatro espondeos y dos dáctilos, catorce; el que tres dáctilos y tres espondeos, dieciséis; el que cinco dáctilos y un espondeo, diecisiete.

Así es, respondió Hugo.

Y Fadrique: Pues hágan se los metros nuestros de trece, catorce, quince, dieciséis y diecisiete, y dadles sus acentos en sus lugares convenientes, y hallaréis tantas especies de exámetros en vuestra lengua castellana vos, y los demás, en las suyas.

Hugo dijo: Dadles vos, y halladlos vos.

Y Fadrique: Que me place. Y primero tomo por ejemplo a aquel exámetro de cinco espondeos, del primero de la Eneida, que tiene:

Apparent rari nantes in gurgite vasto.

Y hágole metro de esta manera:

---

36   Texto de 1596: Y Fadrique: ¿No veys...

Parece el raro nadante en piélago grande.

Y tomemos al que tiene cuatro espondeos y dos dáctilos, como el del primero de la Eneida, que dice:

Multa quoque et bello pasus, dum conderet urbem.

Que dirá en nuestra lengua así: Mucho en lid bélica sufre con sólido pecho.

(No importa sean o no perfectamente traducidos los metros.) Vamos al que tiene tantos espondeos como dáctilos, y sea aquél del cuarto de la Eneida:

Verbaque, nec placidam membris dat cura quietem.

El cual será nuestro así: La dama tristísima recibe implácido sueño.

Del de cuatro dáctilos y dos espondeos sea ejemplo el del primero de la Eneida, que dice así:

Intonuere poli et crebris micat ignibus aether.[37]

El cual se hará nuestro así:

Atruenan los polos, ya los aires relámpagos arden.

Ejemplo del dáctilo quinto sea aquel del libro octavo de la Eneida, que dice así:

Cuadrupedante putrem sonitu cuatit, ungula campum.

Que, vuelto, dirá así:

Con hórrido estrépito férvido bate el Italo campo.

---

37   Texto de 1596: Intonuere poli, micat crebris ignibus aether.

Hugo dijo: ¡O, qué altísimo sonido! ¡Y cómo a mis orejas son los versos maravillosamente agradables! ¡Por vida mía, que los digáis juntos otra vez!

Según eso, respondió Fadrique, no será fastidiosa la repetición de ellos:

Parece el raro nadante en piélago grande.
Mucho en lid bélica sufre con sólido pecho.
La dama tristísima recibe implácido sueño.

Atruenan los polos, ya los aires relámpagos arden
Con hórrido estrépito férvido bate el Italo campo.

¡Por vida mía!, dijo el Pinciano; los versos son galanos, y que, si yo hubiera de escribir algún poema heroico, me parece que me abrazara con este género de metro, y me quitara de esta burlería de los consonantes.

Fadrique se quedó pensando un poco, y dijo después: Si el volumen que escribiérades fuera breve, como el de Museo en los amores de Leandro y Hero, no digo nada; mas, si fuera una épica larga, digo que fuera grande cosa.

Hugo preguntó entonces: ¿Pues por qué?

Y Fadrique: Porque, como ya está tan recibida la octava y la consonancia en ella para la heroica, el que en otro metro escribiese, parece que se pone a peligro de no agradar y de perder su trabajo, y la pérdida sería tanto mayor, cuanto la obra lo fuese.

Dicho así, prosiguió diciendo el Pinciano: Pongo que vos quisiérades emprender alguna obra en estos metros que a los exámetros responden: ¿cómo los habéis de hacer? Porque, aunque la natural vena haría mucho, mucho haría la arte, y, si de ella carecéis, gastaréis mucho más tiempo en los componer.

Ya yo sé, dijo el Pinciano, que la naturaleza hace hábil al hombre, y la arte da facilidad. Y, si sabéis otra más de lo que habéis dicho del número de las sílabas, me haréis gracia de ella.

Hugo dijo entonces al Pinciano: Mas pedidlo todo hecho y acabado. Harto ha dicho el señor Fadrique, y tan nuevo, que a mí me admira, y estoy corrido en cierta manera que, habiendo hojeado los naturales y extranjeros que de esta materia poética han escrito, no haya topado con alguno que semejante materia me haya enseñado.

Fadrique se sonrió y dijo: Pues yo, aunque no sé hacer metros, sé lo dicho, y sé más, que sé la compostura de ellos; la cual me costó algunos pensamientos, de quienes saqué lo que ya empiezo. Y, supuesto que son cinco las especies de los exámetros, como ya está referido, digo de la primera, la cual tiene en el latino cinco espondeos y un dáctilo y, en todos, trece sílabas, y sílabas trece en nuestro romance, cuyo ejemplo fue:

Parece el raro nadante en piélago grande.

Advierto, pues, que este tal tiene cinco sílabas en la quiebra primera, que es decir, es un verso pentasílabo, el cual, a la cuarta sílaba, quiebra con el acento y descansa en la quinta, y el resto es un verso de copla castellana, dicho octosílabo, que tiene ocho sílabas, como ya está dicho; de manera que del octosílabo y pentasílabo se hacen las trece sílabas que componen al heroico de cinco espondeos, descansando en el pentasílabo de esta manera: Parece el raro-nadante en piélago grande.

Hugo dijo: Mirad, señor Fadrique, que, si añadís una sílaba al octosílabo y fuese nonisílabo, haría no mal sonido y más conforme al latín.

Vos decís la verdad, dijo Fadrique, y sería tal:

Parecen raros-nadantes en piélago grande.

Y en ello el exámetro y el arte mayor castellano conforman mucho, porque el uno y el otro recibe algunas sílabas sin perder sonido, lo cual los demás versos no suelen hacer.

Hugo dijo: Bien está; lo dicho es del de cinco espondeos; veamos el siguiente, que tiene catorce sílabas de suyo en latín, y no se puede tener más ni menos.

Tal es, dijo Fadrique, el que tiene cuatro espondeos y dos dáctilos, como el dicho ya así:

Multa quoque bello et bello pasus, dum conderet vrbem.

Y mucho en la guerra-sufre con sólido pecho.

El cual consta del metro exasílabo o de seis sílabas, en el cual descansa después de haber rompido con el acento en la quinta, y, después, pasa adelante con el octosílabo; y con él remata su sonido de la forma dicha. Fue la tercera especie la que tiene tantos dáctilos cuantos espondeos, y hace quince sílabas de esta manera:

Verbaque, nec placidam membris dat cura quietem.

A Dido Fenisa-prestan un implácido sueño.

Este consta: del primero, de seis sílabas, y el último, de nueve; y éste y los demás todos se pueden reducir, quitando o poniendo algunas sílabas, que, como no sean menos de trece ni más de diecisiete, acentuados en su lugar, sonarán.

Era la cuarta especie del que tiene dieciséis sílabas, en cuatro dáctilos y dos espondeos, como el ya dicho:

Intonuere poli et micat crebris ignibus aether.

Atruenan los polos-ya los aires relámpagos arden.

El cual descansa en el exasílabo, y acaba con el metro decasílabo. El último, que es el dactílico, tiene diecisiete sílabas, el cual consta de metro heptasílabo esdrujulado y de otro de diez sílabas, como:

Con hórrido estrépito férvido bate el Italo campo.

A do es de considerar que, en vez de los dáctilos, se usurpan los esdrújulos. Y esto es lo que yo, en breve, siento de la reducción del exámetro y trasplantación en el castellano. Y del pentámetro, entended lo mismo; por ejemplo, de este verso ovidiano:

Dulcis amor patriae, dulce videre suos.

Que, vuelto en romance, dirá así:

Dulce el mirar la patria, dulce el mirar los suyos.

Del cual pentámetro habrá tantas especies, cuantas hay de pies en la primera parte hasta la cesura; porque, desde allí hasta el fin, todos los pentámetros son iguales; los cuales han de tener, por fuerza, ni más ni menos que siete sílabas, seis de dos dáctilos y una de la cesura, mas los dos pies primeros pueden ser dáctilos y espondeos, y pueden ser uno dáctilo y otro espondeo; y así podrá tener siete sílabas, como la segunda parte del metro, la cual, como es dicho, tiene seis sílabas de dos dáctilos, y una, de la cesura. De esta manera terná todo el verso catorce sílabas y sonará de la forma sobredicha, el cual sea ejemplo de todos dáctilos, y puede tener trece sílabas, siendo uno dáctilo y otro espondeo, como se verá en este pentámetro de Marco Jerónimo Vida:

Concipiet dulcem pectore laetitiam.

Que, vuelto en castellano y con las sílabas mismas, dirá:

Dentro en las entrañas concebirá alegría.

Y, si ambos son espondeos, terná no más que doce sílabas; cinco, al primer descanso, cuatro, de los espondeos, y una, de la cesura, como en este metro del mismo, en el lugar mismo.

Et meses condi in horrea uiua suas.

El cual tiene dos espondeos, que, con la cesura, hace cinco sílabas, y que, vuelto en romance, dirá así:

Y mieses guarda en sus graneros fértiles.

La composición de las cuales especies se hace de esta manera: que el que tiene todos dáctilos catorce sílabas, se hará de dos heptasílabos; y el que trece sílabas y tres dáctilos, se forma del exasílado y heptasílabo, y el que tiene doce sílabas y dos espondeos, constará del metro pentasílabo y heptasílabo.

Así en el exámetro y pentámetro se hace la reducción, y así en las demás especies de metros se verá, atendiendo al número de las sílabas y a los acentos adonde rompen.

Holgara, dijo Hugo, ver un sáfico de los que dicen pentámetros dícolos.

Yo os daré, dijo Fadrique, por ejemplo un endecasílabo desos que pedís, mas entended que en romance no hay dícolos, ni los demás que decís, sino el descanso del metro y rompimiento del acento, como en esta Oda se verá, digo en su traslación:

Iam sa-tis ter-ris niuis-atque-dirae
Grandi-nis mi-sit Pater, et ru-bente
Dejte-ra sa-cras iacu-latus-arces,
Terruit urbem.

Digo, pues, que en la traslación deben quedar, como es dicho, las once sílabas que tiene como endecasílabo, que es el metro, y guardar el acento de esta manera:

Asaz en las tierras-de nieve y granizo
Llovió el soberano-Alá y, con la diestra
Rubia hiriendo-a los sacros palacios,
Dio espanto a Roma.

Dicho esto, dijo Hugo: Paréceme que oigo a los metros de arte mayor.

Fadrique respondió: Algo se parecen, especial los endecasílabos (porque los de arte mayor, unos, tienen once sílabas; otros, doce); estos que ahora damos trasladados todos son endecasílabos; y, así como de ellos habéis visto hecha la traducción, se puede de los jámbicos y de las demás especies todas de metros.

Claro está, dijo Hugo, que, pues se ha hecho de los difíciles, mejor se podrá hacer de los más fáciles.

Y Fadrique: Ya estoy un poco cansado, y os ruego, señor Hugo, prosigáis en la cosa de las junturas de metros que en Castilla dicen coplas y, en Italia, estanzas.

Frag. 4.

De las coplas; primero de las castellanas

Diré lo que supiere, dijo Hugo. Copla o estanza quiere decir ayuntamiento o juntura, como que en ellas se ayuntan los metros con alguna consonancia correspondiente a ciertos lugares, porque el castellano no conoce compostura de metros y ayuntamientos sin alguna consonancia. Y, hablando, primero, de los primeros de cuatro sílabas, dichos quebrados, digo que ellos, por sí, no suelen hacer coplas sino ayuntados a los enteros suyos, que son a los de ocho sílabas, como se ve en las de don Jorge Manrique que empiezan.

Recuerde el alma dormida

En las cuales coplas, dichas de pie quebrado, no conozco regla concertada, porque unos quiebran de una manera, otros, de otra, según al autor se le antoja; y unos responden de una, y otros, de otra manera con la consonancia.

Pudiera ser que, haciendo experiencia en el Cancionero General, se sacara alguna regla más cierta, mas a mí me parece el trabajo mucho, y el provecho, poco; y así, hasta ahora, me contento con lo dicho. Esta que sigo es vía nueva y jamás de otro andada que yo sepa; después se puede perfeccionar, que fácil es añadir a lo inventado. Los que más supieren, podrán proseguir, si es que lo que ahora digo algún día se pusiere en papel. Y esto, en el metro quebrado de cuatro sílabas. En el de seis también veo diversas maneras de juntas o de coplas: la una es en forma de romance viejo, como éste:

Luego que naciera,
Nací desdichada,
Los hados mostraron
Estrella enojada.

El cual consona y responde con la consonancia o asonancia del segundo al cuarto, y así va por los pares respondiendo hasta el fin. Otra manera tiene también de consonancia este metro de seis sílabas, en la cual responde segundo con primero, y cuarto con tercero, y así van respondiendo los pares a los nones, hasta el fin, como es el que comienza:

De las Nueve-Villas salieron dos niñas
De Villalumbroso.
Con ellas un mozo.

Hay también en este género de metro los que dicen motes, y hay en ellos coplas de tan diferentes maneras, que apenas se pueden reducir en orden cierto; de lo cual se saca que cada uno puede arbitrar como mejor le pareciera,[38] por ser de las coplas irregulares, como dicen los italianos.

El Pinciano dijo luego: Eso no entiendo.

Composturas regulares e irregulares

Y Hugo: Yo os lo diré. Hay unas junturas de metros regulares que siempre guardan orden perpetuo, como la octava rima que ellos dijeron y nosotros decimos: la cual siempre ha guardado su orden, como después mejor veremos; y, otras que nunca guardan orden, como las canciones y madrigales, que cada uno las hace como se le antoja. Hay otras mezcladas que, en general, guardan siempre un orden cierto, como el soneto en tener catorce pies, pero no tan cierto y perpetuo que alguna vez no pase con algún épodo de dos o tres versos. Digo, pues, que nuestras coplas, así las quebradas como las de pies de seis sílabas, son irregulares, que no guardan orden cierto.

Vamos a las coplas de los metros de a ocho sílabas, de los cuales podremos decir lo mismo que de las dichas: que, en sí, no tienen número cierto

---

38 Texto de 1596: Cada vno puede arbitrar como mejor le parecera.

de metros, ni orden concertado en las asonancias, porque los hay que dicen motes, de dos, tres y cuatro metros, y, en éstos, diversidad de consonancias. Hay también las que decimos coplas hechas a los motes, que en los metros no tienen número cierto, ni cierto modo en la consonancia, como en los de seis sílabas se dijo. Hay también las que son coplas sueltas de motes, en las cuales también se advierte la misma irregularidad, y en las cuales el orden es que carecen de él por la mucha variedad de ellos, como las que verá el que viere al Cancionero General. A mí me agradan aquellas dos maneras que usó Juan de Mena en la Coronación: la primera, en la primera copla, y la segunda, en la segunda; y agrádanme así en el número de los metros, que son cinco, como en la consonancia, porque me hace buen sonido. A otros agradarán otras de otra manera, que hartas hay en que escoger para el que quisiere metrificar. Y esto baste, dicho con suma brevedad, que para una persona discreta basta el tocar los puntos. Y, para acabar con nuestros castellanos, digamos del mayor, más artificioso y más sonoro de cuantos hay y hubo, excepto el exámetro. Digamos, digo, de la juntura de él, que de su persona ya se trató lo necesario; digo, pues, que el metro heroico de arte mayor se ayunta con sus compañeros en consonancia alguna continuamente, porque yo nunca le he visto suelto.

Dijo el Pinciano: Pues ¿por qué, si este metro es tan señalado como decís, no podría andar suelto, como lo hace el exámetro y endecasílabo que los italianos dicen heroico cuando es suelto? Compostura de arte mayor.

Eso, dijo Hugo, yo no os sabré decir más de lo dicho, que así lo veo en uso; que, a decir lo que siento, mucho mejor parecería suelto y sin consonancia alguna para algunas especies de poemas; que, aunque no fuese tan suave, a lo menos, ternía más de grandeza; mas toda arte, y más la Poética, anda tras el deleite.

Y, volviendo a mi negocio, digo que yo veo a este metro ayuntado con otros sus compañeros, siempre en consonancia de tres maneras: o hecha la juntura y copla de cuatro en cuatro versos, o de cinco en cinco, o de ocho en ocho. Y se podría también hacer juntura de tres en tres muy bien, y no me acuerdo bien si la he visto, mas paréceme que la más general es la de ocho, como las de Juan de Mena, en cuyas consonancias veo también irregularidad, y que unos consonan de una manera, y otros, de otra; porque en la primera copla consona tercero con primero y cuarto, y quinto y octavo con segundo, y los dos seis y siete, atados entre sí y sueltos de los demás. Y hay otros que no guardan este orden en la consonancia, como aquella que empieza:

Tus casos falaces...

Y la otra:

Por ende, vosotras...

En las cuales sigue la consonancia este orden: que primero, cuarto, quinto y octavo se responden como en soneto se dirá, y segundo y tercero, entre sí y sueltos de los demás; lo mismo hacen sexto y séptimo; digo, en suma, que estas juntas o coplas tienen regularidad en el número, que todas son de ocho pies, mas no en la consonancia, si ya no dijésemos que la regla es que guarde uno de los dos dichos órdenes, que en tal caso quedaría por orden y regla la división dicha y no me parecería mal. En lo que toca a las coplas de a tres, de a cuatro y cinco metros de arte mayor, hay variedad de consonancias, mas en las de a cinco a mí parecen bien las que consonan con primero, tercero y quinto, y, con el segundo, el cuarto; y en las de a cuatro pies las que consonan cuarto con primero, y tercero con segundo; y en las de a tres me agrada vaya el primero suelto y los dos atados; otros habrá que gusten de otro orden en el consonar; cada uno elija lo que mejor le estuviere, que, en cosas irregulares como éstas, todo hombre es libre y puede seguir su libre albedrío. Y esto baste con brevedad de lo castellano; vamos a lo italiano.

Digo, pues, que digan estanzas, digan rimas los italianos las que los castellanos decimos coplas, no importa cosa alguna, como se entienda lo que ellas son, que son junturas de metros.

El Pinciano dijo: ¿Pues cómo? ¿No decís lo que de las coplas castellanas dijisteis: que eran junturas de metros, los cuales, a ciertos lugares, se responden con la final?

Yo, dijo Fadrique, no dije tal: final quiere decir la última sílaba, y ésta no basta para hacer la consonancia, porque alguna vez ha de haber dos sílabas semejantes, y alguna vez, tres, para que consuene un nombre con otro; y, aunque ésta sea una digresión, será tan breve, que sirva de paréntesis, en quien entenderéis la sustancia de la consonancia, la cual está en que, desde el acento de la dicción o vocablo, corresponda a la otra en las mismas letras y acento; de manera que, si el acento está en la última sílaba, no es menester más semejanza de una dicción a otra para la consonancia que la última síla-ba, como se ve en estos: vestí, comí; amor, dolor, los cuales son consonantes; pero, si el acento está en una sílaba antes, dicha penúltima, desde allí han de ser semejantes en las letras todos los vocablos que hubieren de consonar, como se ve en estos: vida, unida; muerte, suerte.

El Pinciano añadió: Y canto y santo.

Y luego Fadrique: Eso no; que ellos, en rigor, no son consonantes, porque, aunque tienen el acento, como decimos, en la penúltima, mas no tienen las mismas letras el un vocablo que el otro; santo tiene una más, porque tiene una c antes de la t, y así no son consonantes en manera alguna, sino aso-nantes; y, si vos alguna vez los habéis visto consonar en poetas graves, será cometiendo la figura dicha síncopa, que es quitando la c del santo. Y, prosi-guiendo con mi razón, digo que si el acento está en la antepenúltima, de allí también debe empezar la semejanza en las letras, de modo que no falte una tilde, ni sobre, como se ve en los vocablos autores de los esdrújulos: válido, cálido; tímido, frígido; lícito, solícito; sándalo, escándalo; débiles, flébiles, hábiles, lábiles. Y aquí tenga fin la paréntesis.

Rimas italianas regulares e irregulares

Y, volviendo en nuestra plática comenzada, respondo a vuestra dificultad, y digo: que los castellanos nunca hicieron juntas de metros sin consonancias, y los italianos, sí: y, por esto, a las coplas de los castellanos añadí la conso-nancia que en las estanzas italianas he dejado. Todo será más claro en la división que ahora sucederá a la definición, de la cual digo así: que el metro italiano se ata con otro y hace estanza y rima de dos maneras: o sin conso-nancia o con ella; sin consonancia, como el verso suelto, endecasílabo o de once sílabas, al cual llaman heroico, pienso que por esta razón de ir suelto, así como el exámetro, y porque para los italianos tiene más sonido que otra especie de metro (y digo por la una y la otra cosa juntamente, porque cada cosa, por sí, no bastara a mi parecer); que al metro endecasílabo, atado con consonancia, no le dicen heroico, ni tampoco los demás metros latinos, fuera del exámetro, tienen consonancia, que todos carecen de ella.

El Pinciano dijo: Yo pensara que le llamaban heroico al suelto endecasílabo, porque, conforme a vuestra doctrina, la consonancia es ornato, y la heroica no le busca tanto.

Fadrique respondió: No me parece mal. Y luego prosiguió diciendo: Usase también, aunque yo no lo he visto, entre los italianos soltar a los esdrújulos; y, a la verdad, en Castilla se podían desatar mejor por la falta de vocablos para tal metro convenientes. Estas especies de estanzas y junturas de metro hallo yo que no sean atadas a consonancia por ley alguna.

El Pinciano dijo: Pues yo me acuerdo de otra que llaman sextina, la cual no se ata a otros consonantes.

¿Eso, dijo Fadrique, llamáis soltar? La mayor atadura es de cuantas hay, porque se ata, no a semejanza, sino a identidad y a disposición artificiosa; mas no es tiempo de tratar esta materia.

Antes, sí, dijo el Pinciano, que después podrá ser se nos olvide.

Y Fadrique: Pues no tengo que decir de su orden más del dicho, que es primo y artificioso, y no tengo de hacer lo que está hecho: id a alguna de esas Artes Poéticas que andan en romance, y hallaréis el orden que tienen las sextinas y qué composturas; las cuales son tan largas, que no caben en mi memoria; y, si queréis que hable más claro, no quiero gastar el tiempo para dar ejemplo de ellas; baste decir que la sextina es una compostura de metros endecasílabos de seis en seis pies ordenados, sin consonancia alguna, y es una de las rimas más regulares que hay, porque ha de tener treinta y nueve pies repartidos en seis estanzas y media. Los nombres finales de los metros para más perfección han de tener dos sílabas, y aun hay quien diga que han de ser sustantivos, lo cual no hallo yo en todas las del Petrarca; en el épodo o media estanza, que tiene tres versos, deben estar puestos cada dos de los nombres finales, y no sé más; y, si lo sé, no lo puedo decir, que por 4 o 6 reales hallaréis un libro que os lo diga más de espacio.

El Pinciano dijo entonces: Vos, señor Fadrique, sois extraño: que a los otros no dolió el escribir, y a vos os duele el hablar.

Fadrique respondió: Los otros escritores hicieron bien en gastar el papel en lo que no estaba escrito, y yo haría mal si, en lo que está hablado, gasto palabras.

Ahora bien, dijo el Pinciano, no os quiero mejor; pasemos adelante.

Y luego Fadrique: Ya está dicho de los metros sueltos; vamos a los que, atados con consonancia, hacen su juntura. Déstos digo lo que antes de los castellanos; que unos son regulares; y otros, irregulares; y otros, mezclados: y, pues los ejemplos de ellos están ya dichos, no hay que detenernos,[39] sino otra vez dividir y decir que los regulares o son sextinas, o tercetos, o octavas rimas; las cuales han guardado siempre un perpetuo orden: y los irregulares son canciones, madrigales, ballatas: y los comunes o mezclados son como sonetos y cuartetos (los cuales andan a veces aparte de los sonetos, como los serventesios de las octavas). Veis aquí cuanto os puedo decir de esta materia, y no sé más.

El Pinciano dijo: Vos, señor, me habéis dado mucho, a mi parecer, y yo lo he tratado sin mascar.

Y Hugo: ¿Pues qué? ¿Queréis que os diga yo ahora por ejemplo todo lo que en compendio os he dicho? Eso sería hacer un comentario a Plinio: porque, si después de haberos dicho de las rimas regulares y de las mezcladas, os dijese de las especies irregulares que hasta ahora se han usado, y las que se podrían inventar, poco dije del comento de Plinio, ¡sería encerrar la mar dentro de un grano de tabaco!

No, dijo el Pinciano, quiero yo lo imposible, que es lo particular, mas si quisiera no me dijérades lo general de esas especies de estanzas que habéis dividido.

Ahora, pues, dijo Hugo, abridme las orejas, porque, si digo la verdad, esta materia me amohína, y mirad que no lo diré más que una vez.

Ni os preguntaré, dijo el Pinciano, palabra, aunque tenga alguna duda.

Sextina

Para duda, dijo Hugo, yo os doy licencia, como no sea causada por falta de atención; y ahora quiero la tengáis, no porque importe la doctrina, sino por no decir dos veces lo que una vez digo de mala gana. Digo, pues, de las rimas

---

39 Texto de 1596: Pues los exemplos dellos están ya dichos, no ay detenernos.

regulares que contino guardan un orden concertado, que es la primera la sextina, de la cual ya dije más de lo que pensé y os remito al Petrarca.

El Pinciano dijo luego: Muchas cosas leo yo que no entiendo, y podría ser ésta una de ellas; y, si vos ahora me decís el orden que la sextina tiene, yo la entenderé mejor cuando la vea escrita.

Terceto
Cadena
Octavas
Serventesio

Hugo dijo: Como no sea dar ejemplo de ella, porque sería muy largo, os quiero hacer este servicio, y, añadiendo a lo dicho, digo que la primera estanza tiene los versos sueltos de la manera ya dicha, y, después, en las demás, se repiten los nombres finales mismos, así que en la segunda estanza se pone el nombre último[40] de la primera en el primero verso: y en el segundo, el primero de la primera estanza; y en el tercero, el quinto; y en el cuarto, el segundo; y en el quinto, el cuarto; y en el sexto, el tercero; y las demás siguen este orden, continuando la última a la penúltima hasta el épodo, que cierra de la manera antes dicha. El terceto quiere decir tres pies, y es equívoco, porque significa a los que, de tres en tres, cierran el soneto; y de esta manera se considera como parte; y significa también la estanza que se dice tercetos, los cuales son todos endecasílabos, como la sextina, pero se dice tercetos, los cuales son todos endecasílabos, como la sextina, pero difieren en otras muchas cosas de ella, porque van de 3 en 3 eslabonados, de manera que al 1 responde el 3; el 4 al 2; y el 5 va suelto: el 6 responde al 4; y el 7 al 5; y el 8 va suelto; de manera que, cada terceto o tres pies, va uno suelto de los antepasados, con el cual se va encadenando la compostura, de la manera que se ve en Los Triunfos del Petrarca; y, así como el principio no tiene más que una consonancia, el fin también queda con sola otra, digo el principio y fin del capítulo, que así dicen esta forma de estanza; la cual es muchas veces muy larga, y que llega a sesenta tercetos y más; y la cual no debe multiplicar la consonancia, sino que todos los consonantes deben ser diferentes. El que dicen unos ovillejo —otros, cadena—, es una forma de estanza en la cual el

---

40   Texto de 1596: Así que la segunda estanza se pone el nombre vltimo...

quebrado italiano responde con la consonancia a la final dicción del metro entero. octavas son las que, siendo de ocho pies y endecasílabos, como las ya dichas especies todas, conciertan tercero con primero, cuarto con segundo, quinto con tercero, sexto con cuarto, y los últimos dos, sueltos de los demás, se atan entre sí con consonancia. Esta forma de estanza y el ovillejo o cadena no fue usada del Petrarca, a do se colige que fueron después de él inventados. El que dicen serventesio no es más que los primeros cuatro pies de la estanza que dicen octava. La que dicen lira, en la verdad, es una especie de canción, mas ya algunos la ponen como cosa apartada y como diferente especie de las regulares, la cual consta de número cierto de pies, que son cinco. El primero es quebrado; el 2, entero; el 3, quebrado y responde al primero; el 4, quebrado y responde al segundo; el 5, entero y responde al cuarto y segundo. De ejemplos están llenos los poetas. Y esto, de las rimas regulares.

Batallas
Madrigales

Las irregulares todas, o las más de ellas, constan de pies enteros y quebrados juntamente mezclados. De las canciones hay un número sin fin; los cuales dejo porque no se puede poner orden cierto en sus consonancias, ni en el número tampoco, como ni en las ballatas y madrigales, que ni éstas ni aquéllas tienen cierto número de verso.

Ya yo sé, dijo Pinciano, que se diferencian las canciones de los madrigales y ballatas, mas no sé en qué éstas de aquéllas.

Canciones

Hugo respondió: La lira, ballatas y madrigales todos son una especie de canciones, y, así como éstas pueden ser hechas al albedrío del poeta, lo pueden ser esotras composiciones, salvo lo que sabéis que el madrigal y ballata andan a solas y no acompañadas como las canciones, las cuales, como dijimos de los tercetos, no se deben encontrar con las consonancias, especial en las estanzas enteras, que el épodo bien se puede encontrar con la estanza entera en la consonancia.

Así es verdad, dijo Fadrique, que yo he visto en el Petrarca ese encuentro que decís del épodo y estanza, mas no de una estanza con otra; y, por huir de este encuentro, partió el Petrarca en las canciones dichas las tres Sorellas, la primera de las cuales empieza: *Perche la vita è breve*.

Sonetos
Cuartetos

Las cuales se encuentran con la consonancia, porque la segunda estanza de la canción primera se encuentra con la tercera estanza de la canción segunda, y la primera estanza de la segunda canción con la quinta estanza de la canción última; y podría ser que hiciese también el Petrarca esa división por no cansar con canción tan larga; y harto larga ha sido la nuestra en materia poco grave. Restaban las rimas mezcladas, que eran los sonetos y los cuartetos, que también son especie de rimas aparte del soneto. Digo que, en general, los sonetos guardan un orden, consonando cuarto, quinto y octavo al primero, y tercero, sexto y séptimo al segundo primero. Algunas veces acontece seguir el orden de la octava hasta el sexto pie, y, después, los dos segundos pies, dejando el orden de la octava misma en el fin, seguir a la misma en el principio, digo, consonando par con par, e impar con impar; los tercetos del soneto son tan irregulares como las canciones. Del cuarteto, especie de rima de por sí, no tengo que decir sino que sigue el orden del soneto, y así alguna vez será cuarteto de soneto común y ordinario, y alguna, del extraordinario, que responde a la octava en las consonancias, que por otros nombres dijimos serventesio. Con los tercetos, sextinas, octavas, ovillejos, serventesios, cuartetos, endecasílabos siempre, y las demás rimas italianas se pueden mezclar los quebrados, y con el soneto, cuando tiene más de los catorce pies; porque en los demás que yo llamo épodo, puede quebrar uno o dos, o los que quisiere. Y esto baste por ahora de los metros, que para mí es una cosa muy cansada, porque hablo con miedo en ellos y puede ser que se me olviden algunas especies de ellos o de las rimas y estanzas.

Frag. 5.

Calló después de esto buen rato Hugo y el Pinciano, de manera que parecía no haber más que enseñar ni que preguntar en aquella conversación, y, después de un gran rato, dijo el Pinciano así: Yo os veo, señor Hugo, tan mal con esta plática, que me acobardo de os preguntar otro poco que me resta, mas otro día estaréis de mejor humor y recibiré la merced.

Hugo le dijo riendo: Preguntad lo que queréis que, como no sea punto tan excusado como el pasado, no me será enojoso y, por mucho que lo sea, digo que lo tengo por bien.

Metros de heroica

Entonces el Pinciano dijo: Besos, señor, las manos por la merced. Y después: Lo que me ha venido al pensamiento es saber qué género de metro es mejor para la épica; no digo bien, que el metro ya sé que es bueno para ella, el de arte mayor y el suelto italiano; ¿por qué el de arte mayor es más heroico que ninguno, y el italiano tiene el nombre de heroico?

Hugo respondió: Y aun en eso que tenéis por cierto, hay que dificultar, porque, aunque el metro de arte mayor es más sonoro y verdaderamente mejor para la heroica, está ya tan fuera de uso, que no sé sí agradaría tanto; y el que llamamos heroico italiano, como está tan falto de consonancias y respondencias, no tiene aquella suavidad y el deleite que las rimas, y así soy de parecer que los endecasílabos italianos, atados a respondencias de ocho en ocho, son los mejores, después de los de arte mayor, los cuales mejores fueran, si fueran más en uso.

En suma, dijo el Pinciano, a vos parece que la arte mayor, y el verso heroico que dicen italiano, y las octavas son buenas para las épicas y epopeyas; mas que tenéis por mejores las octavas, y aun yo las veo más en uso para cosas graves que no otras rimas algunas. ¿Y, al fin, la Poética, como los trajes, está puesta en uso?

Hugo luego: ¿Pues no habemos dicho que el metro es ornato de esta dama poética? Y el ornato está muy puesto en el uso, el cual sigue a la naturaleza muchas veces. Digo que muy buena rima es la octava para la especie de fábula que preguntáis; y si yo hubiera de escribir fábula heroica, aunque estoy aficionado a las rimas de mi patria, creo que, por esta vez, las dejara para seguir las extranjeras; de modo que la octava solamente queda perfecta, consumada y buena para la épica, a mi juicio. Y es de advertir que no es lícito al poeta épico usar de otro género de metro sino el en que una vez comenzó, conforme a la doctrina del Filósofo y costumbre de poetas antiguos, a quienes no fue lícito poner otro género de metros en la heroica.

El Pinciano dijo: Pues las Bucólicas y Geórgicas también, como la Eneida, están escritas en exámetros.

Ahora bien, dijo Fadrique, ésas son otras quinientas. No ha dicho Hugo que la heroica sola consiente exámetros, ni tampoco dijo que sola quiere octavas y que no es lícito en la heroica de exámetros poner metros que no lo sean.

El Pinciano dijo: Y si algún heroico, entre los endecasílabos de las octavas, pusiese algún esdrújulo, ¿sería error?

Fadrique dijo: Como fuese uno, entre muchos de un libro, no sería mucho error, que antes estos desvíos pequeños y raros hermosean a la oración, haciendo el metro peregrino, y se debían decir lunares antes que faltas; que en la heroica de Virgilio se hallarán algunos que no sean exámetros, aunque muy pocos, como digo.

¿Y si fuese de arte mayor, preguntó el Pinciano, el que se mezclase al endecasílabo?

Fadrique: Eso no tanto, porque es diversidad mayor, a do no solo el metro muda especie, mas patria y todo. Y, si mucho me apretáis, diré que también se puede permitir de la manera dicha que sean muy pocos y raros; y, pues se admiten los vocablos extranjeros, también se pueden admitir los versos, especialmente que tienen tanta semejanza, mas lo mejor es seguir la tela con un mismo hilo de metro.

Metros de trágica

Calló aquí Fadrique y, poco después, dijo: ¿No preguntáis de la trágica algo? Debéislo de saber.

No, dijo Pinciano, sino que no os quiero cansar.

Y luego Fadrique: La trágica consiente todo género de coplas y metros y estanzas.

¿Cómo?, dijo el Pinciano. ¿Que consiente redondillas castellanas enteras, quebradas, y arte mayor? ¿También los metros y rimas italianas?

Fadrique respondió: Quien dice todo, nada excluye. Mas es de advertir que conviene a las personas trágicas y principales darles metros y rimas mayores, y, a las menores, menores; y las mayores son las que constan de arte mayor o endecasílabos, y, pues el uso ha echado esta copla de arte mayor, echémosla también de la trágica; y, recogiendo más la generalidad dicha, digo que, excepta arte mayor y quebrados castellanos, todas las demás estanzas son buenas para la trágica.

Al fin, dijo el Pinciano, vos echáis de ella la arte mayor y quebrados.

Metros de comedia

Aquí pensó un poco Fadrique y dijo: Sí, para el cuerpo de la tragedia: y permitiríale fuera de ella, porque en el prólogo no parecería mal la arte mayor —hablo al uso de los prólogos de ahora— y no parecería mal el quebrado castellano en el coro, si aconteciese a llorar y lamentar una miseria. Y esto, del metro de la tragedia. Y de la comedia misma digo que recibe toda suerte de metros cual la tragedia, mas no conviene contenga muchos de los endecasílabos, ni tampoco canciones; porque, como las personas son bajas, no está bien usen de metros altos muchos; y en lo de las canciones digo no convienen, porque son rimas muy fuera del común uso de hablar, y la comedia débese aplicar mucho al uso común. De aquí nace que los antiguos usaron mucho los yambos, y a nosotros nos estarán bien las redondillas; y, si alguno quisiere hacer comedias en prosa, no les condenaré por ello, porque, en la verdad, las hará verosímiles más, aunque menos deleitosas. Yo, a lo menos, soy tan aficionado a la buena imitación, que por ella olvidaré de buena gana el deleite del metro; y de esto ya está hablado antes de ahora.

Metros de ditirámbica
Metros de lírica

Del metro y rimas para la ditirámbica o lírica resta decir, y con esto habremos acabado lo que toca a las cuatro especies de poética mayores. De la ditirámbica poco hay que decir, porque ésta ya se perdió, mas de lo que está escrito se saca que era el metro muy tumultuoso e hinchado por la copia de vocablos compuestos que usaba; y, dejado esto aparte, hablemos de la que fue substituida en su lugar, dicha lírica, para la cual son buenos los metros castellanos de seis y ocho sílabas, quebrados o enteros. Son también buenas todas las especies de canciones, mas especial las italianas me parece que son a este propósito, porque ordinariamente van siguiendo el concepto en más que una ni dos estanzas.

El Pinciano: Pues las ballatas dichas también siguen más que una estanza, y, como son para bailar, podrían ser para cantar, y aun los madrigales también alguna vez.

Fadrique dijo: Esas son canciones rústicas, y las líricas tienen más primor y nobleza, y de manera que casi se avecinan a la grandeza trágica.

Metros de sátira

Calló un poco Fadrique, y después dijo el Pinciano: ¿Para la sátira qué metros son buenos?

Fadrique respondió: Ningunos.

Tres veces se lo preguntó el Pinciano y Fadrique respondió: Ningunos.

Ahora bien, dijo el Pinciano, yo os entiendo; vos queréis decir que no conviene se diga mal de nadie.

Fadrique respondió: Vos me habéis interpretado más piadosamente y menos agudamente que yo lo entiendo. Sabréis que quiero decir que el metro fue una invención para deleitar, y es tanto el deleite que las gentes reciben con el oír faltas de sus próximos, que no es menester salsa de versos para comer de buena gana el manjar de la murmuración; de manera que ésta es una hermosura que no ha menester afeite, o fealdad tan agradable que no es menester hermosearla. Y, dejada aparte esta plática, que sabe algo a satírica, digo que, si yo hubiera de escribirla, la escribiera en tercetos, los cuales me parecen más a propósito.

Mirad, dijo el Pinciano, que las he visto buenas en redondillas.

Metros de mimos

Metros de bucólicos.

Y, aunque sean en redondas, dijo Fadrique, cuadrarán a toda oreja, y darán cuadratura de círculo. Y pasemos a las coplas que para los mimos vienen a propósito, las cuales diría yo que son las redondillas; y así los zarabandistas, que el día de hoy tienen mucho de los mimos, las usan: y también es su metro de lenguaje más común y plebeyo, el cual los mimos imitaban, así como los cómicos, que a ellos eran muy semejantes, como antes dijimos. Para bucólica es bueno el terceto, y hay quien haya usado la octava, y aun entrepuesto canciones a tercetos; digo que el terceto me parece mejor mucho.

Mirad, señor, dijo el Pinciano, que el Sanazaro usó las canciones en su Arcadia.

Y luego Fadrique: Mirad, señor, que no era razonando, como lo hacen los bucólicos sino cantando, como lo hacen los líricos.

¿De manera, dijo el Pinciano, que os parece el terceto bueno para la bucólica, y las demás rimas no?

Metros de elegías

Así es, dijo Fadrique, y mirad que se me olvida decir de las redondillas y bucólicas, que hay una bucólica en ellas hecha muy ilustre, y anda con nombre de Mingo Rebulgo. Para las elegías son buenos los tercetos.

Yo los he visto, dijo el Pinciano, en canciones.

Y luego Fadrique: Y yo también, mas verdaderamente parecen mejor en este género de metro, y parece no mal en el castellano de seis sílabas, en el cual algunos dicen el metro de las endechas, porque en él se cantan. Y, si buscamos algún metro que responda al elegíaco latino, exámetro y pentámetro, no estoy mal en la copla castellana de ocho, con su quebrado, la cual parece quebrar de la manera que el exámetro y pentámetro, aunque no es tan sonoro. Ejemplo sean las coplas de don Jorge Manrique.

Metros de apólogos
Metros de epigrama

De los apólogos resta que digamos, los cuales no están escritos en metros gran parte, sino en prosa, porque los autores de ellos atienden más a lo esencial, que es la doctrina, que al deleite. Y de esto ya está dicho antes de ahora, y, si versos para ellos se han de usar, a mí parecen bien las octavas, si el apólogo es algo largo, y, si es breve, bastará un soneto, el cual también podrá servir al epigrama, si el concepto es largo; de manera que el soneto servirá bien al apólogo y al epigrama, si aquésta es larga y aquél es corto; y, si la epigrama tiene el concepto breve, como es lo más ordinario, se puede poner en un serventesio, o en cuarteto, o en un madrigal, y, si es breve, en una redondilla de cuatro pies. Al fin: como fuese el concepto, se debe escoger la rima; si largo, largo; si breve, breve; si mediano, mediano; tal es la octava y tal fue el concepto que un poeta formó de dos niños hermanos muy hermosos, el uno de los cuales era varón, y el otro, hembra; ésta, falta del ojo siniestro, y aquél, del diestro; el poeta latino puso el concepto en dos distintos exámetros y pentámetros, los cuales, puestos en una octava, suenan así:

> Falto es Achón del diestro, y del siniestro
> Ojo Leonela está, su hermana bella;
> Y a buen juicio de pintor maestro,
> Hermosísimo es él, bellísima ella.

> Niño bello a quien falta el ojo diestro,
> Da esotro con que ves a la doncella,
> Y quedaréis el uno y otro luego,
> Ella, Venus hermosa, y tú,
> Amor ciego.

Mucho mejor está en latín, pero, ejemplo de lo que digo, basta así. Y, si preguntáis que por qué traigo ejemplo de este poema y no de los demás, digo que lo hago por decir el concepto agudo, que, a mi parecer, lo fue. Y, tornando al comenzado propósito, digo que las rimas deben ser según la especie de la Poética, y diferentes los versos, como está dicho. Mas hay una generalidad que conviene a toda especie de metro y es que consiente toda sinalefa, si no es de la m; y admite sinéresis mucho más que el castellano, italiano, que el latino y griego, y a veces no solo dos, mas tres vocales se hacen una sola. Es de advertir asimismo que el metro ha de ser libre, no forzado, sonoroso e igual, y que se debe hacer en tiempo y limar en tiempo; declárome y digo: que el metro se debe hacer con furor y enmendar sin él.

Esto dicho por Hugo, al Pinciano vino de su casa un recado de parte de cierta persona que le buscaba, el cual se despidió de Fadrique y Hugo, después de los haber dado gracias de la doctrina recibida. El Pinciano negoció con el que buscaba con mucha prisa y aun con falta de atención, porque el negocio era no de mucha importancia y porque le divertía el miedo de perder de su memoria lo que había oído.

Acabado con el negociante, tomó la pluma, señor don Gabriel, para os hacer participante de lo que habéis leído, si es que soléis leer los papeles con orden. Fecha, un día después de las Nonas de junio. Vale.

Respuesta de don Gabriel a la epístola VII del Pinciano

Frag. 1.

Cayó en este lugar de pies, señor Pinciano, el tratado que recibí del metro, porque, habiendo hablado de la materia subjetiva de la poética, que es el lenguaje, restaba hablar del metro en quien el lenguaje poético se sujeta; y me agradó que no estuviese Hugo en esa primera conversación, porque con su rigor nos desterrará el metro; y me parece bien lo que Fadrique siente de él: que es importante en la poética mucho por las razones que él trae.

Pero, en lo que toca al uso de él en las comedias, disiento en alguna manera, y, siendo de parecer que la comedia y la apologética no parecen mal en prosa y que justamente se deben en ella recibir, afirmo que la una y la otra y todas las demás especies de la poética están con más perfección en el metro, y que es más el deleite que éste trae que no disgusto la falta de imitación.

Frag. 2.

Contiene el segundo fragmento que el ser del metro castellano e italiano está en el número cierto de sílabas acentuadas en ciertas partes, de lo cual tenía yo alguna noticia, y ahora hice la prueba; de manera que no hallo dificultad, ni pequeña. La división de los metros, así castellanos como italianos, me parece bien; los que decís de nueve y diez sílabas son un poco durillos en su sonido, mas no de manera que se esconda el número y acento, que son autores del metro. Otra vez tornáis a fundar que no hay sílabas luengas ni breves en nuestros metros: con razón de hoy más se desterrarán, y en su lugar quedarán los acentos que Fadrique pone.

Frag. 3.

En el tercero se convierten y truecan los metros latinos en castellanos; el cual trueco a mí me ha sido dos veces agradable, y, con la novedad y con el primor, cosa nueva y que nadie hasta ahora, que yo sepa, ha puesto en imprenta ni aun en práctica. Y, en lo que toca a la duda de si serán bien recibidos en Castilla, digo que yo no la tengo, y que serán bien recibidos a mi parecer, porque son hermosos cuanto se pueden imaginar; y tengo de emprender una Elegía con el exámetro y pentámetro, con lo cual acabaré de averiguar si mi opinión es mala o buena; que, cuando no sea como espero y no parezcan tan bien como pienso, se perderá poco tiempo en hacerla, por ser, como es, poema breve.

Frag. 4.

El cuarto no me enseña cosa alguna de nuevo, porque en la doctrina del metro solamente ésta ha sido la parte que han tocado los escritores, a los cuales añade vuestro Hugo algo, aunque poco, a lo que yo sabía. Con todo esto, agradezco en él vuestra diligencia, y en los tres primeros alabo la invención nueva y doctrina nunca escrita de otro alguno. Débese alabanza a todo buen inventor, como premio a todo buen escritor, que honra y premio son los que sostienen las artes y las defienden de la caída. Fecha, dos días antes de los Idus de junio. Vale.

Epístola VIII De la tragedia y sus diferencias[41]

A cinco días, señor don Gabriel, después de os haber escrito la pasada, me vi con los amigos, y el gran deseo que de verme con ellos tenía maduró a mi ida antes de tiempo, porque estaban comiendo los dos, Fadrique y Hugo, y no al fin de la comida, sino a poco más que un tercio, callando y aun tristes hasta acabarla. Su silencio triste me causó triste silencio, y, callado, quedé medroso de dar con mi plática pesadumbre; mas Fadrique, con su mucha cortesía, me animó con manifestar la causa diciendo: Está el señor Hugo muy triste porque ha recibido carta de su tierra, que su mujer queda fatigada de una enfermedad, y, tanto, que teme sea muerta; pero estas cosas siempre se añaden más de lo que deberían.

Hugo dijo con harta pesadumbre: Y aun muchas veces se menguan y hacen enfermo al que ya es muerto; mas esto no puede ser, que el mensajero me lo hubiera dicho, porque era yo menester en mi casa, de manera que se hiciera mucho agravio a mis cosas si de la muerte no fuera avisado. Siento

---

41   Texto de 1596: Epístola. De la tragedia y sus diferencias.

mucho el no estar presente en su enfermedad, porque la conozco su complexión como quien ha que la cura más de quince años, y me hubiera partido luego al punto, sino que, según el género de la enfermedad y estado en que quedó, o está sana o enterrada. Y, diciendo esto, hizo unos movimientos llorosos con los labios, y los ojos comenzaron a destilar a gran prisa.

Frag. 1.

Ahora bien, dijo Fadrique, señor Hugo, yo espero en Dios que esa señora estará buena; y, si esto sucede, habrá sido sin tiempo vuestra sentimiento; es justo dar a las cosas su tiempo y sazón continuamente, y ahora es de que se trate un poco de la materia poética. Y, pues se han tocado ya las cosas generales, se venga a las especiales, que a vos asentará vuestro estómago esta conversación, y al Pinciano yo sé no le estomagará.

Hugo dijo, algo más alentado: Aquí estoy para todo lo que fuere de gusto.

Y luego Fadrique: Pues esto lo será a mí, y vea el Pinciano de qué especie quiere se trate primeramente, como sea de las cuatro cardinales y principales.

A quien dan, no escoge, dijo el Pinciano. Y después: Hugo puede dar la que quisiere.

Pues si a mi elección queda, dijo Hugo, gusto que se trate la tragedia, aunque se quite a la épica su antigüedad.

Gana tiene de llorar, dijo Fadrique. Pues sea enhorabuena, y comience; que yo he visto a veces en las tragedias personas de pasatiempo.

Ese, dijo Hugo, terné con mucha dificultad, y, pues a mí se me ha dado cargo de dar principio a esta plática, digo de la tragedia que ahora se ha dicho así, porque tragos, que significa el cabrón, era premio de vencedor en tal poema, o por trigas o heces de aceite, con las cuales los representantes del tal poema se untaban su cara en vez de máscara. Su principio, como el de todas las cosas, fue pequeño, breve y mal ornado; que en aquel tiempo no entraban a le representar sino dos o tres personas, y, habiendo con mucha brevedad enseñado lo que quería el poeta, dejaban el lugar de la representación. Nació de la épica la tragedia y tomó la narración de las personas solamente, dejando la del poeta; lo cual hicieron los trágicos por movernos los ánimos, que, como dice Horacio, más perezosamente incitan a las orejas las cosas oídas que no las vistas. Andaba también la ditirámbica con sus imitaciones saltaderos en este tiempo no poco frecuentada, y mucho más favorecida por el regocijo y entretenimiento, así del tripudio como de la música y el metro. Los filósofos y poetas trágicos de aquellos tiempos entendieron que su poema era poco escuchado por la severidad y tristeza de él, y así acordaron de adulzarla con mezcla de la que toda era miel.

Fadrique dijo entonces: Mejor dijera el señor Hugo vino.

Rióse el Pinciano, mas no Hugo, y con su mesura trágica prosiguió diciendo: El trágico tomó de la épica, como dije, la narrativa, y de la ditirámbica, el tripudio y música, aunque de diferente modo, porque la trágica se aplicó cada parte por sí, apartado, digo, el tripudio por sí, y la música por sí, y el metro o lenguaje por sí. Del agro de la trágica y del dulce de la ditirámbica restó una mezcla agreduce, y la más deleitosa y sabrosa de cuantas hay, si es hecha como debe.

El Pinciano dijo: Eso señor no entiendo, porque nunca oí tragedia que no saliese con mil pesadumbres de ella; y, cuando veo los rótulos que la publican, huyo de los teatros como si fueran mis enemigos, y no lo son mucho.

Fadrique dijo entonces al Pinciano: Advertid, señor oyente, lo que Hugo dijo: «si es como debe», y dice muy bien.

Frag. 2.
Definición de la tragedia
Dicho, calló, y Hugo, vuelto a su razonamiento, dijo: No ahora me parece bien la tragedia, porque tengo el ánimo triste; siempre fui de esta opinión, y seré, aunque me venga nueva de la salud de mi mujer, que es la que al presente me podría alegrar. Quedó con lo dicho la trágica acción tan rica, que venció a la épica en tres cosas: tripudio música y aparato; y a la ditirámbica, en gravedad y deleite juntamente, porque tenía el que daba la ditirámbica con el número y armonía, y el que la épica, con la conmiseración y compasión. Faltaba a la trágica representación el deleite y gusto que dan la cosas de risa y pasatiempo, el cual usaban ya las imitaciones cómicas; y por tener de todo, tomó después algo de lo ridículo y gracioso, y, entre acto y acto, a veces ingería los dichos sátiros —podremos decir entremeses—, porque entraban algunos hombres en figuras de sátiros o faunos a requebrar y

entraban algunos hombres en figuras de sátiros o faunos a requebrar y solicitar a las silvestres ninfas, entre los cuales pasaban actos ridículos y de pasatiempo. Esta, pues, era la forma de la tragedia antigua; así comenzó y así llegó hasta el tiempo de Aristóteles, que la definió perfecta y consumada de esta manera: «Tragedia es imitación de acción grave y perfecta y de grandeza conveniente en oración suave, la cual contiene en sí las tres formas de imitación, cada una de por sí, hecha para la limpiar las pasiones del alma, no por narración, sino por medio de misericordia y miedo». Será necesario que vayamos interpretando[42] cada uno de estos miembros de por sí. Y digo que el primero, que es ser imitación, está ya bien declarado, y acerca de él, al presente, no hay más que considerar de que la imitación, juntamente con la acción, digo, imitación de acción, es género de esta definición, y todo lo restante es la diferencia, porque, como está dicho, a toda especie poética perfecta conviene el ser imitación de acción u obra, que todo es uno.

El Pinciano dijo entonces: ¿Qué decís, señor Hugo, aquí acción?

Yo lo diré, respondió Hugo. Pregunto: ¿Aquella obra que se va haciendo en la representación o leyendo fuera de ella, pasó como se representa o escribe? No. Pues el imitar a aquella obra que no fue y pudiera ser, llamo yo imitación de acción.

Fadrique dijo: Poco hay que dificultar en eso del género. Adelante. Pasemos a las diferencias, porque son tantas, que será maravilla si no las tenemos entre nosotros, Hugo y yo.

Y Hugo luego: Pocas habrá que sean de importancia entre dos que tan amigos tienen los ánimos, allende de que ya sabe el señor Fadrique que todos le reconocemos por maestro; y, dejados cumplimientos, digo: que el primer miembro de la diferencia es «grave»: algunos dicen virtuoso, mas no me parece bien, que el ser virtuoso no diferencia a un poema de otro (todos lo son: a lo menos, lo deben ser), salvo si no quisieran poner el nombre virtuoso junto con lo de más adelante; paréceme mejor la antes dicha interpretación del vocablo griego «grave».

Y a mí también, dijo Fadrique.

Dicho, prosiguió Hugo: De los dos miembros que siguen, que son «perfecta y de grandeza conveniente», poco ahora tenemos que decir pues,

---

42   Texto de 1596: Será necesario que vamos interpretando.

cuando se trató de la fábula en general, se tocaron estos dos puntos, y se mostró cómo la fábula ha de ser perfecta y acabada, no dividida en dos, y que debe tener una grandeza moderada: y el cómo sigue «en oración suave» (aquí dicen algunos que sonaría mejor, pues el griego da lugar, «oración sazonada o adobada») no reparo, que tan metafórico es un vocablo como otro, y tanto el uno como el otro da a entender lo que quiere decir, que es, que la oración sea hermosa y ornada y sin aspereza.

Tampoco reparo en eso, dijo Fadrique, aunque más me satisficiera el nombre jocundo o agradable, porque, allende de que viene muy bien con el vocablo griego, viene no mal al propósito. Pero no importa mucho, como se entienda que el Filósofo quiso decir figurado, y, especialmente, el metafórico, porque, hablando de las frases, él mismo, en sus Poéticos, dice que las metáforas son más a propósito para la trágica. Pasemos adelante.

Hugo obedeció y dijo luego: La quinta parte, que dice «con las tres formas de imitación juntas», es clara y declarada ya cuando de las diferencias de la poética en general se trató, adonde se tocó de la manera que el tripudio y música entraban en la ditirámbica y trágica, y que en aquélla eran juntas, a un mismo tiempo, todas tres especies de imitación, y, en ésta, juntas, mas en diferentes tiempos. Es la sexta «para limpiar las pasiones del ánimo», y es el fin este universal de la poética, a la cual universal obra particulariza con el instrumento; porqué ninguna especie de poética usa de miedo y misericordia para quietar los ánimos como la trágica, que, aunque en el quietar los ánimos conviene con la épica, pero ésta no obra tanto esta acción como la trágica, la cual, poniendo personas vivas delante, mueve mucho más a miedo y compasión, y, por la causa misma, quieta mucho más.

El Pinciano dijo entonces: Deseo saber qué cosa sea pasiones del alma o del ánimo.

Hugo luego respondió algo enfadado: Esta materia se tocó al principio; y así digo, en breve, que es el ánimo capaz de pasiones (por otro nombre, afectos) y es de virtudes. Virtudes se dicen condiciones o hábitos, por las cuales un hombre es un buen varón; y las pasiones son unas disposiciones que perturban al hombre, por las cuales ni es malo ni bueno, porque son naturales e involuntarias: virtudes son como humilde y piadoso, templado, manso, liberal, casto, diligente y otras cosas de esta forma; pasiones y afectos o perturbaciones del alma son: ira, miedo, tristeza, compasión y otras así. A éstas dijo Galeno enfermedades del ánimo, y aun hizo un libro de su cura. Y esto es lo que, en breve, se puede al presente decir de las pasiones dichas, a las cuales, como digo, la trágica limpia, más que otra especie de poética, por medio de miedo y misericordia.

Fadrique dijo entonces: Tened punto, que me hace dificultad lo que habéis dicho. Yo confieso, como decís, que, por causa de la acción viva, en la representación tiene más eficacia y mueve más mucho la tragedia que no la épica, mas advertid que, según doctrina de Aristóteles y según la verdad, la tragedia tiene su esencia fuera de la representación; y es manifiesto, porque esas tragedias de Sófocles, Eurípides y Séneca y las demás que andan por ahí escritas en papel, en él son tragedias como en el teatro.

Hugo dijo entonces: Ello es así, mas, al fin, tienen aquella aptitud para la representación, y, por el consiguiente, para el mover más que no la épica. Y, si os pareciere que por aquí no se diferencia bien la épica y la trágica, diferéncianse por el término narración, como que quiera decir Aristóteles: «la épica como la trágica limpian las perturbaciones del ánimo, mas la épica hácelo como poema común, narrativo parte y parte activo, y la trágica como poema puro activo que no tiene mezcla alguna de lo narrativo».

Mejor estoy con eso, dijo Fadrique.

Y luego, el Pinciano: Esas parecen muchas honduras para mí, sobre las cuales volveremos otro día, porque se me ha ofrecido otra dificultad, que debe de ser más fácil, y es: que cómo una acción puede quitar las perturbaciones del ánimo por medio de otras perturbaciones. Y deseo saber qué son esas perturbaciones que la tragedia limpia.

Hugo: Todas.

Pinciano: ¿Y al miedo y compasión?

Hugo: Las primeras.

Pinciano: Pues ahí está mi mayor dificultad. ¿Cómo con temor y misericordia se quita la misericordia y el temor? ¿Por ventura es esta acción de clavo que, con uno, se saca el otro, o de sacamolero que, con un dolor, quita otro?

Eso mismo, dijo Hugo, porque, con el ver un Príamo, y una Hécuba, y un Héctor, y un Ulises tan fatigados de la fortuna, viene el hombre en temor no le acontezcan semejantes cosas y desastres; y, aunque por la compasión de mirarlas con sus ojos en otros se compadece y teme, estando presente la tal acción, mas, después, pierde el miedo y temor con la experiencia del haber mirado tan horrendos actos, y hace reflexión en el ánimo; de manera que, alabando y magnificando al que fue osado y sufrido, y vituperando al que fue cobarde y pusilánime, queda hecho mucho más fuerte que antes; y de aquí luego sucede el librarse de la conmiseración, porque la persona que es fuerte para en su casa, también lo será en la ajena, y de la ajena miseria no sentirá compasión tanta. Esto se prueba en el sexo femenino, el cual, como es débil y enfermo para sufrir, lo es también para resistir a la compasión.

Y el Pinciano entonces: Pues yo había oído decir que era virtud grande el ser una persona compasiva.

Fadrique respondió: Si lo deja de ser por falta de sentir, falta es muy grande, mas de la manera que Hugo dice, es muy gran prudencia, y aun virtud acquisita, necesarísimo para los hombres y mujeres, porque de la ternura y compasión demasiada vemos muchos inconvenientes, y de la fortaleza, en esta forma, ningunos o pocos.

Si, señor, Hugo dijo, que el rey muy tierno, y el juez muy muelle, y el padre familias muy blando harán una política y una economía muy tierna, muelle y blanda; y aun el hombre que en las cosas de su cuerpo fuere así, será un hombre muelle, mal héctico y acostumbrado. Entero y no muy compasivo conviene sea el hombre; y esta entereza se gana con la tragedia, como dicho tengo, particularmente más que en la épica ni histórica, por causa de la acción.

Otra más breve definición de la tragedia

Fadrique dijo: Vos, señor Hugo, habéis traído la definición de la tragedia del mismo Filósofo en sus Poéticos, sin añadir ni quitar cosa, la cual es buena por cierto, mas veamos si la podemos recoger un poco más, porque es virtud de la definición ser breve si hace su oficio, que es dar la esencia y distinguir al definito de las demás cosas que están debajo de su género. Y, si esta que ahora diré lo hace así, razón será que no sea menospreciada: «Tragedia dijera yo que es imitación activa de acción grave, hecha para limpiar los ánimos de perturbaciones por medio de misericordia y miedo». Por activa se diferencia de la épica y ditirámbica; y por ser acción grave, de la cómica, y, especialmente, por la última, que es limpiar los ánimos de miedo y misericordia por medio de misericordia y miedo.

Con esto estoy mejor, dijo Hugo, porque hay algunas acciones graves, las cuales son comedias, como las dichas togatas y trabeatas, adonde tenían las principales partes las personas principales y patricias. Y prosiguió diciendo: Bien pudiera yo dejar esta plática al señor Fadrique, como quien tan bien la entiende, pero tengo de obedecer.

Frag. 3.

Dos especies de tragedia

Dicha la etimología y la esencia de la tragedia, sigue en orden el decir de su división en especies, y, dejada la primera en simple y compuesta, que, como fábula, tiene, porque puede tener y no tener agniciones y peripecias, digo que de la tragedia hay dos especies, y que, o es patética o morata.

Fadrique dijo entonces: A lo menos, no seguís el orden de Aristóteles en la división de la tragedia en especies.

Y Hugo: Ni aun el número tampoco; él se fue por allá, y yo, por acá, y no nos contradiremos en lo importante.

Fadrique se rió mucho y dijo: Ya os entiendo; vos habéis querido huir unos pasos pantanosos que están en el camino peripatético, y habéis hecho muy cuerdamente, porque, si va a decir la verdad, no me atreviera yo a los pasar.

Hugo dijo: Pues tengo compañeros en mi miseria, quiero hablar más claro. El Filósofo hace cuatro especies de trágicas: compuesta, patética, morata y la que él dice de los infernales, y otros, simple; y yo no lo entiendo, porque en otra parte dice que la Ilíada es patética y simple, y la Odisea, compuesta y morata, y, según esto, confunde las especies unas con otras. Y así me ha parecido se dividan las fábulas, generalmente, en simples y compuestas, de las cuales, como entonces se dijo, la compuesta tiene agniciones y peripecias, y la simple, no; y que cada una déstas, siendo trágica, puede ser patética o morata. Tampoco entiendo la especie cuarta que de tragedia hace, porque los ejemplos que pone son patéticos, y, por el consecuente, ellas serán patéticas.

Fadrique dijo: Los códices están muy perturbados y mal dispuestas las razones por negligencia de los que le sucedieron. Y ésta haya sido la digresión acabada, y volved a vuestro negocio.

Digo, pues, dijo Hugo, que así la simple como la compuesta tragedia puede ser, o patética, o morata; patética es aquella que está llena de miedos y miseria, como es la Hécuba de Eurípides y como se entiende que fue el Ayax de Esquilo, en las cuales con tristeza y llanto era la oración toda, y en todo el pueblo causaron llanto y tristeza. Morata se dice la que contiene y enseña costumbres, como aquella que de Peleo fue dicha, éste fue un varón de mucha virtud, o cual la de Séneca, llamada Hipólito, el cual fue insigne en la castidad. Será mejor la tragedia que, siendo compuesta de agniciones y peripecias, fuere patética, porque el deleite viene a la tragedia de la compasión del oyente, y no le podrá tener si el agente no parece estar muy apasionado: por la cual causa deben las tragedias mudarse de felicidad en infelicidad, que el fin de la soltura de la fábula es el que más mueve. La segunda especie, dicha morata o bien acostumbrada, aunque es de más utilidad, no de tanto deleite trágico, porque la persona que tiene la acción en las partes principales, o es buena, o mala; si es buena la persona, para ser morata la acción y que enseñe buenas costumbres, ha de pasar de infelicidad a felicidad, y, pasando así, carece la acción del fin espantoso y misericordioso; carece, al fin, de la compasión, la cual es tan importante a la tragedia como vemos en su definición; y, si es la persona mala, para ser morata y bien acostumbrada la fábula, al contrario, pasará de felicidad en infelicidad, la cual acción traerá deleite con la venganza y con la justicia, mas no con la miseración tan necesaria a la patética.

El Pinciano dijo entonces: Pues si no ha de ser buena ni mala la persona de la tragedia, ¿cómo ha de ser?

Fin de la tragedia principal: enseñar y no deleitar

Hugo dijo: Aristóteles dice que ni buena ni mala por las razones que él enseña y yo he dicho: que sea, quiere, una persona que no sea buena, porque ser un bueno perseguido hasta el fin enoja al oyente, y, aguada la conmiseración con el enojo, queda aguado el deleite de la acción —fuera de que es hacer a la fábula mal acostumbrada—; que no sea, quiere, la persona mala ni buena, por la dicha razón, sino que sea de tal condición, que por algún error haya caído en alguna desventura y miseria especial, y, ya que no sea caída por error, a lo menos, cuanto a sus costumbres, no merezca la muerte. Es, pues, la mejor tragedia la patética, porque más cumple con la obligación del mover a conmiseración, y, si tiene el fin desastrado y miserable, es la mejor. Será en el segundo lugar de bondad la tragedia cuya persona, o ni buena ni mala, o buena, pasando por muchas miserias, después venga a tener un fin alegre y placentero, mas ésta tal terná un poco de olor de comedia cuanto al fin; tal fue la una y la otra Ifigenia; en la una de las cuales estaba Ifigenia para ser sacrificada, y Diana la arrebató del altar y puso en su lugar una cierva; y la otra, ya que tenía a su hermano Orestes puesto para le sacrificar, le reconoce y libra del sacrificio y de la muerte.

Déstas significa Aristóteles lo que yo he dicho: que no son puras tragedias, como no lo son las patéticas dichas mezcladas con la cómica. Y más dice: «que los poetas se dan mucho a esta especie de tragedias de industria, por deleitar más a los oyentes».

Aquí dijo el Pinciano: ¿Luego más deleita la acción que tiene buen fin?

Hugo respondió: Si es cual la que yo digo, sí: mas no la viene el deleite de la misericordia y compasión, el cual es propio de la trágica y por esto dice el Filósofo después: «que los tales trágicos que buscan el deleite, en su acción, en el fin de ella, no son puros trágicos».

Fadrique dijo: Esto a mí hace una gran dificultad, y es: si esta especie de acción trágica que decís mezclada de cómica puede ser bien acostumbrada, y que enseñe mejores costumbres, y la más deleitosa de todas, ¿por qué no será la mejor de todas?; que la poesía para enseñar y deleitar se hizo, y parece que será mejor el poema que más deleitare y enseñare.

Más alcanza que no eso el señor Fadrique, dijo Hugo; ese género de acción trágica deleita más, confieso, mas enseña menos; porque, aunque enseña con ser bien acostumbrada, no suade ni fuerza como la patética, que tiene el fin desastrado; porque, cuando el hombre se halla en trabajos, no se acuerda de lo que Ifigenia y Orestes pasaron, sino del fin en que las dos Ifigenias tuvieron, que fue bueno: mas, cuando se acuerda de un Edipo y Hércules Oetheo,[43] tórnase el hombre muy consolado en sus miserias,

---

43   Texto de 1596: Mas, quando se acuerda de vn Edipo y Hércule Oetheo.

porque ve con los ojos que, aunque las suyas son grandes, no lo son tanto como las de Hércules Oetheo y Edipo, y así queda más fuerte para sufrir más y más trabajos y desventuras. Y, como sea el fin de la tragedia limpiar el ánimo de pasiones, hácese más limpio con las acciones que tuvieron mal fin y desastrado; que, como dicho es, con la frecuencia de ver tales acciones, queda el hombre enseñado a perder el miedo y la demasiada compasión. Esto se ve claro en los condenados a muerte; que, si alguno lo es en pueblo pequeño, no usado a ver ajusticiar hombres, al tiempo que le llevan por las calles y el pregonero va publicando la causa de su muerte, los hombres se enternecen, lloran los viejos, plañen las mujeres y aun gimen los niños viendo lamentar a sus madres: mas, si la tal justicia se ejecuta en una gran ciudad, adonde muchas veces se ejecuta la tal justicia, no hace más movimiento el ajusticiado ni el pregonero en la gente que si no fuese cosa de momento. Y de esto es la causa la costumbre que la gente tiene de ver semejantes cosas, la cual les tiene ya enseñados a perder el miedo y la misericordia.

Dijo el Pinciano: Como los sacristanes que tienen perdida la reverencia a los altares.

Fadrique se quedó pensativo un poco y después dijo: A mí me parece bien la respuesta de Hugo, y aun la comparación de Pinciano es semejante en parte, no del todo, porque los usados a ver justicias pierden el miedo con la prudencia que han ganado, y los sacristanes con la ignorancia quitan al altar el respeto debido.

Prosiguió Hugo y dijo: Fue el Filósofo en esta parte, como en las demás, grande y divino maestro, el cual primero que otro ninguno puso en arte perfecta las obras de naturaleza. Muertes quiere que haya en la tragedia y, para que más muevan, que sean en el remate de ellas: y que la persona o personas sean grandes príncipes: y que no sean malos ni buenos, para que, sin hacer la acción mal acostumbrada, críen e impriman gran miedo y compasión, como lo hizo la Ilíada de Homero: que la Odisea, por no tener el fin trágico, dice que es mezcla de trágica y cómica: trágica, por la persona que tenía en la acción las primeras partes, que era Ulises, y por las miserias que pasó, y cómica porque faltó el mucho miedo y fin funesto.

Aquí dijo el Pinciano: Yo no entiendo esto de «ni buenos ni malos», porque, si la trágica es imitación de mejores, ¿cómo será de ni malos ni buenos?

284

No es mala la duda, dijo Fadrique.

Y luego Hugo: Yo no entiendo por imitación de mejores mejoría en las costumbres, sino en estado de vida.

Fadrique aprobó y siguió diciendo: Interpretación es ésa muy buena y llegada a razón, y más, que es sacada de la doctrina del Filósofo en las definiciones que de la trágica y cómica da. La de la trágica poco ha que aquí fue manifiesta, y la de la cómica lo será después. Digo, pues, de la tragedia que es acción grave, o, si más queréis, imitación de acción grave, adonde nos da a entender que la persona de la tal acción debe ser grave, no que deba ser mala ni buena, según sus costumbres. Y vamos a la definición de la comedia, que ésta nos dará más luz de lo que andamos a buscar. Dice, pues, el Filósofo: «La comedia, como dijimos, es imitación de peores y no según todo género de vicio, sino según el vicio que es ridículo y mueve a risa, de manera que comedia es imitación del ridículo, y tragedia del grave». ¿No veis las oposiciones manifiestas, y que el Filósofo por buenos y malos entiende aquí las personas, o graves, o ridículas?

No hay que dificultar, dijo el Pinciano, mas deseo yo saber: ¿por qué usó de estos términos y no de los propios?

Hugo respondió: A mi parecer es porque las personas graves y principales son mejores en las costumbres, y las comunes y bajas, peores.

Aquí dijo Fadrique a Hugo: Eso será a vuestro parecer, mas no al mío, porque soy cierto el Filósofo habló en esto con la propiedad y rigor que él suele ordinariamente usar y debe todo maestro. Y, para que se entienda lo que digo ser así, pregunto: ¿Qué quiere decir (digo en palabras propias y no metafóricas) cuando un hombre dice a otro que «es mejor que él» y cuando se dice «fulano es de buena cepa»? ¿Por ventura quiere decir en costumbres o en nobleza de sangre y gravedad de antepasados?

Claro está, dijo el Pinciano, que quiere decir lo postrero, y que es en palabras propias y sin tropo o figura alguna.

Hugo dijo que él estaba contento y que agradecía a su trabajo la interpretación de la cosa, y la declaración del nombre bueno y malo, al ingenio de Fadrique.

Y Hugo, prosiguiendo, dijo: Torno a mi propósito; digo que la perfecta tragedia debe con la conmiseración dar su deleite, el cual será más cuanto la lástima será mayor y más larga, y que la que en el fin fuere lastimosa, guardará más la perfección trágica en cuanto a este punto. Y, si Aristóteles en alguna parte dice que la mejor tragedia es la que tiene el fin feliz, se entiende cuanto al deleite, no cuanto a la puridad trágica.

Aquí dijo el Pinciano: Yo lo entiendo bien; vos queréis decir que, aunque deleita más el fin feliz, pero que aquel deleite no es puro trágico, porque no viene de la compasión; mas procurad, por vida mía, que sepa yo algo de aquesta compasión, sobre cuyo fundamento nuestra tragedia se labra; y, si os servís, me haced participante de lo que hay que considerar en estas pasiones y afectos de misericordia y lástima.

Del mover a compasión
Personas de compasión

Hugo reparó un poco y, visto que no salía Fadrique a la pasada, dijo: Diré muy poco, en respecto de lo que los oyentes míos saben, mas tengo de obedecer y responder a lo preguntado; y digo, tomando la cosa de un poco atrás, que en esta materia hay que considerar tres cosas. La una: ¿qué personas son buenas para la compasión? La segunda: ¿que cosas sean las que la hacen? La tercera y última: ¿de qué manera se ha de haber el poeta para engendrar compasión en el oyente? Las personas de la compasión, o son activas que la hacen, o pasivas que la padecen. De las activas está ya dicho que las convenientes para ella son personas graves, las cuales naturalmente mueven más a compasión, cuanto de más alto estado vienen a mayor miseria: y las personas que son conocidas de todos por las Historias antiguas y poemas, serán más a propósito: lo uno, porque, como conocidas, hacen más compasión y lo otro, porque, como públicas, hacen más fe y verosimilitud en la acción.

Fadrique dijo: Pues la Flor de Agatón alabada es del Filósofo, no obstante que tuvo los nombres fingidos.

Hugo respondió: No sé yo que por eso la alabe Aristóteles; puede ser una fábula buena y perfecta en unas cosas, y, en otras, no tanto; y en esto lo dejó de ser la Flor de Agatón. Otra objeción tenía más fuerte esta mi sentencia, y es la Historia de Heliodoro, la cual es fingida toda hasta los nombres y es de los poemas mejores que ha habido en el mundo.

Fadrique dijo: No es grande esa dificultad; que Teágenes no era tan gran príncipe que se debiera tener el nombre suyo en memoria y fama (bien que descendiente de Pirro): y Cariclea, heredera del reino de Etiopía, era de quien acá y en la Grecia había poca noticia, y, con fingir reina y princesa de tierras ignotas, cumplió con la verosimilitud el poeta, porque nadie podría decir que en Etiopía no hubo rey Hidaspes, ni reina Persina. Mas, si un poeta fingiese una acción para representar en la Corte de España, en la cual Oronte, rey godo, tuviese las partes primeras, los hombres que de Historia saben, se reirían, porque nunca tal rey ha habido en España; en Persia o Etiopía se pudiera representar acaso, que no sabían tanto de las cosas de España.

Hugo dijo: Conozco que yo no había penetrado esa respuesta y me agrada mucho. Y prosiguió diciendo: Sea la tercera condición de las personas activas y efectivas de compasión: que sea la persona ni buena ni mala para la especie patética dicha, que sea buena para la morata y acabe en fin feliz, y sea mala para la morata que remate en desastrado fin. Y porque de esto está ya dicha la causa, paso adelante, a las personas pasivas, digo las aparejadas para en ella se imprimir la compasión y las que son ajenas de toda piedad y misericordia. Los hombres desconfiados y como desesperados y que se juzgan infelices, y los contrarios a éstos, que, estando en felicidad confiados, les parece haber echado clavo a fortuna, como dicen, no son capaces de compasión: aquéllos, porque les parece que su mal es mayor que otro ninguno y su pasión propia vence a la compasión ajena, y éstos, porque les parece a ellos[44] que no les puede acaecer semejante desventura como la que ven, leen o oyen —que la causa más propincua de la compasión es el acuerdo y memoria de que la tal miseria puede acontecer a él o a alguno de los suyos próximos en parentesco o amistad—. Son buenos para recibir misericordia los medios entre estos dos extremos: que ni estén en desconfianza de desventura, ni en ventura confiada: y, al fin, no son buenos para esta compasión los que están asidos de otra pasión propia, como los iracundos, ínuidos y tímidos.

El Pinciano dijo entonces: Eso de los que están ocupados del temor no entiendo, porque, si la tragedia es acción llena de temor y compasión, parece que los tímidos han de ser más compasivos.

---

44   Texto de 1596: Y esto, porque les parece a ellos.

Hugo dijo: Confieso contradicción, al parecer, mas no, a la verdad, porque no entiendo en un mismo, sino en diferente tiempo, de manera que, ahora el oyente esté atemorizado, ahora misericordioso; y así no se contradice Aristóteles, el cual es autor de lo uno y de lo otro en sus Poéticos y Retóricos.

Fadrique dijo entonces: Bien estoy yo con eso, y muy mejor con que lo uno y lo otro, temor y compasión, se hallen juntos, como en la verdad se pueden hallar mezclados y yo los percibo en muchas acciones trágicas, y lo percibirá quien atentamente lo considerare, no que sean temor y compasión excesivos, porque esto es imposible, mas que el miedo sea excesivo, y la compasión, no tanto. Y, al contrario, como si un hombre fuese muerto delante de vos indignamente, claro está que juntamente sentiríades temor que aquel matador no haga lo mismo en vos, y sentiríades también compasión del muerto: y claro está que, si el homicida os fuese a matar, luego crecería en vos el miedo y la compasión menguaría, de modo que ninguna centella quedase de ella.

El Pinciano dijo: Está muy bien dicho, a mi parecer; yo, a lo menos, así lo pruebo y apruebo. Mas una dificultad me queda: que en estas acciones verdaderas yo no solo no siento deleite, mas muy grande pesar, aunque jamás haya sido el muerto de mí conocido; y confieso que, cuando lo oyó decir, no recibo disgusto, como también, cuando lo veo representar, confieso que recibo deleite.

Vos habéis tocado, dijo Fadrique, una materia un poco honda, y aun hedionda; decís verdad, y lo que decís es cosa natural; mas la causa de ello no os la quiero decir por ahora, sino contentaos con saber que, si recibís pesar cuando veis la muerte presente verdadera, es porque teméis la vuestra más vivamente, y, cuando la oís por relación o en tragedias, no la teméis, porque está ausente.

El Pinciano dijo entonces: No es eso lo que busco ya, sino el porqué da deleite la muerte ajena.

Ese es, dijo Fadrique, el cieno que yo os decía. No os sé decir más de que nuestra naturaleza mala no piensa que es dichosa sino cuando ve a otro en gran miseria; de manera que el deleite viene en esta acción por la presencia de la compasión y ausencia del miedo: y nosotros habemos hecho una larga digresión de lo principal, que era de las personas aptas e ineptas a la compasión.

Hugo dijo: De las ineptas no sé yo que reste alguna, porque una que había, que era la de los hombres que a todos juzgan malos, como se dice de Timón, filósofo, ya está dicha; y así solo resta por decir que los hombres prudentes y los flacos, como los viejos y los sabios, porque luego discurren del ajeno mal en el propio, y las mujeres, como flacas, son muy aparejadas para recibir este afecto de compasión. Así queda acabada esta primera parte que toca a las personas activas y pasivas.

El Pinciano dijo luego: Yo no entiendo bien esta materia, porque ahora poco ha, y los días pasados tratando de esta utilidad de la poética, me dijisteis, por ejemplo, de la tragedia, que quita los miedos y compasiones y hace prudentes a los hombres y experimentados para que, de hay adelante, no sean perturbados de estas pasiones; ahora decís que los prudentes son aparejados para recibir estas perturbaciones de miedo y misericordia, y, especial, la de esta misericordia.

Fadrique dijo: No es mala la dificultad, y, aunque a mí me la ha hecho otras veces, y he hallado por respuesta que los prudentes, como dice Aristóteles, en sus Retóricos, son muy aparejados para recibir el presente afecto de la conmiseración, pero que, en pasando, no solo no queda hecho daño, mas provecho y experiencia para olvidarle más presto, el cual es acto de prudencia acquisita para la dicha experiencia; y, al contrario, el hombre que désta carece, no solo recibe el afecto de la compasión, pero se le viste y hace de él un hábito que no se le puede desnudar.

Hugo dijo entonces: Para el mayor argumento del mundo basta una soltura, si es buena, y esta del señor Fadrique lo es.

El Pinciano respondió como el eco y dijo: Lo es.

De las cosas que mueven a compasión
El modo de mover a compasión
Y Hugo luego: Supuesto que la conmiseración y compasión es una tristeza del mal presente en persona que no lo merece, digo acerca de lo segundo: que son miserables y mueven a compasión todas aquellas acciones que hacen la dicha tristeza, las cuales todas contar será muy dificultoso, como

muchas de ellas muy fácil; y tales son las muertes, los peligros de ella próximos, trances de fortuna en los bienes que de ella tienen nombre, afrentas, falta de amigos, destierros, ausencias de bienquerientes para no los ver jamás, males recibidos de parte que bienes prometía, y los bienes presentes muy deseados, cuanto el gozarlos es prohibido; y en estas desventuras y las demás hay un cierto término y medio, porque, cuando la desventura es suma y en cosa próxima, piérdese la conmiseración y compasión, y, en su lugar, queda un hombre alienado, como se dice de Amasi, que, viendo llevar a su hijo a la muerte, no lloró: mas, si las causas son menos graves y conjuntas, engendran lloro, como del mismo se dice que lloró viendo pedir limosna a un su amigo, al que le había visto en próspera fortuna.[45] Ayuda también al movimiento de la compasión el género, porque más mueve a misericordia la miseria de una mujer que no la de un hombre; ayuda la edad, porque más mueven los niños y viejos que los de media edad: ayuda la costumbre, porque más mueve el bueno que no el malo y el indiferente; hace también la dignidad y estado de vida, porque más mueve, como está dicho, un príncipe que un popular, y más un religioso que un seglar. Y esto, de la segunda parte, que tocaba a las cosas que mueven a compasión y la ayudan. Añádese a esta tercera el modo de mover a compasión, y con esto quedará acabada esta materia; acerca de la cual advierto al trágico que mire lo que hace cuando se pone en un acto semejante, porque no hay medio del lloro a la risa, y entienda que si no hace llorar, ha de hacer reír, que es la mayor imperfección que se puede imaginar ni pensar, y, al fin, hará comedia de tragedia.

¿Ese halláis por inconveniente?, dijo el Pinciano. Ese mal me hagan.

Y Fadrique luego: Harto inconveniente es errar el hombre de su intento, cuanto más que la tal acción no quedaría comedia del todo, sino una tragedia muy desabrida, porque aquel solo acto ridículo no bastaba a hacer alegre a la acción toda, y bastaría hacerla toda desazonada.

Así es la cosa, dijo Hugo, y así la significa Quintiliano, y así de Aristóteles se colige manifiestamente. Conviene, pues, que el poeta que quiere mover aqueste afecto misericordioso, tenga la dicha cuenta, y para esto se aproveche de lo que dicho está en las personas y en las cosas miserables; y más,

---

45 Texto de 1596: Lloró viendo pedir limosna a vn amigo, que le auía visto en próspera fortuna.

en el modo que, ya breve, digo, y es, que, según la sazón y ocasión, diga el poeta en voz miserable la miseria vehementemente; y añádala con las presentes fatigas, y esto no solo con palabras, sino con las obras; y aprovéchese de algunas señales del autor de su daño; y diga algunas palabras, si ha de morir hablando con las señales mismas, como lo hizo Dido a la espada de Eneas; y use de otras así semejantes, las cuales tienen la eficacia de sacar lágrimas, y advierto que sea muy breve el poeta en esta sazón, porque la lágrima se seca con presteza, y, si la acción no pausa estando el ojo húmido, queda muy fría. Y esto se ha dicho brevemente de la conmiseración poética; de la oratoria hallará más el que leyere a Quintiliano, porque hallará modos para mover a misericordia el actor, diferentes de las que usa el reo.

El Pinciano dijo: Vos habéis dicho general de la miseria que hace misericordia, mas no en especial de la última y mayor de todas, que es la muerte; veo que de las muertes, unas se ejecutan, otras, no; y de las unas y de las otras deseo saber cuál acometimiento y cuál género de muerte es el que más conviene a la trágica acción.

Géneros de muerte y cuál más miserable

Hugo respondió: Yo me había olvidado. Cosa es ésta digna de memoria, acerca de la cual, supuesto que la trágica perfecta debe tener acontecimientos de muertes o muertes por manos ajenas o propias, tratando de los ajenos acometimientos, digo: que el que va a dar muerte a otro, o sabe a quien va a dar muerte, o no lo sabe; si sabiendo a quien va a matar, no le mata, es acción que ni es de arte ni de deleite alguno, sino una frialdad muy grande; mas si sabe a quien va a matar y le mata, es acción trágica y no de las más deleitosas. Y, si el que va a matar ignora quién sea aquel a quien va a matar y no le mata después, porque viene en su conocimiento, como Ifigenia vino en reconocimiento de Orestes, tiene mucho de lo deleitoso y poco de lo trágico; mas si mata al que no conoce, siendo pariente o bienqueriente, como padre, hermano o hijo, enamorado, será esta acción la más trágica y aun deleitosa de todas. Tal fue la de Edipo. Así que la acción adonde hay acometimiento de muerte entre personas que se conocen, si no sucede la muerte, es fría y sin arte alguna; y aquella adonde había noticia de partes y mata el uno al otro, tiene algo más de artificioso, especialmente si el que ha de morir usa de algunas palabras dignas de compasión, como hizo Turno con Eneas, las cuales palabras artificiosas hicieron artificioso el género de muerte que de suyo no lo era. Será, en tercero grado, buena la acción tercera, adonde acomete el uno a matar ignorante, y, al tiempo del hecho, conoce al que ha de ser muerto, y deja de ejecutar la muerte por ser hermano, padre, hijo, o pariente próximo, o gran amigo. La cuarta especie de acometimiento, adonde con ignorancia mata uno a otro alguno de los sobredichos, es la más perfecta acción trágica, porque trae más conmiseración que otra alguna, aunque no trae tanto deleite como la tercera. Muertes, llantos y miserias ha de tener la tragedia fina y perfecta, lo cual había, aunque no por preceptos, enseñado, antes que Aristóteles, Eurípides, a quien un rey, dicho Arquelao, mandó que de él hiciese una tragedia, y Eurípides le respondió que nunca Dios permitiese tanto mal a su persona.

Pues Eurípides, dijo el Pinciano, alguna hizo que no tuvo mal fin, y, como hizo la Ifigenia que le tuvo bueno, pudiera hacer otra de Arquelao.

Fadrique dijo: No le ahorcaron, mas tuvo la soga a la garganta y había subido al último escalón.

Hugo dijo: Eso mismo; y, para ese buen fin que tuvo la Ifigenia, ¡cuántas miserias y desventuras y tormentos de corazón pasaron Agamenón, Clitemnestra y la misma Ifigenia! ¡Qué clavos en el alma el padre! ¡Qué cuchillos en las entrañas la madre! ¡Qué miserables llantos! Mirad bien, señor Pinciano, que, aunque no acabó en mal, sino en bien, fue por caminos tan pesados el buen suceso, que Eurípides no quisiera que el rey Arquelao le diera materia para tragedia.

Muertes han de tener las finas tragedias y puras, y las que son mezcladas con la cómica, han de tener terrores y espantos y calamidades en el medio y fin de la acción hasta la catástrofe y soltura del nudo, y entonces han de venir el deleite cómico y fin próspero a la que le ha de tener.

Fadrique dijo entonces: Verdad; y tanto, que el Filósofo condena a los poetas que, siendo trágicos, traen en sus acciones prodigios sin calamidad y miseria; de manera que fábula y episodios han de ser llenos de calamidades y desventuras, y es de tal manera, que, de las maneras que hay de acometimientos miserables y mortales, el que mata al amigo es mucho más trágico.

Frag. 4.

Abundantemente está ya hablado de la esencia trágica y sus diferencias, y, en consecuencia de esto, de las personas convenientes para la tragedia, y de las especies también de muertes que más o menos miseración y terror imprimen a los oyentes, y como toda tragedia ha de estar llena de terrores y lástimas, ahora sea patética, ahora morata, sino que de la patética han de ser mayores y han de acabar con fin trágico y miserable si ha de ser bien trágica. Y, al fin, está tocada ya la parte de la esencia trágica: ahora resta que se divida en partes. Dicho esto, calló Fadrique.

Seis partes de la tragedia

Hugo esperó un poco a ver si Fadrique prosiguiera y, visto que no, comenzó de esta manera: Dos divisiones padece en sí cada una de las especies trágicas: la una, según su calidad, y de la otra, según su cantidad. De la una y la otra diré, y, puesto fin a las dos, se porná fin a Fábula.

Su cantidad

De la una y la otra diré, y, puesto fin a las dos, se porná fin a nuestra materia trágica. Según su calidad, se divide la tragedia en seis partes: en fábula, costumbres, lenguaje, sentencia, música y aparato.

De estas dos últimas partes, que son aparato y música, poco tenemos que decir, porque tocan más a la representación y representantes que no a la poesía y poeta. Digamos, pues, de las demás, y, primero, de la fábula, de la cual parte dice el Filósofo que es tan necesaria en la tragedia, que, adonde ella falta, falta la tragedia. Y está claro, porque, no siendo fábula, no será imitación; y, no siendo poema, no será tragedia.

El Pinciano dijo: ¿Pues qué será una acción, en metro hecha, a do se representase, así como aconteció, la muerte del rey don Pedro o las de Marco Antonio y Cleopatra, que son mejores sujetos para tragedia?

Hugo respondió: ¿Así como ellas y sus mismas circunstancias pasaron?

El Pinciano respondió: Sí.

Y Fadrique: Hay no hay que dificultar; ésa no será tragedia.

Y Hugo: ¿Cómo la ha de ser, si es historia la tal acción, y la tragedia ha de ser fábula? Que sería dar dos contradictorias justamente verdaderas.

¿Pues qué será?, dijo el Pinciano.

Y Fadrique: Será representación de una historia.

Más fácil es hacer buenos metros que fábulas buenas

Hugo prosiguió diciendo: Diferencia va de la una a la otra; que la histórica narración no le costó trabajo alguno al autor, y, como antes fue dicho, si fuera tragedia, había de haber alambicado su celebro para narrar o escribir una cosa que, siendo mentira, pareciese ver dad, y que, junto con esto, trajese a los oyentes grande admiración. ¿Ya no dijimos el otro día que el primor mayor del poema era la fábula, y no lo probamos por el Filósofo cuando se habló de ella? Y, si queréis las formales palabras, son éstas: «Vemos que fácilmente los hombres hacen metros buenos y no vemos que aciertan a hacer buenas fábulas».

Torno al propósito, y digo, con el Filósofo, que el poeta trágico no debe estar ligado a las fábulas vulgares, sino fingir e inventar otras de nuevo, que en esto está el mayor primor; y, si sobre las antiguas quiere fundar la suya, sea de modo que, mudándolas, varíe, porque tanto hará oficio mejor de poeta.

El Pinciano dijo: Pues este día pasado trajisteis vos, señor Hugo, de Aristóteles que el poeta no debe alterar las fábulas recibidas. Yo, por fábulas recibidas, entiendo las antiguas que son públicas y notorias, como la de Píramo y Tisbe, que murieron voluntarios en una espada espetados.

Fadrique dijo: No es malo el argumento. También ha mostrado el Pinciano que tiene memoria.

Sí, dijo el Pinciano, si como yo la tuve la tuviera el señor Hugo, no se hubiera contradicho tan manifiestamente.

Fadrique se sonrió. Hugo mesurado dijo: Vos, señor Pinciano, habéis tocado una cuestión no nueva, y una dificultad de otros dificultada, y es: ¿en qué manera se deben conservar las fábulas antiguas y en qué es lícito alterarlas? Acerca de lo cual repetir conviene con brevedad lo que antes más espaciosamente está dicho, y es: que el poeta que se pone a escribir trágica, o toma argumento nuevo, y déste no es la cuestión, porque en éste no podrá alterar siendo nuevo, ni seguir a otro, o toma argumento antiguo y de otros tomado, y de esta fábula es la dificultad.

Perdonadme, dijo el Pinciano, si os soy molesto con interrumpir vuestra plática, y decirme cuál de esos argumentos es el mejor.

Hugo dijo: el nuevo y de otro ninguno tomado, como poco antes dije.

Así es verdad que lo dijisteis, dijo el Pinciano, y de haberlo dicho nació mi duda, porque habéis también dicho que la buena acción trágica ha de tener fundamento en cosas antiguas, y esto parece contradicción.

Vos, señor Pinciano, dijo Hugo, me habéis puesto los argumentos doblados, y, antes que el uno desate, me cargáis con otro.

Respondo a este último, primero, que es así: que yo he dicho, de autoridad del Filósofo, que los nombres de algunos Príncipes y Reyes antiguos se deben poner en las tragedias nuevas, mas no que las acciones eran necesarias, sino que el poeta puede variar en ellas, como ya digo, respondiendo al argumento primero: claro está que las acciones de las tragedias antiguas se deben alterar, porque, si no las alterase el poeta en algo, ¿qué de nuevo escribe? Sería hacer lo hecho o, por mejor decir, nada; mas, ¿en qué ha de ser la novedad y alteración? Aquí la dificultad, porque algunos que dicen que las tragedias se pueden alterar en todo lo que es el nudo de ellas, mas que la soltura ha de quedar siempre inmudable y estable; otros dicen lo contrario, y es: que el nudo especialmente se debe alterar, y lo demás, no. Y, dejadas estas opiniones aparte, digo que me parece mejor otra tercera, la cual no se ata a nudo ni soltura; y soy de parecer que no se debe alterar la fábula en aquella acción que está recibida públicamente; y esto, ahora sea en el nudo y ahora en la soltura, como en los dos ejemplos que el Filósofo pone en Orestes y Clitemnestra, y Alcmeón y Erífile; de las cuales tragedias las acciones principales (que son: que Orestes mató a Clitemnestra, y Alcmeón, a Erífile), no se deben de alterar; y con esto respondo a la una y otra duda.

Estoy bien, dijo Fadrique, en la negativa del señor Hugo, y que no conviene que el nudo sea uno mismo en la fábula vieja y nueva, porque el nudo se va haciendo y atando de la fábula y episodios, y ocupa más de las tres partes de la acción, y aun más de los cuatro actos de cinco que son; y, si el nudo se conservase en la fábula nueva como en la vieja, sería ninguna o casi ninguna la invención del poeta; y estoy también en que no es necesario que, siendo el nudo diverso de la nueva y antigua acción, la soltura sea la misma, porque en una misma fábula, dicha Ifigenia, desanudaron Eurípides y Polide[46] con diferentes agniciones, según refiere Aristóteles en sus Poéticos y no fueron de él reprehendidos; y, por lo que en este mismo texto Aristóteles refiere, soy de parecer que, como él mismo dice, en alguna manera se alteren las fábulas recibidas.

El Pinciano dijo entonces: Yo no entiendo vuestra plática; acabáis de decir que se pueden alterar en el nudo y en la soltura, y ésa es la fábula toda, y ahora que no se deben alterar. ¡Cosas oyó nuevas!

Hugo dijo: Y aun yo también.

Cómo se han de alterar y no alterar las fábulas recibidas

Y Fadrique luego: Y oiréis cada día que añadir a las cosas inventadas no es de hacer muy dificultoso. Y, para que mejor yo sea entendido, pregunto: ¿Qué cosa es fábula? ¿y qué episodio? Dicho está ya que fábula es aquella acción brevísima que es contenida en el argumento, que, por otro nombre, en este lugar, Aristóteles dice lo universal del cuerpo de la fábula; y episodio, aquellas acciones que la van aumentando y ensanchando, como antes se dijo, cuando se trató de aumentando y ensanchando, como antes se dijo, cuando se trató de las partes de la fábula. Ahora pues, dice Aristóteles, si alguno quisiere hacer alguna fábula de nuevo sobre sujeto y acción antigua, que, si la tal fábula está recibida —que es decir, sea de varón grave—, en ninguna manera el poeta nuevo la altere. Así que los episodios que ocupan, de diez partes, las nueve de la acción, puede los alterar, mas la fábula, que es el argumento y brevísima parte de la acción, no debe recibir alteración por vía alguna. Y, para que esto sea más claro, quiero traer el ejemplo mismo que Aristóteles trae de la Ifigenia, cuya fábula o argumento es éste: una virgen, llevada a ser sacrificada, fue arrebatada invisiblemente de los ojos de aquellos que la llevaban al sacrificio, y hecha sacerdotisa en una tierra de la cual era costumbre y ley que cualquier extranjero que a ella aportase fuese sacrificado. Sucedió, en este tiempo, que un hermano de la sacerdotisa, arribado en aquella parte, fue preso y llevado al sacrificio. La sacerdotisa, su hermana, le conoció, de la manera que dijo Eurípides o de la que Polides, sofista, de la cual agnición o reconocimiento resultó la salud de ambos. Y

---

46   Texto de 1596: Poltide.

no fue menester, dice Aristóteles, decir cómo el hermano aquí vino: si traído por algún dios, o por alguna otra causa, con la manifestación de lo cual sería salir fuera del universal. Ni tampoco era menester decir el fin a que él venía, porque sería cosa fuera de la misma fábula. Veis adonde Aristóteles da a entender que ni Eurípides ni Polides salieron de aquello que fue fábula, mas que salieron en los episodios y en la soltura, porque usaron de diversas agniciones y conocimientos, de los cuales solo puso el Filósofo el de Eurípides; y yo no sé más de esta materia.

Al Pinciano pareció no mal y a Hugo muy bien la distinción, así por nueva como porque no hallaba objeción que la poner, por ser fundada tan en la doctrina de Aristóteles.

Después, dijo Hugo: ¿De manera que, si un poeta quisiera hacer otra Odisea, había de poner y expresar peregrinación de Ulises por muchos años?, ¿y que fue guardado y amparado de alguna deidad?, ¿y que en tanto padecía su casa en su hacienda, que se la comían ajenos, y sus hijos, asechanzas?, ¿y a dó se manifestó, primero, a alguno de los suyos, y, ajuntado con ellos, se hubo de suerte que él quedó salvo y sus enemigos quedaron destruidos?

Sí, dijo Fadrique, todo eso era conveniente poner, y aun necesario, para no alterar la fábula de un tan grave varón como fue Homero, y tan recibida de todo el mundo; y harto espacio le quedará al poeta en que se pueda ensanchar, que el argumento necesario es breve, y los episodios de la épica, muy largos.

El Pinciano dijo: Pues Aristóteles dice que el argumento de la Odisea es largo.

Y Fadrique: En otra parte había dicho que las fábulas todas nacen breves de su natural y se aumentan con los episodios; y lo que ahí quiso decir el Filósofo es no que el argumento es largo en la Odisea, sino que la materia es larga para el poeta, porque en tantos años de peregrinación se pueden ingerir muchos y muy largos episodios. Dicho me parece que está buen rato de la primera parte de la tragedia, que era la fábula trágica; bien se podría pasar adelante.

Hugo prosiguió diciendo: Las costumbres vienen en el segundo lugar.

Frag. 5.

Y el Pinciano: Mejor, a mi juicio, estuvieran en el primero Costumbre, segunda parte de fábula trágica.

Eso no, dijo Fadrique, porque en la materia que ahora se trata es la fábula presidenta, y de manera que ella puede estar sin costumbre, mas no la costumbre sin ella, digo en el poema, que, fuera de él, bien puede estar la una sin la otra.

Eso no entiendo bien, dijo el Pinciano.

Y luego Fadrique: La costumbre no dice de suyo acción, porque puede un hombre tener costumbre de robar y no robar dejándola de ejecutar; y puede un hombre tener costumbre de ser fiel y el aparejo hacerle ladrón, que sería tener acción y no costumbre, mas en el poema, en el cual la acción es forzosa, no puede acontecer que la costumbre esté sin ella, mas puede ser que la acción esté sin costumbre, quiero decir, que no enseñe costumbres de las personas en las fábulas contenidas.

Yo, dijo el Pinciano, me agrado de entenderlo, porque antes entendía que el poema podía no enseñar costumbres a los oyentes, y esto era contrario a lo que yo había concebido de las pasadas conversaciones.

No, dijo Fadrique, mas digo que la fábula puede estar sin enseñar costumbres de otros; y esto verá claramente quien leyere al Filósofo en este punto, el cual dice así, hablando del presente poema: «De ninguna manera puede estar la tragedia sin acción, mas, sin costumbre, puede; muchas tragedias de las nuevas carecen de ellas y muchos poetas hay déstos, como de pintores, entre los cuales Polignoto fue un gran pintor de las costumbres, y Zeuxis no las tiene en su pintura». Quede, pues, la costumbre en el lugar que Aristóteles la puso, que es el segundo, y Hugo prosiga su plática comenzada.

Condiciones de la costumbre: cuatro

Paso adelante, dijo Hugo, y digo que no quiero definir a la costumbre por no hacer a la definición más oscura que el deinito; mas entro diciendo de las condiciones que Aristóteles escribe, que son cuatro: la primera, que sea buena, y la segunda...

Aquí dijo Fadrique: Tened un poco y en lo bueno descansemos más tiempo. ¿Qué entendéis por buena costumbre?

Hugo respondió: La que Aristóteles: que sea honesta, loable y virtuosa, que es la que debe enseñar el poeta, poniendo al bueno galardón, y, al malo, castigo, como en la fábula trágica morata dijimos. Y buena costumbre es también que la persona en la tragedia enseña con sus palabras honestas y graves, y con los hechos honestos y justos; yo, debajo de buena costumbre, entiendo todo esto; vos, entended lo que os pareciere.

Lo postrero, dijo Fadrique, me agrada más. Pasa adelante.

Y luego Hugo: La segunda condición es que sea conveniente, porque no solo es menester que sea la costumbre buena, mas que sea conveniente, porque la fortaleza y ánimo es bueno, mas en la mujer es desconveniente, y la fidelidad es costumbre buena, mas en el esclavo es desproporcionada. Y, así conviene, para que la costumbre sea en tales convenientes, que el siervo se pinte siempre astuto por la necesidad, traidor por el miedo, infiel por la sujeción; y a la mujer, flaca por su naturaleza, y tímida por su flaqueza, y, por el temor, engañosa. Para hacer admiración se podrían pintar, así siervos como mujeres, al contrario, especial en la épica, mas ahora yo hablo en las acciones dramáticas y que se representan, en las cuales es menester mayor la verosimilitud, como está dicho antes. Y el porqué es la condición tercera: que sea semejante a la persona que representa, por la cual semejanza dijo Horacio, en su Arte: «Sea Medea feroz; llorosa, Ino; pérfido, Ixión, y Orestes, triste». La cuarta: que sea constante, como el Horacio mismo enseña diciendo: «que, si alguno quisiere introducir alguna persona de nuevo y nueva, mire cómo la comienza en sus costumbres, y en ellas prosiga siempre hasta el fin constante y firme». Y esto, porque acontece naturalmente que el hombre contino sigue la naturaleza de su costumbre.

¿Qué me decís, dijo el Pinciano, de los vacíos enamorados, los cuales nunca tienen firmeza en cosa, y ahora quieren esto, ahora hacen lo otro, y mudan más especies en su voluntad que Proteo en su persona? ¿Por ventura hanse de fingir constantes los que no lo son?

Hugo dijo: Toda pasión grande turba al ánimo, de manera que, a veces, no sabe lo que se pretende el dueño, y, en tal estado, la firmeza y constancia es no tener ninguna, porque, como el hombre está perturbado con la esperanza, el temor, la ira y los demás afectos, es imposible tener el ánimo en su lugar; y así a los tales el natural movimiento es la inconstancia, y el poeta la guardará en ellos y los hará constantes en la mudanza y firmes en la variedad.

Está bien dicho, dijo Fadrique, mas yo más presto me eximiera de la objeción diciendo: que esos actos de los hombres apasionados son afectos, y ahora de las costumbres era nuestra plática o disputa.

Lenguaje, tercera parte de la trágica

Hugo respondió: Atajo fuera ése sin trabajo; y prosiguió diciendo: La tercera parte de la tragedia era la oración o lenguaje, acerca del cual no tengo más que decir de que ha de ser como el mismo Aristóteles dijo: jocundo; y yo añado: estilo alto.

Y, visto el Pinciano que Hugo pausó, dijo: ¿Pues no decís si esta dicción o lenguaje ha de ser suelto o atado con número de sílabas?

Hugo respondió: En la tragedia, sí; así lo quiere el Filósofo manifiestamente en sus Poéticos; y viene a razón, porque, si la oración ha de ser jocunda, la métrica lo es; y verdaderamente que esta acción trágica tiene necesidad de todas estas salsas para comerla, que, aunque trae deleite con la conmiseración, va muy aguda con ella misma y con el temor y espanto que engendra. Metrífica ha de ser la acción trágica, y aun particularmente dice de ella Aristóteles que no se ata a especie particular de metro.

Pues yo sé donde dice, dijo Fadrique, que dejó los yambos octonarios y tomó los exámetros.

Sentencia, parte cuarta de la tragedia

Y yo también, respondió Hugo, que fue en sus Poéticos, a do, por guardar el decoro de la gravedad, perdió la verosimilitud del lenguaje, que los yambos aparejados eran para la plática verosímil. Dije esto porque entendáis que me acuerdo del lugar; y, respondiendo a vuestra duda, digo que el Filósofo no dice ahí que fueron todos los metros yambos antes, y, después, exámetros; antes yo entiendo que por la mayor parte; y así no me parecen mal los trágicos de nuestros tiempos que mezclan toda especie de metros, y aun los graves, cuales son los endecasílabos, y los de arte mayor podrían en diferentes estanzas; la cual variedad es conforme a la práctica y vemos en Eurípides, Séneca y los demás trágicos griegos y latinos. Sigue en orden la parte cuarta y última que toca al poeta, que es la sentencia, la cual no aquí quiere decir solamente aquella oración que enseña lo que en la vida acontece, o conviene que acontezca, sino aquel sentimiento del alma por el cual se mueve a recibir los efectos y pasiones de ella; y, como las costumbres pertenecen a la elección del ánima, así las pasiones, a la sentencia de ella. El tratado de esta materia viene más al retórico que al poeta, y así conviene se busque en la Retórica.

Fadrique dijo entonces: así lo dice Aristóteles en sus Poéticos y así él mismo lo trata en sus Retóricos ad Theodecten; mas pregunto: ¿cómo decís que el mover afectos toca al retórico y no veis que el poema que no mueve no vale cosa alguna, y que es una cosa desalmada y muerta?

Hugo dijo entonces: Peor mucho es la Retórica, que no es ella la muerta, cuando en esta parte falta, sino homicida de la honra y de la vida, porque está la honra y vida puesta en manos de un orador, las cuales hace salvas muchas veces con solos los afectos bien movidos e impresos.

Fadrique dijo: Está muy bien respondido, y yo estoy contento, y mi réplica sirvió de anzuelo para pescaros estas razones, y que el Pinciano gozase algo de la pesca, porque, aunque es grande el primor que trae a la poética la parte de mover afectos, a causa de seguir mucho a la verosimilitud, pero, en la verdad, más se pierde o gana en el moverlas mal o bien en la Retórica que en la Poética; y así me parece que el que esta parte quisiere, acuda, como decís, a la Retórica y allí lo hallará.

El Pinciano dijo: Yo no entiendo bien esa cosa, y me parece que Aristóteles anda jugando a esotro lo sabe: si el mover de los afectos de la Poética remite a la Retórica, y el mover de la conmiseración de la Retórica a su Poética, parece que se anda jugando y burlando de nosotros.

Hugo dijo: No tanto como eso, señor Pinciano; que, si Aristóteles remitió de la Retórica a la Poética el tratado de los afectos y pasiones, lo hizo muy bien por las razones dichas, y porque remite la materia en general. Mas a la Poética de Retórica no remite el tratado de afectos en general, sino solo la conmiseración, de la cual debía tratar particularmente el poeta en la tragedia; porque el deleite que de tal acción se recibe, nace de la conmiseración y compasión, y así trató de ella buen pedazo, hablando en el vocablo conmiseración y tratando del sujeto conveniente para la tragedia y de las especies de muertes. Y, aunque algunos quieren probar que Aristóteles escribió más libros de los que parecen acerca de la Poética suya, por causa de la remisión que hace de la Retórica a los Poéticos, en esto de la conmiseración (como que en la Poética que ahora hay suya no hablase asaz de ella) no tienen razón, porque Aristóteles trató en sus Poéticos suficientemente de la conmiseración y lástimas. Y, si de esta parte hubiera de hablar más, lo debiera de hacer hablando de la trágica, la cual y la épica dejó acabadas del todo, según el epílogo de sus Poéticos manifiestamente da a entender. Y, si el Filósofo en sus Retóricos trató de conmiseración más particularmente en algunos puntos de ella, fue cuando a la Poética no pertenecían. Y con esto doy fin a las cuatro partes de la tragedia según sus cualidades, pues las otras dos, que eran música y aparato, tocan a los actores, y, si alguna vez se hiciese de ellos mención, se tocará esta materia.

Fadrique dijo: ¡Sea enhorabuena, señor Hugo! Huís de los espectáculos y la música: ya os entiendo. Pasa adelante, que yo espero acabéis esta parte con mucho regocijo otro día antes de muchos.

Frag. 6.

Y Hugo luego: Dichas las partes de la tragedia según su calidad, resta el decirlas según su cantidad. La fábula trágica activa se divide en Artes de tragedia según la cantidad.

Coro trágico
Prólogo trágico

Resta el decirlas según su cantidad. La fábula trágica activa se divide en cuatro partes, conforme a la doctrina de Aristóteles: prólogo, episodio, éxodo, córico. Por este orden lo escribe el Filósofo, el cual no guardaré yo, a fin de hacerme más claro, para lo cual es necesario comenzar a decir del coro. coro fue, acerca de los antiguos, dicho la junta de los actores y representantes en la cual una hablaba en vez de todas juntas o todas juntas cantaban o lloraban. Este coro fue dividido en tres partes: en párodo, estásimo y como; y es de advertir que no todas eran siempre necesarias, sino que una vez se servía el coro de una, y otra, de otra. Párodo se decía la entrada primera, adonde se refería la ocasión de la venida del coro; y estásimo, cuando éste estaba junto contando alguna miseria sucedida, llamóse así porque hablaba o cantaba en metros estantes y graves, y yambos o espondeos, huyendo siempre de los leves, cuales son anapestos y troqueos, como se decía cuando el coro lamentaba algún caso grave.

Esto es dicho del coro y de sus partes. Y del prólogo digo que es así llamada aquella parte de la tragedia que es puesta ante la entrada del coro.

Mirad, señor Hugo, dijo Pinciano, lo que decís; que el prólogo, según doctrina de Quintiliano, está sembrado y esparcido por la oración toda y no tiene lugar propio.

Bien duda el Pinciano, ayudó luego diciendo Fadrique.

Hugo respondió: Duda bien, pero con una distinción pienso quitarle la duda. Y, dejado aparte a Quintiliano, el cual, o habló de su prólogo oratorio, o del argumentativo de la comedia, digo que, como el Filósofo enseña, en el tercero de sus Retóricos ad Theodecten, prólogo en la poética es lo mismo que exordio en la oratoria; y el uno y el otro tienen oficio de declarar en breve la causa final a quien la plática se endereza; y, en suma, según el vocablo mismo suena y da a entender, prólogo es aquella parte que primera se ofrece en el poema; la cual, o no presta alguna luz a lo futuro de la acción, o la presta de manera que por ella es entendida la acción que sin ella fuera oscura; el que no da luz alguna, es siempre cómico, y el que la da, puede ser cómico y puede ser trágico. El cómico que da luz, se dice argumentativo, a diferencia de los otros cómicos que arriba dije no dar de sí alguna claridad: y este tal es contino puesto fuera de la acción, lo cual no hace el prólogo trágico, que, siendo puesto, de la manera que fue dicho, antes que el resto de la acción y dando por lo pasado luz a lo porvenir, está siempre asido con la acción misma, de forma que no se puede desmembrar sin quedar manca la fábula. Déste, pues, habla Aristóteles, y déste digo yo que está puesto delante del coro y del párodo, si es que le hay. Y esta descripción del trágico prólogo no puede convenir al cómico en manera alguna.

Eso deseo saber, dijo el Pinciano, porque aquella especie del coro que canta, yo la veo del prólogo en las comedias nuestras y no parece mal.

Hugo respondió: Habéis dicho muy bien y no hay que responder a esa dificultad, sino distinguir y decir que el coro que canta puede estar en la comedia, mas no el que habla por una sola persona, o el que llora por todas juntas, y es la razón porque aquel que canta no tiene más significación que el ornato, mas aquel adonde habla uno en lugar de muchos y adonde muchos lloran, tiene alegoría y significación de pueblo junto y política, a cuya doctrina, según antes dijimos, se enderezó la trágica y no la cómica. Bien sé que otro interpreta ésta de otra forma, mas yo me hallo mejor con lo dicho.

El coro, dijo Fadrique, fue recibido de la cómica y dado del magistrado mucho después que ella tuvo su principio; y estoy bien en que fuese el de la música con números y personas más dignas, porque el que no era tan numeroso y digno yo pienso haber casi comenzado con la comedia misma; y esto baste, que ha sido digresión al coro del prólogo.

Episodio

Hugo dijo: Viene la tercera parte, que era el episodio, el cual en la trágica tiene su lugar entre coro y coro, que es decir entre las músicas, y es también decir que ni el prólogo ni el éxodo tienen algo del episodio.

No del todo, replicó el Pinciano, que, si tengo buen acuerdo, cuando se trató de la fábula entendí que el episodio se puede mezclar al prólogo muy bien, así como lo hace con el coro mismo.

No dificulta mal, dijo Fadrique, el Pinciano, y, si se quiere aprovechar de las descripciones que del episodio entonces se dieron, hará más fuerte su argumento.

Sí, señor, respondió el Pinciano, que las hojas de las rosas están por todas partes asidas a su pezón, y los intestinos al entresijo, y las fajas a toda la ropa cercan y guarnecen.

Yo, a lo menos, dijo Fadrique, así lo veo en muchos poemas, y más claramente, en los trágicos, adonde se miran mezclados a los prólogos y éxodos muchos episodios.

Hugo preguntó si había más que argüir. El Pinciano respondió que no.

Otras divisiones de la tragedia según la cantidad

Y Hugo, luego de esta manera: Yo concedo, señores, lo que el uno y el otro habéis dicho; mas, si sois servidos, advertid que yo hablo ahora del episodio trágico, no cómico ni épico; y, si os parece mejor que, aunque en el prólogo y éxodo puede haber episodio mezclado, que pierda el nombre de episodio por causa de la mezcla, ved lo que os parece.

Fadrique dijo entonces: Con eso estoy bien; que, así como en presencia del Sol se oscurecen las centellas, los episodios pierden su luz y nombre cuando con el prólogo y éxodo están unidos, porque el argumento y fábula principal en el éxodo y prólogo universal se contienen, y la fábula y argumento son lo esencial del poema, como antes dijimos no una vez. Cese, pues, el nombre de episodio delante del prólogo y éxodo por las dichas causas: y, cuando éstos faltan, que es entre las cantinelas y coros, díganse las ficciones y fábulas episodios enhorabuena.

El Pinciano dijo: Enhorabuena.

Y después Hugo, no descontento, pasó adelante diciendo: Dicho habemos de las tres partes que a la trágica dividen: coro, prólogo y episodio. Resta decir del éxodo si hubiera qué, mas yo no siento haya más que decir de lo dicho, que es la última parte de la acción, después de la cual no hay más música.

Dijo el Pinciano: No hay coro queréis decir.

Y Hugo: No, porque podría rematar la acción el coro sin música, y este remate es la última parte del éxodo. Así la fábula trágica se divide según su cantidad primeramente; y segundo, en partes dichas: prótasis, epítasis, catástasis, catástrofe. Recibe también otra división en la cual comunica con la comedia, que es hecha en cinco actos. De modo que la tragedia recibe, según su cantidad, tres maneras de divisiones: la una, como tragedia, propia, en prólogo, episodio, éxodo y córico; la otra, común, como especie de fábula, que es en otras cuatro: prótasis, epítasis, catástasis, catástrofe: y la otra, en la cual comunica también con la comedia, que es en cinco actos, que se dicen las porciones mayores en que se divide la fábula activa para ser representada. Sirve esta última división, que es entre acto y acto, para dos cosas: la una, para variar la acción, y la otra, para que pase algún tiempo entre el fin del un acto y principio del otro. Algunos han dificultado el porqué han de ser cinco los actos y no más ni menos. Otros dan otras causas, mas yo soy de parecer que los que hicieron cinco actos, siguieron la alegoría de Aristóteles, el cual dice que la fábula es animal perfecto y parece que es razón que tenga cinco sentidos, conforme a los cuales dividieron los actos.

Cada uno puede sentir como quisiere, que la cosa es de no mucha esencia; y, haciendo una comparación entre los cinco actos y las cuatro partes en que la fábula se divide, me parece que el primer acto y la prótasis es todo uno; y la epítasis y catástasis contienen al segundo, tercero y cuarto acto; y que la catástrofe y el quinto acto es todo casi uno, así como el acto primero y la prótasis. Y, haciendo comparación de las partes de la tragedia y de los actos, será que el prólogo es la prótasis y el primer acto; y la epítasis y catástasis, el segundo, tercero y cuarto acto; y el éxodo y catástrofe y el acto quinto una cosa misma o poco más o menos. Otras divisiones tienen las fábulas activas en partes menores, dichas escenas, las cuales son unas acciones breves, a do, entrados unos, salen otros, y algunas veces queda alguno de la escena pasada y da principio a la venidera; en las cuales se debe considerar que no conviene salgan más de tres personas, y, si salieren más, que estén callando las demás fuera de tres, porque entre tres puede haber razonamiento conveniente, y, en pasando de este número, se confunde de manera que se deja entender mal la fábula; y también es de advertir que los antiguos trágicos, en tiempo que salían con alguna música, en escena digo, no admitían más que una persona con ella, y, si otra estaba en el teatro, era como escondida; pienso yo que lo hacían para dar verosimilitud mejor, y aun también para aconsejar que el que va a dar músicas a las damas, basta que haga mal, sin que lleve testigos de la liviandad del que la da y de las que la escuchan. Y con esto sea el fin a esta tragedia, si, señores, os parece.

El Pinciano dijo entonces: Sea enhorabuena, pero no sé qué había oído decir de prólogos comendaticios y argumentativos, y otras especies de ellos, donde parece que habéis andado muy breve en vuestra plática.

Fadrique dijo: Sí, breve ha andado y compendioso, y en eso de los prólogos que decís no es este tiempo, porque Hugo ha tratado del prólogo trágico, el cual es parte de la fábula trágica, y los prólogos que vos decís, no son partes de la fábula y acción, y son prólogos cómicos, como ya está significado, y verná mejor decir de ellos en otra sazón, si alguna vez se tratare de la otra especie de la poética dicha comedia. Pero pudiera Hugo decir de algunas cosas y condiciones que tiene la tragedia, necesarias para la acción —y aun, sin ella— como es: que el coro no tiene número de gente determinado, y que las cosas que no se pueden representar bien, no salgan en escena, sino que finjan estar hechas o hacerse dentro.

Hugo dijo: Todo eso es así, aunque esta última condición dicha está en la verosimilitud, que para este fin fue ordenada; y otras condiciones tiene también; mas, porque no son propias a la trágica, sino comunes a ella y a la cómica, las dejo para otra sazón, si viniere de tratar de la comedia, a do se dirán las diferencias entre estos dos poemas tan reñidas, advirtiendo que a la trágica es anexa la grandeza con simplicidad, como a la lírica el ornato, el cual recibe la trágica en el coro y no en lo demás de la acción; esto digo hablando del decoro, porque el ornato siempre agrada.

Yo estoy contento, dijo el Pinciano.

Y Fadrique: Y yo lo estaré si, como estáis presentes, venís mañana a comer conmigo.

Yo acepto, dijo el Pinciano.

Luego Hugo dilató la respuesta por un poco, mas, al fin, dio el sí, y con esto se partió cada uno a su posada.

El Pinciano, señor don Gabriel, estaba esperando a un hombre de esa tierra que le convidó a escribiros, y luego, antes de una hora, le despachó con la presente. Mañana ternán los filopoetas fiesta de cuatro capas; beberán alegremente y con esto podrá ser que, al olor de Mester Baco, acudan las Musas. Fecha, doce días antes de las Calendas de julio. Vale.

Respuesta de don Gabriel a la epístola VIII del Pinciano

Veo, señor amigo, en esta última que me habéis escrito, pintado el animal perfecto que dice Aristóteles como ejemplo de la tragedia, de la cual principalmente se aprovecha el Filósofo, y aun Horacio, para su Poética. Pienso yo que, por ser este poema perfecto sobre todos los demás de esta materia, que es gravísimo y simplicísimo, y, juntamente con esto, anuda más fuerte y desata más breve que no la épica, su madre; y, en suma, es un animal que muestra al ojo más presto las figuras y miembros. En seis me le enviáis partido.

Frag. 1.

El primero contiene la etimología y principio de la tragedia, y la diferencia entre ellos y la ditirámbica, y asimismo el porqué consintió en los sátiros livianos siendo poema grave.

Frag. 2.

El segundo tiene su definición así larga como Aristóteles la escribió, y me parece bien la del Filósofo y bien la de Fadrique, el cual a la de Aristóteles reforma la longitud. No me atreveré a decir cuál sea la mejor, porque ambas son descripciones, y de una cosa puede haber muchas que sean buenas; confieso que la claridad y brevedad es alabada en la descripción, así como en la definición.

Frag. 3.

En el tercero me enviáis las especies de la tragedia con división nueva, aunque sacada del Filósofo: no me parece mal; porque, en la verdad, como fábula, puede ser simple y compuesta, y, como tragedia, no puede ser más que patética o morata, que las de los infernales a mi parecer, o son moratas, o patéticas. De patéticas sea ejemplo Virgilio, en los niños recién nacidos y en los mayores que murieron por algún falso testimonio: así que los infernales inocentes, como los que acabamos de decir y semejantes, pertenecen a la patética, y los que juntamente padecen, a la morata.

Acerca de la patética, la cual es la especie más trágica, se tocaron muchos puntos y buenos sobre la conmiseración, así de la naturaleza muchos puntos y buenos sobre la conmiseración, así de la naturaleza de ella como de las cosas que la hacen, y de las personas convenientes que la engendran, y el estilo que deben guardar los poetas en la tal conmiseración, poetas digo, porque la conmiseración de los retóricos va por otro camino algo desviada. Contiene también este mismo fragmento las especies de acometimientos y, de las muertes, cuál sea la mejor para la tragedia; y aquí se ventila la cuestión y lleva al cabo del fin trágico, y si es mejor la acción que remata en muerte o la que se desanuda librando de ella al que ya estaba con el cuchillo a la garganta. La distinción y soltura de este nudo me parece bien por cierto, porque, diciendo una verdad que todos experimentamos, se concilia el Filósofo consigo mismo.

Frag. 4.

En el cuarto se divide la tragedia, según su calidad, en las seis partes, así como Aristóteles lo hizo: fábula, costumbres, lenguaje, sentencia, música, ornato. Trátase en ella de la fábula como de parte más principal y calidad esencial más que otra alguna; trátase también que el buen poeta debe ser inventor de ella, y que, si sobre alguna inventada poetare, la debe variar de manera que la moderna no parezca a la antigua, si no es en aquellas cosas que son recibidas de las gentes universalmente, como sería la de Hércules, que murió quemado en el monte Oeta, y la de Ifigenia, que fue librada de la muerte por la dea Diana.

Y, en suma, que el poeta debe dejar el argumento de la fábula antigua vivo y entero, de lo cual se saca que no está la conservación de las fábulas recibidas que Aristóteles encarga en guardar el modo al nudo ni a la soltura antigua; todo lo cual prueba también vuestra carta, que no tiene necesidad de ajena confirmación.

Frag. 5.

El quinto fragmento contiene las otras tres partes a la tragedia intrínsecas, que son: costumbres, lenguaje, sentencia; y de todas tres, buenas consideraciones.

Frag. 6.

Y el sexto, las partes cuantitativas de la tragedia, que son: prólogo, episodio, éxodo y coro, las cuales todas son del Filósofo; de todas se habla bien, y, especialmente, me agrada en la distinción de los prólogos trágicos y cómicos y de los oratorios. Fecha, cinco días antes de las Calendas de julio. Vale.

Epístola IX. De la comedia

Frag. 1.

En esta Corte, señor don Gabriel, hay un rumor de cierto caso acontecido dentro de ella; ensaliendo la fama, os la enviaré; en tanto que llega lo más cierto, os hago sabedor de un certísimo, y es: que, así como fue el concierto, vuestro Pinciano se pasó al convite con Fadrique y Hugo, el cual aun no era llegado, a cuya causa Fadrique rogó al Pinciano tuviese a bien esperar un poco, el cual respondió: Vos, señor Fadrique, pedís perdón de la merced que recibo, porque amo yo a Hugo mucho. parte por ser de vos amado, parte, porque él lo merece y parte también por lo que con su comunicación intereso.

Fadrique dijo: Por mi parte os beso las manos, pero yo estoy cuidoso y aun apesarado en ver que tarda tanto; temo no haya venido la nueva pésima tras la mala, y que haya tenido noticia cierta de la muerte de su mujer, que Dios guarde, si vive.

A esta sazón pisaba ya Hugo en el umbral de la sala y, respondiendo como eco, dijo: ¡vive!

Lo cual diciendo, dio un tropezón tal, que faltó poco que no cayese, y, como solemos decir, muerto de risa, Fadrique dijo: ¡Sea para bien, señor Hugo! Ya soy cierto, por lo que veo, que vuestra mujer tiene salud, mas ¿de qué, por vida mía, es la risa? Y asentaos primero.

Hugo se asentó, y luego dijo: No es caso para reír todos, sino para los que profesamos la facultad solamente.

Fadrique dijo: ¿Qué? ¡Por vida mía! Que la medicina en razón está fundada, y, aunque yo no la estudio como vos, podrá ser entender la cosa.

Hugo se tornó a reír de gana, y después dijo así: Entraba mi mujer en el sexto día de su enfermedad y dióla un gran frío sin ocasión alguna, y poco después comenzó a desvariar con mil modos de locuras y desvaríos muy donosos. Vista esta novedad, enviaron a llamar al médico que la curaba; el médico, muy turbado, comenzó a raparla la cabeza, ponerla defensivos, echar ventosas, las cuales no se dejó ella fajar, diciendo mil gracias desvariadas, que a muchos de los estantes hacían reír y, al médico, turbar más; el cual decía que si él tuviera la contrayerba, o la piedra bezar, o una otra conserva de jacinto que se hacía en la Corte, él la diera sana, pero que, así, ella estaba puesta en peligro y que Dios la socorriese, que El que la hizo de nada, la podía dar vida; y por abreviar: la dejó en estado tal, a su parecer, que a la mañana no la visitó como que era muerta.

Envió a un su criado a que oliese lo que pasaba, y sabido que no estaba la puerta barrida, fue a la visitar, y halló, por relación, cómo la había venido un sudor copioso, y, visto que estaba libre de calentura, dijo: «Mejor está algo, pero verdaderamente que estos males son traidores, y que no hay que fiar, y tengo miedo que al catorceno no llegue la ejecución de la amenaza que nos dio el sexto». Así dijo Hugo, y volvió a se reír con una grande gana más que nunca y tan descompuestamente, que pensaron que estaba fuera de sí.

El Pinciano dijo entre sí: ¡Por vida mía, que este hombre debe ya estar arrepentido de haber sentido tanto la muerte de su mujer, y, así, ahora se huelga con las amenazas que a su vida de ella amenazan! Y después: Ahora bien, señor Hugo, sepamos qué es la risa.

Hugo dijo: ¿No dije ya que no es para todos? Y será menester leeros una lección de medicina para que lo entendáis; mas un buen entendimiento todo lo que es puesto en razón alcanza: debéis saber que aquel frío y aquel desvarío suele venir naturalmente a los que tienen la enfermedad que mi mujer tenía; y naturalmente al frío y desvarío suele venir un sudor, y quedar buenos repentinamente los enfermos.

Calló Hugo y dijo el Pinciano: Pues todavía se pregunta que de qué os reís.

Y luego Hugo: ¿Vos, señor, no lo veis? Si el frío y desvarío vinieron naturalmente, como mensajeros del sudor y de la salud, ¿de qué se alborotaba el médico?, ¿por qué desahucia a la enferma?, ¿y para qué raparla la cabeza, ponerla defensivos y echarla ventosas?[47]

Ya lo entendemos, dijo Fadrique, y os reís con mucha razón. Mas ¿sabéis qué me parece? Que el médico era el que desatinaba, y que a él le habían de echar las ventosas, rapar la cabeza y poner defensivos.

Está muy bien dicho, dijo Hugo, muerto de risa; y a los temores que pone, respondo que no los creo.

A eso, respondió el Pinciano, no era menester responder, que bastaba haber errado en lo primero para tener por cierto que así lo haría en lo segundo.

Fadrique dijo: No ha sido mal ante de comida ésta; y, según el prólogo, pienso que habemos de tener hoy comedia; y, pues nos queda harto tiempo para razonar, comamos a la veneciana hoy.

Dicho, dieron fin a la plática y principio a la comida. Los tres convidados comieron muy a su sabor y sin hablar palabra en todo lo que fue comida. Y, dadas las gracias y alzando los manteles, dijo Fadrique: Por cierto, que le

---

47   Texto de 1596: ¿por qué desauciaua la enferma?

debe mucho el señor Hugo a la señora su mujer, que gran tristeza ha sentido con su mal y alegría grande con su bien; pero ella lo debe merecer todo, que le querrá mucho.

Mucho y cómo, respondió Hugo. Yo diré qué tanto, si me dais licencia a que lo diga.

Y aun os lo rogamos, dijo Fadrique.

Frag. 2.

Y Hugo: De esta manera: anduve aficionado a mi mujer cuatro años, y ella me miraba de la manera que una doncella honesta honestamente puede mirar a un hombre que la mira con ojos de casamiento: y, a mi parecer, si la honestidad la diera lugar, me mostrara más el amor. Así vivimos este tiempo, ella esperando y yo desesperando, hasta que vino la boda que dio fin a sus esperanzas y mis desesperaciones, mas no al amor, que antes éste quedó tan entero como y mis desesperaciones, mas no al amor, que antes éste quedó tan entero como cuanto más, y como ahora que no lo puedo más encarecer. Era, en aquel tiempo, la ordinaria plática de mi mujer, en ofreciéndose la de la muerte, que al uno y otro deseaba diese fin una misma hora, y que fuese después de tan largos años, que nos sacasen nuestros hijos en esportillos al Sol; y, en suma, todas nuestras pláticas eran llenas de un amor sin medida. Sucedió, pues, que, estando en la cumbre de estos nuestros bienquereres, fui yo a ser médico a una aldea, y conmigo, mi mujer preñada en los mayores meses. Estaba ella tierna de haber dejado las casas de sus padres, y tierna también ella esperando el día trabajoso de su parto; mas me juraba que todo aquello no estimaba en cosa alguna, y que cualquier trabajo le sería muy ligero, como no fuese el carecer de mí; que ser mía imposible el poderlo tolerar. Entre otras veces que esta plática se ofreció, fue una noche, después de cena, al tiempo que me llamaron para ir a visitar a un enfermo, hombre de los granados del pueblo. Yo fui, y el mal fue de manera, que me fue necesario el detenerme algún rato en le hacer remedios. En tanto, se alborotó el cielo, turbó el aire y a la cerrada noche acabó de cerrar un nublado muy espeso, y el mismo, a abrirse por muchas partes, asordando a los oídos con truenos, y cegando las vistas con relámpagos; mi pobre mujer, tierna por la edad, tierna por la ausencia de su madre y tierna por mi ausencia, y en una casa tan grande, que en el patio de ella se solían correr toros, estaba tan tierna, digo, que poco faltó que no pariese antes del tiempo natural.

Tenía una moza que la servía, y no osaba enviarme a llamar ni aun enviar a llamar a alguna vecina por no quedar del todo sola. Al fin, ella encendió una vela a Nuestra Señora de Monserrate, y, tomando el rosario en las manos, se quedó dormida. Ya en esta sazón había yo cumplido con mi oficio en la otra casa, y, viniendo a hacerle en la mía y a alegrar a mi mujer, entré por la cámara, ella despertó y, asentada súbito en la cama, llena de saña, dijo: «¿Esta es vida? ¿Esta es vida? ¡Los diablos me lleven, si me tengo de casar más con médico en todos los días de mi vida!». Así dijo Hugo, y el Pinciano con Fadrique quedaron grandemente descompuestos de risa del amor de la recién casada.

Y dijo Fadrique: Por cierto, señor Hugo, está bien encarecido el mucho amor que vuestra mujer os tiene, pero a ese tiempo ella no querría compañía con vos en la muerte, sino que vos os fuésedes por vuestra parte y primero.

Así me parece, dijo Hugo, que por tanto he contado mi historia.

El Pinciano dijo: Lo pasado, ha pasado muy deleitoso, y yo deseo que lo que resta me sea útil, y se trate de algo de la materia empezada.

Muy bien es, respondió Fadrique. Y, visto que Hugo callaba, dijo: Ea, señor Hugo, pues ayer nos hicisteis llorar con vuestra trágica, razón será que nos hagáis hoy reír con vuestra comedia, que esta materia es razón hoy se toque, así por la alegría que todos tenemos, como porque el prólogo ha sido cómico; y más que, pues a la épica no se le dio el primer lugar en las especies poéticas, es razón que no se le dé el segundo, sino que, hecha un Toledo en Cortes, de enojada no quiera asentarse sino en el último lugar.

Hugo dijo: Esa razón me arma muy mucho, y, con ella, todas las demás, y así doy principio a mi comedia.

Frag. 2

Conveniencia entre la comedia y la tragedia
Definiciones de la comedia

Ahora, como dice Aristóteles, los inventores de la comedia por negligencia sean ignotos, ahora, como algunos sienten, hayan sido Formis o Epicarmo,[48]

---

48   Texto de 1596: ayan sido Phormis o Epicatmo.

ella fue dicha de este nombre «como», griego, que en castellano quiere decir «barrio», porque sus autores andaban, de barrio en barrio, tomando las figuras que se les antojaba y haciendo personas y condiciones de aquellos cuyas figuras se vestían, pintando al hombre vano, hablador, lisonjero, glotón, y, a los demás, viciosos, según lo eran, y aún algo más feamente; porque la comedia es imitación de peores que ellos eran, como dijimos de la tragedia que o era de mejores. Esto se hacía al principio, tomando no solo los vestidos y condiciones de los que eran imitados, pero también los nombres mismos. Las leyes justas moderaron esta demasía y ordenaron que ningún cómico trajese a la acción nombre particular de hombre alguno por los escándalos que de ello resultaban, y, como, hecha la ley, se inventa la malicia, la inventaron algunos poetas poniendo en sus escritos los propios nombres de los que querían reprender fuera de las acciones y representaciones: a este poema dijeron sátira, el cual, quitados los nombres, era entonces un santo poema y del cual no es ahora tiempo. Otros poetas cómicos no buscaron malicia contra las leyes, sino obedeciéndolas, siguieron sus poemas de la manera que hoy se usan, describiendo y representando, no al individuo, sino a la especie de los hombres malos y viciosos, sin poner nombre alguno ni aun seña por donde fuesen conocidos, porque la seña vale tanto como el nombre. Es de saber que, como la tragedia fue un retrato de Eráclito, la comedia lo es de Demócrito; y, así como la tragedia con lástimas ajenas sacaba lágrimas a los oyentes, las comedias con cosas de pasatiempo sacan entretenimiento y risa; y así ésta como aquélla, llorando y riendo, enseña a los hombres prudencia y valor, porque la tragedia con sus compasiones enseña valor para sufrir, y la comedia con sus risas, prudencia para se gobernar el hombre en su familia. Por esto algunos definen a la comedia de este modo: «Comedia es fábula que, enseñando afectos particulares, manifiesta lo útil y dañoso a la vida humana». Hay quien la define a mi parecer mejor, y dice que la «comedia es poema activo negocioso, cuyo estilo es popular y fin alegre».

Fadrique dijo: Buena me parece por cierto la definición, pero mirad, por vuestra vida, si es mala ésta: «comedia es imitación activa hecha para limpiar el ánimo de las pasiones por medio del deleite y risa». La cual tiene todo lo que las demás definiciones, y enseña la repugnancia y contrariedad que con la tragedia tiene más manifiestamente.

El Pinciano dijo: A mí parece bien.

Y Hugo: A mí, también.

Y Fadrique: Adelante.

Hugo respondió preguntando: ¿Quién adelante? Vos, señor, habéis dado la definición aprobada de los que aquí estamos, y es razón prosigáis, porque lo que se ha de decir, ha de ser sobre la interpretación de ella, y vos que la dais, sois obligado a la interpretar.

Pláceme, dijo Fadrique, y luego así: Imitación es activa la comedia; por activa, se diferencia del poema épico y ditirámbico; y, por medio de deleite y risa, se distingue y diferencia de la épica y de la tragedia.

Por cierto, dijo el Pinciano, vos habéis hecho una breve diferencia entre la tragedia y la comedia, porque están los libros llenos de mil maneras de diferencias entre esas dos acciones.

Si basta una, dijo Fadrique, ¿para qué tantas?

Y Hugo: Bien dice el señor Fadrique. Sí basta; mas no puedo pensar, digo, creer que tantos como han escrito, hayan ignorado lo que vos sabéis; y tengo sospecha que no en balde hicieron mención de tantas diferencias, y que, visto que ni una, ni otra, ni otra no bastaba sola por sí, fueron añadiendo más y más diferencias para que la universalidad, en que las unas faltaban, supliese en las otras.

Fadrique: No lo entendía yo así, sino que, aunque cualquiera de las diferencias basta para la distinción, por más superabundancia se pone otra y otra; pero veamos qué diferencias son las comunes, y, si todas no fueren comprendidas en esta mi definición, yo habré errado.

Diferencias entre trágica y cómica

Eso deseo, dijo Hugo, que las oíais, para que me respondáis a algunas dificultades que se me ofrezcan. Es la primera de las diferencias que entre la tragedia y comedia se ponen que la tragedia ha de tener personas graves, y la comedia, comunes, y es la segunda que la tragedia tiene grandes temores llenos de peligro, y la comedia, no; la tercera, la tragedia tiene tristes y lamentables fines; la comedia, no; la cuarta, en la tragedia, quietos principios y turbados fines; la comedia, al contrario; la quinta, que en la tragedia se enseña la vida que se debe huir, y en la comedia, la que se debe seguir; la sexta, que la tragedia se funda en historia, y la comedia, es toda fábula, de manera que ni aun el nombre es lícito poner de persona alguna, como ya se dijo antes; la séptima, que la tragedia quiere y demanda estilo alto, y la comedia, bajo; y aun otras muchas más que no me acuerdo ponen los escritores, y así me admiro que vos, con sola esta palabra «por medio de pasatiempo y risa», queráis diferenciar a la comedia de la tragedia.

Yo digo, dijo Fadrique, lo que entiendo de esta plática; vos, argumentad lo que os pareciere, que para mi muy poco hacen las autoridades no fundadas en razón; mas, porque no os canséis, siguiendo el orden comenzado vuestro, digo: A la primera, que ella es la misma diferencia que la mía, porque las personas graves ríen poco, que el reírse mucho es de comunes; y, diciendo «por medio de pasatiempo y risa», es decir que las personas de las comedias no han de ser graves ni grandes.

Hugo dijo entonces: ¿Pues qué me decís del Anfitrión de Plauto? ¿No son harto graves aquellas personas, pues contiene reyes y aun dioses? ¿Y las comedias togatas y trabeatas no eran de gente patricia y grave?

Fadrique dijo: El Anfitrión de Plauto que decís, no es pura comedia, porque el mismo Mercurio, prologando, la dice tragicomedia por la mezcla que tiene de las personas graves y de lo ridículo; de las togatas y trabeatas podemos decir lo mismo, que no son puras comedias y que tienen olor de lo trágico.

Hugo replicó: Mirad lo que decís, señor Fadrique, que tienen todas las partes de vuestra definición, porque son imitaciones activas hechas para deleite y risa.

Así es la verdad, respondió Fadrique, mas considerad que no tienen lo ridículo que a una pura comedia conviene, y que faltan burlas muchas y palabras de donaire mucho en esas acciones por guardar el decoro a los dioses, reyes y personas principales, a los cuales es desconveniente la plática que engendra risa. A la segunda diferencia no hay que responder, que es la mía del todo, porque, si la tragedia está llena de temores y peligros, no podrá criar pasatiempo y risa, sino lástima y compasión: la comedia que no los tiene, puede y es apta para hacer la risa y pasatiempo que habemos dicho.

El Pinciano dijo entonces: Por cierto, señor, yo he visto en comedias muy finas y puras muchos temores, llantos y aun muertes.

Y Fadrique entonces: Así yo también, mas pregunto: ¿esos temores, llantos y muertes son para mover a compasión o para hacer reír? Hugo se quedó un poco pensativo, y Fadrique prosiguió diciendo: Para reír son todos esos, no para llorar; y, si vos de ellos no os reís, merecéis que se rían de vos. ¿Qué cosa más de reír que ver a un mozo, desollado de una ramera, lamentarse que le ha chupado su hacienda y salud? ¿Y qué cosa más de reír que ver otro tonto enamorado llorar la ausencia de su dama? ¿Y qué más que ver a la dama llorar de celos a su amante? ¿Y qué más de reír de ver los enredos de una alcahueta o rufián marañados para engañar al uno y al otro? ¿Y qué más de reír de ver a un siervo malicioso lleno de temor y miedo que le han de apalear por algún embuste que hizo? ¿Y qué más de reír que ver a un enamorado suspirando, la noche de enero, en la calle y sazón helada, por la que está durmiendo a buen sueño y, si despierta, se está riendo de él? Si de esto no os reís que merecéis, digo otra vez, se rían de vos.

Con todo cuanto me decís, dijo el Pinciano, veo yo que lloran los actores mismos en las comedias, y aun algunos oyentes, y veo también muertes en algunas de ellas.

Y Fadrique: Sí, algunos oyentes hay tan blandos de carona, que lloran en comedias; y los que, siendo de buen juicio y espíritu, lloran, teniendo comedias; y los que, siendo de buen juicio y espíritu, lloran, teniendo conmiseración y lástima, será por ser la acción más trágica y triste de lo que convenía para la comedia. Así que los tales sentimientos, o son por demasiado sentido del oyente, o porque el poeta, dejando de guardar la perfección cómica, resbaló en la trágica; porque, así como el deleite de la compasión solo toca al de la tragedia, el de la risa es propio de la comedia, como está dicho. Y la diferencia que hay de los temores trágicos a los cómicos es que aquéstos se quedan en los mismos actores y representantes solos, y aquéllos pasan de los representantes en los oyentes; y así las muertes trágicas son lastimosas, mas las de la comedia, si alguna hay, son de gusto y pasatiempo, porque en ellas mueren personas que sobran en el mundo, como es una vieja cizañadora, un viejo avaro, un rufián o una alcahueta.

Fadrique calló y Hugo dijo: No hay que dudar.

Y el Pinciano: Ya no tengo duda, porque el maestro me ha sacado de ella.

Frag. 3.

Y luego Fadrique: Es la tercera, que la tragedia tiene tristes y lamentables fines, y la comedia, alegres, la cual no solo no contradice, mas confirma a mi diferencia, y es también una con ella.

Hugo dijo entonces: Pues las tragedias también suelen tener alegres fines.

Fadrique respondió: Sí, mas no la comedia tristes jamás.

Hugo replicó: Pues, si la una y la otra tienen alegres fines, ¿en qué se diferenciarán?

Yo lo diré, dijo Fadrique. En que sí la tragedia alguna vez, que son pocas, viene a rematar en tales remates, tiene primero mil miserias, llantos y tristezas de los actores y representantes y mil temores y compasiones de los oyentes, como antes, hablando de la tragedia, se dijo; mas la comedia viene a fines alegres por medio de mil gustos y pasatiempos de los oyentes, porque, aunque en los actores haya turbaciones y quejas, no pasan, como he dicho, en los oyentes, sino que de la perturbación del actor se fina el oyente de risa.

El Pinciano dijo: ¿De manera que el fin alegre o triste no diferencia y distingue a la tragedia o comedia?

Y Fadrique: No, porque la Ifigenia a do ella había de ser sacrificada; ni la otra adonde ella había de ser sacrificadora y sacerdotisa; ni otras algunas, de las que llaman simples, tienen fin triste; ni las demás de las que dicen dobles, adonde hay acciones de dos: la una, principal, y la otra, menos principal, en las cuales el uno es vencido y muerto y el otro queda, no solo vivo, mas vencedor, como lo son muchas de las épicas trágicas; y de esto no es ahora lugar.

El Pinciano replicó diciendo: Yo no entiendo bien esta cosa, porque, si no me engaño, los días pasados dijisteis que la tragedia había mezclado a su acción los dichos sátiros Para aguar la melancolía y dar risa a los oyentes.

Ridículo, diferencia entre tragedia y comedia

Fadrique respondió: Bien está, que esas acciones eran episódicas y fuera de la esencia de la fábula; que, en la verdad, la tragedia no consiente la alegría en lo general. La cuarta diferencia decía que hay gran quietud, al principio, en la tragedia y, después, gran perturbación; y en la comedia, al contrario: perturbación al principio y quietud al fin; la cual diferencia no es cierta siempre, mas, antes, así la una como la otra fábula debe, al principio, irse perturbando poco a poco, y creciendo más la perturbación, y anudándose más la cosa, hasta la parte que fue dicha catástrofe y soltura; en el añudamiento y perturbación de la cual fábula está la diferencia esencial e importante, dicha tantas veces, de lo ridículo y espantoso y miserable, porque en la tragedia va creciendo la perturbación temerosa y misericordiosa, y en la comedia la perturbación llena de risa en los oyentes. Esta sola es la diferencia esencial; que el fin ser alegre o triste, no lo es, como es probado por ambas Ifigenias. La quinta tampoco es diferencia verdadera, mas, antes, parece contraria al juicio del Filósofo, el cual dice que la tragedia es imitación de mejores, y la comedia, de peores. Y de ello se colige que en la tragedia han de enseñar la vida que se debe seguir, y la comedia la que se debe huir. Lo que yo siento es que la una y la otra puede enseñar lo uno y lo otro. Ni la sexta diferencia[49] es cierta siempre, porque la Flor de Agatón, alabada de Aristóteles, y la Historia de Heliodoro, tan loada de todos, no tuvieron fundamento en verdad alguna. La séptima que la tragedia[50] es hecha en alto estilo, y la comedia, en bajo, no es diferencia nueva, porque es anexo el estilo a la persona que habla: que, si en la comedia es persona común, y en la tragedia, grave, como es dicho, claro está que el désta ha de ser estilo grave, y el de aquélla, humilde; y, si es en las paliatas y togatas, también será el estilo grave, como el de la trágica por ser graves las personas de estas especies de comedia, como después veremos. Veis todas estas diferencias y que todas son inciertas, sino son aquellas que tocan en ridículo y gustoso y donoso, por solo el cual se diferencia la comedia de la tragedia.

Hugo dijo, entonces: Pues yo sé de una diferencia cierta, diferencia que se os ha caído de la memoria, que es de los chapines y zuecos.

El Pinciano se rió como de cosa nueva y dijo: ¿Qué es eso de zuecos y chapines? Coturnos, zuecos.[51]

Y Fadrique respondió: Yo os lo diré. De tres formas y maneras salían al teatro los actores antiguos y representantes: o en chapines altos, que decían coturnos, o planipedia. los actores antiguos y representantes: o en chapines altos, que decían coturnos, o en mulillas, que decían zuecos, o a pie llano,

---

49   Texto de 1596: Ni la séptima diferencia.
50   Texto de 1596: La octaua, que la tragedia...
51   Texto de 1596: socos.

que decían planipedia. Los coturnos y chapines altos usaban los trágicos en las personas trágicas y graves; las mulillas y zuecos, en los cómicos y ciudadanos, y la planipedia, a pie llano, los dichos mimos, ya se sabe quién éstos son. Y, si las matronas nuestras se han alzado con los chapines, y las mozas de servicio, con las mulillas, y apenas se halla un hombre que pise llano, ¿para qué queréis que haga mención de lo que ya no es en uso a los poemas activos?

Hugo y el Pinciano se rieron mucho y dijeron que estaba muy bien respondido y que en la verdad lo ridículo era solo lo que totalmente distinguía al un poema del otro.

De manera, dijo el Pinciano, que, así como la trágica tiene por fin el enseñar por medio de miedo y misericordia, la comedia enseña por medio de pasatiempo y risa.

Esto dicho, el Pinciano calló un poco, y, visto aquel punto se quedaba por llano. prosiguió diciendo: Ahora, pues, señor Fadrique, el señor Hugo nos dio tanto que llorar ayer con sus miedos y compasiones y muertes trágicas, trayendo en consecuencia las personas y las maneras para mover a miedo y compasión al oyente, razón será que en lo ridículo o risueño se toque algo; y que, pues ayer lloramos tanto, no se pase hoy el reír en breve, y, al fin, se trate algo de la risa, porque soy aficionado a comedias y amo saber de ellas más, y más este punto, como más esencial.

Fadrique respondió: Por cierto, señor, vos me queréis poner en una dificultad no pequeña; no es la materia del reír como la del llorar; que ésta es cifrada, y aquélla, esparcida y difusa, y las cosas que mueven a llanto se reducen fácilmente a número cierto, mas las que a risa, no tienen número de muchas que son.

Bien está, dijo Hugo, que, si vos queréis, todavía nos diréis más de lo que nosotros alcanzamos.

Y Fadrique: Pudiera ser que no, mas, porque no me tengáis por mal compañero y extraño huésped, os quiero obedecer. Y, dejando lo urbano dicho y, lo venusto, que así dicen los dichos y hechos cortesanos y discretos y agudos que no producen risa, tratemos de solos aquellos que la crían y fueron dichos salados de algunos porque, así como lo salado da sed, éstos la dan de escuchar, y a mi fastidio de decir cosa, que esta materia de la risa es fundada en torpeza y fealdad, y así será fuerza que yo sea en ello feo y torpe.

Frag. 4.

En cosa tan conocida como esta de la risa no me parece que hay que definir más de que la risa es risa. Así como la definición es clara, la división es oscura.

Haré lo que pudiere para reducirla en orden conveniente. Digo, pues, que la universal naturaleza, justa en todo, dio pocas asas y lugares de adonde se tome el miedo y misericordia, llanto y tristeza, y dio muchos de adonde se tome la risa, la cual es contraria del todo a los ya dichos. Y esto fue hecho con suma cual es contraria del todo a los ya dichos. Y esto fue hecho con suma providencia para que las muchas y breves causas de reír se pudiesen aparejar con las pocas y largas de llorar, así que, si el llanto es largo en la vida humana y la risa es breve, las causas y ocasiones de reír son muchas, y las de llorar, no tantas. Son muchos, digo, los motivos y muchos los lugares, porque la risa está fundada en un no sé qué de torpe y lo cual hay en el mundo más que otra cosa alguna. Sea, pues, el fundamento principal que la risa tiene su asiento en fealdad y torpeza.

El Pinciano dijo entonces: Yo lo he así oído decir de Aristóteles, en sus Poéticos, y de Cicerón, en el segundo De oratore, mas no lo entiendo bien, porque me parece que me río muchas veces de cosas que no tienen parte en lo feo y torpe.

Fadrique dijo: Hablaremos de esas cosas después que por ejemplos hayamos fundado nuestra proposición: conviene saber: que, lo ridículo está en lo feo. Digo así: que, como las más cosas del mundo se reducen a obras y palabras, así también la risa se reduce a palabras y obras. De las obras ridículas trae por ejemplo Aristóteles trae la cara torcida de alguna persona: y es así la verdad, que, como un rostro hermoso mueve a admiración, uno muy feo mueve a risa. Y éste basta, por ejemplo, de las obras ridículas, las cuales son muchas, y que se pueden mal poner en orden y concierto, porque todas las que son disparatadas y necias, como no vengan en daño notable de alguno, son ridículas; que, cuando traen consigo daño notable, vence la compasión a lo ridículo y piérdese del todo la risa y así un cuerpo o un rostro naturalmente feo y contrahecho causa risa, lo que no hace causado por enfermedad, porque entra la compasión del dolor y no consiente entrada a la risa. Esto mismo acontece cuando un hombre da una caída, que, si se hizo daño notable a su persona, nadie hay tan maligno que se ría, pero si el caído se halla sin daño, ¿quién habrá que se pueda contener la risa?

Yo, no, a lo menos, dijo Hugo; que un día me llamaron para visitar un Grande de estos reinos que había caído de un caballo yendo a caza, y, visto que el daño no era de momento, fue tanta la risa que me vino de solo acordarme de la caída del señor, que, no pudiéndome contener, me puse detrás de las cortinas de la cama.

El Pinciano dijo entonces: Confieso que yo también padezco esa enfermedad, y me agrado que sea común a todos, mas pregunto: ¿qué torpe o qué feo hay en una caída?

Fadrique preguntó al Pinciano: Pregunto: ¿hay algún hombre o mujer que caiga hermosamente? Si la caída es sin culpa del que cae, trae consigo fealdad en el cuerpo y descompostura de él, y sí cae por culpa suya y falta de aviso, lo cual es más ordinario, allende de la fealdad del cuerpo. trae otra del alma, que es la ignorancia.

Yo quiero, dijo el Pinciano, apretar más este negocio. ¿Qué ignorancia hubo en el señor que cayó, si el caballo era un demonio? ¿Y qué fealdad hubo en la caída?

Hugo: ¡Si estaba seis leguas del caído!

Fadrique se puso a pensar un poco y dijo después: Fealdad fue del que cayó, sin hacerse daño notable, haber tenido miedo mucho y alboroto al tiempo del caer, y este pavor que sin porqué se presupone, es fealdad. Y, si esto queréis más claro, imaginad un hombre que huye de otro que le arroja naranjas de piedra, y otro que huye del que le arroja naranjas de cera, llenas de azahar, y veréis que, del primero que huye con razón, tenemos compasión, y del segundo nos reímos por el engaño que padece: y no me digáis que yo también, sí cayera, tuviera antes del caer miedo, y, con este, después que viera el poco daño, me riera del miedo que tuve sin porqué, según lo que sucedió. Olor de fealdad y torpeza ha de haber necesariamente en la cosa ridícula.

Pregunto, dijo Pinciano, ¿qué obra fea hubo en esto que diré, lo cual causo mucha risa? Estaba un labrador encima de un pollino, comiendo un pastel, y dos estudiantes se pusieron en medio: el uno de los cuales le preguntó cierta cosa, y, en tanto que el labrador respondió al uno, el otro le sacó la carne del pastel sutilmente, y se la metió en una escarcela que traía; el labrador pasó adelante dos o tres pasos y cuando vio la cáscara sin meollo, se quedó mirando al cielo, como que algún pájaro se la hubiera llevado. El robador y, encubridor se fueron de risa finados, y finados de risa lo vieron los circunstantes, y los estudiantes se tragaron su carne a medias.

Cuento es ridículo ése, dijo Fadrique, y mucho, porque tiene lo feo doblado: fealdad de parte del labrador, que fue la ignorancia, y fealdad de parte de los estudiantes, que fue picardía. Y, si consideráis atentamente en todos estos hechos ridículos, hallaréis lo mismo; y es tan verdad esto, que muchas cosas que de suyo no son ridículas, se hacen tales por la fealdad sola del lugar de donde salen; y si no, advertid en la ventosidad, que, si sale por la boca del hombre, no hay hombre que se ría jamás, pero, sí por la parte contraria, ¿quién hay que no se mueva a risa, especialmente en tiempo y en sazón?

Hugo dijo: Sí, harto reído fue el caso de Boscán ante su dama, al cual salió un suspiro, sin licencia de su dueño, por la dicha parte, y dio tanto que reír, que hay opiniones por aquel solo suspiro haber sido Boscán más famoso que por los metros que hizo.

De otro, dijo Fadrique, me acuerdo yo harto reído y más provechoso.

Y el Pinciano: Si fuere pulla, que no valga.

No, dijo Fadrique. Fue el caso que eran unos representantes haciendo una comedia en casa de un gran señor de estos reinos, adonde estaban muchos señores titulados y no titulados con sus mujeres, que habían sido convidados por el señor de la casa; sucedió, pues, que salió un entremés, y en él, un rufián muy bravato, cuyas bravezas vinieron a término que un pajecillo le quitó la espada, y le hizo poner de rodillas en el suelo y, alzando la espada desnuda en alto, le dijo que se confesase. Al tiempo que esto oyó el bravo espadachín, soltósele una ventosidad por la parte inferior que atronó el aposento; el uno y otro representante se entraron atajados, sin más hablar, y la gente quedó descompuesta de risa, y que ahora no acaba. Después de haber pasado una ola de ella, envió el señor de la casa a saber si había sido hecho aquel sonido con algún artificio, y el que fue, halló al autor de la comedia riñendo con el de la ventosidad por lo que había hecho; él se disculpaba diciendo que aquellas cosas no eran en manos de las gentes y que fue obra del miedo, forzada y no voluntaria. El señor supo esto y diciendo: «representante que sabe hacer tan bien su persona en la comedia, justo es que sea remunerado luego», y le envió una grande taza dorada con un recado muy donoso, y fue: que él le enviaba aquel vaso porque, de aquí adelante, no los diese a beber en el otro. Todos los demás señores, queriendo imitar al dueño de la casa, le enviaron sus joyas, y, aunque la comedia fue muy graciosa y ridícula, no tanto como en la hazaña del bravato.

No me tenéis más que decir, dijo el Pinciano, veo que es así lo que decís: y me acuerdo de una melecina del conde de Benavente y del doctor Villalobos y de Mari-García que dio mucho que reír, y el día de hoy le da; y hallo, por mi cuenta, ser la causa que, como decís, la risa está fundada en lo feo y torpe.

Y Hugo dijo: También me acuerdo yo, no de oídas, sino de vistas, una confirmación no pequeña al propósito, mas quierola dejar para otro tiempo.

Fadrique le rogó la dijese. Hugo dijo: Presto es dicha. Yo visité a un caballero del hábito de Santiago, persona grave en su condición y grave en su edad, porque tenía setenta años y más. Era su enfermedad un dolor de ijada, para el cual le ordené una melecina. Él dijo que en su vida la había recibido y que le diese otro remedio, que aquél era excusado: yo le dije que no sabía otro que fuese más cierto y seguro, y que se le quedaba escrito, que la necesidad le diría lo que había de hacer; en esto me fui y volví a la tarde a le visitar, al cual hallé riendo descompuestamente, que yo me admiré y dije: «Buena señal es cuando el enfermo ríe». Él me respondió riendo: «Pues yo os prometo que el dolor es poco menor, mas, después que me acuerdo de la manera que me puse para echarme la melecina, yo no soy mío ni poderoso para resistir la risa». Y, dicho, comienza a reír de nuevo.

Ejemplo es ése, dijo Fadrique, harto al propósito de lo que se va hablando. Y, si queréis más confirmación, fingid que cuatro hombres están en conversación; de los cuales, el uno, tesorero de algún señor, el otro, médico, y los otros dos, gentiles hombres; y que al uno de ellos le traen una carta y que, leída, parece de poca importancia, y así lo entienden todos; si el tesorero a quien se dio, dice de ella: «ésa será buena para hacer receptas», será dicho gracioso por la metáfora, porque su intento era decir que «para pólizas».

Y, si se diera al médico y dijera: «ésa será buena para pólizas», también el dicho tenía de lo agradable por la misma metáfora, y no tuviera ridículo, porque no tenía algo de lo feo. Pero, si el uno de los gentiles hombres dijera: «mejor será para biznaga», sin duda fuera ridículo por lo feo.

Más ejemplos de risa en obras
Risa en palabras
Y si el otro dijera: «buena será para el bote de todas las conservas», fuera más ridículo por el primor mayor en mayor fealdad, por la proporción que hay del servidor al bote, y por la desproporción que tiene lo que contiene a la conserva. Quede, en suma, asentado que tanto es una cosa ridícula, cuanto participa de torpeza y fealdad en cierta forma, ahora sea en obras, ahora en palabras. Y, por esta ocasión, también son las acciones trágicas más convenientes a reyes que no las cómicas, a los cuales se saca mal la risa, ni con garabatos, especialmente en actos públicos. Y advierto que, como dijimos en la trágica, el que quiere mover lágrimas, si no lo sabe hacer, mueve a vómito. Resumiendo, pues, la cosa, digo: que la materia de la risa está en obras y palabras, y que las obras son como las palabras, en las cuales hay alguna fealdad y torpeza. Las obras se pueden mal reducir a orden cierto, sino al general y universal que está dicho, y es: que la obra fea, necia o disparatada, en cierta sazón y coyuntura, es producidora de la risa, como la de un hombre apasionado del miedo, que, por escaparse, se pone debajo de una albarda; y otro, estimulado de la ira, que arroja el copo de estopa al que desea matar; y del enamorado que anda sin juicio; y del avaro que saca el dinero de la tierra con grande afán y, después, voluntario le sepulta y entierra. Obras son también las imitaciones hechas con cuerpo, ojos, boca, manos, contrahaciendo a alguno, como los mimos y representantes hacen, los cuales suelen tener mucho de lo ridículo. Déstos y otros semejantes se pueden tomar los lugares de la risa, en cuanto a las obras; y, en cuanto a las palabras, es de advertir que el que dice la palabra ridícula, debe quedar mesurado para hacerla más risueña; y que de las palabras, unas son urbanas y discretas, que, sin perjuicio de nadie notable, dan materia de risa; y esta especie es tal, que puede

parecer delante de reyes. Las demás, que nacen de la dicacidad y murmuración y fealdad y torpeza de palabras, son malas, y así se guarde el cómico de ella en todo caso de acciones delante de reyes y príncipes grandes, los cuales aborrecen naturalmente a toda fealdad.

El Pinciano preguntó: ¿Pues aquel suspiro del representante medroso no pareció mal?

Lugares de risa se toman de la oratoria
De la cuestión

Con todo eso, dijo Fadrique, no lo tengo por seguro ante semejante teatro, porque pudiera oler mal. Y, viniendo a lo principal de lo ridículo, que consiste en palabras, digo que se pueden mejor reducir en orden, y que de la arte de bien decir puede tomar la suya el cómico para él hacer reír, y se puede aprovechar, según el tiempo y sazón que al poeta mejor pareciere. De la oratoria materia, que es la cuestión, tomará el poeta cómico lugar para su risa, si finge alguna que sea disparatada, ridícula y necia, cual fue la de los dos litigantes que gastaron su hacienda sobre por quien había cantado el cuquillo; y cual fue también la del marido y la mujer que, habiendo acabado de poner unos olivos, comenzaron a poner dificultad a qué precio habían de vender las olivas. Y éstos basten por ejemplo de la cuestión, advirtiendo que la cuestión ridícula quiere nacer siempre de algún disparate de opinión.

De las partes de la oratoria
De la invención y lugares de argumentos
De la definición
De la etimología
De la división

De las partes de la oratoria se toman también argumentos de risa; y, así como los rotóricos sacan sus argumentos para suadir, pueden los cómicos sacarlas para mover a risa de los mismos lugares que la invención da. De la definición sea ejemplo el que definió a la mujer diciendo: «La mujer es sarna del espíritu del hombre, queriendo decir que, como la sarna trae inquietud al cuerpo, la mujer trae en desasosiego al alma del hombre». De la etimología se sacarán también modos de reír de dos maneras: o por el sentido propio, o por el contrario, por el propio, como decir que la mujer tomó nombre de muerte y no de muelle; y, por el contrario sentido, como decir que al Jurista dicen letrado, como al negro, Juan Blanco. De la participación o división, como la que respondió Galua a uno que le pidió prestada una capa aguadera, al cual respondió: «Si no llueve, no te es necesaria; y, si llueve, la habré yo menester», la cual sería más ridícula si fuese más fea, como de uno que, recibiendo olor malo, dijo: «o es mierda o asan torreznos»

Hugo dijo: Acójome en esa partición a los torreznos.

De los conjugatos
Del menor a mayor
Del mayor a menor
Del contrario
Del diverso
Del disímil y del símil

Y Fadrique prosiguió diciendo: De los conjugatos se tomará aquello de Ovidio: «con oro tiene el hombre honra; del oro le viene el ser temido: por oro es amado de las damas; y, al fin, reina el oro; éste es siglo de oro que no el pasado». Del argumento de menor a mayor ejemplo el cuento que se dice entre el cardenal fray Francisco Jiménez y un litigante, el cual tenía un pleito ante el vicario de Alcalá, y, sospechando que estaba inclinado a la parte contraria, pidió al cardenal diese un otro juez con el vicario para que mejor se declarase su justicia. El arzobispo le dijo que de adónde quería que le trajese acompañado a su vicario, y esto, con un poco de cólera. El litigante dijo: «Señor, de Madrid se puede traer». Y, luego, con más cólera le dijo el cardenal así: «¿Qué hombre puede haber en Madrid que pueda ser acompañado de mi juez?». Aquí el litigante se encolerizó y dijo: «¡Cuerpo de Dios conmigo! ¿Pudo dar Tordelaguna a un hombre para arzobispo de Toledo, y Madrid no puede darle para acompañado del vicario de Alcalá?». Este ejemplo baste del argumento de menor a mayor, el cual es de la especie de los agudos y discretos, y del argumento de mayor a menor será uno de los rudos y simples: fue un hombre a la plaza una mañana a coger trastejadores para su casa y, teniendo noticia que eran unos de aquel oficio, se llegó a ellos y les dijo: «Hermanos, ¿habrá aquí alguno de vosotros que sepa trastejar una casa?». El uno de ellos respondió: «¿Y cómo? Ahora hombre hay aquí que ha trastejado en Salamanca». Y argumento del contrario, como el dicho de Vasco Fernández, portugués, y de un criado del rey Católico, y fue que, en la guerra de Granada, Vasco Fernández fue con su caballo corriendo, y, entrando en Granada, clavó con su puñal un escrito en una puerta, el cual decía: «Aquí llegó Vasco Fernández».

Apodos de varias maneras

El ya dicho criado del rey tomó otro caballo y, habiendo entrado en Granada más adelante, clavó otro escrito que decía: «Aquí no llegó Vasco Fernández». Y del diverso, el dicho del predicador portugués en el sermón de la victoria de Aljuvarrota, el cual, estando en la narración de la postura de los escuadrones dijo: «Estaban los cristianos de la una parte del río, y los castellanos, de la otra». Y del disímil, como lo dijo don Diego de Mendoza de un cardenal legado al emperador el cual cardenal era muy pequeño y muy gordo, y dijo don Diego: «que más parecía chichón que cardenal». Y de este disímil, y del símil, jugando del equívoco, se harán mil formas de mover a risa, y, especialmente, en castellano, porque abunda de, más equívocas que otra alguna nación, así como el griego de metafóricos: en el símil se pueden poner todos los que decimos apodos, los cuales, por tomarse de muchas partes, son también innúmeros; porque el apodo se puede tomar del espíritu, como se dice al inquieto que tiene el espíritu de azogue; y del cuerpo se puede tomar de la grandeza, como el que dijo, de un hombre largo, que era bueno para portero, que podría emplazar por las ventanas, y de un hombre menudico, que parecía pasa de Corinto, y de chico y gordo, como el que dijimos del cardenal poco ha; y de la figura, como el que uno dijo de un hombre delgado, chico y moreno, que parecía hebilleta de cobre. Y del argumento que de las señales se toma puede ser ejemplo el de un hombre que, quejándose a un capitán que le habían despojado unos soldados de su compañía, fue preguntado del capitán si llevaba el jubón que entonces traía vestido al tiempo que le despojaron; el hombre dijo sí, y el capitán respondió: «No eran de mi compañía, que, a serlo, no os le dejaran». Y en los adjuntos lugar y tiempo se pueden hacer y se hacen razones ridículas, así como en razón de las personas; en razón de lugar fue gracioso un mayordomo de un caballero pobre que, dando, cuenta a su señor del gasto de aquel día, entre otras partidas, tenía una que decía: «de quitar el estiércol de la caballeriza y la barba de su merced, tres reales». Y, si queréis del lugar otro más ridículo, por ser más feo, sea el de una dama, la cual tenía una grieta pequeña en un labio, y a la cual dijo un gentil hombre que la saliva de él, con su labio puesta, le sería de gran provecho; la dama respondió: «ese remedio oíle yo alabar más para las almorranas, y una negra mía las tiene». Esto en el lugar, y en el tiempo, un cuento de un canónigo y un su criado, y fue: que, estando el canónigo en Flandes, el criado, que estaba en España, escribió así: «Señor, el macho está muy malo; el albéitar le manda sangrar; vea vuestra merced lo que manda». En razón también de tiempo se puede poner por ejemplo el dicho de un gentil hombre que, habiendo suplicado al rey cierta cosa, y el rey negándosela, le fue a besar las manos y se las besó por la merced que le había hecho. El rey entendió que el hombre había mal entendido la respuesta y le dijo: «¿Por qué me besáis la mano?». El gentil hombre respondió: «Porque Vuestra Majestad me despachó presto».

Ese caso, dijo Hugo, más que de lo ridículo, tiene de lo faceto y discreto.

De persona

Fadrique dijo: Así es la verdad, porque tiene poco de lo torpe y feo. Y, en razón de persona, como el cuento vulgar de una mujer aldeana que mandó una gallina al cura, el cual se fue por su casa disimulado, y, viendo que no estaba allí, por no volver otra vez, le tomó la mejor que halló; a la mujer se lo dijo después una niña, y la mujer luego exclamó diciendo: «¡Válame Dios! Infinitas veces, y de veras, ofrecí al diablo aquella gallina, y nunca se la llevó; y una vez que se la ofrecí burlando al cura, se la llevó al punto». Esto en la invención. Y, en lo que toca a la disposición, se halla también mucho de lo ridículo, especial con ignorancia; tal fue la de uno que, rogando a un señor una cosa, le dijo: «Hágalo vuestra señoría, por amor de Dios y mío y de la señora condesa, que es más que todo». O de otro que, jurando, dijo: «¡Voto a Dios! Perdóneme santo Toribio», aunque este dicho se podría reducir a uno de los esquemas dicho licencia: y perdonadme, señor Pinciano, que os canso con cuentos viejos y, por tanto, desabridos.

El Pinciano dijo: Bueno está eso, señor Fadrique, aunque bobo, no tanto que entienda andáis mal en referir cuentos viejos; sé que los traéis para ejemplo, y sé que para este efecto ellos son los mejores.

Hugo dijo: Bien dicho.

Elocución
Tropos
Metáfora

Y Fadrique: Pasemos adelante a la otra parte de la oratoria que se dice elocución, porque hermosea a la oración con sales y flores nuevas.[52] Y primero de los que dicen tropos, después, de las llamadas figuras de palabras y de las figuras de sentencias o esquemas, porque todas estas cosas sin número darán lugares para nuestro intento. Entre los tropos se toma de la metáfora por necia y por discreta; sería ridícula metáfora, por necia, si alguno dijese al mar «perplejo» por «confuso»; y sería discreta, como la que dijo un señor por dos escuderos viejos, que, por el mes de enero, después de haber cenado, estaban murmurando de él y llorando el tiempo pasado con lágrimas vivas, por quienes dijo el señor: «jamás vi por Navidad llorar las vides, si no es ahora». Y de esta figura son infinitas las gracias que están escritas, e infinitas las que se pueden ir sacando cada día.

Hugo dijo entonces: Alguno dudará si lo que habéis dicho esté debajo de metáfora o de equívoco, porque tan común es llorar las vides como llorar el hombre. Y, si ha de ser tropo, debe, ser modo de hablar no común.

Fadrique dijo: Vos, señor Hugo, al fin dais por vides a aquellos buenos hombres, y, si ellos estuvieran aquí, responderían sin falta alguna.

Yo lo entiendo ya, dijo Hugo, que cuando el llorar no sea metáfora, lo es la vid.

Alegoría

Luego Fadrique prosiguió diciendo: El equívoco nació de metafórico, y vos me dais ocasión de hablar de él con hacer llorar al equívoco; y digo lo dicho: que de él se toman infinitas maneras de gracias, mas bastará traer una o dos por ejemplo.

---

52 Texto de 1596: hermosea a la oración con sales y flores nueuos.

330

Hipérbaton
Énfasis
Hipérbole
Perífrasi

Y sea el primero el de Augusto, que, de un su siervo poco fiel, dijo: «Fulano, mi siervo, es tan privado mío, que para él no hay cosa cerrada en mi palacio». Son también especies de metáforas los refranes, en los cuales puede haber mucho de lo ridículo. Sigue en orden la alegoría, la cual es junta de metáforas, y de la cual sea ejemplo Cicerón, que dijo de Celio, orador, que tenía mejor siniestra que diestra, porque sabía, mejor acusar que defender. Esta tampoco es muy ridícula, porque tiene poco de lo feo y torpe, que, adonde no hay dicacidad, digo, murmuración o fealdad de palabra o ignorancia y simpleza, el dicho agudo queda urbano y cortesano, mas poco ridículo. Pero, si de alegoría queréis ejemplo más risueño, sea este: un estudiante iba en vil rocín muy, flaco y largo, y un mercader le preguntó a cómo daba la vara; el estudiante, volviendo la mano a la cola del rocín y alzándola dijo: «Entrad en la tienda». Y en el hipérbaton, como otra vez, en otra ocasión. dijimos «elegante habla mente» por «habla elegantemente». Sea ejemplo de la énfasis lo que dijo Lucio Acio: «navío con hierro», «cortó la piedra de amolar». Y de la hipérbole, el que para engrandecer la grandeza de un albañil dijo que podía desde el suelo trastejar las más altas torres; y de este género son las mentiras ridículas, como los que dicen fieros. Esta hipérbole se hace más ridícula cuando el que quiere exagerar la cosa, la disminuye, y más, acerca de alguna cosa torpe, como fue la del predicador que en un sermón de la adúltera, afeando el adulterio, dijo que más quisiera pecar con dos vírgenes que con una casada. Y de la perífrasi sea ejemplo la monja melindrosa que, por no decir turmas con su vocablo, las dijo por un circunloquio tan feo, que yo no me atrevo a le decir; y así se hallarán en los demás que decimos tropos lugares no poco s para sacar risa, que por no dilatar dejo.

Figuras
Sinonimia
Traducción

Vamos, pues, a las figuras, de las cuales digo que unas tocan al cuerpo del vocablo; otras, al alma; las que al cuerpo, o le añaden, o le quitan; otras ponen o mudan (de la forma que a otro propósito se dijo): mudando, como si alguno por decir «tanto» dijese «tonto»; añadiendo, como por decir «lengua latina», decir «lengua latrina»; y por decir «latina», decir «latinaja». Y de aquí se pueden sacar innumerables figuras hechas, o artificiosa, o simplemente. En las que tocan al ánima del vocablo se hallan también lugares para la risa, porque se hallarán en la repetición, conversión o complexión y conduplicación, bien que yo no me acuerdo. Y en la sinonimia, como la que conmigo usó un mi criado estudiante, el cual siempre que me acompañaba, llevaba debajo del brazo los Oficios de Tulio, y un día por leer yo en ellos un poco le pregunté si traía a Cicerón, y él me respondió: «No, señor, no traigo sino a Tulio». Y en la traducción, sea la respuesta de un criado del rey, al cual habían dado una posada mala, y, entre otras faltas que tenía, era no tener caballeriza; el mal aposentado se fue al aposentador y le pidió otra posada. El aposentador le preguntó qué falta tenía la que le habían dado. El criado del rey le respondió: «Una muy grande, que toda es estable y no tiene establo». Y, si queréis otro ejemplo, sea lo que un cortesano respondió, que, diciéndole: «Fulano murmura de vos delante de todos —dijo— más quiero ese hombre murmure de mí delante de todos, que no que todos me murmuren delante de él». Asimismo se hallarán en las conjunciones, definiciones y precisiones,[53] y en las anominaciones, ilusiones y juegos del vocablo, como si uno por decir «alguacil» dijese «guadamecil» de industria y con ignorancia; y por decir «acanea», dijese «cananea». Y, en las figuras que tienen asiento en mengua de palabras, tiene también asiento y no malo la risa. Déstas suelen usar los cómicos en personas turbadas, especialmente en las de los simples que en España se suelen imitar; los cuales, mientras comienzan muchas sentencias y acaban ninguna, hacen mil precisiones muy graciosas.

Hugo dijo: Esos son unos personajes que suelen más deleitar que cuantos salen a las comedias.

---

53   Texto de 1596: Ansimismo se hallarán en las conjunciones difiunciones.

Y Fadrique: Así es la verdad, y con mucha razón, porque es una persona la del simple en la cual cabe ignorancia, y cabe malicia, y, cabe también lascivia rústica y grosera; y, al fin, es capaz de todas tres especies ridículas, porque, como persona ignorante, le está bien el preguntar, responder y discurrir necedades; y, como necia, le están bien las palabras lascivas, rústicas y groseras; y, en la verdad, por le estar bien toda fealdad, es la persona más apta para la comedia de todas las demás, en cuya invención se han aventajado los Españoles a Griegos y Latinos y a los demás: todos los cuales usaron, de siervos en sus comedias para el fin de la risa, y a los cuales faltaba alguna y algunas especies de lo ridículo, porque. o no tenían más que la dicacidad, o la lascivia, y, cuando mucho, las dos juntas, de manera que carecían de la ignorancia simple, la cual es autora grande de la risa.

Esquemas
Interrogaciones.

Hay también en los esquemas o figuras de sentencias mucho de lo ridículo; todas las interrogaciones o preguntas necias lo son, como la que un mozo de veinticuatro años que preguntó que de qué se hacía la madera. Este sea ejemplo de pregunta necia. Y, de la discreta, sea la pregunta que hizo un soldado pequeño de cuerpo que, riñendo con otro grande y membrudo, de palabra en palabra, resbaló en la obra, y, jugando de antuviada, dio un bofetón al contrario, y, queriendo echar mano a las armas, fueron despartidos por entonces, mas, después hechos amigos por el capitán, como el que fue cargado, no se pudo descargar con obras, descargábase con palabras, quejándose en todas partes que, favorecido de su capitán, un hombre, sin manos, se le hubiese atrevido; y una vez lo dijo en parte que lo oyó el que le hirió, el cual preguntó: «¿Y cuando os di el bofetón tenía yo manos?».

Respuestas
En las respuestas hay también mucho de lo ridículo por necias y por discretas. Por necia sea ejemplo el que, preguntado cómo se comía un panal de miel, respondió, con ignorancia, que asado y cocido. Y de discreta sea la respuesta de Julia, hija de Augusto, la cual era tan desenvuelta, que en un banquete se le pudo preguntar por qué causa la mujer, estando preñada,

consentía el ayuntamiento del macho, y las alimañas, no: ella respondió: «porque son alimañas». Hay también mucha sal en la mezcla de pregunta necia y respuesta discreta; tales fueron las de Tirio Máximo y Carpathio, los cuales habían oído una representación juntos y juntos salieron del teatro, y, después de ella, al salir, preguntó Tirio a Carpathio si había visto la representación. Carpathio respondió: «No, que estuve con los representantes jugando a la pelota». En las respuestas disimuladas hay también mucho lugar de risa, y en las disparatadas; ejemplo de las disimuladas sea un ladrón famoso que, preguntándole un alcalde en jerigonza, respondió: «Yo, señor, nunca aprendí latín», y de la disparatada sea la de Cicerón, al cual dijo uno: «¿Qué haré, señor, desdichado de mí, que mi mujer se me ha ahorcado en mi huerto?». Cicerón respondió: «Yo os lo diré; dadme una postura de ese árbol para plantarla en el mío».

El Pinciano dijo: No me parece eso tanto disparate como malicia de Cicerón.

Prosopopeyas
Ironía
Concesión

Fadrique respondió: No malicia, por amor de mí, que Marco Tulio habló burlando y, por gracia y para divertir al hombre de su pena. Hay también respuestas retorsivas muy donosas, muchas y muy varias, que, por no cansar, paso, poniendo por ejemplo la de Cicerón a Vidio Curio, el cual tenía siempre costumbre de quitarse los años de su edad; y en, una conversación se quitó tantos, que le dijo Cicerón: «Luego, cuando abogamos tú y yo juntos, no eras tú nacido». Y en las prosopopeyas hay también mucha simiente de risa, como se dice que, estando comiendo ciertos caballeros unos peces a la mesa de un gran señor, el señor mismo los repartió con su mano y dio uno pequeño a un hidalgo, el cual, escocido de la honra, o del provecho, o de todo junto, puso el pez a su oído. El señor le preguntó qué hacía, y el hidalgo dijo: «Señor, mi padre murió en el río de a do se sacó este pez, y preguntábale yo si conoció a mi padre cuando se ahogó; y decíame el pez que no, porque era él entonces muy chiquito». Y en la ironía, como en la de Augusto César, que, habiendo despedido a un soldado por inútil, el soldado le dijo: «¿Qué, señor, diré a mi padre cuando esté delante de él?». Al cual dijo el César: «Dile tú que no te agradé yo». Y en la llamada concesión hay mucho ridículo, como se vio, en Salamanca, entre dos opositores, el uno de los cuales para mejor suadir su negocio dijo a los votos, después de la lección leída: «No hay, señores, discípulo que sea mayor que el maestro, y fulano, mi contrario, ha sido oyente mío muchos días». Pasó esto así, y el contrario, al día siguiente, respondiendo a la objeción, dijo así: «Yo, señores, concedo que no hay maestro que no sepa más que su discípulo, y que yo lo fui de mi opositor, el cual, en nueve lecciones que, para se hacer bachiller, leyó a mí y a otros amigos, nos declaró y enseñó los libros De Arte amandi». Esta fue a mi parecer una graciosa concesión. Y no lo fue menos la del padre prior de no sé qué monasterio.

Calló Fadrique y el Pinciano le rogó la dijese.

A Fadrique se le hizo pesadumbre y dijo Hugo: Pues yo la quiero decir, que a los limpios todo es limpio. Reprehendía un prior a un su súbdito y nuevo predicador que en un sermón de las vírgenes había estado demasiadamente virginal, porque hizo en él muchos apóstrofes a ellas, diciendo que las amaba, y las quería, y que de ellas era muy devoto, y que deseaba vivir y morir con ellas y cosas de esta manera, dichas más con simplicidad que con deshonesto celo. Mas no bastó su buena voluntad a que los oyentes no murmurasen, y la murmuración no viniese a las orejas del prelado, el cual dijo después al predicador que, de allí adelante mirase cómo hablaba en aquella materia, y le dio las razones. El predicador se indignó de verse reprehendido y dijo colérico: «Pues bien, padre nuestro, ¿hay más que decir? Digo otra vez que amo a las vírgenes y que vírgenes las quiero». El padre superior respondió con mucha flema: «Yo también, mas no las pido a voces y en el púlpito».

Fadrique dijo entonces: De los ejemplos no es necesaria la verdad; y así éste sea uno de ellos, que, en mi opinión, todos los religiosos son muy buenos y muy castos y dignos de estimación mucha; yo, a lo menos, confieso de mí que, en viendo a uno cubierto de su vestidura regular, aunque sea el más ignorante motilón, le tengo un respeto muy grande por lo mucho de bueno que debajo de aquel hábito contemplo.

El Pinciano dijo: El que otra cosa pensase, pecaría mortalmente.

Y Hugo: Y el que por la boca lo echase, sería digno de un gran castigo.

Deprecación

Fadrique prosiguió diciendo: Y en la deprecación hay también de lo risueño, como se vio en una de un hombre cuya mujer andaba en casa más que a medias; el cual, siendo junto con unos médicos en conversación, escuchó una disputa y cuestión sobre por qué causa naturaleza criaba leche en los pechos de algunos hombres, y habiendo respondido uno de los médicos que la naturaleza no hacía cosa en balde, y que sin duda criaba en los pechos de los hombres la leche para algún fin, y que, a su parecer, era para que el hombre a una necesidad sustentáse a los hijos con su leche, esto oído por el hombre susodicho, dijo de esta manera: «Señores, por amor de Dios, os ruego habléis paso, que, si las mujeres alcanzan a saber esto, nos harán criar nuestros hijos siempre, y, alguna vez, los ajenos».

Aquí dijo Hugo: Mirad, señores, que la sal de ese dicho no está tanto en la deprecación cuanto en el dicho o concepto, porque, sin deprecación alguna, fuera el dicho muy gracioso.

Muchos dichos, dijo Fadrique, hay ridículos que no están en figura retórica alguna, sino que lo son por el concepto y sentencia solamente, pero tengo por bien reducir a figura los que pueden ser reducidos como quiera que sea.

Y el Pinciano: Mucho quisiera yo saber esto de los conceptos ridículos, porque, a mi gusto, agradan más los que cobran la gracia por la sentencia que no por la palabra.

Por cierto, respondió Fadrique, y aun yo os lo quisiera decir por saberlo, mas esto de los conceptos, como lo de las obras que al principio dijimos, carece de orden para ser enseñado; y solo sé decir que el concepto que tuviese y exprimiese algo de feo de la manera que está dicha, será ridículo. Esta es una materia tan derramada, que no siento quien la haya recogido más, ni aun tanto como lo que habéis oído; y os hago saber que aun en estas partes de la Retórica hay dificultad de dar orden entero, porque las figuras, en doctrina de Cicerón, son infinitas, y de lo infinito no hay ciencia. Así, pues, se sacan y hallan los lugares de la risa en la cuestión, y así también, en las partes de la oratoria.

De las partes de la oración

Digo, breve, de las de la oración: el exordio suele ser ridículo por necio, de la manera que fue el de un vasallo que, hablando al rey, comenzó la plática diciendo «así como la asna de Balán»...; comenzó, digo. Y acabó, porque de turbado no supo más que decirlo tres o cuatro veces.

Eso, dijo Hugo, fue ridículo mucho; yo lo concedo por razón del exordio, que decir el hombre una necedad, súfrese, mas, en las primeras palabras, que deben ser más premeditadas es causa que la sea mucho mayor.

Refutaciones

Este, dijo Fadrique, fue ridículo por necio, y ridículo por discreto el exordio que luego hizo su compañero al rey, diciendo, así: «luego, señor, que le vi comenzar por asno, entendí que había de caer, lo que ante Vuestra Majestad nos ha traído es esto y esto...». Y así discurrió en lo demás, no ridícula, mas admirablemente. En las refutaciones se hallan también lugares de risa no pocos, ni poco graciosos. Y sea ejemplo una de Augusto a un mal soldado, dicho Pomponio, el cual se quejaba a sus amigos y no amigos del César, que, habiéndole servido, no le hacía la merced que sus servicios, a su parecer, merecían. Este se fue un día ante el emperador y le dijo razones muy flacas por donde le debía hacer mercedes, y añadió diciendo que, por servirle, le habían dado una gran cuchillada, en la cara. El César respondió: «Cuando otra vez huyéredes, no volváis la cara atrás». Y, dejadas las retorsiones de Aristipo y las respuestas a las tácitas objeciones de Dionisio el Tirano, digo de la que...

Aquí dijo el Pinciano: De buena gana escuchara yo las que dejáis, si no recibiera vuestra persona algún enfado.

Hugo se entrepuso diciendo: Hase de dar gusto al amigo en lo que justo pide, y luego prosiguió de esta manera: Tuvo Aristipo, filósofo, muy graciosas refutaciones, entre las cuales fue una que, siendo acusado que hubiese dado cuatro reales por una perdiz para su comida, lo cual no estaba bien a un filósofo profesor de virtud y templanza, respondió: que, antes, era muy propio del filósofo no estimar el dinero. Esta sea una de las muchas retorsiones de Aristipo; y otra de Dionisio sea que, habiendo despojado de una barba larga que de oro macizo tenía el dios Esculapio, dijo que su padre no tenía barba y que no era razón la tuviese el hijo.

Basta, dijo Fadrique, y prosiguió diciendo así: Es también graciosa manera de refutar negando una cosa dicha y añadiendo otra peor de esta manera: quejábase Domicia Romana de Junio Baso que hubiese dicho de ella que, de escasa y apocada vendía los zapatos viejos de sus sirvientes, y Junio la aplacó diciendo: «Nunca yo tal he dicho, señora; lo que yo dije es que los comprábades viejos para os los calzar».

El cuento rieron mucho los compañeros y dijo el Pinciano riendo: Buena manera, por cierto, de amansar la ira es ésta.

Y Fadrique: En la especie de adversar y refutar, afirmando y confirmando, fue así: que un médico sabio, pero colérico demasiadamente, y, por ello, muy notado, servía a un señor, asistiéndole a comidas y cenas (quiero decir que le era criado, como los demás); y, yendo una mañana a la comida de su señor, tuvo palabras con un su criado en la sala, tan altas, que llegaron a oídos de él, y, alborotado, dijo a sus criados que mirasen qué alboroto era aquí; uno de los cuales respondió que no era nada, y que era el médico que reñía con su criado.

El señor disimuló y prosiguió en su comida, la cual había empezado; el médico entró, hizo su salutación y púsose en el lugar que solía; calló el médico y calló el señor y callaron todos gran rato; después del cual, dijo el señor al médico así: «Muchos médicos he conocido en esta tierra, y, entre otros, a uno, el cual era muy buen letrado discreto, de buen parecer, y, en suma, os parecéis a él todo lo posible, sino que el otro era muy colérico».

Y Fadrique luego en breves palabras cifró lo que había, reduciendo la risa a conceptos, palabras y obras, con lo cual hizo fin.

Risa pasiva

Hugo dijo: Pues no habemos bien acabado estos lugares de tomar la risa, porque, aunque es así que son los tres dichos generales, conceptos, palabras y obras, no habemos hecho memoria de una diferencia de risa llamada pasiva, la cual es de las más graciosas de todas.

¿Qué es esto de pasiva?, preguntó el Pinciano.

Y luego respondió Fadrique: Bien dice Hugo; risa pasiva se dice cuando la risa se convierte en burla del que pretende que otro sea el reído y burlado. De esta especie se ven algunas en el Cortesano y en otros libros; y désta me acuerdo haber leído que un orador estaba orando contra un homicida, el cual, en el fin de la oración, sacó ensangrentado el estoque con que había hecho el homicidio diciendo: «Con éste, con éste se hizo el crimen». Estaba el orador de la parte contraria presente, y, por convertir la compasión en risa, se alzó y, las manos en la cabeza, se fue huyendo y clamando que le guardasen. Resultó de aquí que no sucedió lo que él pretendió, que era que fuese reído su adversario, sino que el reído y escarnecido fue él mismo, de manera que, pensando ser persona activa en la risa, fue pasiva. Esta especie de risa pasiva puede ser rústica, como ésta, e industriosa, como muchas veces la suelen usar los hombres que dicen de placer, los cuales hacen mil descuidos artificiosos para que ellos sean los reídos, y éste es ejemplo que en las obras consiste; pienso que, si hiciese memoria, me acordaría de algunos que en las palabras consisten.

Hugo dijo entonces: Aquel de Octaviano César con Marcio está en palabras.

Ese, respondió Fadrique, dudo yo si fue de los pasivos solamente, y me parece a mí que fue una mezcla del activo y del pasivo.

Sepa yo, dijo el Pinciano, ese del César.

Y Fadrique: Enhorabuena. Tenía Octavio, entre otros, un servidor, dicho Marcio; éste, pedía al César mercedes a menudo, y el César nunca se las hacía por ser injustas sus peticiones. Sucedió, pues, que en ocasión que el Marcio era presente con un papel en la mano, para le demandar cierta merced, un otro se entrepuso, suplicándole una gracia. Octaviano le escuchó, y, visto no demandaba lo justo, le respondió: «Vos, amigo, no os canséis en más razones: que no tengo de hacer lo que pedís, como ni tampoco haré lo que Marcio me quiere demandar». Fue el dicho reído por dos causas, por la necedad de Marcio y por la escasez del César.

Frag. 5.

Especies cómicas
La comedia se divide según la cantidad

Dicho esto, cesó un poco Fadrique y después prosiguió diciendo: Digamos ya de las cómicas especies. Y digo así: que la comedia, o es paliata, o togata, que es decir, o es griega, o latina. La griega fue dividida en tres especies: cómica, satírica y mímica; la latina o romana en cuatro: pretextata, trabeata, tabernaria y atelana.

Acerca de lo cual es de advertir que, así como la tragedia se distingue de la comedia principalmente por la grandeza y memoria de las personas, la comedia hace sus diferencias por la mayoría y pequeñez de ellas; que la griega, dicha cómica, era una comedia entre la gente más granada del pueblo, digo que en ella se imitaba la gente más principal. La satírica remedaba a la de estado ni grande ni chico, sino mediano; como la mímica, solo contrahacía a la más baja plebe; en ella se imitaban palabras y obras de hombres bajos y soeces, lascivos, sucios y deshonestos. La romana comedia por el semejante sacó sus diferencias, porque la pretextata era imitación de gente patricia y generosa; la que imitaba a la gente ecuestre y mediana, se llamaba trabeata; la que al común del pueblo y vulgo, tabernaria; y la que a las personas viles, como la mímica griega, era dicha atelana. Esto es lo que, en suma, siento de las especies cómicas, digo, de la comedia y partes de ella esenciales. Y en lo que toca a las cuantitavas, es de saber que la comedia, como la tragedia, son una cosa misma, porque, así como ésta, tiene principio, medio y fin, nudo y soltura, prótasis, epítasis, catástasis y catástrofe, y, en ellas, actos cinco y lo demás que es dicho.

Hugo dijo entonces: Paréceme, señor Fadrique, que vais huyendo de lo dificultoso, porque no hacéis mención de las primeras partes en que la tragedia se dividió según su cantidad, que son: prólogo, episodio, éxodo y coro. ¿Por ventura es porque el coro no es consecuente a la poética cómica? Eso, respondió Fadrique, fue así un tiempo, como en la tragedia —si bien me acuerdo, se trató—, mas, desde el Filósofo hasta estos tiempos, y aun antes ya la comedia recibía coro, lo cual se colige claramente del mismo Filósofo, que, en el capítulo segundo del tercero de sus Poéticos, hace mención del coro trágico y del cómico. Y, en la verdad las dichas partes —prólogo, episodio, éxodo y coro— se me fueron de la memoria: y me afirmo en que también la cómica como la trágica las tiene; mas se debe considerar, cuanto al prólogo, que la comedia le tiene siempre afuera de la acción, lo cual no conviene a la trágica, porque, habiendo ésta de ser acción gravísima, maravillosa y fuera de lo que ordinario se ve en el mundo, no conviene entrar prologando antes, sino simuladamente ir haciendo la zanja a la obra misma dentro de ella; y en esto conviene con la épica, como después se verá. En el coro hay que considerar que el trágico tuvo tres partes, digo, tres acciones: la una era lamentar, y ésta se hacía con la multitud; la otra, razonar, y ésta se obraba hablando un solo actor o representante en vez de la multitud; y la tercera era cantar, no uno, ni muchos, sino dos, tres o cuatro, de lo cual se colige que la comedia solamente recibió del coro la una parte o acción, que fue la música. De lo cual resulta que la tragedia no tuvo prólogo afuera de la acción, y que la comedia no tuvo coro perfecto; mas esta materia, especial la del prólogo, se tocará adelante, si venimos a la épica algún día.

El Pinciano dijo entonces: Está muy bien, mas yo no sé qué cosa sea prólogo en la poética; en la oratoria ya yo sé, como el otro día se dijo, que es un seminario de la oración y un lugar adonde está cifrado todo lo que la oración contiene.

Fadrique respondió: Si por seminario se entiende lo que acabáis de decir —que es una recapitulación y suma de la cosa toda—, eso es dar a entender que es lo mismo que el argumento; mas, si como yo entiendo, por seminario se entiende una oración en la cual por lo pasado se da luz a lo porvenir, éste es verdaderamente prólogo; y déste usan los escritores comúnmente antes de las obras, y déste usa el cómico en una de las especies que de prólogo tiene: el cual prólogo cómico fue dividido en cuatro maneras. Hay un prólogo que es dicho comendativo, porque en él la fábula o el autor es alabado; y hay prólogo relativo, adonde el poeta da gracias al pueblo o habla contra algún adversario. Hayle también argumentativo, que es el que dijimos daba luz por lo pasado a lo porvenir. Y hay prólogo, de todos mezclado, que no tiene nombre, y se podría llamar prólogo mixto.

Dicho está ya de la esencia, especies y partes de la comedia; resta decir un poco de las condiciones de ella; que yo acabaré con suma brevedad, porque me deis el plaudite; que he sido el huésped, tengo que mantener la conversación hasta el fin, pues sé cierto que no os enoja.

Hugo y el Pinciano acometieron palabras de cumplimiento, y Fadrique dijo: No hay para que gastemos el tiempo mal gastado, que yo sé lo que sé y quisiera más saber lo que no sé; y, después, prosiguió diciendo: La fábula cómica ha de tener cinco actos, como poco ha dijimos, y en lo cual conviene con la trágica. La segunda es también común a las acciones dramáticas, y es: que cada persona no salga más que cinco veces al teatro en toda la acción, que viene a ser, en cada acto, una vez. Y de esta manera quedan las entradas tan mezcladas, que ningún actor da molestia con su frecuencia: dejo aparte la persona dicha prostática, la cual no suele salir más que una vez a dar materia a lo que adelante se ha de decir, y hacer. Sea la tercera condición que en la escena no salgan de tres personas arriba, y si saliese la cuarta, esté muda, y, como dice Horacio, no trabaje en hablar; y esto, con mucha razón, porque, en habiendo plática de más dé tres, nace una confusión molestísima. La cuarta: cuando saliere alguna imitación de músicos a dar música, no haya más que una persona fuera de los músicos, y, si hubiere alguna otra, esté como asechando para algún fin. La quinta, que toda acción se finja ser hecha dentro de tres días. En todas las cuales condiciones conviene con la tragedia.

Hugo dijo aquí: Pues el Filósofo no da más que un día de término a la tragedia.

Fadrique se sonrió y dijo: Ahora bien: los hombres de aquellos tiempos andaban más listos y agudos en el camino de la virtud; y así el tiempo que entonces bastó, ahora no basta. Bien me parece lo que algunos han escrito; que la tragedia tenga cinco días de término, y la comedia, tres, confesando que cuanto menos el plazo fuere, terná más de perfección, como no contravenga a la verosimilitud, la cual es todo de la poética imitación, y más de la cómica que de otra alguna. Y con esto se dé fin a nuestra comedia.

Hugo y el Pinciano dieron el plaudite dando unas grandes y regocijadas palmadas, ya en esta sazón declinaba el Sol. Fadrique pidió su capa y el Pinciano se despidió de los compañeros con mucha alegría. Fecha, en las Calendas de julio. Vale.

Respuesta de don Gabriel a la epístola IX del Pinciano
Frag. 1.

Si trágico fue el prólogo, señor amigo, de la tragedia, el de la comedia fue cómico: de manera que a mí dio gran risa el caso entre Hugo y su mujer, el cual tuvo fin tan diferente de lo que prometió, que de trágico y grave se hizo alegre y ridículo. Son estas ostentaciones muy al propósito para la risa, y me admiro cómo entre las figuras ridículas no fue puesta. Esto brevemente, porque no es de este lugar; seralo el decir que vuestra epístola me fue muy agradable con la salud de la mujer de Hugo, que soy recién casado y quiero mucho a mi mujer, y más cada día, y tengo gran lástima de los casados antiguos que pierden sus honestas compañías, pérdida que es mayor cuanto más largo el nudo matrimonial; y esto, acerca del primero fragmento.

Frag. 2.

De vuestra letra contiene el segundo al principio y a los inventores de la comedia, la cual define y se diferencia de los demás poemas con el ridículo especialmente. Pero quiero advertir que, aunque el ridículo es diferencia muy intrínseca a la cómica, se entiende que debe caer con el género, que es imitación activa; que vemos algunas imitaciones ridículas, cuales son algunas de las satíricas, y no pertenecen a la cómica, porque, o son narrativas, o comunes. Ejemplo de lo que digo veréis en las sátiras de Horacio, el cual mofa escarneciendo y burlando con mucho de lo ridículo. La definición que el Filósofo de la comedia dejó es muy buena también, y me maravillo cómo no se aprovecharon de ella los compañeros; pero, sí bien se advierte, la una y la otra son casi una cosa misma.

La esencia de la tragedia está muy bien excluida por el ridículo solo; y así, de hoy más, me parece se ponga silencio a la multiplicación de palabras no necesarias. En este segundo fragmento se tocaron también las dos primeras de las siete diferencias entre ella y la comedia.

Frag. 3.

Y en el tercero se prosiguen las cinco restantes, y no sé qué añadir como ni qué quitar, lo cual suelo yo hacer de mejor gana, porque amo a la brevedad lacónica.

Frag. 4.

El cuarto contiene la materia ridícula y, por el tanto, torpe. Yo quisiera que ella se tocara con un poco de modestia; mas a los limpios todo es limpio, y todo os lo perdono, y aun lo agradezco, no por el deleite que en la lectura recibí, sino por la doctrina que aprendo. Una cosa no puedo callar, y es que vuestro Fadrique me parece tiene espíritu muy cómico, si ya no lo fue tanto por agasajar a los huéspedes; a esto me arrimo más, que los hombres urbanos y corteses buscan todas las vías con que deleitar a sus huéspedes como sean honestas, y éstas se deben contar entre las que no lo son. La división del ridículo en obras y palabras, y la de las palabras especialmente, está más copiosa que otras que he visto. Cicerón tocó esta materia, en el segundo libro De Oratore ad Q. Fratrem; pero, pues Quintiliano, que después le sucedió, no es tan copioso como vuestro Fadrique, a Fadrique me allego por ahora en esta parte, y aun en las demás me allegaré; tanta es su opinión para conmigo.

Frag. 5.

Contiene el quinto y último párrafo las especies, de la comedia, así las que fueron acerca de los griegos como las que a los romanos fueron en uso: Tiene también las condiciones, algunas de las cuales, por ser comunes a todas las dramáticas, fueron puestas en la epístola vuestra que de la tragedia recibí, como también otras que a la parte de la cantidad de ella tocan. Todo está bien dicho y bien escrito; yo os ruego no os canséis en lo que yo recibo tanto gusto y cortesía.

Fecha, dos días antes de las Nonas de julio. Vale.

Epístola X. De la especie de poética dicha ditirámbica

Aunque, señor don Gabriel, el Pinciano fue a casa de Fadrique algunos días para acabar la materia comenzada, no a tiempo que se pudiese proseguir, porque el tercero, que era Hugo, no venía cuando el Pinciano, ni el Pinciano cuando Hugo; en suma, éste y aquél se vieron un día en san Jerónimo, después de haber oído misa, y aquél dijo a éste que cómo se había escondido tantos días.

Hugo respondió: Antes parece, señor Pinciano, que, como ya sois maestro, no habéis menester más doctrina poética; pues yo os sé decir que aun sabe más Fadrique, y que podréis aprender de él cosas nuevas.

Por cierto, dijo el Pinciano, eso sé yo por experiencia; y sabed que le he visitado estos días, y, aunque no habemos tocado en la poética, en otras muchas cosas me parece admirable; yo estoy empeñado y deseo grandemente que se prosiga la materia comenzada. Suplícoos me digáis a qué hora nos veremos a pelear en el campo acostumbrado.

Yo, dijo Hugo, con él tengo de comer hoy, porque me ha convidado a una música para pos de la comida.

Esto dicho, el uno y el otro caminaron juntos a la calle de Fadrique, en cuya casa entró Hugo, así como el Pinciano en la suya; el cual se asentó a tabla a la hora acostumbrada, y el oído atento a la ventana por escuchar si entraban las olas del aire sacudido con las cuerdas. El Pinciano dio fin al pasto y, alzado, puso un palillo entre los dientes y los pechos a la ventana por escuchar con más atención. Y, visto la música no le convidaba, acordó de la ir a buscar, y fue a casa de Fadrique, mas, hallando la puerta cerrada, dio vuelta a su posada cuando acaso Fadrique se puso a la ventana, y, viendo al Pinciano las espaldas le preguntó el porqué se volvía. El Pinciano se lo manifestó, y Fadrique le respondió que para él no había puerta cerrada.

El Pinciano se entró en casa de Fadrique y vio una moza de buen talle y a una vieja de feo y pésimo, que con los dos habían comido. La moza se inclinó hacia el un lado del suelo, y alzó una vihuela, y comenzó a cantar, y, cantando, acabó uno y otro romance viejo tan bien, que el Pinciano quedó a ella honestamente aficionado; que hasta entonces parecían las mujeres, la una, una santa Mónica, y la otra, una santa Anastasia, pero poco después descubrieron la hilaza, como dicen, que la que parecía antes Anastasia, se trocó en Satanás, y la Mónica en Demónica fue convertida; porque se levantó la una y la otra de la mesa, y la moza, con su vihuela danzando y cantando, y la vieja, con una guitarra cantando y danzando, dijeron de aquellas sucias bocas mil porquerías, esforzándolas con los instrumentos y movimientos de sus cuerpos poco castos. Tal fue la disolución, que los tres hombres, que solos eran, estaban corridos y afrentados. Las dos se cansaron de hacer mucho después que los tres de mirar.

Fuéronse al fin y dijo Fadrique: El vino que bebieron era bueno, y hízoseles vinagre y hanme ofendido con el aliento; no me entrarán más aquí estas mujeres. Ahora bien, señores, ágüese este disgusto con algún entretenimiento honesto y de letras, que, verdaderamente, éste solo es el que no cansa.

Frag. 1.

El Pinciano dijo: La ropa está cortada, no es menester más que ir cosiendo.

La comedia se acabó el otro día; véase quién sigue por sus antigüedades.

Supuesto que Toledo, digo la épica, quiere hablar en postrer lugar, dijo Hugo, sigue la que nos prosiguió ahora.

¿Quien?, dijo el Pinciano. ¿Esta poesía de estas mujeres?

Hugo: Sí.

Pinciano: ¿Esta es la zarabanda que dicen?

Fadrique: Llamadla vos zarabanda o ditiramba, que ello es así como Hugo lo dice, porque la t y la h juntas en el griego suenan lo mismo que nuestra z.

Pinciano: Según eso, todo es una cosa, y en nombre, ditiramba y zarabanda.

Yo pienso que sí, dijo Fadrique, y que el vocablo se ha corrompido; y que sea el nombre mismo, ya lo veis por la semejanza que tienen; y que sea la cosa, ya lo vistes por lo que hicieron aquellas doncellas, como su madre cuando las parió. ¿Vos no vistes cómo juntamente, imitando aquellos torpes actos y movimientos feos, a una cantaban, tañían y danzaban?

Sí, dijo el Pinciano, ya me acuerdo que se dijo del poema activo que tenía tres maneras de imitación: lenguaje, digo, música y tripudio, pero diversas y apartadas; y que la ditirámbica las tenía juntas, ¿mas qué tiene que ver la cosa de la ditirámbica a la de la zarabanda? Que aquélla era hecha en honor de Baco y antigua, y ésta, nueva y que de muy pocos años acá ha ensuciado la tierra.

Fadrique dijo: ¿Vos no habéis oído decir mezclar a lo sacro lo profano?

Y aun sé, dijo el Pinciano, que por justísimas leyes está vedado.

Etimología de zarabanda

Y Fadrique: Pues eso es esto. Y, porque os diga lo que entiendo de este negocio, escuchad. Entre los furores que dijimos el otro día humanos, que Platón dijo divinos, contamos dos, el de Baco y Venus. Reinó en aquel tiempo pasado Baco y solemnizábanle los poetas; ahora reina Venus y las poetisas la celebran. Y, hablando más de veras, digo que en la verdad esta zarabanda es la ditiramba antigua, la cual estaba olvidada, porque ya el dios Baco no se veneraba en parte alguna, y, en lugar de ella, quedó la lírica.

Los indios del Poniente gentiles pudieran hacer como gentiles veneración a Baco, mas no tenían el instrumento, que era el vino, y así todos se dieron a celebrar la Venus lasciva; y lo que los gentiles griegos hacían a Baco, hacen éstos a Venus con las tres imitaciones: canto, música y danza juntamente. Eso mismo hacen los de Etiopía, si queréis mirar en ello, en esos coros y danzas; y éstos, a mi parecer, trajeron a este mundo la zarabanda, a la cual así llamaron algunos hombres leídos de la ditiramba; y eso fue el principio de ella.

Frag. 2.

Aquí dijo el Pinciano: Por qué razón a la ditiramba digan zarabanda, me parece, haber entendido bien, pero por qué la ditiramba se diga así, o no lo he oído, o se me ha ido de la memoria.

Baco nació dos veces

Fadrique dijo: La ditirámbica tuvo nombre de Baco, porque salió al mundo por dos puertas, según los poetas escriben: y dijéronla así porque especialmente fue esta obra hecha para loores del dios Baco, la cual cantaban sus sacerdotes, tañendo y danzando, y la cual también contiene su doctrina moral.

El Pinciano: Así conviene decir para excluir a estas zarabandas.

Hugo dijo: En razón de poema, tan ditirámbico es el malo como el bueno, y ahora en general se habla.

Definición de ditirámbica

Así es la verdad, respondió Fadrique, y yo ahora no trato sino de su primera invención, para qué fue, que el haber degenerado no hace a nuestro propósito; digo, pues, que ella fue inventada para alabar a los buenos, y, como dijo Arquíloco, el que alaba al bueno, vitupera al malo; y yo añado que el que hace lo uno y lo otro, enseña buenas costumbres, y que la ditirámbica las enseña de esta manera dicha, y, especialmente, que ella, de su principio, fue imitación de mejores, aunque después (el día, pasado se trató) lo fue también de peores, como Aristóteles dijo del Filoxeno, ditirámbico, que a los persas había imitado peores que ellos eran; mas ésta ya es otra materia.

Vamos a la propia de la ditirámbica la cual no es otra cosa que una imitación narrativa hecha con música y tripudio juntamente y a una, por lo cual se diferencia del activo poema, como antes está dicho, y de la épica, porque ésta es común poema.

El Pinciano dijo: Por lo que he oído, ditirámbica, zarabanda y lírica todo es una misma cosa.

Sujetos de lírica

En lo esencial, que es la forma dicha de la imitación con los tres géneros, no hay duda alguna, respondió Fadrique, sino que todas los piden o consienten; mas diferencianse en la materia de que tratan, porque la ditirámbica trata de los loores de Baco, y la zarabanda, de los ejercicios de Venus, y la lírica deja a los dioses y trata de cosas acá menos levantadas; y si trata de dioses, no particularmente para los alabar, porque los poemas hechos para esto fueron llamados himnos; así que los himnos fueron hechos para honor de los dioses en general, y la ditiramba, en honor de Baco, y la zarabanda mezcló lo sagrado de Baco a lo profano de Venus; y la lírica trata otras cosas varias humanas, las cuales son su materia, así como amores, rencillas, convites, contiendas, votos, exhortaciones, alabanzas de la templanza y de hechos dignos, o canciones, pretensiones, negocios y cosas de esta manera; y esto con menos ruido de vocablos compuestos y más sentencias que la ditirámbica, la cual requiere un lenguaje lleno de vocablos compuestos, hinchado e inconstante y, al fin, como dice un cierto autor, todo vino.

Hugo dijo: De la materia lírica he yo leído que está en número cierto dividida, y que es doceno.

Ahora bien, dijo Fadrique, entiéndase lo esencial de la cosa que importa; y, sí yo me dejare alguna parte, añadidla vos, y, si no, dejadla. Y esto es lo mejor, contentándoos con que la lírica puede tener diferencias según la materia, y que podrían irse añadiendo cada día según las cosas van variando.

El Pinciano dijo: Yo, señores, tengo el entendimiento un tanto confuso, y, deseando no caer en confusión, me proveo cuanto puedo en la distinción de los vocablos; y aunque está dada harto grande, pero pareceríame mayor, pues la lírica comprende a tantas cosas, y la ditirámbica, a una sola que incluyamos a ésta debajo de aquélla y que, puestas en olvido la ditiramba y la zarabanda, cuando se ofreciere hablar de nuestro poema presente, le demos nombre de lírica.

Hugo respondió: Dos inconvenientes hallo yo para eso que decís: el uno está ya tocado antes, y es: que algunos poemas líricos son comunes, y el ditirámbico debe ser narrativo o enunciativo solamente, el otro es que la ditirámbica es imitante necesariamente, y en la lira se hallan muchas que no tienen imitación.

Substitúyese la lírica en lugar de la ditirámbica

Fadrique dijo entonces: A la primera dificultad antes tocada respondo lo que antes fue respondido cuando se tocó; y a la segunda digo que la lira imitante será poema perfecto, y la que careciere de imitación, será imperfecto, como antes está dicho. Y me parece bien el parecer del Pinciano, siquiera porque el nombre de ditiramba o zarabanda no suene más en nuestras orejas; y, con la cosa fea e indigna, se de estierre el nombre indigno; y sean, de hoy más cuatro las primeras y principales especies de la Poética: épica, trágica, cómica y lírica; y sea la ditirámbica una especie de lírica y la más atrevida, hinchada y perturbada, con la cual se diferencia de las demás especies líricas; y ella de hoy más se diga lírica frigia, la cual, como dice Aristóteles, era muy perturbadora; y las demás se digan líricas dóricas, las cuales carecían de tanta perturbación; y diferénciese también en que ésta no requiere tripudio necesario y aquélla, sí. Y, si queréis, también podréis, poner diferencia en el metro y vocablos compuestos.

Hugo dijo: Lo que habéis dicho de lo frigio y dórico confirma Aristóteles en el último de sus Poéticos.

Frag. 3.

Y, habiendo callado un poco, comenzó así: Sea, pues, la lírica imitación aquella que es hecha para ser cantada; y, esto supuesto, pasemos adelante a las diferencias de él, si algunas tiene.

El Pinciano dijo: No entiendo lo primero que decís, y me parece que andáis corto en la definición o descripción de la lírica, porque, si ella queda en lugar de la ditirámbica, no solo ha de ser para ser cantado sino metro para ser tañido y danzado.

Fadrique respondió: Vos, señor Pinciano, no consideráis que el ser cantado dice ser metro; y que los poetas suelen decir: «quiero cantar» por decir «quiero decir en metro»; y que también para ser cantado dice la música con que el poema se ejercita.

Está bien, dijo el Pinciano, ya me acuerdo haber oído esta doctrina, y enhorabuena sea que por cantado se «entienda el metro y música»; mas ¿por qué dejáis el para ser danzado? Pues la lírica también goza de este género tercero de imitación, según vuestra doctrina.

Hugo respondió: Debajo de la música se comprende también el tripudio y la danza; así lo quieren algunos autores.

Fadrique lo confirmó diciendo: Y con razón; que este movimiento numeroso está subordinado a la música por dos vías: la una, porque el danzar sin son es lo que dice el refrán: «danzar sin son que es un disparate»; la otra, porque el tripudio es como sombra del cuerpo de la música, cuyos afectos y movimientos sigue continuo.

Estoy contento, dijo el Pinciano; y, pues la lírica tomó nombre de instrumento músico, sepa yo, si no os enoja, qué estilo se sigue en estas dos partes de que, después del lenguaje, consta; y primero, cómo la música mueve afectos en la lírica, porque yo entendía que los quietaba y sosegaba, poniendo paz entre el hombre y sus pasiones.

La música quieta y perturba al ánimo

Así lo hace, dijo Fadrique, la ordinaria música, mas aquella de que se sirve el poeta, no solo para ese fin, mas para otro y otro, es de él recibida. Y, para que esto se entienda más de raíz, es de advertir que la poesía mezcló la arte música a la suya por dos causas: la una, para el deleitar, y la otra, para enseñar; que, si bien nos acordamos, éstos fueron, son y deben ser los fines de la poética. Y, dejada la parte que al deleite toca, por ser tan manifiesta, digo de la que a la doctrina, a la cual enseña en dos maneras la música; o perturbando o no perturbando. La lírica enseña perturbando cuando canta rencillas, cuestiones, dificultades y cosas semejantes, como la tragedia con sus temores y misericordias; que, cual ésta con sus misericordias y temores aplaca las pasiones y enseña costumbres, así aquélla con sus rencillas, cuestiones y dificultades, esto es, perturbando, como hacían los ditirámbicos especialmente, aunque de otro modo.

El Pinciano: Yo no entiendo bien esta perturbación.

Y Hugo luego: Poco hay que entender; decid que un músico os taña cosa triste, y veréis cómo os entristecéis; y decid que sea alegre, y veréis cómo os alegráis.

En los problemas

Sí, dijo el Pinciano, como lo que Aristóteles dice del vino y de la melancolía, que hacen mucho a las costumbres naturales; así la música, la cual, si coge a un hombre triste, le hace más, y, sí alegre, mucho más le alegra.

Fadrique luego: No dice eso Hugo, sino que hay especie de música que entristece al alegre y al triste alegra. Y, para ejemplo de lo que el sonido hace, advertid en la trompeta del Jueves santo y de los disciplinantes. ¿Qué hombre habrá tan regocijado a quien no prive de alegría aquel sonido tristísimo? ¿Y también a quién no regocija una trompeta de un juego de cañas? ¿Y a quién no alborota y enciende en ira la trompeta en la guerra cuando dice: Cierra, cierra? ¿Y a quién no mueve a sangre y muertes el atambor cuando suena: Arma, arma? No digo que éstos sean instrumentos músicos verdaderos, mas que por éstos se entienda lo que los verdaderos hacen; y, si, no, decid que os tañan con una vihuela, con que la trompeta, al ¡cierra! y a la ¡arma!, y veréis cuánto os perturba. Y, si más claramente queréis ver la eficacia del sonido, advertid lo que hace un caballo cuando escucha una trompeta militar, y veréis que él mismo se enciende en ira de manera que arde por la carrera y encuentro.

Aquí dijo el Pinciano sonriendo: Baste esto de la parte perturbadora de la música poética, que basta a la música andar con tal compañía para alborotar los ánimos de las gentes; y, si sois servido, se trate algo de la que quieta y pacífica.

Fadrique respondió: No es mi propósito traer las cosas fuera de él; y así, dejadas las definiciones y divisiones de la música, digo que ella perturba, como está dicho, y quieta y sosiega, como ahora se dirá; la música sosiega y quieta perturbando. Como también es dicho; y quieta y sosiega sin perturbación, como lo hizo aquel músico que apaciguó las guerras civiles entre los lacedemonios.

Ese, dijo el Pinciano, oí decir que lo había hecho con la lengua, y todo como lo hizo Orfeo, que, tornando domésticas a las gentes bravas, las redujo a civilidad y policía.

Así es, dijo Fadrique, y no es mi intento decir que lo hizo sola la música, sino que ayudó gran parte a la poética para esa hazaña; así lo hizo aquel músico que dejó Agamenón en su casa para aplacar a su mujer el ardor lascivo que sentía en ella; el cual músico, tañendo y danzando metros en alabanza de las matronas honestas, tuvo en pie la honestidad de la reina mientras él vivió y, en muriendo él, murió la honestidad de ella. Y, por dar fin a nuestra plática, pregunto lo que es más notorio que todo esto: ¿Cuando tañía y cantaba David ante Saúl, no arrojaba la perturbación que el demonio le hacía, con la música y canto? Probado está bastantemente, a mí parecer, el deleite y perturbación y quietud que la música hace, y que aquellas dos partes, de la perturbación y quietud son tomadas del poeta para enseñar, como la primera, del deleite para deleitar.

El Pinciano dijo: Todo lo he muy bien entendido, mas no cómo enseñaban los sacerdotes de Baco a los hombres con el metro músico y el tripudio.

Hugo dijo: Los sacerdotes bacanales no eran los poetas, sino los que los imitaban, los cuales con. el metro enseñaban y con la música, como está dicho; aunque confieso que esto del enseñar más toca a las demás especies de lírica que no a la ditirámbica, como el perturbar más a ésta que no a aquéllas, así por el metro y música como por el tripudio, que le era más natural, el cual ayuda grandemente a la perturbación.

El Pinciano dijo: En sabiendo yo cómo perturba el tripudio, me parece que habré entendido esta cosa mejor.

Fadrique respondió sonriendo: Yo he leído que perturba no solo al dueño, mas a las personas vecinas; y que un tripudiante o danzante salió al teatro romano por mandado del César, y, después de haber danzado y saltado lo bastante, le mandaron salir del tablado. Él estaba tan alienado que, no queriendo voluntario, salió forzado, y, por el camino que iba a su asiento, iba tripudiando y dando muy buenos golpes con pies y manos a los circunstantes, y, aun puesto en su propio lugar, no se podía contener, que a los que junto eran sentados no alcanzase daño del tripudio y aun del manudio.

Hugo se rió mucho y dijo: Eso es tomar la cosa muy literalmente; y, tomándola más hondamente, en la verdad el tripudio perturba mucho al tripudiante y circunstante; muévense, digo, los espíritus del celebro a éste y a aquél, y se mueve y enciende juntamente la imaginación.

Dicho, calló un poco y dijo después el Pinciano a Hugo: Si sois servido, me decid: ¿qué provecho trae al mundo la poética con este su tripudio? Porque, aunque todas tres partes de la poética están infamadas con proverbios antiguos, ésta más que ninguna.

Fadrique dijo entonces: No todos los proverbios son siempre verdaderos, como ni todas las leyes, ciertas; porque, si lo fuesen, ni unas leyes con otras, ni unos proverbios se encontrarían con otros. Ya sé que dice el refrán «músicos y poetas carecen de seso», y sé que dice otro «en Escitia no hay danzantes porque no hay vides». Al proverbio contra la poesía y música está ya bastantemente respondido en lo de atrás; y al de ahora de los tripudios, responderé en diciendo que los hombres manifiestan sus conceptos de tres maneras: o por voces de garganta propia, como lo hace la poética en el lenguaje, o por voces de instrumentos, como poco ha decíamos de las vihuelas, arpas, flautas y los demás instrumentos, o por movimientos de cuerpo, como lo hace el tripudio; de manera que éste realmente fue hecho para significación de alguna cosa, no solo para el deleite, porque no tiene el tripudio más de deleite de cuanto tiene la significación e imitación, y, pues fue inventado para este fin, claro está que no era más malo o bueno de cuanto fue el acto que es significado por el tal movimiento. Y así queda que él es como de la poética dijimos y de otras muchas cosas que se pueden usar de ellas indiferentemente; y, como el poeta puede hacer himnos en alabanza de Dios, y épicas que levanten los ánimos a bien obrar, y tragedias que quieten y pacifiquen el ánimo inquieto y alborotado, y cómicas que con risa adoctrinen, y líricas que enseñen sentencias provechosas a la vida humana y, al contrario, que enseñen cosas dañosas, puede haber danzas malas, cuyos actos sean malos y feos, y las puede haber buenas y que signifiquen bien e inciten los ánimos a la prosecución de él.

El Pinciano dijo: De la significación y del acto feo no es menester traer ejemplos, que poco ha los vimos con vergüenza de nuestros ojos y dolor de nuestro corazón. De la significación de actos honesto deseo ver algunos ejemplos.

Y aun de útiles también, dijo Fadrique, los veréis, si me escucháis.

Frag. 4.
Qué cosa tripudio o danza y baile
Vialidades del tripudio Tripudio
Pirriquio

Dicho, comenzó así: Entre las partes de la ditirámbica, digo lírica, es el tripudio de que ahora es nuestra plática; el cual no es otra cosa que un movimiento del cuerpo numeroso y compuesto con que alguna persona imita a otra; por qué se diga movimiento no hay dificultad; y numeroso se dice porque está obligado a cierto número de movimientos, cada uno según es; y compuesto, porque deben tener orden en ellos, así como en los quietes o descansos. En este ejercicio se ejercitaron principalmente las gentes luego que el mundo tuvo principio; y esto fue por se hacer más diestras para la caza de la cual vivían. Al ejercicio primero de los pies se fue ayuntando el de las manos también, y se comenzaron a ejercitar en unos y otros ejercicios varios.

Este tripudio se dice haber sido el más antiguo. Yo no me atreveré a tanto, mas osaré decir que es más antiguo que la música, por la necesidad mayor que ab initio hubo del movimiento, corporal, por quien es también más útil que no el otro ejercicio, digo la música, porque, dejado aparte que el hombre en él es más hombre y tiene más acción, es también útil a la conservación suya por el movimiento saludable que usa; y, dejado también el bien que a la salud particular de cada uno trae, la trae también universal por cuanto hace al cuerpo más robusto y paciente de trabajos, lo cual es importante mucho para la milicia, con quien se conservan y defienden las repúblicas e imperios. En el tripudio se ejercitaban los antiguos para instruirse en aquello que para todo género de armas era conveniente, para el esgrimir, justar, tornear y batallar en folla. Así dijo Sócrates que los tripudiantes eran muy aptos para batallar y guerrear. Y, dejadas aparte otras varias diferencias que del tripudio a este fin enderezadas fueron en uso, hubo uno dicho Pirriquio, el cual tripudió y danzó en una tragedia. También Frínico ateniense, que mereció ser y fue electo emperador por atenienses, pareciéndoles que quien tan bien imitó aquella danza militar en fábula, sabría ejercitar las veras en historia. Fue tan aprobada esta arte entre los romanos, que dijo Salustio ser necesaria a la matrona honesta y buena. Y esto de la necesidad me parece mucho, y bastará decir que es lícita, lo cual viene bien con lo que en otra parte significa él mismo reprehendiendo a Sempronio, no de que supiese danzar, sino de que lo supiese muy bien, como que hubiese tomado aquel negocio por principal. Y aquí advierto, para responder a una objeción de Macrobio, que es diferente tripudiar en teatro público y tripudiar en casa y sin interés. Y, para responder a todas las demás objeciones, digo que el tripudiar y danzar es obra indiferente como otras muchas artes y que se puede usar bien y mal de ella: a la que se usa bien y honestamente, recibo y alabo, y, la que mal, vitupero y de estierro. Resta que veamos algo más de sus diferencias, que las pasadas solo siguieron para ejemplo.

Diferencias de tripudio

Las especies de tripudio fueron tres: la una era trágica; la otra, lírica: la otra, cómica; las dos primeras eran graves: la última, no. De manera que, así como la trágica imitación y lírica son graves en la esencia, lo son en el lenguaje, y, como en el lenguaje, en la música, en el tripudio y danza. Esta materia está ya tan olvidada, que ninguna cosa más; el que quisiere traerla a la memoria por su gusto y curiosidad, lea a Julio Pólux y hallará que estas especies de tripudio no son ínfimas, sino que contienen a otras; asimismo la diversidad del tripudio según la persona, género, edad y modo de vivir; y, en suma, hallará en él todas las consideraciones que el lenguaje, porque, como la poesía es imitación en lenguaje, el tripudio es imitación en danza. Y así dice Aristóteles en sus Poéticos: «Los tripudiantes o danzantes no hacen otra cosa que imitar en la variedad del movimiento concertado en las acciones perturbantes y costumbres de los hombres». Las cuales acciones, siendo honestas, deben ser imitadas por la doctrina cruel que consigo traen a los presentes, como de esterradas y enterradas las laicizas y deshonestas zarabandas, las cuales no sirven sino de lo que dice Horacio, en el libro tercero del Carmen Saeculare, lira sexta, y las cuales llora que en su tiempo se usaban, y podíamos nosotros llorar también que ahora se usan. Dice, pues, en el lugar ya dicho, de esta manera:

> Place y agrada
> A la virgen madura
> La jonia soltura
> Ser enseñada;
> Derecha y corvada,
> El acto inhonesto
> De Venus imita,
> Y tierna medita
> El crimen incesto

Así publica el poeta la desvergüenza de sus tiempos, y, así le reprehende.

Y, más adelante, en la lírica siguiente, pone la prevención al peligro, razonando con Asteria y suadiéndola castidad por estas palabras:

> Cierra, Asteria, tu puerta
> Antes que cierre el día;
> No escuches la armonía
> Ni del que busca ver tu fama muerta;
> La cítara quejosa
> Huye, y dificultosa
> Y constante y entera,
> En gracia de Dios persevera.

Más me agradan, dijo Hugo, las durezas y perezas désta que las meditaciones de la otra; pero, dejado este malo, feo y torpe zarabándico, tratemos un poco del honesto y provechoso.

Por cierto, dijo Fadrique, que yo no sé más que decir de esta materia siguiendo como sigo generalidades; porque tratar de las especies de tripudio que usó la trágica, y la lírica, y la ditirámbica, y la cómica, es un mare magno, como también tratar de las diferencias que de la parte que más se mueve en el cuerpo tomaron los antiguos, digo, corvaduras, correduras, saltos, coxeos, cruzados de pies y manos, palmadas, zapatetas, cabriolas, y las demás fueron tantas, que se han ido de la memoria, y en la verdad, no hacen al caso a nuestro intento, el cual ha sido, en consecuencia de la ditirámbica, decir que la música y tripudio perturban con su imitación también, como el lenguaje, y que esta especie de poema es más perturbadora que ninguna, porque tiene juntamente los tres géneros de perturbación, así que pelea con arma tres doblada.

El Pinciano dijo: Yo, por mi parte, estoy contento, que al pobre cualquier don le basta, mas deseo saber de esta ditirámbica, no dije bien, de esta lírica, si tiene algunas especies.

Frag. 5.
Diferencias de lírica
Amores, alabanzas de hombres
A esto dijo Fadrique: Pues habemos hecho cabeza y género a la lírica de todo aquel poema que es conveniente y hecho para ser cantado, tañido y danzado y tripudiado, dividámosle como manda el Pinciano; y digamos que la lírica poesía, o el lírico poema, se divide en himno, ditirambo, escolio, peán y en la que particularmente es dicha lírica, las cuales todas difieren en el argumento que principalmente tratan; y, diciendo primero de la postrera, digo que la que particularmente fue llamada lírica, fue, como todas las demás especies, más o menos breve; cuya materia eran amores, alabanzas de hombres y mujeres, las cuales dos partes especialmente siguió el Petrarca, como él mismo en la canción:

> A aquel dulce, cruel y antiguo dueño.

Narraciones

Narraciones como él mismo en la que empieza:

> Al tiempo dulce de la edad primera.

Y la otra:

> Siendo yo un día puesto a la siniestra.

Consejos

Consejos, como en la que comienza:

> Italia mía, aunque el hablar sea en balde.

Quejas y negocios

Contiene, más que quejas, hechos, deshechos y, en suma, negocios, convites y cosas así de esta manera, que pueden ser dichas de paso —no como la tragedia y comedia que piden oyente asentado—. Su estilo es mediano, mas que se avecina a la grandeza trágica; demanda frecuencia de sentencias; el metro varió mucho, porque admitía todo género de pies en los griegos y latinos, de quienes no doy ahora ejemplo por no ocupar el campo sin necesidad. Y esto, en general, de la lírica como especie de ella.

Sigue el himno que, como antes fue dicho, era canto en alabanzas de los dioses, en estilo no tan alto y en metro no diferente. Del ditirambo ya también está dicho que fue hecho en alabanzas de Baco y que era afectuosísimo en extremo, lleno de vocablos hínchalos y compuestos y, al fin, todo cuero; del cual y de sus semejantes no tengo que decir, ya lo dije, más de que son especies de poemas líricos, los cuales un tiempo se hicieron a dioses y después se aplicaron a los héroes y aun a los hombres.

Dicho esto, calló Fadrique, y dijo Pinciano: Grandemente se declara la cosa cuando se da a entender con algún ejemplo, y holgara que, así como lo hicisteis en una especie lírica, lo hiciérades en las demás.

Hugo dijo: Por manifiesto lo dejó el señor Fadrique, y yo quiero tomar este peso en mis hombros y decir los ejemplos que de las demás especies de lírica se piden; y esto lo hago porque tengo deseo de publicar mis hazañas.

Fadrique dijo: Mucho tiempo será menester para eso.

Y luego Hugo: No cansaré, que yo seré breve; y, si queréis saber el secreto, es que yo trasladé de lengua griega un peán que hizo Aristóteles a un ateniense, dicho Hermía, y quiero que me digáis qué os parece.

El Pinciano, admirado grandemente, dijo: ¿Cómo así? ¿Fue Aristóteles poeta?

Y Fadrique, con su risa: Sí; todas materias corrió el monstruo de naturaleza.

Peanes de Aristóteles

Hugo, respondiendo a la pregunta del Pinciano, dijo: ¿Y quién lo pudiera ser mejor que él en el mundo? Este peán hizo, e hizo otro, a un Lisandro lacedemonio, dignísimo y celebradísimo, y otro, a un otro macedonio, a los cuales pudieran los de Píndaro inclinar la cabeza. Dice, pues, Aristóteles en el peán que en alabanza de Hermía ateniense hizo de esta manera:

> Virtud dificultosa,
> Posesión de la tierra
> La más feliz y más enriquecida,
> Por ti, doncella hermosa,
> Más que la paz, la guerra,
> Y la muerte es más dulce que la vida.
>
> Tu mesa nos convida
> Al fruto sempiterno
> Del inmortal tesoro,
> Mejor mucho que el oro
> Y que el hijo y el sueño muy más tierno.
>
> Por ti bajó al infierno
> El hijo de Alcumena,

Y hermanos dos de Helena
Gozan en cielo y tierra nombre eterno.

Por ti el ilustre Aquiles, hayas, contra sí fuerte
Y tímido y medroso de la honra,
Pasaron trances miles
Y, burlando de muerte,
Huyeron de la infamia y la deshonra.

Por ti la tierra hoy honra
Su soberana gloria,
Digna de eterna historia,
Dé materia este día
A las hijas de Jove y la Memoria.

Diferencias del lenguaje lírico y épico

Dicho, dijo. Esta sí que es lírica honesta en la materia y pulida en su lenguaje.

Aquí dijo el Pinciano: Pues tanto se avecina el estilo lírico al heroico, ¿cómo le conoceré la diferencia?

Hugo respondió: Yo le diré por un ejemplo, en el cual el lírico y el épico toquen una misma materia.

Ello está bien dicho, respondió Fadrique.

Y luego Hugo: Describe Juan de Mena, como heroico, el venir del día de esta manera:

El lúcido Febo ya nos mostraba
El don que no pudo negar a Faetonte:
Subiendo la falda de nuestro horizonte,
Que toda la fusca tiniebla privaba;
Sus crines doradas así levantaba
Que todas las seruas con sus arboledas,
Cumbres y montes y altas roquedas,
De más nueva lumbre las iluminaba.

Y el Petrarca lo mismo:

> El nuevo canto y llanto de las aves,
> Entre las ramas de las plantas ledas,
> El murmurar del agua cristalina
> Por los arroyos lúcidos y claros
> A resonar empiezan en los valles
> Y a dar señales de la alegre aurora.

Bien claro se ve la majestad y grandeza el épico que fue Juan de Mena, y, aunque tiene el Petrarca, mas muy diferente en grado y en calidad; en grado, porque es menor; y en calidad, porque la frase lírica tiene más de lasciva y blandura en sí y menos de los vocablos peregrinos, especial los forasteros y alterados.

Calló Hugo y dijo el Pinciano: De manera que me decís que la lírica difiere de épica en las materias que toca, y en los negocios que trata, y también en la blandura de los conceptos y palabras. Sea enhorabuena. ¿Cómo no decís algo del metro?

Fadrique se entrepuso diciendo: Claro está que en los poemas castellanos los menores metros son mejores para la lírica, y aun en los italianos, si sus metros menores anduvieran sueltos de los mayores; no lo anda y así serán buenos los que se mezclan de unos y otros, como en las canciones vemos.

Mas dejado esto, ¿cómo no habéis alabado al peán de Aristóteles? ¿Por ventura no lo merece?

Hugo respondió: Unas palabras echa otras, y unas razones a otras quitan lugar. El peán del Filósofo fue el mejor que en mi vida leí y que aventaja a los pindáricos.

Fadrique dijo: Bueno está el peán, mas mucho dijisteis en decir que se aventaja a los de Píndaro.

Hugo replicó: Añadidle vos la hermosura que yo le quite al trasladarle y veréis qué tal es.

Bueno está por cierto, dijo el Pinciano, y yo no pensara que tan bien sabía Aristóteles hablar, porque en su escritura toda estoy por decir que no he visto tanta elocuencia como en esa lírica.

Aristóteles, fuente y río de elocuencia

Fadrique se sonrió y dijo: Hablar sabía Aristóteles y tanto, que Cicerón le llama río de elocuencia.

Ni eso entiendo, dijo el Pinciano.

Y luego Fadrique: Aristóteles fue grande arquitecto, y nunca se quiso ensuciar las manos en el yeso y la cal, ni emplearlas en la piedra y la madera.

Sí, dijo el Pinciano, bien se echa de ver en sus obras que Aristóteles fue grande arquitecto por los ejemplos que trae en matemáticas, mas yo no os entiendo.

Hugo se rió y dijo: Hablad más claro si queréis que os entendamos.

Fadrique se declaró diciendo: Aristóteles enseñó en sus Retóricos más elocuencia que cuantos han escrito juntos, y no la habló.

El Pinciano dijo: Ya lo entiendo: fue como los imponedores que enseñan la andadura que no saben hacer.

Y Fadrique: No. Bien supiera Aristóteles hablar con elocuencia si quisiera, y la habló en alguna parte; sino que él profesó enseñar al mundo doctrina, y los maestros no deben ser muy elocuentes, porque la elocuencia quiere lenguaje peregrino, y éste es oscuro; así lo enseña él mismo en sus Poéticos, como ya otra vez se ha dicho.

Ahora, dijo el Pinciano, sé cierto que entiendo esta cosa. Aristóteles supo mucha Retórica y enseñó preceptos para ella altísimos, por lo cual Cicerón le dijo río de elocuencia, mas no la usó, porque el que enseña, no debe usar de ella, sino hablar con vocablos que sean entendidos, como son los propios; y, por esta causa, él mismo enseña que la definición de la cosa no se dé por vocablos peregrinos y metafóricos, sino con propios.

Así, dijo Fadrique, es la verdad, porque la definición debe ser más clara que el definito: y por la misma razón que Aristóteles no fue facundo, Quintiliano dejó de serlo, que como escribió preceptos de facundia, fue necesario los escribiese sin ella por la claridad; y así Cicerón adonde escribió doctrina, no fue tan facundo y elocuente como en las Oraciones, y en las Oraciones no lo fue igualmente en toda parte de ellas, porque en las narraciones, confirmaciones y confutaciones, a do es necesaria la claridad —y en ella a veces va el interés de honra y vida de un hombre—, no convenía estilo peregrino y que, por hermosear la oración y narración, quedase oscura; mas en los exordios, que no son de tanta sustancia, y en los epílogos, que ya está bien entendida la cosa, aquí conviene la elocuencia y facundia, y aquí la usan continuo los finos retóricos, y, poco a poco, nos habemos resbalado de la Poética a la Oratoria: será bien volver a nuestro propósito.

Escolio

Hugo dijo: Eso es decirme que, dejados los peanes, se trate ya del escolio y del himno. Del escolio me acuerdo haberse ya dicho ser lo mismo que el peán, salvo que se acostumbraba a cantar en banquetes, y así por el presente tampoco lo habrá. Del himno digo que es, semejante al peán, aunque era diferente en verso y en que era hecho en alabanzas de dioses.

El Pinciano dijo: Según eso, ya se aura perdido este poema, porque los dioses son ya perdidos.

Y Fadrique entonces: Aunque los dioses sean perdidos, no lo es Dios, ni santa María, ni sus santos, a los cuales la Iglesia canta sus himnos. En diversas maneras y especies usaron de ellos los antiguos y los que ahora se usan, mas son los que dicen invocatorios, adonde se alaba el numen y deidad y también se pide socorro; tal fue aquel del Petrarca a Nuestra Señora, que comienza:

Vergine bella, che di Sol vestita.

¿Ese es himno?, preguntó el Pinciano.

Y los compañeros dos a una respondieron: Sí.

El Pinciano replicó: Pues ése yo le tengo, que le tradujo un letrado amigo mío, y aun podría ser tenerle en la memoria.

Fadrique le pidió que le dijese, y el Pinciano: Perdonaréisme si alguna estanza se me olvidare, o si yo no la dijere con la gracia que se suelen decir estos himnos; y, después, prosiguió diciendo:

Virgen hermosa, ornada y coronada
Del Sol y las estrellas, cuyo seno
Santísimo encerró al Sol Soberano,

De espuela me da amor y largo el freno
A hacer en tu alabanza la jornada
Que, sin él y sin ti, pretendo en vano.

Contino recibió tu pía mano
Quien te llamó con fe; doncella,
si a mercé Jamás a ti movió trabajo humano,
Vesme que muero en fatigoso duelo,
Socorre ya a mi guerra,
Sé que soy tierra, y tú, reina del cielo.

Virgen discreta y de aquel número una
De las beatas vírgenes prudentes,
Antes de luz y lámpara más pura,
Sólido escudo de afligidas gentes
Contra golpes de amor y de fortuna,
Debajo quien victoria está segura,
Refrigerio a la ardiente calentura
Que al humano conquista,
La bella y clara vista
Que tristísima vio aquella figura
De tu Hijo querido en el madero,
Convierte a mí, perplejo,
Que, sin consejo. en ti sola espero.

Virgen y pura que, quedando entera
En el parto, quedaste hija y madre,
Que alumbras a ésta y ornas la otra vida,
En ti, tu hijo y del Sumo Padre,
¡Oh del Olimpo puerta verdadera!
Vino a cobrar la humanidad perdida.

Entre otras mujeres escogida
Sola tú, Virgen, fuiste, y, tú sola hiciste

La cuita de Eva en gozo convertida;
Hazme, señora, de tu gracia dino,
Que pueda eternamente
Gozar presente al esplendor divino.

Virgen santa y de toda gracia llena,
Cuya suma humildad te alzó a la cumbre
Del cielo, de a do escuchas hoy mi ruego,
Tú de justicia diste viva lumbre,
Tú de piedad la fuente en larga vena
Que al siglo dan pía lumbre y fresco riego;
Tres dulces nombres tienes, no lo niego:
Madre, hija y esposa;
Virgen madre gloriosa
De Aquel que desató mi nudo ciego
Y al humano tornó salvo y felice,
En cuyo santa llaga,
Virgen, apaga mi vida infelice.

Virgen sola, en el mundo sin ejemplo,
Que al cielo de belleza alta adornaste,
Y a quien igual no fue ni fue segunda;
Al sumo y santo Dios en ti encerraste,
Y el mismo Dios tornó sagrado templo
A tu virginidad santa y fecunda;
Por ti será mi suerte asaz jocunda,
Si a tu ruego, ¡oh María!,
Virgen sabrosa y pía,
En mí, do abunda el mal, la gracia abunda;
Mi mente de rodillas a ti se echa
Y ruega senda cierta
Que su vía tuerta lleve a la derecha.

Virgen clara y estable en sempiterno,

Estrella de este mar tempestuoso
Y del linaje humano fiel piloto,
Pon ojo al viento y golfo peligroso
Adonde solo me hallo, sin gobierno,
El hilo de mi vida casi roto;
Aunque impío pecador, pero devoto,
mis errores confieso;
Virgen, rige mi seso,
Con el derecho rumbo al santo coto.

Y acuérdate, que mi dichoso yerro
Hizo al divino Verbo
Vestir de siervo en tu dotado encierro.

Virgen ¡cuántos lamentos y plegarias
En vano! ¡Y cuántos ruegos he esparcido!
Y todos por mi mal y con mis daños;
Después que humana piel hube vestido,
Buscando a mi salud sendas contrarias,
Vine a males horríficos y extraños;
Hermosura mortal, llena de engaños,
Tornó fea mi alma;
Virgen sagrada y alma,
No tardes, que ya son al fin mis años,
Y mis días, con paso osado y fuerte,
Entre culpa y pecado,
Han caminado y solo esperan muerte.

Virgen, ya es polvo aquella prenda cara,
Aquella que mi vida abrasó tanto
Con su encendida y poderosa llama;
De mil, ella no supo un breve llanto,
Que, a saberlos, pudiera ser cobrara
Diosa divina mi ánima te llama,

Si en tal decir no es falta;
Virgen piadosa y alta,
A ti es fácil, hermosa y bella dama,
Lo que a otros es difícil e imposible;
Pon fin a mi zozobra,
Que a ti será obra ilustre, a mí, apacible.

Virgen en quien es toda mi esperanza,
Puedes, si quieres, dar socorro pío;
Mírame, que ya yo soy en última hora;
A mí no mires, mira al autor mío;
Mira que soy su hechura y semejanza,
Y de haberla perdido mi alma llora;
Medusa me hizo piedra, gran Señora,
Que humor, vano destilo;
Corran, Virgen, en hilo
Mis lágrimas y crezcan más ahora,
Y sea este mi lloro así abundante
De pesar y vergüenza,
Que pase y venza al vano que lloré ante.

Virgen humana, de humilde amiga,
El principio común ten en memoria,
Y compasión de un corazón contrito;
Que si un poco de polvo y vil escoria
Amé con tanta fe y tanta fatiga,
¿Qué debo hacer de ti, bien infinito?
Si del lazo en que soy preso y aflito
Escapo por milagro,
Virgen, de aquí consagro
Estilo y lengua a tu nombre bendito,
Suspiros, pensamientos y cuidados;
Guía mi ánimo laso
Y aviva el paso a mis deseos mudados.

El día va al fin, la vela al cabo verde,
El tiempo aprisa bola,
Virgen única y sola,
Ya mi alma conciencia y muerte muerde,
A tu Hijo querido me encomienda,
Que en tal trance y congoja
Mi alma acoja y de Plutón defienda.

Hugo añadió sonriendo: A mí parece bien que, pues Judas se ahorcó, sea en su lugar Matías sustituido;[54] y que, de aquí adelante, sean las especies principales de la Poética cuatro, como siempre, mas no las mismas, y que sean, como está dicho: épica, trágica, cómica y lírica.

El Pinciano dijo: ¿Pues no se habla algo del estilo particular de esta lírica?

Y Hugo respondió: De la parte dicha ditirámbica está dicho que quiere estilo peregrino, y, especialmente, el que consta de vocablos compuestos, y graves.

De las demás especies líricas lo que entiendo es que piden estilo figurado y florido y variado con diversas sentencias; y, porque sucede tratar de la última, que es la épica, obra larga y que para la acabar no hay harto tiempo, si os parece, se deje para otro día.

A todos pareció bien el parecer de Hugo, y, después de haber habido silencio poco espacio, salió el Pinciano como de improviso y dijo: ¿Pues cómo no me alabáis más que esto la traducción de la lírica del Petrarca?

Fadrique dijo: No hay de qué, porque el que traduce, es obligado, aunque se aparte de la letra, a conservar y aun mejorar la grandeza y primor del original, y esa vuestra traducción, aunque en algunas cosas se aparta del original, en ninguna le llega.

¡Por vida mía! dijo el Pinciano, yo llevaré buenas nuevas a su dueño, pues yo os sé decir que él pensó haber hecho algo.

Aquí dijeron Fadrique y Hugo juntamente: Algo hizo, pero poco.

---

54 Texto de 1596: A mi parecer bien que, pues Iudas se ahorcó, sea en su lugar Mathías sustituydo.

Dicho esto, Fadrique se puso en pie y quitó el bonete de la cabeza; de la cual obra entendieron los compañeros que tenía algún negocio a solas, y a solas le dejaron.

Esto es lo que al presente tengo que os escribir; a mí, nuevo, y a vos no sé lo que será. Si a vos no lo fuere, recibid mi voluntad, que es serviros y entreteneros con cosa que lo sea. Fecha, cinco días antes de los Idus de julio. Vale.

Respuesta de don Gabriel a la epístola x del Pinciano

Mucho me holgara, señor Pinciano, verme en la compañía cuando esas damas, cacófilas o demonios, ejercitaban sus saltos jonios, para hacer en ellas un ejemplar castigo, debido a los que mezclan las cosas sagradas con las profanas; y, si yo tuviera mando en la República, hiciéralo como lo he dicho.

Fue, como es notorio, la Poética inventada para enseñar y adoctrinar sabiduría y virtud; y, siendo tan santa cosa, esas malas mujeres la han profanado enseñando con sus meneos sucios doctrina perniciosa y contraria a toda honestidad.

Frag. 1.

Y, dejada aparte esta honesta sátira tocante a las costumbres y filosofía moral, me convierto a hablar sobre la natural que de la Poética trata; y digo que me parece bien la etimología de la zarabanda, por la cual consta ser una misma cosa con la ditirámbica, cosa nueva y que no había oído ni leído.

Frag. 2.

En el segundo me agrada la esencia de la ditirámbica y diferencia que de ella hay a la lírica y, sobre todo, que se destierre el nombre de ditirámbica, por ser principio y origen de la fea zarabanda, y que, de hoy más, en su lugar se asiente la lírica por la comunicación y semejanza que las dos entre sí tienen.

Frag. 3.

Tiene el tercero la descripción y declaración de las dos partes de la ditirámbica, dichas música y tripudio (que de la tercera, dicha lenguaje, ya está hablado antes de ahora, a do se trató que este género de poema pide vocablos compuestos, hinchados), tiene también la declaración y el cómo la música perturba y quieta.

Frag. 4.

El cuarto tiene cómo perturba y quieta el tripudio, y las diferencias de él. Y, antes de todo, de la utilidad y necesidad del dicho tripudio.

Frag. 5.

Remátase el quinto fragmento con lo que se empezó el segundo, y fue que se desterrase la ditirámbica y que en su lugar quede la lírica.

Después de haber dividido en especies los poemas líricos, me enviáis la Vergine bella del Petrarca, traducida en castellano; mejor mucho está en su lengua, mas digo que me parece puede pasar y que debe ser alabado el traductor, el cual, a lo menos, empleó ese rato honesto. Fecha, en los Idus de julio. Vale.

Epístola XI. De la heroica

Muchas cosas, señor don Gabriel, se dicen y publican en esta Corte estos días, mas son tan fuera del verosímil que, aun debajo de «dicen y no me parece», no me atrevo a os las escribir; en sabiendo algo digno, os lo escribiré en cualquier materia que yo alcance; y en la poética os hago saber que vuestro Pinciano se halló las Calendas de agosto, a la entrada de la casa de Fadrique, con Hugo; y, después de haber gastado algún espacio en cumplimientos sobre quién debía subir primero, venció el Pinciano y subió Hugo; y, después de haberse todos bien saludado, estuvieron en silencio un rato, al cabo del cual dijo Fadrique a Hugo que estaba un poco delgado en el rostro, y después le preguntó si estaba con alguna mala disposición.

Hugo respondió: Helo estado un poco, mas, ya estoy de manera que me atreveré a quebrar un par de lanzas como valiente justador, y darme de cuchilladas con el gigante Goliat, y aun con Brandafurriel y Candramarte.

¡Valiente, por mi vida, dijo el Pinciano, viene hoy el señor Hugo, y hecho un Rodamonte o Rugero!

Y Hugo: No, sino un Héctor y Aquiles todo junto.

Riólo Fadrique y dijo: Materia de poética es ésta, y aun de heroica.

Y el Pinciano: Pues yo he visto en tragedias representadas cuchilladas y lanzas quebradas.

Hugo respondió: Y aun mujeres armadas habréis visto, mas esas cosas y personas no son tan decentes a la trágica como a la épica, porque la primera obra —que es el quebrar de las lanzas— no se puede hacer con admiración en teatros, y la otra —que es pelear mujeres— no se puede obrar con verosimilitud. Así que el señor Fadrique ha dicho muy bien que quebrar lanzas es de épica más que de trágica.

El Pinciano replicó: ¿Pues qué lanzas se quebraron en los amores de Leandro y Hero, escritos por Museo, los cuales tienen nombre de épica? Fadrique dijo: Los amores de Leandro y Hero más eran para trágica que para épica, y, por falta del poderse representar, aquel acto trágico se convirtió en épico. Y así la navegación de Ceyce y naufragio es buen sujeto para épica, como la muerte de Alción para trágica, porque ésta se puede imitar en poema activo, y la otra no, sino en poema común. Y esto quise decir por el quebrar de las lanzas.

El Pinciano dijo: Si yo supiera la diferencia de la épica exquisitamente, de ella sacara yo si esta obra de guerrear es necesaria a ella o no.

Frag. 1.

Hugo respondió: Ni aun de ella lo podréis sacar, porque no todas las condiciones convenientes de la cosa entran en la definición, mas solamente lo esencial, como en la del hombre entra el ser animal racional, y no entra el risible, la cual cualidad sigue a la razón.

El Pinciano replicó: Si tiene la definición, será el difinito presente a la cosa, que definición y difinito se convierten.

Fadrique respondió: Ya ésta es mucha lógica, y, de conversación deleitosa, si dura, se hará molesta. Digo que es así: que, adonde hubiere el difinito, habrá la definición y al contrario; mas que hay diferencia de hombre a hombre, y de mujer a mujer: y que, no obstante que una obra tenga las condiciones esenciales de la épica, si falta en las que son accidentales propias, será falta de perfección, como si un sujeto tiene cuerpo y alma racional, será hombre, mas, si falta en él uso de razón, será hombre bestia, y aun si es en la proporción de los miembros mal formados, le decimos imperfecto.

Definición de la heroica o épica

Sí, dijo Hugo, que bien puede ser un poema imitación común de acción grave, hecha para quitar las pasiones del alma por medio de compasión y miedo, y no tener la tal obra perfección total.

El Pinciano dijo: Yo lo entiendo ya; y también he oído lo que deseaba saber, que era la definición de la épica, con la cual se me absolvió una duda, y me crecieron otras algunas; y, si sois servido, preguntaré, digo, si estáis para quebrar las lanzas que habéis dicho.

Yo estoy, dijo Hugo. Verdaderamente se nos ha venido la materia misma a las manos y es ya el tiempo que hable Toledo.

Fadrique se opuso diciendo que aun quedaban más especies de poética de que se había de hablar, y que parecía que aquel lugar convenía a ellas; y, después de haberlo dicho, se sonrió.

Hugo replicó: Esos poemas no tienen asiento en palacio, y así éste me parece el lugar conveniente para esta materia épica; y añadió que él la deseaba poner en aquel lugar, y que les rogaba lo tuvieren por bien.

Frag. 2.

Lo cual dicho, prosiguió de esta manera el Pinciano: Según la definición que de la heroica he oído, ella es lo mismo que la tragedia, y así parece que no son más que tres las especies de la poética. Esta sea la primera objeción, y la otra...

Aquí Fadrique rompió el hilo al Pinciano y dijo: Mejor será ir quitando tropiezos y respondiendo a las dificultades una a una. Este trabajo quiero yo hoy recibir por estar convaleciente Hugo.

Hugo respondió: Sano estoy para hablar, y más en materia tan de mi gusto; y así digo que la épica con la trágica conviene en la cosa que es imitada, porque la una y la otra imitan personas heroicas, no obstante que la épica las ama buenas, y la trágica, ni buenas ni malas; y conviene también en el fin, porque la una y la otra tienen por fin la extirpación de las pasiones por medio del miedo y compasión, pero diferéncianse en otras cosas. Lo primero, en el medio de la imitación, porque la trágica imita con personas ajenas del poeta, y la épica, con propias y ajenas, por lo cual éste se dice poema común y aquél, activo. Distínguese también en los géneros con que la imitación se hace, porque en la trágica se obra la dicha imitación con todos tres géneros, lenguaje, digo, música y tripudio, de la manera que ya está dicho, y la épica hace su imitación con el lenguaje solamente. Estas dos son diferencias esenciales; y accidentales serán otras dos: que el metro en la épica es todo uno y, en la trágica, vario; y la otra, que ésta es una tragedia sola, y la otra, un envoltorio de tragedias; y así, quitadme la persona del poeta y añadid la música y tripudio a la épica, quedará dos, o tres, o más tragedias.

El Pinciano dijo: No. puedo dejar de confesar las diferencias que decís esenciales, porque yo sé que son de Aristóteles y que son así; y también no puedo negar la una de las accidentales que toca al metro, porque sé que se dijo épica y epopeya del metro heroico con que se hace la imitación, y que heroica también se dice porque es imitación de héroes y personas gravísimas.

Mas Hugo le rompió la plática y dijo: Yo entiendo al Pinciano, y debe de reparar en la última de las cuatro diferencias que hay entre la trágica épica, y última también de las dos accidentales, que era ser ésta como envoltorio de tragedias; y, sin duda alguna, él camina a una dificultad muy dificultada entre los poetas, de la unidad de la acción dé la épica, y parece contener más que una acción, pues de una épica se puede hacer más de una tragedia.

Esta misma, dijo el Pinciano, porque si el Filósofo manda que la fábula sea una sola acción, parece contradecirse, a sí mismo pues, en sus Poéticos, concede de la Ilíada y Odisea poderse hacer dos tragedias, las cuales obras fueron a él perfectísimas, y de la Parva Ilíada, ocho. Y esto se aprueba porque la experiencia maestra nos enseña lo dicho claramente; y, si no, mirad a Virgilio y hallaréis que de su acción heroica se pueden hacer tres y cuatro trágicas.

Unidad de acción épica

Dicho, dijo Hugo: Si el Pinciano lo hubiera con persona no premeditada, pudiera ser que le hiciera titubear, mas bajo con quien ha recibido otras veces estos encuentros de personas tan fuertes como él y los ha resistido.

Dicho esto, siguió diciendo: una debe ser la acción en la fábula épica necesariamente; y, si de ella pueden salir más que una tragedia, es de la manera que de un brazo de una estatua se puede hacer otra estatua, de manera que la materia del brazo de la estatua puede ser hecha una estatua de por sí, y, apartado lo que antes era parte, que componía a la estatua primera, queda todo en la segunda; digo que en la épica todas las acciones, ahora de la fábula, ahora de los episodios, deben concernir a esta unidad de acción, la cual pretende el poeta épico, mas el trágico puede desmembrar un episodio o una parte de la fábula y hacer de ella una tragedia.

Y esto es lo que alabó Aristóteles de Homero, que de tal manera cosió los episodios con la fábula en una obra, que cualquiera de sus poemas se pudiera reducir a una tragedia, y, a lo mucho, a dos. La Eneida le podría también reducir a dos: la una, de la reina Dido y la otra, de la reina Amata.

El Pinciano dijo: Vos, señor Hugo, con vuestra comparación me habéis satisfecho, mas, ¿por qué no se podrían hacer de Virgilio más que dos tragedias? ¿No hubo hartas muertes en el segundo libro que pueden dar materia harta trágica? ¿No murió Príamo, Deífobo y tantos Príncipes en la destrucción de Troya?

Fadrique tomó la mano por Hugo y dijo: Ya me parece haber Hugo respondido a esa dificultad al principio, cuando dijo que guerras y batallas no eran sujetos trágicos, sino épicos, y, así, todas las muertes contenidas en ellas se deben dejar para los épicos solamente. Otra dificultad pensé yo que traía el Pinciano más parienta de la primera, y es si la acción que ha de ser una en la fábula, debe ser una persona sola.

No entiendo eso, dijo el Pinciano.

Y Hugo: Yo lo diré. La acción de la Eneida principal fue la victoria de Turno y presa de Italia. Dúdase si ésta la había de obrar solo Eneas necesariamente, o si fuera lícito que le ayudaran otros; a lo cual respondo que, en las obras épicas que contienen batallas universales, verdaderamente es menester concurran más que una persona a la acción para la hacer verosímil, en las cuales basta que el principal autor lo sea en la obra que se trata, que Aquiles compañeros tuvo a la expedición contra Troya, y Ulises, compañeros que le ayudaron a la muerte de los procos, especialmente su hijo Telémaco;

porque hacer varones muy grandes y, de grandes, disformes, es de libros de caballerías, las cuales de los antiguos fueron dichas fábulas milesias.

Unidad de persona en la épica

Aquí dijo Fadrique: Eso de la acción de la Ilíada se calle, que aun está por averiguar si en ella tuvo Aquiles compañeros; porque, si la acción principal fue la muerte de Héctor, solo Aquiles fue el autor; y, si la ira de Aquiles, como Homero significa en la proposición que de la Ilíada hizo, tampoco; así que, ni para la una, ni para la otra acción, tuvo Aquiles necesidad de compañero, que él solo mató a Héctor y él solo se indignó contra Agamenón.

Hugo dijo: Pues sea ejemplo la Odisea, en la cual no hubo unidad de personas, como está ya dicho; y debe la fábula tener unidad de acción, porque las demás que hubiere han de concernir a ella sola, y también unidad de persona en la dicha acción, porque una ha de ser la principal y necesaria, y las demás, accesorias y que se puedan variar, quitar y poner.

El Pinciano dijo: A mí parece haber entendido esta cosa ya.

Y Fadrique: Sí, mas es menester quede algo más clara, que podría, dudar alguno si la épica es acción trágica, y con mucha razón, pues todos los épicos, en general, tienen fin alegre y placentero; y, si no, miremos a la Ilíada, y veremos que, en respecto del que la hizo y en la tierra que se hizo, fue el fin muy agradable; agradable fue a los griegos la muerte de Héctor por Aquiles; y agradable fue, en general, a todos la muerte de los procos de Penélope que en la Odisea se obra; agradable también es el fin de la Historia de Heliodoro, y aun la muerte de Turno en la Eneida.

Hugo dijo entonces: Yo pienso haber declarado ese punto cuando se habló de la tragedia, sobre la cual dijimos que no era forzoso que tuviese el fin triste y fatigoso, como lo probamos por las Ifigenias, pero que es más perfección trágica si tiene el tal fin, por cuanto el deleite viene a la tragedia de la compasión, y, puesta al fin, se acaba el poema con deleite trágico; confieso un no sé qué en la épica más, y que, generalmente, tiene deleite sin el fin trágico.

Fadrique dijo: Yo quiero responder a mi duda, y digo que a las más de las épicas sucede el fin cómico y deleitoso; y esto es por razón del sujeto principal de ella, para la cual ordinariamente se busca un príncipe de mucho valor y amador de justicia, a quien conviene fin feliz y bienaventurado.

Pero la trágica, cuyo príncipe ni es bueno ni malo, conviene tenga el fin miserable, que, por la miseria, trae el deleite de la compasión, y por ser ni bueno ni malo, la fábula dejará de ser mal acostumbrada.

El Pinciano: Pues quiero replicar a eso del hacer la fábula mal acostumbra da por hacer fin trágico de varón que sea justo y bueno; no dije bien, no replico, sino deseo salir de esta duda: ¿Cómo Virgilio, en el segundo de su Eneida, hizo muerte a Rifeo, justísimo varón?

Fadrique respondió sonriendo: Leed adelante y veréis que, aunque lo parecía, no lo debía de ser, porque dice el poeta: «murió Rifeo, justísimo varón, y otra cosa pareció a los dioses». Pero, por si hubiese otra gente muerta a tuerto en la Eneida, digo y afirmo que, como la tal no tenga las primeras partes en el poema, no importa que muera para la fábula morata.

Aquí, dijo Hugo, se me viene a la memoria una duda, y es de la misma Eneida y del libro tercero, al principio.

Ya lo entiendo, respondió Fadrique, decís que, después de la cosa de Asia, y gente de Príamo, sin merecerlo, fue destruida; ya está respondido que, por hacer patética aquella desolación, hirió a la gente justa, mas que no queda la fábula mal acostumbrada por lo que acabo de decir; que la acción principal, de la Eneida no es la destrucción de Troya y troyanos, sino la entrada de Italia por ellos; que el príncipe que tiene las partes primeras, como Eneas, Aquiles, Ulises, no convenía que muriese[55] en la épica; y no me repliquéis con los amores de Leandro de Museo, que ya está a ello respondido.

Fadrique calló, y Hugo dijo: Bien me parece; y, volviendo al punto, digo que la acción trágica pura es miserable en el fin las más veces, y que la épica, nunca. Y así la Odisea de Homero, según doctrina de Aristóteles, no es pura tragedia, sino mezclada de la comedia, de manera que se puede decir tragicomedia, tragedia, por el príncipe Ulises y dioses que en ella intervienen, y comedia, porque, allende que tiene personas humildes y bajas, el deleite que de ella procede no todo viene de la miseración y lástima. La Ilíada tiene más de lo patético y lástima y está más en la perfección trágica.

---

55   Texto de1596: el príncipe que tiene las partes primeras, como Eneas, Achiles, Vlyses, no conuenía que muriesen.

Aquí dijo el Pinciano: ¿Y la Eneida qué es, tragedia o comedia en el fin? Porque aun en esto no sé qué he oído de discordias y disensiones.

Hugo dijo: La Eneida es fina y pura tragedia en sus partes y en su todo.

Porque, si discurrís por sus partes, hallaréis que todo el deleite que trae es el de la conmiseración, que el primer libro remata con qué músico cantaba los eclipses del Sol y Luna, y que, en tanto, la infeliz Dido estaba bebiendo largamente al amor —dejo aparte la conmiseración y lástima de la tempestad y rota de Eneas—. ¿Qué diré del segundo, adonde tantas muertes, lástimas trágicas y miserables cuenta Eneas, y, últimamente remata con la de su mujer Creusa? ¿Qué del tercero, a do, después de tantas miserias y fatigas en sus errores y vagabundos viajes, perdió la vida, últimamente, su padre Anquises? ¿Qué del cuarto, adonde tantas solicitudes y amorosas fatigas de Dido se refieren, tantas querellas de su amante Eneas, a las cuales sucede la miserable muerte de la reina miserable? El quinto remata con la muerte de Palinuro. El sexto está lleno de miserias y calamidades, cansadas por Minos y Radamanto, y, últimamente, con el Epicedio de Marcelo, hijo adoptivo de Augusto, tan lastimoso que, leyéndole el poeta ante el mismo César, el César mismo, lleno de lágrimas, le mandó que lo dejase. El séptimo empieza por el sepulcro de Cayeta, ama de Eneas, adelante se perturba Luna dolorosa, y mucho más, la reina Amata: pertúrbase Turno, Alecto toca al arma; muévese guerra entre la gente de Eneas y la pastoral de la tierra, mueren Almón y Calesa y, muertos, los llevan a la ciudad: ábrense las puertas de la guerra y comiénzanse los apercibimientos para tantas muertes, los cuales se prosiguen en el octavo libro; y en el nono se refieren muchas miserables muertes, especialmente las dos de Niso y Euríalo. El décimo contiene muchas muertes lastimosas, y, después, remata con la de Lauso y Mecencio, sujetos muy aptos para dos tragedias; éste para la morata, y aquél, para la patética, y aun el Mecencio en su muerte da mucha lástima y compasión, así como todos los que en toda la Eneida mueren, en las cuales muertes particulares se echa de ver el artificio sumo del poeta. El onceno remata, después de muchas muertes, con la de Camila y Arunte; y el doceno, con la de Turno. Advertid, digo otra cosa, y veréis que cuanto deleite da Virgilio con su lección, todo es con la miseria y compasión, y que, verdaderamente, todo su deleite es trágico.

El Pinciano dijo entonces: Por cierto, en las partes todas que habéis dicho y en muchas que habéis dejado, ello es así como lo decís, mas no en el todo, porque el fin de la Eneida tiene algo del cómico, al parecer.

Fadrique replicó: Ninguna cosa, por que, sí decís que el deleite del remate virgiliano más viene de la victoria y bien de Eneas que del vencimiento y mal de Turno, ya está respondido que no es forzoso que la tragedia tenga fin triste, cuanto más que, tiene tanto de lo trágico y triste la muerte de Turno, que no sabré yo decir cuál sea deleite mayor: el que da el bien de Eneas o el que da la compasión de Turno. A mí, a lo menos, me hace gran compasión la muerte de un mancebo belicoso y no mal acostumbrado, a quien era prometida Lavinia por mujer y la Italia por dote, y más me mueve a compasión cuando le veo de rodillas pedir merced de la vida; y en esto, como en todo lo demás, fue sumo el poeta, que, por guardar más perfección en su tragedia, puso muerte de Turno, varón que no hizo por que fuese muerto, y de quien parece que se debía tener compasión.

Aquí dijo el Pinciano: Bien sé que voy fuera del propósito, mas, ¡por vida mía!, ¿no fue en ese lugar Eneas muy cruel?

Fadrique: A lo menos fue Virgilio en su muerte muy primo para que Eneas no fuese infamado de cruel, porque las leyes de amistad —ya os acordáis de Evandro y su hijo— y los primeros movimientos que no están en manos del hombre, hacen a Eneas disculpado de ese crimen.

Después de aquesto, pausó por un rato la conversación, al fin del cual dijo el Pinciano: Yo acabo en este punto de tener experiencia en el deleite trágico, porque me deleito en la lectura de Virgilio grandemente, y hallo que el gusto me sucede por la compasión de las calamidades que en él se cuentan; y ahora me acuerdo de una que olvidasteis, que fue la de Polidoro, la cual me fue muy deleitosa cuando primera vez la leí.

Y Fadrique dijo: Si me hubieran de contar todas las cosas trágicas y deleitosas de la Eneida en particular, no acabara este día, y más, las que son mezcladas con otros deleites diferentes de la compasión, como el caso de Polidoro, que trae consigo ayuntado el gusto de la admiración. Y prosiguió diciendo: Paréceme que, con lo que antes fue dicho en general de la fábula, lo dicho en particular ahora, basta a la épica; y que sería razón tratar más particularmente ya la materia y sujeto de quien la épica trata o debe tratar;

no digo de qué suerte de príncipe —ya está tocado en la trágica y ahora también en la épica, lo que basta—, sino de lo general de la historia, o, por mejor decir, de la fábula, porque hay en ello que considerar no poco.

El Pinciano dijo: Eso tengo yo en gran deseo de saber por lo que hoy oí decir acerca de ello y no entiendo como querría.

¿Qué es eso?, dijo Hugo.

Y el Pinciano: Veinte cosas que no me acuerdo bien de muchas y, por muchas, me confunden.

Fadrique dijo: Y por la contrariedad de ellas también. Yo he entendido la confusión que el Pinciano dice, y le quiero responder para dejar que Hugo cobre un poco de aliento.

Frag. 3.

Vos, señor Pinciano, lo decís por los poemas que ahora son muy usados, dichos romances de los italianos, los cuales carecen de fundamento verdadero, y de quienes digo así: no hay diferencia alguna esencial, como algunos piensan, entre la narración común fabulosa del todo, y entre la que está mezclada en historia, quiero decir, entre la que tiene fundamento en verdad acontecida y entre la que le tiene en pura ficción y fábula; y esto se saca fácilmente de lo que Aristóteles enseña, en la doctrina trágica, de la cual dice que puede tener fundamento en historia, como la Ilíada, y puede carecer de este fundamento, como la Flor de Agatón; de manera que ni lo uno ni lo otro pone diferencia esencial alguna, sino, como dijimos cuando de la tragedia se habló, será más verosímil, cuanto a este punto, la que en historia se fundamentare que no la otra; de manera que los amores de Teágenes y Cariclea, de Heliodoro, y los de Leucipo y Clitofonte, de Aquiles Tacio, son tan épica como la Ilíada y la Eneida; y todos esos libros de caballerías, cual los cuatro dichos poemas, no tienen, digo, diferencia alguna esencial que los distinga, ni tampoco esencialmente se diferencia uno de otro por las condiciones individuales, así como dicen hay diferencia de un Pedro a otro; y es una cosa buscar la esencia de la épica, otra buscar la perfección en todas sus cualidades. Será perfecta la heroica, cuanto a la materia, la que se funda en historia más que la que no se funda en alguna verdad (por las causas que en la tragedia se dijeron), mas la que carece de verdadero fundamento, puede tener mucho primor y perfección en su obra, y que en otras cosas aventaje a las que en verdad se fundamentan; yo, a lo menos, más quisiera haber sido autor de la Historia de Heliodoro que no de la Farsalia de Lucano.

Ese, dijo Hugo, no es contado entre poetas.

El Pinciano dijo: Tiene razón, por cierto, el que así lo dice, porque, allende que no tiene metro, el título de la obra dice Historia de Etiopía, y no poema.

Fadrique y Hugo se sonrieron, y después dijo Fadrique: Por Lucano lo dice Hugo, que de Heliodoro, no hay duda que sea poeta, y de los más finos épicos que han hasta ahora escrito; a lo menos, ninguno tiene más deleite trágico y ninguno en el mundo anuda y suelta mejor que él; tiene muy buen lenguaje y muy altas sentencias; y, si quisiesen exprimir alegoría, la sacarían de él no mala. Torno, pues, a mi lugar y digo que, cuanto a este punto, tiene más perfección la épica fundada en historia que no en ficción pura, y que, en la una y en la otra, se debe guardar el uso y costumbre de la tierra o tierras. de las cuales se va haciendo memoria en la narración, que de la persona, sexo, edad y estado de vida ya se dijo cuando se trató de la verosimilitud de la fábula.

El Pinciano: ¿Y de la religión no decís cosa?

Debe el poeta guardar la religión

Ya está dicho, respondió Fadrique, que se guarde la costumbre para que la narración sea verosímil; porque si uno hiciese una épica del rey don Fernando el Santo y dijese en ella que el dios Júpiter y Mercurio y los demás entraron en concilio, no será creído, antes debería ser reído; y en esto no hay dificultad. Otra mayor ha habido entre algunos filopoetas, y es si puede la historia religiosa y sagrada ser materia buena de épica.

Hugo dijo: El obispo Vida y Sanazaro de ella se aprovecharon para El Cristianos y Parto de la Virgen.

Historia del Infante don Pelayo, buena para heroica

Y Fadrique: Es así, mas verdaderamente que cae mucho mejor la imitación y ficción sobre materia que no sea religiosa, porque el poeta se puede mucho mejor ensanchar y aun traer episodios mucho más deleitosos y sabrosos a las orejas de los oyentes. Yo, a lo menos, antes me aplicara, si hubiera de escribir, a una historia de las otras infinitas que hay que no a las que tocan en la religión; y si, digo otra vez, hubiera de escribir heroica, tomara por sujeto al infante don Pelayo, cuya historia tiene todas las calidades que debe tener la que ha de dar materia a la heroica: primeramente fue admirable por el varón admirable, el cual, desde un agujero, hizo tanto, que echó de la Asturia a la potestad de Vlido, rey de la Arabia y África y de España, y aun algunos dicen que el dicho infante conquistó y se hizo rey del reino de León.

Eso, dijo Hugo, no tengo por cierto.

Ahora bien, dijo Fadrique, ni yo tampoco, mas harto es lo dicho; digo, pues, que la historia es admirable, y ni tan antigua que esté olvidada, ni tan moderna que pueda decir nadie «eso no pasó así»; y esta es otra condición que debe tener la buena épica. Ultra de esto, la sucesión de Pelayo ha sido tan feliz, que, desde él hasta ahora, han reinado de su sangre cuarenta y nueve reyes, todos sucediendo de padre a hijo, o de hermano a hermano, de varón a varón, salvo siete veces que, en todo este tiempo vino el cetro de Pelayo en hembras, cuyos maridos fueron tales, que no digo mejoraron, mas igualaron casi a la alta sangre de Pelayo, del cual descienden hoy los reyes de España, que tanta parte tienen en el mundo; y aquella jornada que los historiadores dicen haber hecho Pelayo a Jerusalén, dará al poeta ancho campo para sus episodios.

Hugo dijo: Maravillosa historia, por cierto, y que al poeta pudiera traer alguna utilidad si escribiera de él como era razón.

Y el Pinciano: Yo lo hiciera, principalmente porque el sujeto es digno de épica, y por afición que le tengo desde mi niñez, si a esto sucediera lo que me decís, no me pesara, que, al fin, el útil es un camino llano para lo honesto, lo cual todo hombre apetece o debe apetecer.

Vuelvo, dijo Fadrique, a mi propósito, y digo: Que, allende de lo dicho, la historia de Pelayo es muy aparejada para la épica porque es breve, y no de tal manera ocupará los papeles del poema, que el poeta pierda lugar para la imitación (en lo cual fue reprehendido Silio Itálico, y lo fue también Lucano, cuya materia fue tan larga que tuvieron necesidad de cifrar lo que los histo- riadores escribieron). Tenga, pues, la historia —que fundamento ha de ser en, la épica— poca materia para que se pueda el poeta extender en episodios.

Aquí dijo Hugo: Yo quiero poner una razón a la del señor Fadrique de esta manera: si la épica no tiene tiempo limitado en que deba acontecer su acción, cual antes está significado ¿cómo se acusa de largo el argumento de Silio Itálico?

Fadrique dijo: Aunque vos, señor Hugo, preguntáis, no respondo sino al Pinciano; y digo que la historia de la épica y la ficción se debe mezclar juntamente para hacer el argumento de ella de la manera que los días pasados dijimos por ejemplos de la Eneida, y Aristóteles enseña por el de la Odisea. Y, supuesto que el argumento o fábula debe ser breve según esto y según lo que Aristóteles también en el dicho lugar persuade, hará mal el que para la épica buscare historia larga, porque, alargada con la fábula, harán un argumento deforme de grande, el cual, si crece con los episodios, será inepto para la memoria de los hombres y, por el consiguiente, mal entendido. Y, sí por ventura quitan los episodios a la fábula, que dará muy seca y, al fin, quedará historia y no poema, como lo fue la de Lucano; o quedará muy seco el poema de episodios, como el de Silio Itálico. Estrecho ha de ser el argumento, y más, las partes de él, que son la historia y la ficción, y largo es el tiempo que la épica consiente y admite en su obra, la cual no se estrecha en tiempo cierto, mas éste se debe gastaren fábula y argumento que sea breve, como es dicho, y episodios que sean largos. Y, si con esto y lo de antes no entiende bien el Pinciano esta materia, no sé cómo mejor me la declare.

El Pinciano dijo: Yo tengo memoria y me acuerdo de la ropa y las fajas de lo mismo, que es ornato el episodio mucho; y me acuerdo que de la historia, como de urdiembre, y de la fábula, como trama, se teje esta tela o maraña: y me acuerdo también que la trama ha de ser del hilo de la urdiembre, para que no se hagan las fábulas y marañas dichas episódicas, las cuales Aristóteles condena; y sé también que el episodio ha de ser, como dicen los boticarios y Hugo dijo el otro día, del emplasto bueno, que ha de pegar y despegar sin pegar.

Fadrique dijo: Por cierto que está maestro el Pinciano y que se acuerda de cosas largas. Ahora bien; él lo entiende ya mejor que yo, y ha dicho muy bien que los episodios han de estar pegados con el argumento de manera que si nacieran juntos y se han de despegar de manera que si nunca lo hubieran estado; y éste sea episodio de nuestra fábula. Volvamos y pasemos adelante, pues, de la forma y ánima de ella y de su cuerpo y materia sobre quien, está bastantemente disputado.

Frag. 4.

Dicho esto, callaron todos tres Fadrique como que esperaba a que hablase Hugo, y Hugo como que esperaba que hablase Fadrique, y el Pinciano como que esperaba el escuchar, y, visto ninguno hablaba, dijo: No, no estoy contento, porque me habéis hecho estudiar, y ya dudo más de lo que solía: otra ánima y otro cuerpo me dicen que tiene esta épica.

Hugo volvió el rostro a Fadrique y dijo: Tanto podría dudar el Pinciano, que buscase a otro que le respondiese, él lo dice por la alegoría.

Eso mismo, dijo el Pinciano.

Y luego Hugo: No tengo doctrina de Aristóteles en esta materia poética.

Fadrique confirmó diciendo: Así es la verdad; y lo que yo entiendo de esta cosa, es que la épica tiene una otra ánima del ánima, de manera que la que era antes ánima, que era el argumento, queda hecho cuerpo y materia debajo de quien se encierra y esconde la otra ánima más perfecta y esencial, dicha alegoría.

Eso leí, dijo el Pinciano, estos días, mas, si tengo de decir verdad, no lo entendí entonces, ni ahora yo lo entiendo como querría.

Fadrique respondió: Poco hay que entender si por alegoría entendéis no la que en palabras, sino la que en sentencias está sembrada. ¿Vos no os acordáis del apólogo y las fábulas de Esopo, y que, por debajo de aquellas narraciones fabulosas, están otras sentencias y ánimas, las cuales algunos dicen moralidades? Esta, pues, es la alegoría que en la épica se halla muy ordinariamente; de manera cruel la Ilíada y Odisea de Homero y la Eneida están llenas de estas alegorías y ánimas intrínsecas.

Yo, dijo el Pinciano, bien había oído decir del sentido alegórico en la Escritura Sagrada, mas en la Poética no le entendía; ya me parece entender algo, a lo menos, en el ejemplo de las fábulas de Esopo.

Y en las épicas lo veréis, dijo Fadrique, muy mejor y con mucho más primor y verosimilitud. Veréis en la Ilíada mucha filosofía natural y moral, y en la Odisea, mucha moral y natural: y vos, ¿no os acordáis del dicho fin de la Poética, cruel es enseñar? Pues esta especie de doctrina es la más sólida que la Poética tiene: y, si queréis algo de esto, leed a los autores mitológicos, que ellos os darán papeles harto que leer, y veréis que esos poemas graves están llenos de estas ánimas alegóricas.

El Pinciano dijo: Yo lo creo como lo decís, que en la Coronación de Juan de Mena, digo en el comento por él hecho, me acuerdo haber visto cosas de esta ánima; pero deseo saber si todas las personas en esos tales poemas tienen la significación y alegoría que decís.

Fadrique respondió: Cuanto más grave el poema, terná más y mejor; mas no se entienda que todas las personas de él sean obligadas a tener esta segunda ánima; doctrina tenemos de san Agustín de ello en la Poética misma, el cual dice: «como la reja sola es la que rompe la tierra, y el timón, cama, velortas y orejeras le acompañan por buen orden y concierto, así en los poemas hay figuras que, no significando cosa alguna, son puestas para compañía de las que significan». Resumamos, pues, lo dicho, y acabemos con esto de la forma y materia de la épica para que pasemos adelante: digo, en suma, que la épica es imitación común de acción grave; por común se distingue de la trágica, cómica y ditirámbica, porque ésta es narrativa y aquellas dos, activas; y por grave se distingue de algunas especies de Poética menores, como de la parodia y de las fábulas apologéticas, y aun estoy por decir de las milesias o libros de caballerías, los cuales, aunque son graves en cuanto a las personas, no lo son en las demás cosas requisitas; no hablo de un Amadís de Gaula, ni aun del de Grecia y otros pocos, los cuales tienen mucho de bueno, sino de los demás, que ni tienen verosimilitud, ni doctrina, ni aun estilo grave, y, por esto, las decía un amigo mío «almas sin cuerpo» (porque tienen la fábula, que es el ánima de la Poética, y carecen del metro) y a los lectores y autores de ellas, cuerpo sin alma.

Supuesta, pues, la definición, epiloguemos así las cualidades de la épica: primeramente, que sea la fábula fundamentada en historia; y que la historia sea de algún príncipe digno secular, y no sea larga por vía alguna; que ni sea moderna ni antigua; y que sea admirable; así que, siendo la tela en la historia admirable, y, en la fábula, verosímil, se haga tal, que de todos sea codiciada y a todos deleitosa y agradable.

El Pinciano dijo: ¿Pues de la materia subjetiva en quien no se hace también alguna mención en aquesta parte que ha tratado de la forma heroica y de la materia acerca de quien?

Eso dijo Fadrique, pudiera quedar para después de haber tocado las partes que tocan a la ánima.

El Pinciano replicó: Sépalo yo, y sea en el lugar que fuérades servido.

Diferencias de la heroica

División de la heroica según la cantidad.

Y luego Fadrique: Digamos de las diferencias formales un poco. La heroica tiene sus diferencias tomadas de diferentes partes; porque, como fábula, puede ser simple, sin agnición y peripecia, y compuesta, con peripecia y agnición; y, como tragedia, puede ser o patética como la Ilíada, y morata como la Odisea, o compuesta de la una y de la otra como la Eneida, en la cual hallo yo todas las perfecciones de todas las fábulas épicas, porque es compuesta de agniciones y peripecias, y compuesta también de patética y morata, y, en la verdad, ella es toda hiema en la fábula, en las sentencias, en la elocución y aun en la alegoría; y pudiera ser que, si Aristóteles alcanzara a Virgilio, no gastara tanto en alabar a Homero; y esto baste por ahora. Paso adelante, y digo: que la heroica, como fábula épica, tiene también sus diferencias según la materia que trata, porque unos poetas tratan materia de religión, como lo hizo Marco Jerónimo Vida y Sanazaro en El Parto de la Virgen, como poco ha decíamos; cantan otros casos amorosos, como Museo, Heliodoro, y Aquiles Tacio; otros, batallas y victorias, como Homero y Virgilio, y esta especie se ha alzado con el nombre de heroica, de manera que, en oyendo el nombre «heroica», se entiende por ella, porque en la verdad trae mucho deleite con las trágicas muertes que trata y también mucha doctrina con la una y otra filosofía. Y, en suma, digo que la materia de religión, por ser de ella, no parece tan bien en imitación; y la materia de amores solamente no es razón que lo parezca, mas, cuando fuesen tan graves los escritores de la amorosa materia como los tres sobredichos, bien se pueden admitir, porque, debajo de aquella paja floja, hay grano de mucha sustancia; así los alabo, no condeno. Y esto sea ahora brevemente dicho de las especies de la épica, porque de ellas está hablado antes de ahora más a lo largo. Y, pues habemos dividido la heroica según su esencia, dividámosla según su cantidad; lo cual hecho, quedará poco que decir de ella.

El Pinciano dijo entonces: Ya yo deseaba este tiempo en grande manera, porque en ella no veo yo los miembros tan apartados y conocidos claramente como en las fábulas activas.

Así es la verdad, respondió Fadrique, que ésas tienen los episodios menores y dan más lugar a ser conocidas sus partes; y, pues ya Hugo habrá descansado un rato, prosiga, si tiene gusto.

Frag. 5.

Hugo dijo: Yo le tengo en lo que mis amigos le ternán; y prosiguió diciendo: La heroica tiene, allende de las partes en que, como fábula, se divide, otras, las cuales son dichas prólogo o proposición, invocación y narración.

Fadrique dijo entonces: ¿Cómo no comenzáis por la invocación, que, al fin, es la parte más religiosa de todas?

Hugo respondió: Soy preguntado de Fadrique, y respondo al Pinciano que soy muy devoto de Virgilio, y, como él comenzó sus obras Pinciano que soy muy devoto de Virgilio, y, como él comenzó sus obras proponiendo siempre y después invocando, hele seguido el orden.

El Pinciano dijo: Sepa yo qué cosa es proposición y quizá sabré dificultar algo.

Proposición, dijo Hugo, no es más que el lugar primero de la obra, a do propone el poeta lo que intenta tratar; e invocación, a do invoca el socorro y ayuda para poder empezar y acabar el intento; y narración, todo el resto del poema; de manera que las dos primeras partes son tan breves, que se pueden poner y caber en una hoja sola, y la narración es tan grande como veis que suele ser la épica; es verdad que la invocación se suele repetir algunas veces en la narración, como después se verá.

El Pinciano dijo: Ahora que lo he entendido, pregunto: ¿no es cosa más decente que el hombre empiece a pedir el socorro divino antes que la obra, especialmente que, si no me engaño, Homero, autor divino, siguió ese estilo en sus obras todas hasta en la Batracomiomaquia?

Hay, dijo Fadrique sonriendo, no se contenta con invocar a una Musa, como en la Ilíada y Odisea, sino que invoca a todo el coro entero de las

Musas; y si el Pinciano arguye con autoridad contra vos y en favor de la invocación ante todo, yo quiero argüir por el Pinciano con razones de esta manera: Todo hombre debe seguir piedad y reverencia a Dios, el cual, si no se antepone a las cosas todas, es leso en su Majestad; luego, estar conviene y seguir el orden homérico en esta parte y dejar otro cualquiera, aunque sea Virgilio.

Hugo dijo: No me parece mal por cierto, porque, en la verdad, sin Dios no puede hombre alguno proponer de hacer cosa alguna; mas, si bien atendemos, a los hombres dio Dios un albedrío libre para querer; y así Virgilio, usando de él, dijo: «canto o quiero cantar», que todo es uno, mas, para lo hacer bien hecho, no bastaba el albedrío humano si no venía el socorro diurno, y, así, después de haber dicho su intento y deseo, nacido de la voluntad libre, acude prudentísimamente a llamar a Dios que le ayude.

No me parece mal, dijo el Pinciano.

Y Fadrique: Y a mí me parece bien el estilo de Virgilio en esto ya, y bien el de Homero, y no sabré decir cuál sea mejor.

El Pinciano dijo entonces: De manera que el que primero invoca, hace oficio de hombre pío y religioso, y el que después de la proposición, hace acto de discreto, sin contravenir a la religión. Pues por vuestra sentencia, señor Fadrique, os condeno, y digo que Virgilio procedió altamente en las partes de la heroica, y en las de la geórgica también.

Fadrique dijo entonces: Bien se puede seguir la una y la otra opinión; cada uno elija la que mejor, le estuviere, que para la una y la otra hay razones, y hay autoridad de graves varones. Y esto sea lo que toca a las dos primeras partes dichas, proposición e invocación, o invocación y proposición.

¿Pues cómo, dijo el Pinciano, no nos decís algo en particular de esta invocación?

Y Fadrique: ¿Queréis que os diga que a otros poetas toca el invocar fuera del épico y que son invocados otros dioses fuera de Apolo y las Musas, y que Lucrecio invocó a Venus a fin de la generación, y a este mismo fin Virgilio, en la Geórgica, a Ceres y Baco, y que Píndaro y Horacio invocaron también a su modo? Tenedlo por dicho.

Vamos a la tercera y última, que es la narración.

El Pinciano dijo: Raso; no pase adelante la narración hasta que yo sepa...

Fadrique dividió la plática del compañero y dijo: ¿Que si la proposición ha de ser hinchada o no? Digo que no estoy mal en que sea apersonada, y, como entrada en casa principal, labrada; mas no de manera que la puerta sea de palacio y los aposentos de establo.

El Pinciano dijo: Huelgo haber en esto oído vuestro parecer, mas no era de esta cosa mi cuestión, sino de una parte que se os olvida, y que es intermedia entre la narración e invocación en algunos autores, y algunas veces, entre la proposición y narración.

Hugo dijo: Ya os entiendo, por Lucano decís lo postrero, y lo primero, por algunos modernos. Yo, cierto, lo había dejado como cosa no esencial, y deseo saber del señor Fadrique qué es lo que en este caso siente.

Fadrique dijo: Hugo, como convaleciente, debe estar cansado de hablar, y me manda que hable con este género de cortesía que a él humilla y a mí ensalla; quiérole obedecer, que no tengo de enfermar a los convalecientes, sino de darles gusto para que convalezcan. Digo, pues, que esta parte que es dicha dedicación de obra, fue antiguamente usada en muchos poemas, y fue invención de la hambre, a mal hacer persuadidora; y, en suma, ella es una encubierta adulación, porque, si el poeta ha de contar o cantar lo que quiere, deberíale bastar el socorro divino, que esto significa la invocación de la Musa, sin pedir después el humano, que es como quien dice: «juro a Dios y por vida de mi sobrino», y, en suma, una oración decreciente. Diráme alguno que el que dedica, no invoca, sino que dedica; no lo creo, y, si no, mírese a Lucano, que, por no poner tantas invocaciones, se arrimó solo a la de Nerón; de manera que la invocación que debía hacer a Dios, la hizo a quien le dio lo que él merecía; que, a mi parecer, cuando el Lucano no mereciera la muerte por haber conjurado contra su rey, por haberse olvidado del socorro divino y demandado solo el de su rey la merecía muy bien, y en caso alguno el cruel Nerón fue tan, piadoso como en dar la muerte al impío poeta que se olvidó de su Dios y en su lugar puso a él. Débese a los reyes amor y obediencia después de Dios, mas, antes que a Dios, absit.

Hugo dijo entonces: No puedo dejar de hablar en esta materia alguna cosa, confesando que Lucano hizo mal en eso que dicho está, mas no en que sea mala la dedicación después de la invocación al socorro divino.

Pregunto: ¿no solemos ordinariamente acudir, primero, en nuestras necesidades al templo y, después, a los ministros que las pueden proveer, especialmente que tenemos ejemplo de Virgilio, que lo hizo en algunas partes a do dedicó o invocó el socorro humano?

Fadrique dijo: Yo estoy muy bien con que los hombres vayan al templo y al cielo a demandar favor para todas las cosas porque Dios es Todopoderoso, mas no que vaya a los hombres a pedirles socorro que no pueden dar; yo, señores, soy cierto que esta obra es una fina adulación. Pregunto: ¿qué socorro pudiera dar el César para la musa de Lucano?

Hugo dijo: Persio dice que muy grande, porque el interés hace poetas a los cuervos y poetisas a las urracas.

Dijo Fadrique: De eso me río, que es ya puro interés; y el poeta debe ser tan noble de condición, que solo la virtud, y sin interés otro alguno, le mueva, porque, de lo contrario, nacen muchos daños al príncipe al que adula,[56] ofende y daña con la adulación, y asimismo porque cobra mal nombre de lisonjero, y a su obra, que entra con opinión de adulación, y, por el consiguiente mentirosa. Son la adulación y mentira dos personas tan conjuntas que ninguna más; y, si Virgilio en alguna parte dedicó o invocó auxilio humano, fue con tanta destreza, que no es digno de reprehensión por ello, especialmente que en la obra grave, como la heroica, digo su Eneida, no usó de tal dedicación ni invocación humana, como quien sabía la mucha autoridad que su poema perdería; y, si yo hubiera de hacerla, la hiciera fuera de la obra principal y dentro de ninguna manera. Vaya, pues, de aquí adelante, afuera, como digo, la lisonjera dedicación, y la cosa tan grave se trate con la gravedad que es justo.

Tornando, pues, al propósito, digo que las partes sean cuatro, no más, de la épica; la proposición, breve y clara cuanto sea posible, y en la cual, si es de príncipe, no se le ponga el nombre propio, sino que se use de perífrasi. En todo lo demás de ella no haya circuición ni rodeo alguno, sino que el poeta en brevísimas razones diga lo que pretende cantar, captando la atención con prometer cosas dignas de ser escuchadas. La invocación sea breve también, la cual se puede repetir en la narración todas las veces que se ofreciere tratar cosa grave y de importancia. De la narración no tengo que decir más

---

56   Texto de 1596: Nacen muchos daños al príncipe que adula.

que así es dicha toda la obra restante, en la cual se debe haber el poeta así como en la fábula se dijo, y en el lenguaje de ella también.

El Pinciano dijo entonces: ¿Pues por qué, señor, como la épica tiene diferencia de las demás especies de Poética en la fábula y en las partes de ella, no tiene también alguna en el lenguaje?

Sí, dijo Fadrique, y se trató al tiempo que de él se habló.

Generalmente lo particular, dijo el Pinciano, deseo yo saber, que lo general ya lo tengo entendido.

Fadrique dijo: Poco hay que decir, mas, pues de ello recibís gusto, se haga enhorabuena.

Frag. 6.

Y, dejado aparte si ha de ser en metro o no, porque Aristóteles no lo determina, digo...

Aquí el Pinciano dijo: No se deje aparte, sino eso se trate, especialmente que ha mucho que lo espero, porque lo he oído altercar antes de ahora a hombres no del todo ignorantes en la opinión de las gentes.

Fadrique dijo: Por cierto, nunca yo me mataría ni quebraría la cabeza en esta parte, porque no la tengo por esencial, que, si lo fuera, hablara Aristóteles en ella con más distinción que habló cuando en sus Poéticos dijo: «la épica hace su imitación con solo lenguaje o metro».

El Pinciano dijo: Pues si eso dice el Filósofo, ¿qué hay que esperar más? Que bien claro da a entender la cosa, y harto corto de vista es quien no lo ve.

Mucho ve el Pinciano, dijo Fadrique; ahora veamos ¿qué entendéis por estas palabras del Filósofo: «la épica imitación se sirve de lenguaje o de metro»?

Yo lo diré, dijo el Pinciano. Lo que entendiera si uno dijera: «yo esperaré en la ciudad o en Toledo», y me parecería que el nombre Toledo, que es individuo, había restringido a la especie y como corregido lo que antes había dicho de la ciudad.

¿De manera, dijo Fadrique, que os parece que el metro corrigió al nombre de lenguaje, y que Aristóteles quiso que fuese en metro el poema heroico? Pues advertid que también pudo querer con la disyuntiva lo que ordinario la disyuntiva quiere, y es: que basta que la una de las proposiciones sea verdadera: y que, ahora sea lenguaje suelto, ahora atado, es suficiente para la épica.

El Pinciano: Yo pensé que lo entendía mejor que lo he entendido.

Fadrique: No es tan fácil la cuestión como eso; y, si queréis que os diga la verdad, gran perfección es de la heroica comenzar por proposición e invocación, de quienes suelen carecer los poemas heroicos que no son en metro, los cuales entran con su prólogo disimulado y narración.

Hugo: ¿Pues la Historia de Heliodoro, tan de vos alabada?

Fadrique: Yo, os diré lo que siento, y es: que, aunque un poema no guarde en todo la perfección de las condiciones, puede ser no malo, y aun puede ser muy bueno. ¿No os acordáis que dijimos en las diferencias de las fábulas que es mejor la compuesta de agniciones y peripecias que la simple que de ellas carece? Pues Aristóteles dice, y dice verdad, que la Ilíada de Homero es simple y sin agnición y peripecia. Eso supuesto, ¿quién dirá que la Ilíada no es un valiente poema? Pregúntese a Alejandro Magno.

Bien estoy en eso, dijo el Pinciano, mas al poema de Heliodoro falta también el fundamento en historia, y éstas son ya muchas faltas.

Fadrique dijo: ¿Y cómo sabéis vos eso? ¿Por ventura hay alguna historia antigua de Grecia que os diga que Teágenes no fue de la sangre de Pirro, y alguna de Etiopía que Cariclea no fue hija de Hidaspes y Persina, reyes de Etiopía? Yo quieto que sea ficción, como decís, y yo creo: mas, como no se puede averiguar, no hay por que condenar al tal fundamento como fingido; y en esto, como en lo demás, fue prudentísimo Heliodoro, que puso reyes de tierra incógnita, y de quienes se puede mal averiguar la verdad o falsedad, como antes está dicho, de su argumento.

A Fadrique pareció que dicho esto, no quedaba parte que tocar a la épica necesaria, y así lo dio a entender; mas el Pinciano que atendía a saber el estilo que era obligado a guardar, dijo así: A mí falta por saber lo que deseo y se me ha prometido, porque, aunque he oído antes de ahora en parte, no en todo, ni, en su lugar, cual parece éste. Pregunto: ¿Qué cosa sea vocablo heroico? Porque oyó decir muchas veces éste lo es, y esotro, no; y pregunto ¿por qué este nombre pan no es heroico, y lo es el vino?

Fadrique: Yo os lo diré: porque pan dicen que es nombre común.

Pinciano: ¿Pues vino no es harto común?

Fadrique sonriendo: ¿Qué tiene que ver el vino, que es heroico por figura metonimia, como que hace a los hombres heroicos?

Hugo: Y aun del vino hay quien diga que no es heroico, y que Virgilio dijo en alguna parte Dios por huir del vino.

Eso no huyera Homero, respondió Fadrique, al cual, según fama y según se colige de sus escritos, no le supo mal; y especialmente que Horacio dice mucho bien de él para la poética, y que las Musas luego de mañana huelen a vino, y que Ennio nunca entró a cantar batallas ayuno y otras cosas semejantes, de las cuales se saca que, el vino no es malo para la heroica.

El Pinciano dijo: Pues yo había antes de ahora oído vituperar el vino para la poética de autoridad de Horacio.

Fadrique respondió: Una cosa es adoctrinar un muchacho y amaestrarle desde niño, que a su edad es muy dañoso el vino, como antes se dijo; otra cosa es cuando ya está adoctrinado y hecho hombre, a cuya edad no será dañoso por las razones que dijimos cuando del eficiente de la poética se habló; mas todas estas palabras han sido baldías y fuera mucho del intento, volvamos a él, el cual no era tratar de la cosa, sino del vocablo; y así digo de mi opinión, que el vocablo pan y el vocablo vino no es heroico y es heroico. Para cuyo entendimiento es de saber que vocablo heroico se dice de dos maneras: o porque tiene en sí grandeza y majestad, como fama y nombre eterno, y de esta manera ni pan ni vino son heroicos; otra manera de vocablo heroico hay, dicho así, no porque lo sea, sino porque se puede poner en obra grande y heroica, y de esta manera pan será heroico, y vino lo será y los demás vocablos propios que no sean bajos, porque los tales ni para heroica ni para lírica son buenos; en la cómica y satírica los suelen usar los poetas, mas esto es ya de otro lugar. Serán, pues, buenos para la heroica los vocablos grandes y los propios que no sean solamente de gente común usados. Aristóteles dice que esta parte de poética permite tomar tres formas de vocablos: compuestos, digo, y extranjeros y metafóricos, habiendo dicho que la trágica quería metafóricos, y la ditirámbica, compuestos; así que la épica a los peregrinos principalmente, y, después, admite a los otros dos.

El Pinciano dijo: Yo me contento con saber esto, que verdaderamente me tenían cansado algunos filopoetas con decir «este vocablo es común esotro es malo, esotro no es bueno»; y de aquí adelante me contentaré con que el vocablo sea tal, que pueda decirse delante de personas graves, las cuales hablan de la manera que el vulgo comúnmente —hablo en el vocablo, no en el estilo— exceptos algunos vocablos que tiene bajos y viles, o rústicos demasiado; de manera que, huyendo de estos tales, no haré agravio a la heroica si en ella pongo vocablos comúnmente usados.

Fadrique dijo: Ya está dicho. que ésos no son malos, pero que en la heroica conviene no sean así todos, sino que se mezclen con los peregrinos, de los cuales viene la grandeza a la oración, como Aristóteles enseña en sus Retóricos y Poéticos, y lo demás. De esta masa está tratado días ha, por lo cual no tengo que decir más en lo del estilo de lo que está dicho; que de los vocablos grandes y peregrinos y propios que son en uso se hace el lenguaje heroico, al cual el ornato de las figuras es conveniente, mas no debe ser mucho, porque la pintura demasiada quita la gravedad a la heroica, así como la compostura demasiado ordinaria a las grandes señoras,[57] a las cuales da más autoridad el traje honesto que el pintado y alistado; cuya pintura y ornato demasiado es propio a aquella especie de poema dicha lírica, que comparo yo a una niña, a quien están bien las listas y vestido de variedad de colores que no parecerían bien a una madre familias y matrona grave; tal es la heroica, epopeya o épica: ella, como anciana grave, puede usar de los tres géneros de vocablos —extranjeros, metafóricos y compuestos—, con más justo título que las demás especies de poesía, porque, como dice Aristóteles, esta mezcla de vocablos hace majestad y grandeza en el estilo, el cual es necesario en ella más que en otra alguna especie de poética. Con esto se acaba de entender cómo sea muy diferente el lenguaje pintado y figurado del heroico y alto, que puede ser alto sin ser pintado, y pintado siendo bajo, como antes es dicho; conozco, con todo esto, que admite mucha más pintura que no la trágica.

Ahora, por vida mía, dijo el Pinciano, dadme una diferencia general para esta grandeza de estilo y este ornato.

Fadrique dijo en breves razones: Las palabras grandes propias y los tropos hacen alto estilo, y las medianas y las figuras de las palabras lo hacen mediocre.

---

57   Texto de 1596: La compostura demasiada ordinaria a las grandes señoras.

Dicho, Fadrique se alzó de la silla y luego los dos compañeros, y el Pinciano, estando de pie, dijo: No es acabada del todo esta materia, que aun resta el decir cuál, en la verdad, sea más digna acción: la trágica o la épica.

Cuestión sobre la principalidad de la épica y trágica

Hugo respondió: Yo bien estoy resuelto en esa dificultad, y estoy de parte de la heroica: el nombre mismo se lo dice, pero, porque sé hay cuestión y que el Filósofo la trata en sus Poéticos, quiero dar algunas más razones de lo dicho. Digo, pues, que a esto me suade la antigüedad mayor que la épica tiene sobre la trágica; y por la mayor admiración y más deleitosa que consiente; y aun por el metro de que usa, el cual es mayor, más alto y noble —que a los griegos y latinos fue el exámetro— y, allende de esto, es acción más perfecta, porque no ha menester ayuda de otros como la trágica, la cual tiene necesidad de representantes, música y aparato; y, como Aristóteles dice, del modo que los buenos músicos, por ser entendidos, no es menester usen de movimientos con su cuerpo, así la épica no tiene necesidad de movimiento de actores que la declare sus conceptos, por cuanto ella se manifiesta a los hombres entendidos; esto no acontece a la trágica, la cual, sin estos instrumentos, se entiende mal, y, con ellos, se deja entender de sabios y necios, y, al fin, es, como dicen, para albarda y silla; y esto se ve manifiesto: que a leer una épica no se acomoda el vulgo, sino la gente ingeniosa y de ánimo grande, mas, a oír una tragedia, no hay quien no se aplique; y, fuera de esto, la épica es un montón de tragedias y como un todo, y la trágica, como parte.

¿Pues quién dudará que sea más noble el todo que su parte?

Dicho, calló y Fadrique dijo: Mucha resolución me parece ésa; y yo hallo más dificultad que vos, y os quiero responder a las razones; después diré la mía. A la primera de las cuales digo que no vale el argumento «es más antigua la cosa; luego, la más noble», como no valió tampoco en el Decamerón de Bocaccio el argumento que por parte de los Varronzos fue argumentado.

El Pinciano se entrepuso diciendo: Yo no entiendo esta cosa.

Fadrique respondió: Prueba el Bocaccio ridículamente la nobleza de estos hombres con este discurso: «Primeros y más antiguos son los borrones y bosquejos de las pinturas y figuras que ellas mismas; los Varronzos fueron borrones de la naturaleza, la cual se enseñó a hacer gestos en ellos; luego los Varronzos son más antiguos que los demás hombres. ¿Son más antiguos? Luego son más nobles».

El Pinciano no entendió el argumento, y dijo Hugo: Presuponed, señor Pinciano, que los Varronzos en Italia es la gente más fea y desproporcionada de toda ella.

Aquí el Pinciano se dio una palmada en la frente y reventó en grande risa diciendo: El argumento de nobleza es muy gracioso.

Y luego Fadrique, prosiguiendo: Así queda respondido a la razón primera. Vamos a las demás. A lo de la admiración mayor, digo que por ahí se suele perder más la heroica, faltando más en el verosímil, a lo del metro, digo que es razón fría; y a la cuarta respondo que, por esa misma razón, es mejor acción la trágica, porque se ayuda para enseñar mejor y deleitar de otras artes; y a la última de la parte y todo, digo que no sean sino como simple y compuesto, y que lo simple tiene más perfección. Y, en suma, que la acción trágica es de más perfección por esto de la simplicidad; y porque tiene su esencia tan bien y mejor que la épica, fuera de la representación, según de Aristóteles antes está referido; y porque tiene, allende del lenguaje, imitación de música y tripudio, como está dicho, las cuales dos imitaciones son de mucha importancia para el fin de la Poética; y que tiene más unidad, y, por esto, más perfección que no la épica, la cual no parece constar de una acción sola, pues es como un envoltorio de tragedias; y aun, si atendemos a las personas, hallaremos que la épica consiente marineros y mercaderes y otras personas que, por humildad, no las admite la trágica por forma ni manera alguna.

Dicho esto, volvió el rostro al Pinciano diciendo: Por vuestra vida, señor, ¿no os parece lo que digo ser así? Y, antes que respondiese a la pregunta, Hugo añadió: Pues yo lo dejo en manos del Pinciano.

El Pinciano dijo, riendo: Pues me han hecho juez de esta causa, lo quiero ser por evitar discordia entre amigos; y convengamos primero en que la épica es mayor que la trágica y la trágica menor acción que la épica.

Hugo y Fadrique dijeron: Convenidos estamos.

Y luego el Pinciano: Esto supuesto, soy de parecer que, si la épica y trágica son buenas, mejor es la épica, porque, como mayor, terná más de bueno;

y, si son malas, menos mala es la tragedia, porque, como menor, terná menos de malo; que, si la una es mala y la otra buena, no hay que dudar.

Los compañeros a una se rieron, y Fadrique dijo: Está muy bien dicho; y con esto se haga fin a la épica.

Y luego Hugo: El fin habemos visto antes que el principio en la epopeya, y, si fuera el medio, pudiérase disimular.

El Pinciano no entendió la cifra y dijo: Deseo saber esta algarabía.

La heroica ha de empezar del medio

Hugo respondió: No lo es, sino una cosa digna de ser sabida acerca de la heroica. ¿De dónde ha de tomar su principio? Porque se dice que debe comenzar del medio de la acción, y que así lo hizo Homero en su Odisea, y así Heliodoro en su Historia de Etiopía; y es la razón porque, como la obra heroica es larga, tiene necesidad de ardid para que sea mejor leída; y es así que, comenzando el poeta del medio de la acción va el oyente deseoso de encontrar con el principio, en el cual se halla al medio libro, y que, habiendo pasado la mitad del volumen, el resto se acaba de leer sin mucho enfado.

Fadrique dijo: Heliodoro guardó eso más que ningún otro poeta, porque Homero no lo guardó con ese rigor, a lo menos en la Ilíada, ni aun en la Odisea si bien se mira; y si miramos a Virgilio, tampoco comenzó del medio, porque él tiene doce libros, y poco más que dos, que son segundo y tercero, gasta en la acción ya pasada, todo lo demás va prosiguiendo cómo presente; así que esta doctrina de comenzar por el medio no es mala, pero no es necesaria y puede hacer el poeta lo que le pareciere sin agraviar a la sustancia del poema.

Oí decir, dijo el Pinciano, que aquello que refiere por ajena persona del poeta, como lo que Ulises a Alcinoo, Eneas a Dido, Calasiris a Cinemón y a los demás —en la Odisea, Eneida e historia de Etiopía— narran, es como un prólogo de lo que después se ha de decir, y que fue necesario fuesen primero referidas las tales cosas para que el poema en lo de adelante quedase más manifiesto.

Hugo dijo: Yo no entiendo bien esa cosa, porque bien pudieran los dichos poetas pervertir el orden que tuvieron comenzado en la acción de su principio, y prosiguiendo en ella así como otra cualquiera historia acostumbra;

y, según esto, no se puede llamar a las narraciones dichas de Ulises, Eneas y Calasiris prólogos.

Fadrique respondió: Bien se pudiera hacer lo que Hugo ha dicho, pero fuera quitar mucha perfección al poema heroico, en el cual el poeta debe hablar lo menos que él pueda; y, si la acción se narrase por el orden que fue hecha, era fuerza que fuese narrada por la persona propia del poeta.

Oído he decir, dijo el Pinciano, eso que decís, y leído que Aristóteles alaba a Homero en ese particular, y yo deseo saber la causa de ello.

Fadrique respondió: A mí place. Del narrar la cosa por persona ajena del poeta nacen muchas cosas buenas a la acción; primeramente que, hablando así, le es más honesto el alabar o vituperar las cosas que ama y aborrece, y dar su sentencia y parecer más libre; lo otro, que, dichas por una y otra persona, varía la lección y no cansa tanto como si él solo fuese el que narrase; lo otro, para el movimiento de los afectos es importantísimo, porque, si otro que, Ulises contara sus errores y miserias, y otro que Eneas contara sus trabajos y desventuras, no fuera la narración tan miserable, y, como el deleite de la épica, así como el de la trágica, viene parte mayor de la compasión y misericordia, faltara mucho al deleite de la tal acción; y es muy bien hecho que, no comience el poeta heroico del principio de la acción, sino que le deje para que por otra persona ajena de él sea narrado; mas que este principio se deba tomar del medio necesariamente, no me atreveré a lo juzgar, o por mejor decir, a lo afirmar, especialmente teniendo en contra la experiencia de Homero y de Virgilio, los cuales, en la verdad, no comenzaron de él, como lo verá quien lo quisiere ver y tuviere ojos.

Así dijo Fadrique. Y, visto que estaba en pie y desgorrado, Hugo dijo al Pinciano, desgorrado también: El señor Fadrique estará cansado; demos lugar.

Y el Pinciano, puesto bonete: Pues yo no lo estoy, y cúbranse.

Fadrique rió, diciendo: El Pinciano nos hace hoy grandes de su casa: hágase así como manda.

Y el Pinciano dijo: No hay persona más atrevida que el médico y el deseoso de saber, porque, así como el médico es osado en mandar al enfermo a causa del bien que le resulta, así el ignorante osadamente puede mandar a otros que le saquen de la ignorancia por el bien que a ellos recrece, que es la obra de misericordia. Tal yo ahora, como ignorante de lo que saber deseo, les ordeno que se cubran, y les hago merced de que se asienten.

Fadrique tornó a reír, y, diciendo que era el Pinciano galante, le dijo que mandase lo que quisiese.

Pinciano: No más de que deseo mucho saber algo de la compostura de la heroica.

Hugo: Lo general e importante fue dicho en la composición de la fábula.

Fadrique: Así es la verdad, pero yo quiero añadir un poco de lo particular, y prosiguió así: Doctrina es del Filósofo que el que quisiere fabricar esta máquina que dicen fábula, ante todas cosas, debe fingir y pintar en su entendimiento una forma y semejanza de aquello que pretende, dándole los miembros principales; así se dice que la naturaleza finge al animal, al cual fue ya comparado el poema.

Pinciano: No entiendo bien esta cosa.

Cicerón; de forma de épica

Fadrique: De esta manera digo: que el que emprendiere hacer fábula cualquiera, debe primero formar en su entendimiento el argumento de ella, porque, no lo haciendo así, irá desatado en su proceso y hará lo que dice Horacio en su Epístola ad Pisones, un grande monstruo, que, para le venir a formar, gastará mucho tiempo en quitar y poner lo que será necesario para la perfección de él; si la acción no fuere del todo fabulosa, mezclará a la historia la fábula, de manera que quede hecho un solo animal, advirtiendo que la historia sea muy breve por las razones dichas antes cuando se tocó lo general de la fábula. Hecho el dicho argumento, le irá variando en episodios, a los cuales dará materia el hado o el cielo, como que ayudan y favorecen al príncipe que ha de ser sujeto de la épica, y a alguna fuerza, la cual le sea contraria en todas sus acciones, porque así la fábula, con esta repugnancia y contradicción, se irá extendiendo y levantando, la cual caería en faltando, así como se caen los pleitos en los pueblos adonde no hay más que un abogado; teniendo en la épica siempre atención a la grandeza, y, para ésta, al concepto, palabra y metro grande. Y con esto me parece remitiros a Cicerón, en libro 5 de sus Epístolas, número doce, a do pide a Luceyo escriba de por sí un volumen de las cosas que en su consulado hizo. La epístola es larga y no me acuerdo bien de ella, mas tengo memoria que, si hubiera de hacer yo alguna épica, siguiera gran parte de lo que él allí ordena.

Hugo: Paréceme haber leído esa epístola, y que hay no pide Cicerón poema a poeta, sino historia a historiador.

Fadrique: Tornadla a leer, y veréis que vos no contradecís a la verdad de la epístola, ni yo a la de vuestra plática.

Pinciano: Siempre nos remitís a otras salas, y esta vez no vengo en el consentimiento de ello y os ruego me digáis lo que la epístola contiene.

Fadrique respondió así: Había Cicerón pedido al dicho Luceyo, histórico, que hiciese un libro aparte, el cual refiriese la conjuración de histórico, que hiciese un libro aparte, el cual refiriese la conjuración de Catilina, por el solo Cicerón hallada y deshecha. Un poco más abajo dice: «Si el volumen que de esto escribieres, o Luceyo, tratare de un solo argumento o acción y de una sola persona, considero cuánto más abundante y más ornada será la escritura». Y otro poco más abajo: «Así que yo te ruego cuán encarecidamente puedo, me alabes y magnifiques cuanto puedas, y más de lo que tú piensas que merezco, aunque traspases y violes las leyes de la historia». Y pocos versos después: «Será sin duda la materia digna y de tu facundia». Y luego: «Parece haber habido poco espacio desde el principio de la conjuración hasta nuestra tornada, y, por el consiguiente, que será breve el cuerpo de la obra, mas, en el intermedio, puedes tú poner las cosas que de las mudanzas civiles pasaron, si más gustares, las causas y motivos de las novedades, o, si no, en las prevenciones a los daños que amenazaban, alabando lo bueno y vituperando lo malo». Y poco después: «Mucha variedad te darán los acaecimientos nuestros, y, con ella, mucho deleite, el cual entretiene mucho a los ánimos de los lectores, a quienes ninguna cosa hay más agradable que la variedad de los tiempos y mudanza de las cosas; todo lo cual, aunque el experimentallo me fue molesto, el leello me será deleitoso, que la segura memoria del mal pasado es agradable mucho al que le pasó y sufrió, y a los lectores, deleitoso, los cuales, mientras leen los casos ajenos, libres de ellos, reciben gusto no pequeño en la compasión. ¿A quién no deleita aquel Epaminondas con la conmiseración y lástima? El cual, pasado de una vira el cuerpo, preguntó si estaba sano su escudo y no consintió le sacasen la ofensiva ajena hasta que le fue respondido que su defensiva era sana, el cual, después, con el dolor murió contento. ¿Quién hay a quien no suspenda la huida de Temístocles y la tornada?». Y poco más abajo: «Admiración y consideración traen consigo los casos varios de algún príncipe en muchas cosas excelente, ahora alegría, ahora molestia, ahora temor, ahora esperanza; y, si la acción remata en algún acaecimiento notable, el ánimo hinche de un deleite cumplido». Veis aquí, señor Pinciano, cómo una épica se debe formar empezar, mediar y acabar en breves palabras.

Calló Fadrique y el Pinciano dijo: Por lo que yo entiendo de la persona a quien se pide el volumen y del volumen mismo, ésa es la idea de la historia, y no de la épica.

Y Hugo: La épica es imitación de la historia, y verdaderamente que el Cicerón parece haber demandado a Luceyo una épica en prosa por muchas causas que verá el que lo dicho leyere con atención; y, pues Fadrique era ya levantado para nos despedir, razón será que nos alcemos para le saludar y dejar a solas.

Dicho, se alzaron y despidieron, y el Pinciano se fue a casa para escribir lo en ésta contenido. No sé otra cosa al presente de que os hacer parte, señor don Gabriel. Fecha diez días antes de las Calendas de agosto.

Respuesta de don Gabriel a la epístola XI del Pinciano

Bien había yo barruntado, o, por mejor decir, tenido temor, amigo Pinciano, a la indisposición de alguno de los compañeros o a la vuestra por la dilación de vuestras letras; el cual temor se me convirtió en gozo doblado con las que recibí últimas; y esto, principalmente, por la salud de los amigos y, accesoriamente, por la materia que en ellas se toca, que es la épica o heroica, de cuya compostura hallo diversidad de opiniones, y mayor mucho en las obras, porque veo a unos poetas épicos que la suben al cielo, otros que la abaten al infierno, mezclando en ella cosas bajas y aun viles; pero no quiero pervertir el orden vuestro, sino seguille por sus fragmentos, así como viene escrito.

Frag. 1.

Digo, pues, acerca del que toca a la definición, que me parece bien, porque, si la épica, según el Filósofo, no es más que un montón de tragedias, es fuerza que ella siga a la tragedia en lo esencial de la definición y en el fin, que es, enseñando quitar el miedo y misericordia y las demás pasiones por medio de misericordia y miedo. Confieso que un tiempo fui de parecer que, no tanto la doctrina cuanto el deleite, era el fin de la heroica, y a esto suadido por una razón de Aristóteles, mas yo lo he vuelto a considerar mejor y hallo que, aunque el Filósofo quiere el deleite en la tal acción, no declara que éste sea el principal por vía alguna.

Y así me parece muy bien la definición, la cual no es de Aristóteles, palabra por palabra, mas es sacada de la fuente de su doctrina.

Frag. 2.

Contiene la segunda división o fragmento la diferencia entre la épica y la trágica, y más, la unidad de la acción heroica, y si lo debe tener en la persona; todo lo cual me parece bien; y he venido en consideración de una cosa acerca de esta unidad de la persona que, si el poeta quiere magnificar a algún varón, recibido por tal comúnmente de todos, no hay para qué le dar coadjutor alguno, sino que él solo sea persona toda en la acción de la forma que escribís; mas, si el poeta quiere engrandecer por sus respectos particulares a otro que no sea tan noble entre las gentes, debe buscar y arrimarse al que en aquel tiempo lo haya sido, para, en consecuencia del varón nobilísimo, decir del suyo no tan ilustre; y en tal caso le será lícito al dicho poeta hacer a su varón coadjutor del principal, y esto para sublimar la casa de aquel a quien se halla obligado o quiere obligar de nuevo, como en nuestros tiempos lo hizo un italiano; y no digo más, porque sabéis quién es. Paréceme bien lo que me escribís (y antes que vos el Filósofo) de la Odisea: que es acción mezclada de trágica y cómica; y me he holgado mucho en saber que sea opinión de vuestros amigos, porque algunos poetas de nuestros tiempos dicen que son monstruos estas mezclas, y, aunque les he dicho que Plauto llamó a su Anfitrión tragicomedia, no aprovecha. ¡Enhorabuena! Que yo, con vuestro parecer y el de Aristóteles, siento que se pueden mezclar estas especies sin hacer monstruos, sino criaturas muy bellas; y pienso que no solo a la cómica se puede mezclar la épica, mas también a la satírica, y más a la que con severidad y sin mofa reprehende los vicios, especialmente que la satírica y épica siempre acerca de los antiguos gozaron de un mismo metro; confieso que es más perfección que guarde cada acción su propiedad rigurosa, como en la épica lo hizo la Ilíada de Homero y la Eneida de Virgilio, mas no acuso a los épicos que, por deleitar, mezclan algunas cosas cómicas, y, por enseñar, algunas satíricas graves; las histriónicas y viles repruebo totalmente; lo uno, porque se abajan muchos grados de la grandeza trágica, y lo otro, porque enseñan a pocos y deleitan a malos. Discurriendo también sobre este fragmento y sobre las especies de la trágica, que son patética y morata, hallo que la trágica debe tener más de lo patético, y la épica más de lo morato. Y esto atendiendo al príncipe, sujeto principal de la acción; en la trágica se busca un príncipe que ni sea bueno ni malo en sus costumbres, cuya muerte —que es más ordinaria— haga más conmiseración, pero la épica, en quien por la mayor parte queda el príncipe vivo y virtuoso, y adonde no se pretende la conmiseración final de él, sea conviene, como dice: Fadrique, un varón consumado en todas cosas, así naturales como aquisitas, y, en suma, un héroe milagroso.

Aquí he advertido de nuestra poesía que, para la majestad heroica, nos hace falta la generación de los semideos, la cual no consiente nuestra religión y, por consiguiente, no la admite la verosimilitud; que, como antes se dijo, el poeta debe guardar la religión por la verosimilitud.

Frag. 3.

En el tercero fragmento me escribís de la fundación épica que ha de ser sobre historia la perfecta, y no sea grande ni larga tampoco, porque, ocupando la historia mucho lugar, falta para la imitación poética y, por el tanto, falta el primor y prestancia que ella tiene sobre la historia. Aquí me hizo reír un compañero que alababa a un metrificador porque no ser apartaba de la historia, y decía: «éste es poeta que no esotros fulleros que no saben decir verdades». Mas esto lo dejo para que algún día riamos despacio, cuando yo vea la Corte, que, a lo que pienso, será en breve.

Frag. 4.

Contiene el párrafo cuarto la alegoría épica, la cual parte estimo yo en mucho por lo que antes dije; y digo ahora que soy muy amigo de la doctrina, la cual principalmente da el épico poeta en la alegoría, y tanto la estimo yo más porque veo poetas graves en lo demás y en todas estas partes tan faltos, que, aunque más se quieran esforzar a exprimir su poema, no sacan zumo alguno de alegoría. Estos poemas caminaron tras el solo deleite y recibieron su merced, que, pues el deleite solo fue su fin, débense contentar con le haber alcanzado y dejar la alegoría para los que principalmente la buscaron a fin de adoctrinar. El que tuviere tan alto ingenio como Virgilio, emprenda lo uno y lo otro, que él solo podrá hablar con admiración, verosimilitud y alegoría. Ya me entendéis por quien digo, que no lo hizo así.

Frag. 5.

Las diferencias de la épica apruebo, como también las partes cuantitativas de ella, y especialmente alabo la parte del prólogo, porque me ha parecido doctrina que no he leído y me cuadra; solo en la dedicación estoy un poco confuso, porque verdaderamente los que vivimos en el siglo debemos usar de los instrumentos honestos para pasalle honestamente, y la dedicación, especialmente, en el lugar que significáis, no es deshonesto medio; y no digo más, pues me habéis entendido.

Frag. 6.

En el sexto y último fragmento me agrado que la épica perfecta deba gozar del metro por las razones dichas, especialmente que todos los varones graves así lo han acostumbrado; y a la Historia de Etiopía digo y confieso que Heliodoro, su autor, fue un varón muy grave y gentil poeta en el nudo y soltura, traza y deleite de su ficción, y aun en mucha doctrina que tiene sembrada, mas, si se atiende a la perfección épica, no me parece que tiene la grandeza necesaria; no digo en el lenguaje, que por no ser metro está disculpado, sino en la cosa misma, porque las principales personas son menos en su acción, y las comunes son más.

Vuelvo al propósito y digo que me reí mucho cuando llegué a la parte del vocablo heroico, mas no me hizo reír cuando al estilo, porque podría haber dificultad, la cual mana y nace de la otra última que viene ventilada, que Aristóteles trató en sus Poéticos, adonde pone en cuestión cuál sea más alta acción, la trágica o épica; y, si yo hubiera de dar mi parecer, le aplicara mucho a Hugo en este particular por lo que arguye y, especial, porque esta acción épica sola, como el Filósofo enseña, fue hecha para lectores discretos. Mas, pues, vos, señor Pinciano, la resolvisteis tan donosamente, no quiero hablar en ello, sino agradarme de vuestra resolución —así como hicieron los compañeros—, la cual apruebo por deleitosa como lo demás del fragmento por útil. Fecha, tres días antes de las Calendas de agosto. Vale.

Epístola XII. De las seis especies menores de la Poética

Frag. 1.

Así como solían, señor don Gabriel a siguiente siesta, se vieron los amigos en casa de Fadrique, los cuales, después de haber tratado algunas cosas tocantes a los oficios de las demás gentes, y, especial, al de aquellos que tienen el palo y mando en la república, vinieron al oficio del poeta, y el Pinciano dijo: Yo estoy muy contento con lo que de la poética he aprendido, y verdaderamente me ha acontecido lo que dice la sentencia antigua: que todos los hombres piensan que sobra en el mundo aquello que a ellos falta.

Hugo dijo que se declarase más.

Y el Pinciano: A mí parecía hasta ahora que la poesía era superflua en el mundo, como yo carecía de su noticia y conocimiento; ya que le tengo, me parece que los que no le tienen, dejan de tener uso de razón y que son unas alimañas.

Libros de Poéticos

Paso, dijo Fadrique, no tanto; que sin Retórica hay hombres, y también los habrá sin Poética. Son éstas partes que ornan mucho a un hombre entre las demás artes y disciplinas, mas no de manera que de la una ni de la otra esté pendiente el uso de razón, ni aun el uso de ellas, porque sin arte Retórica ni Poética podría haber hombres que las entendiesen, y yo sé adonde Aristóteles duda si las obras de Homero fueron hechas con arte o naturaleza sola. Digo, pues, que sin Retórica hay retóricos; y sin Poética hay poetas; sin arte Lógica hay lógicos naturales; que el hombre tiene el uso natural de la razón, el cual es la fuente de todas estas cosas.

Yo confieso, dijo el Pinciano, lo que decís, y más confieso lo de la Poética, porque veo muchos que naturalmente mienten este mundo y el otro; mas va tanta diferencia de mentira a mentira, que una deleita y enseña; otra enoja y desenseña; y me quisiera hacer todo lenguas para acabar de alabar lo que empecé.

Hugo rió diciendo: El refrán se ha cumplido: «Con los santos, serás santo; con los perversos, perverso». El compañero está manchado con la pez de nosotros.

Y el Pinciano: Eso no consentiré yo; que la poética no mancha, sino lava y limpia las manchas; y, si yo tuviera algo de lo versátil y furioso, probara a inventar y metrificar como los demás para ser uno de ellos.

Hugo dijo: Probad, y quizás saldréis con ello; comenzad, y quizá acabaréis alguna obra.

Así lo haré, respondió el Pinciano, porque he venido a entender que la obra es oficiosa, y, en cierta manera, necesaria; no digo en cierta manera, sino necesaria, porque los arcos que están siempre armados, están a gran riesgo de quebrarse, y los hombres que profesan letras mayores, como lo son las filosóficas, tienen necesidad de aflojar al ánimo estirado con letras de pasatiempo y entretenimiento.

Fadrique: Verdaderamente, el estudio[58] de las letras más graves, cuando es muy continuo y que guarda perpetuidad, envenena y emponzoña, y aun mata a un hombre con la mucha melancolía y solicitud; el cual veneno y melancolía se tiempla con las menores, que son las que habemos dicho y otras semejantes; y, aunque es así, que el tal veneno tiene muchos antídotos con que se cura, cuales son juegos, conversaciones y otros pasatiempos tales, pero ninguno tan honestamente como el estudio de la histórica, poética, música; y, así de manera que como los que son mordidos de víbora, se curan y sanan con la conserva que de ella se hace, dicha triaca, así el veneno del estudio mucho de las letras graves y solícitas es templado y curado con las letras mansas y suaves, cuales son las que tenemos entre manos, digo la Poética y semejantes. Dije esto por el Pinciano.

Hugo, medio enojado y medio risueño, dijo así: Todavía al Pinciano le debe poco la Poética, pues la hace arte menor y no filosófica, y, al fin, una cumple-menguas y accesoria de otras principales.

Fadrique prosiguió diciendo: Como fuere la obra; que, si es cuál o cuál canción o soneto, lírica y epigrama, puede bien ser accesoria de otras artes

---

58   Texto de 1596: Verdaderamente, el estudio...

principales; mas, si es una obra que haga libro justo, menester es el hombre entero, y más, si es de las especies de poemas mayores, como si dijésemos un libro de tragedias, de comedias, o una épica, las cuales obras para ser tales quieren mucha erudición.

Ya yo veo, dijo el Pinciano, lo que decís, y, por tanto, deseo saber algo de las especies menores.

Alguna obrilla, dijo Fadrique, quiere hacer el Pinciano, como una sátira, un mimo, como una égloga, como una elegía, como una epigrama, como una canción y como un apólogo, que son otras seis especies, no tan grandes como las cuatro mayores, mas son insignes, y, aunque éstas se reducen a aquéllas, con todo, tienen sus condiciones particulares muy diferentes.

Eso confieso yo, dijo el Pinciano, porque yo no sabría decir cómo se haría cualquiera déstas, y en las otras me parece estar instruido medianamente; y, pues me habéis enseñado lo mucho, cumplid la falta y no la padezca yo, si sois servidos.

Fadrique dijo que tenía razón, y Hugo que pedía justicia y añadió: A mí me cabe el hablar en esta materia; diré lo que supiere y enmendará el señor Fadrique.

Frag. 2.

Y, sin dar lugar a ser respondido, comenzó así: Seis son las especies menores de las poéticas que dan nombre a los autores, así como las primeras cuatro principales; porque, así como se dicen poetas heroicos, trágicos, cómicos, líricos y ditirámbicos, se dicen satíricos, mimógrafos, pastorales, elegíacos, apologéticos y epigramáticos. De las primeras cuatro especies está hablado hasta aquí; y, de aquí adelante, diré por su orden de las seis restantes: las otras dejaré porque son tan pequeñas, que no dan nombre al poeta, y porque por estas diez acabarán de ser entendidas.

Sátira

Comenzando, pues, de la primera, dicha satírica, torno a decir y a repetir el principio antes dicho, y es: que hubo sátira antigua y moderna; si queréis decir a aquélla, griega, y a ésta, latina, no erraréis mucho; de la griega no hay que decir más de que fue un poema activo, en el cual salían los autores a imitar los vicios de sus tiempos con anotación de tiempo y persona; de manera que, si un hombre tenía falta en sus costumbres, salía un actor a le remedar en costumbres y disposición, y con nombre propio de la tal persona; el fin de esta obra fue ya dicho, que era para que el malo se enmendase. Esta acción fue desterrada, y con mucha razón, y en su lugar, entró otra más mansa, que unas veces es narrativa, y otra, común, la cual fue llamada sátira latina o moderna, y de la cual es nuestra presente plática, porque ella es la que da el nombre al poeta que decimos satírico. La especie de sátira no tiene etimología cierta, pero ella es una acción contraria totalmente a la heroica, porque ésta es historia de varones pasados virtuosos, fuertes y magnánimos, y aquélla es historia de vicios presentes, de hombres viles e infames; y, así como por aquélla son los hombres traídos a la virtud por el premio del honor, son por ésta ahuyentados del vicio con el castigo de la nota y afrenta. Será, pues, la sátira un razonamiento malédico y mordaz hecho para reprender los vicios de los hombres. Fueron Lucilio, Horacio y Persio los más diestros en esta parte.

Fadrique dijo: No es malo Juvenal, y sé yo quien le pone en primer lugar, y aun yo le pusiera si no tuvieran sus metros algunos lenguajes pocos que parecen afear a todo el resto; yo estoy muy bien con los poetas académicos qué aman y buscan mucha vergüenza en palabras y todo, que no es bien que el que predica hermosura en las costumbres, sea feo en sus pláticas.

¿Pues por qué, dijo el Pinciano, pues tan pocas son las partes torpes que tiene Juvenal, no las purgan y quedará la obra hermosa?

¡Qué sé yo!, dijo Fadrique. Los que lo tienen a su cargo, lo vean, que, si yo lo tuviera, yo las limpiara de muy buena voluntad. Y, dejando la avocación, a que no somos llamados, prosiga Hugo en lo que ha sido requerido y rogado.

Hugo dijo: Yo he dicho brevemente lo que de la sátira siento; y no siento cosa que de importancia sea sino que esta parte toca y trata particularmente aquella parte de la Filosofía Moral que se dice Ética.

Más hay que decir, dijo el Pinciano, porque me falta a mí que oír: fáltame que oír y saber que los trágicos y cómicos —y más éstos— tratan de la costumbre de los hombres también, y aun las reprehenden, y, según esto, parece que la satírica es cómica, y la cómica, satírica.

Eso, dijo Hugo, es querer que yo diga lo que por llano y notorio había dejado, y lo que me pareció haber ya dicho, y es: que la sátira dio principio a la cómica, y que. por huir los poetas de aquélla, cuando era activa y personada, dieron en ésta; o, si queréis más, echados por las leyes, dejaron la sátira y tomaron la cómica.

Fadrique dijo entonces: A otra parte endereza el Pinciano: él, si yo no me engaño, quiere que le digáis, señor Hugo, lo que está dicho, y es: que todas las partes de la Poética pueden tocar todas las de la Filosofía; de manera que el épico puede tratar de la economía, como dijimos de la épica en la Eneida; y el trágico, la ética, como tocamos en la especie de la tragedia morata; y la cómica puede tocar política, como vemos en Terencio, que acusa a los jueces porque son negligentes en castigar a las alcahuetas; y, en suma, las ciencias son tan unidas y hermanadas como las virtudes y los vicios, que pocas veces se halla una virtud sola y un vicio no acompañado; y, para la diferencia o concordancia que pide de la sátira y la comedia, respondo la diferencia principal estar en que ésta es poema activo, y aquélla es narrativo o común, como Horacio en algunas sátiras; y la diferencia que de la imitación se toma es la esencial, más que la de la doctrina, porque la doctrina es el fin, y la imitación es la forma que a la Poética da el ser; y, esto dejado aparte, que la cómica mira más a la económica, y la satírica, a la ética, como antes fue dicho.

Hugo dijo: Pues el señor Fadrique ha por mí respondido, no tengo que responder más de que, aun en la manera de reprender, hay grande diferencia entre el puro cómico y satírico puro, que éste reprehende con severidad y acerbidad más o menos; con más, como Juvenal, con menos y con algo de irrisión, como Horacio; mas el cómico reprehende del todo escarneciendo y burlando, y, finalmente, es una reprehensión la cómica llena de pasatiempo y risa, de donde acabaréis de entender cuán importante sea la risa a la comedia.

Cómo ha de ser la sátira

Fadrique dijo entonces: Por si el Pinciano con su azadón sacare vena poética y quisiere hacer un poema satírico, le quiero dar unos pocos de avisos; sea el primero que reprehenda vicios generales, y no a personas particulares, porque el que enseña virtud no conviene sea malo en manera alguna; a lo cual seguirá, allende de esto, una cosa muy necesaria en el lenguaje y la oración, y es: que podrá usar de ella clara y abiertamente, y, así como el que no hace mal ama la luz, podrá el tal poeta hablar claramente delante del mundo todo, y él vivirá entre la gente más seguro.

¡O, señor!, dijo el Pinciano, que no será escuchado el poeta que no reprehenda a personas particulares, que de hay viene el deleite mayor a esta especie de poética. Y, si os acordáis, los satíricos antiguos particularizaban las personas y a nadie perdonaban, como se dice de Horacio que no perdonó a su Mecenas; y en esto hay dos cosas: la gravedad del poema y también el deleite que tanto le importa.

Fadrique respondió: Lo que Hugo ha respondido, ha sido bueno; y si vos, señor Pinciano, escribís sátira y queréis hacer lo que decís, las personas sean de tal manera disfrazadas, que de nadie sean entendidas y solamente lo sepan aquellas a quien vos lo quisiéredes revelar; usad de perífrasi y rodeos oscuros, y de tal manera, que podáis llevar el entendimiento y sentido de la cosa a varias partes; y, con todo esto, es lo más seguro de los dados el no jugallos; que no seáis claro en este lenguaje, otra vez os aconsejo por el mucho bien que os amo, así al ánimo como al cuerpo; y, en suma, vengo a alabar en la satírica la oración oscura que tanto he siempre vituperado. Y con esto demos fin al maldecir.

¡Pues cómo!, dijo el Pinciano. ¿No me decís qué partes tiene la sátira en su cuerpo y qué estilo debe seguir?

Hugo dijo: La sátira pide estilo mediocre, y aun menor, y verso heroico (hablo de la latina); consiente vocablos bajos algunos y son menester para la irrisión; no tiene parte alguna ni principio ni fin: entra do se le antoja y comienza de adonde quiere, ex abrupto, como dice el latino. Y de la sátira esto sea suficiente por ahora.

Otro poquito, dijo el Pinciano, y preguntó: ¿Por qué la sátira ha usurpado el metro heroico más que las otras especies de poética?

Hugo quedó un poco pensativo, y Fadrique dijo así: La heroica quiere grandeza de ánimo, y la satírica pide entereza de costumbres en el poeta; y, por el consiguiente, la una y la otra le quieren grave y severo, y el metro heroico es más conveniente a la severidad y gravedad de la cosa.

Mimo

Sí, dijo Hugo, y más, que la heroica tiene por fin el engrandecer y magnificar a la persona de que trata, y la satírica, de aniquilalla y vituperalla: y de los contrarios una misma es la doctrina, así que, si a la épica conviene el metro heroico, también convendrá a la satírica. Vamos al mimo, el cual se alzó con el nombre de la imitación que mimo esto quiere decir; y el cual es una mezcla de ditirámbica y cómica, porque danzaba y cantaba la persona sola, y, alguna vez, loores de Baco como la ditirámbica, y mofaba y burlaba como la cómica. Salían las personas al ejercicio de este poema teñidas las caras con hollín y vestidos de pieles de corderos, y así hacían su imitación de las costumbres que reprehendían; por lo cual algunos, y entre éstos Cicerón, los dijo etólogos, que quiere decir imitadores de costumbres, y Aristóteles los llamó fálicos, porque traían unos palos rollizos; de cuya imitación dice él mismo[59] que es generación natural de la cómica, por el ridículo que contiene, lo cual, como es dicho, tiene en la cómica la parte esencial, cual, en la trágica, la conmiseración. Eran las personas imitadas en este poema sacadas de la hez del vulgo; no quiero decir quiénes son ahora éstos por no enojar a los vivos, mas diré quiénes eran en el tiempo pasado en Roma, de los cuales trae Horacio alguna parte en el sermón que comienza:

Las compañías de los ambubayas,
Los mendigantes y farmacopolas,
Baladrones y mimos juntamente.

Tristes están a causa de la muerte de Tigello,
cantor que, según fama,
Era para con todos muy benigno.

El Pinciano dijo: Mirad, señor lo que decís, que los farmacopolas son ahora los boticarios, y ésta es gente muy honrada.

Fadrique respondió: Otra cosa quiere allí decir Horacio por farmacopola, a mi parecer, y es la gente que en Italia dicen salta in banco, y acá, en España,

---

59   Texto de 1596: De cuya imitación d'ze el mismo.

410

charlatanes, los cuales se suben en alguna mesa y, desde allí, pregonan sus yerbas y piedras de virtudes mentirosas. Mas, volviendo a la narración de Horacio, digo que, en aquel lugar, pone mimos como especie diferente de las demás, digo, de los ambubayas, mendigos y balatrones: y así me parece que aquéllos no son las personas mímicas, sino otras, como ventero, bodegoneros, ciegos, borrachos y así de esta manera; aunque confieso poca diferencia de los unos a los otros, digo, que todos tienen en la república un lugar muy bajo y ínfimo.

Mirad, dijo Hugo, señor Fadrique, que yo tengo lectura que ha habido mimos de más estado, porque fueron del orden ecuestre o de caballería.

Ahora, respondió Fadrique, no habléis de las personas imitantes, sino de las imitadas, que ya sé que Laberio fue caballero, y que, siendo de edad de sesenta años, por mandado del César, cantó sus mimos y danzó en el teatro público: y sé lo que pasó, después, de Publio Siro, siervo, y lo demás que Macrobio cuenta en sus Saturnales; mas este género de poema está muy olvidado, y, si algo de él ha quedado, anda entre los hombres de placer o mezclado con la cómica. Vamos a la rústica poesía.

Égloga

Hugo dijo: Poco hay que decir en ella más de lo dicho cuando se habló de las especies o diferencias generalmente, y es: que es dicha así porque es común imitación de gente rústica; en la cual imitación se deben considerar las personas imitadas, porque muchas de ellas no consienten imitación en el tiempo que ejercitan su oficio, y es menester ponerlos sentados, como los leñadores y aradores. Los viandantes, los pastores y los pescadores pueden ser imitados ejercitando su oficio: éstos, porque tienen oficio quieto, y aquéllos, porque pueden, hablando y razonando, hacer el suyo. A los cantos de estos tales dicen Églogas el día de hoy, y aun antiguamente, aunque el nombre de églogas significa otra cosa más particular. El número de églogas no suele pasar de diez; su estilo es humilde y toma siempre las metáforas pocas que usa del oficio de ellos. Algunos ponen diferencia de estilo entre los bucólicos o boyerizos y ovejeros y cabreros; y dan estilo mayor a los primeros, y mediano a los de en medio, y menor a los últimos; y que, por ser los boyerizos pastores más nobles, dieron nombres de bucólicos a todos los poemas pastorales. Sea enhorabuena, que no me parece cosa para nos detener en su disputa; y sea también que la imitación bucólica es por razón del sujeto más principal que todas las demás rústicas, digo, de los viandantes, pescadores, hortelanos, segadores, leñadores y los demás.

Elegía

Sigue la dicha elegía, la cual es, en general, poema narrativo, miserable, como antes dijimos; y, ahora haya tomado su origen de muertes de algunos, ahora de las querellas de los amantes, tiene varios sujetos según las lamentaciones del poeta y las causas de ellas, porque, ahora se quejan, ahora abominan los días y tiempos, ahora hacen votos, ahora cuentan sus vidas, ahora lloran, ahora en medio de sus llantos no caben de regocijo, y esto, especial, acontece a los amantes; dejo las comparaciones que hacen de sí a sus contrarios, y aun las amenazas y maldiciones, y los acogimientos y alabanzas de sus damas; y, en suma, el que quisiere poner en número determinado esta materia, podría poner el número de los pensamientos de los vacíos enamorados: la oración o lenguaje de este poema debe ser congojosa, dura y propia, cuyas sentencias no sean extraordinarias, ni mezcladas con fábulas exquisitas. Fue, entre los latinos, maravillosa invención para este poema el exámetro con el pentámetro cuya juntura de sílabas significa la miseria misma que tiene el que se lamenta.

Apólogo y alegoría.

Ahora sigue el apólogo y alegoría, de la cual se habló en la épica y se acabará ahora aquí, como en su centro. Digo que el apólogo no es otra cosa que poema común, el cual, debajo, de narración fabulosa, enseña una pura verdad; y este apólogo o alegoría está sembrado en gran parte de las principales especies de la poética, principalmente en la épica.

El Pinciano dijo entonces: Pues si está con las demás especies de poesía ¿para qué hacemos de ella especie diferente?

Hugo respondió: Con gran razón, porque aquí está la alegoría como en lugar principal y asiento propio, y en las demás está como accesoria; que las otras buscan deleite con la doctrina, y ésta, olvidado de todo lo que es deleite, solamente se abraca con lo que es útil y honesto, que es la enseñanza. Esto se ve en las fábulas de Esopo, las cuales, olvidadas del deleite que Aristóteles busca y quiere en la épica, solo atienden a enseñar; porque el gusto y sabor de la poesía, allende del metro, está en la imitación verosímil, de todo lo cual carecen muchos de los apólogos, que ni tienen metros, ni semejanza a verdad, mas tienen mucha doctrina; de manera que se puede de ellos decir que, por seguir el fin, dejan la forma en cierta manera, o, a lo menos, dejan la perfección de la forma, que es la perfecta imitación; y así Aristóteles y Plutarco quieren defender a Homero en algunas cosas de poca verosimilitud al parecer, diciendo que lo hizo Homero por la alegoría y doctrina sólida que enseña, como ya es dicho.

Fadrique dijo entonces: Esa materia de la defensa de Homero estaba muy tocada al principio de nuestra plática, a do no solo queda Homero defendido, pero amigo con Platón; y así me parece que, por ahora, no se trate más de ello.

Dicho esto, quedó un rato silencio entre los tres compañeros, y después dijo el Pinciano: Cada día voy descubriendo más primores de la poética; y hallo que las fábulas apologéticas son unas burlas muy de veras, y que las de la épica son unas veras muy veras; y me ha venido a la mente decir que la poesía no es estatua, ni dama, sino empanada repulgada que dije, hecha de carne y con yemas de huevos.

Hugo prosiguió y dijo: Digo, pues, que esta alegoría de que hablo ahora, es muy útil y provechosa a la vida humana y tanto, que la Sagrada Escritura la usa no pocas veces. Tal fue la que el profeta Natán usó con David, cuando le dijo del hombre que tenía una sola oveja, y que otro se la había tomado, y todo aquello que sabéis, por lo cual lo callo. Y en el Nuevo Testamento también hallaréis los Evangelios y el Apocalipsis llenos de alegorías divinas, las cuales la Iglesia madre aprueba, como antes se refirió. Torno al propósito, y digo que, de estas figuras alegóricas, las que decimos apologéticas y que solo atienden a la doctrina, no se obligan ni quieren obligar a la verosimilitud, y así en ellas se pone plática y lenguaje en animales y aun en plantas y piedras; mas en las épicas, que no solo atienden a la doctrina, sino, como Aristóteles quiere, al deleite, es necesaria la, verosimilitud, porque las acciones que carecen désta fueron odiosas a Horacio, y aun a todo el mundo lo deben ser.

Fadrique dijo: El señor Hugo ha dicho muy bien, por cierto, que la épica es imitación de historia, y el que en ella escribe disparates no imita a historia en manera alguna; así que, en otras cosas del poema, haya variedad de opiniones si es perfecto o no es perfecto, se puede disimular, y en la imitación, de ninguna manera. Mas esta tierra está ya muy arada; pasemos a otra no rompida.

Epigrama

Un pedazo solo queda, dijo Hugo, comenzado, mas no acabado de romper, dicho epigrama; de él han tenido nombre algunos poetas, como Marcial; el epigrama no es otro que una breve descripción y demostración de alguna cosa. Este poema no se reduce particularmente bien a alguno de los cuatro principales, ni aun de los seis menos insignes, porque él se mete en todas las materias, acciones, lugares, tiempos y personas; y, en suma, él es como una folla de todos los demás poemas, porque se hallan epigramas heroicos como aquel de Pausanias:

> De los ufanos griegos vencedores
> Trajo estas armas el vencido Eneas.

Hállanse también trágicos, como el de Marcial, a do, hablando Leandro con las olas que le anegaban, dijo:

> Dadme perdón, mientras que, al ir, doy prisa,
> Y, mientras doy la vuelta, dadme a fondo.

Haylos cómicos infinitos en Marcial, haylos satíricos, haylos en alabanzas, y, en suma, los hay de todas especies de poética. Pide este poema suma brevedad y agudeza suma, porque, no las teniendo, queda muy desabrido y enfadoso; que el concepto, si es largo, cansa, y, si boto, hiere como mazo; y con éste me parece haber acabado con la especies menores o menos principales de la poética, de las cuales tomaron nombre algunos poetas.

El Pinciano dijo entonces: ¿Pues no decís cosa alguna del estilo?

Ya está dicho, dijo Fadrique; que si el epigrama, puede entrar en todas las demás especies de poética y no es otra diferente de ellas, claro es que seguirá el estilo de la especie que sigue; y que, en lo heroico, será de estilo alto; y, en lo cómico, humilde; en lo lírico, florido; y así en los demás. Estos poemas breves se solían poner en algunos lugares sobre estatuas, declarando de ellas alguna hazaña memorable, o significándola como mejor a cada uno parecía; esto fue al principio, y, después, tomó el nombre mismo de epigrama cualquier otro poema que le pareciese en lo breve y agudo, sin que fuese sobrescrito en parte alguna.

Frag. 3.

Dicho, dijo el Pinciano: Porque lo habéis dicho de sobrescrito, he venido en memoria del sobrescrito, o título, o inscripción que se da a los poetas; que, aunque sea fuera de propósito, recibiré merced en que se me diga, y si en ello hay alguna regla cierta y orden que deba guardar el autor.

¡Ta, ta!, respondió Fadrique, sin duda el Pinciano quiere hacer algún libro; y digo que no pregunta fuera de propósito, ni aun del nuestro, porque, habiendo hablado de la poesía en general y de la manera que se ha visto, viene muy a razón y a cuento que se trate de la inscripción y títulos de los poemas; y es menester que Hugo prosiga comience a decir algo en esta materia.

Hugo respondió que de buena voluntad, y, luego, así: Los títulos de las obras, o sean poéticas como no poéticas, se suelen tomar de muchos lugares: de la persona que se celebra, como la Eneida de Eneas: de la cosa que se escribe, como Meteoros; de la acción que se hace en ella, como Metamorfosis; del lugar adonde, como la Ilíada; del tiempo, como los Fastos y los Días y Obras de Hesiodo, también se suelen tomar los títulos de la compostura y orden de los metros, como Epigramas, Líricas; y aun del modo de cantar, como Odas, Melos y de los inventores, Anacreónticas; y de la semejanza, como Filípicas de Cicerón: y aun del número como Tito Livio a su histórica, Décadas, y Bocaccio a sus fábulas, Decamerón; y podía ser olvidárseme alguna otra forma de títulos. Las comedias y tragedias muchas veces suelen tomar dos títulos: uno, de la persona que en la acción tiene las partes principales, y otro, de la materia que contiene. Este mismo estímulo siguió la Trágica de Platón, la Cómica de Luciano; y otro, de la materia que contiene, así como lo hizo Platón en su poema activo, grave y trágico, y Luciano en el suyo, cómico y ridículo.

Calló Hugo, y, mirando al Pinciano, le preguntó de qué estaba pensativo.

El Pinciano respondió: Ya no lo estoy, y, si queréis saber lo que me hizo imaginativo, fue que, no habiéndome acordado de la definición y esencia poética, pensaba entre mí qué tragedias de Platón y qué comedias de Luciano eran las que dijisteis.

Fadrique y Hugo se sonrieron un poco del olvido del Pinciano, y se alzaron de la tabla a una para ir a un negocio común a ambos a dos. El Pinciano se fue a la posada, a escribiros estas nuevas, con las cuales os envía mil saludes. Fecha, un día después de las Calendas de agosto. Vale.

Respuesta de don Gabriel a la epístola XII del Pinciano

Dicen los naturales que no solamente es menester para que los sentidos hagan su obra la aplicación del objeto a ellos, sino también animadversión y atención al objeto, que, si ésta falta, falta también la obra del sentido; esto os acontecerá muchas veces: que, yendo mirando el rostro a un hombre de vos muy conocido, no le veis, porque lleváis la atención en otra cosa. Esto mismo os aconteció con los compañeros el día pasado: que, sabiendo que hay poema satírico, mímico y pastoral y los demás que el otro día me escribisteis, digo que no los vistes esta vez, mirando atento a otra especie de poética que era la heroica, a la cual os veo inclinado por ciertas palabras que en una carta vuestra extravagante leí el día pasado. Sea enhorabuena; y proseguid en vuestra épica empezada felizmente con más buena fortuna que Lucano y con tan buena como Virgilio —hablo en el premio de ella—, no digo como Homero, porque Homero cantó de dos varones, cuyos sucesores eran en su tiempo poco ilustres, que, si lo fueran, sin duda alguna él tuviera mejor fortuna y que si fuera en tiempo de Alejandro Magno.

Y, dejado esto aparte, digo de vuestra carta que me agradó mucho y agradara más si fuera más larga en la cual acabé de entender la mucha brevedad que vuestros compañeros han tenido en sus discursos. Más y más pudiera hablar de las cuatro especies mayores y más de las seis menores, el que tuviera gana de se alargar en la lengua: ellos han seguido compendio y yo también seguiré en ésta la suma de él.

Frag. 1.

Trajo, pues, la epístola vuestra tres fragmentos. El primero de los cuales contiene la necesidad de los estudios menores para que los mayores crezcan con moderación y no arrojen el tallo tan vicioso, que pierdan del todo el fruto, como acontece en algunas partes de las Indias de Occidente, a do, por el mucho vicio de la tierra, el trigo se resuelve en larga caña y del todo pierde el fruto.

Frag. 2.

El segundo tiene las seis especies menores de la Poética, sobre las cuales discurriremos otro día más despacio, que, aunque en lo general y esencial es como lo escribís, todavía os ha quedado lugar por algunas dudillas que podrán ser de pasatiempo.

Frag. 3.

Contiene el tercero las inscripciones y títulos de los libros, que son harto varios y no nuevos; todo es harto bueno, y vos también lo estéis. Fecha, un día antes de las Nonas de agosto. Vale.

Epístola XIII y última. De los actores y representantes

Parte por mis ocupaciones, señor don Gabriel, parte por me parecer que a la plática poética había dado fin el discurso y razonamiento de las seis especies menores, dejé de visitar unos días la casa de Fadrique con propósito de lo hacer con mi comodidad, porque su conversación es tal, que merece ser codiciada de todos. Dio la una hora después de la del comer al tiempo que vino al Pinciano un recado, de parte de Fadrique, diciendo que Hugo era venido, y que tenían los dos determinado ir aquella tarde a una representación, que tuviese por bien ser tercero con ellos.

Frag. 1.

El Pinciano no respondió, mas, tomando la capa, se fue a los compañeros, a los cuales dijo el Pinciano: Por cierto, señores, que, según se emplea de mal el tiempo ordinariamente —yo, a lo menos— que no será éste el más mal empleado, porque, al fin, en el teatro nos enseñan muchas cosas de que somos ignorantes, que, como nos las dan con voz viva, hacen más impresión que si en casa se leyeran.

Así es, respondió Fadrique, que, si las acciones son las que deben, pueden y deben ser oídas de cualquier varón, mas la naturaleza perversa las va adulterando, de manera que, de honesto, hace deshonesto.

Dicho esto, preguntó: ¿A dó vamos: que en el de la Cruz se representa la Ifigenia. Y en el del Príncipe, una comedia?

Hugo dijo: Muy amigo soy yo de una tragedia.

El Pinciano: Yo, de una comedia.

Y Fadrique: Pues echen suertes a dó iremos, que yo a todo me acomodo.

No, sino sentenciadlo vos, dijo el Pinciano a Fadrique, y lo mismo Hugo.

Y Fadrique: Pues, así es, vamos al que está más cerca.

Ya en esta sazón llegaban al monasterio de la Santísima Trinidad, porque se habían bajado de la calle de las Urosas y subido la de los Relatores.

El Pinciano dijo entonces: Más cerca están vuestras mercedes de la tragedia.

Esto dicho, se fueron a la calle de la Cruz; y, entrados en el teatro y sentados, Fadrique, como de repente y al parecer fuera de propósito, dijo: Verdaderamente la Poesía es como la Medicina, que la teórica de ella y contemplación es una cosa nobilísima; mas la práctica pierde mucho de la nobleza. ¿Qué cosa más alta que escudriñar los secretos de la naturaleza? Que la arte médica contempla no solo la filosofía del hombre, mas, para el hombre, considera la médica materia que dicen, la cual comprende a todos los animales, a todas las plantas, yerbas, frutos y flores; y ahora entra con la consideración en las entrañas de la tierra, de a do saca las virtudes de los metales; ahora se alza a las aguas y considera la de los peces; y, no contenta con esto, penetra en los aires, súbese al cielo, y, para aprovechar al hombre, toma prestada de la astrológica doctrina la más noble parte, el movimiento del cielo, el orto y ocaso de las estrellas más principales; y, en suma, es la Medicina un archivo, no dije bien, crisol adonde se apura la pura y fina filosofía. Esto tiene su contemplación, ésta es la flor de la medicina teórica, mas el estiércol de la práctica, dígalo el señor Hugo que lo prueba.

Hugo se rió y dijo: Y, si fuese pulla, que no valga. Ya yo sé que aprendí un arte más trabajosa de lo que yo quisiera y menos estimada de lo que merece. ¿Pero a qué propósito ha sido toda esta arenga?

Y Fadrique: Yo lo diré después, que aun no he acabado; y digo asimismo de la Poesía que, siendo su teórica una parte tan principal, que toca a aquella que es sobrenatural, llamada Filosofía prima o Metafísica, su práctica es tan poco tenida y estimada.

El Pinciano dijo: Por cierto el señor Fadrique tiene razón, que el día de hoy los poetas prácticos son en tan poco tenidos, que apenas hay hombre que guste que se lo llamen, sino que, como malhechores, andan en conventículos secretos por no perder su autoridad.

Fadrique dijo: Ni vos, señor Pinciano, me habéis entendido. Lo que digo es que la Poética es arte noble y principal, mas la acción de ella en teatro no tiene nobleza alguna.

¡Mirad, dijo el Pinciano, de qué nos hace nuevos el señor Fadrique! Hay quien diga que los actores son gente infame y tanto, que no les debían dar el Santísimo Sacramento, como está decretado y ordenado por los sacros Cánones: así lo oí decir a un padre predicador.

Fadrique se rió mucho y dijo después: El padre predicador tenía mejor voluntad que entendimiento, y él erró con especie de acertar. Es la verdad que cierta manera de representantes son viles e infames, que, como ahora los zarabandistas, con movimientos torpes y deshonestos incitaban antiguamente a la torpeza y deshonestidad, a los cuales los latinos dieron nombre de histriones, y de los cuales se dice estar prohibidos de recibir el Santísimo Sacramento de la Eucaristía; mas los representantes que los latinos dijeron actores, como los trágicos y cómicos, ¿por qué han de ser tenidos por infames? ¿qué razón puede haber para un disparate como eso? Pregunto: si la medicina es arte aprobada y si la justicia es necesaria, ¿por qué el boticario y alguacil, que son ejecutores de la medicina y justicia, serán infames? Ni aun el verdugo es infame por lo que es ejecutar el mandato real. Pues, si la poesía es la que habemos dicho, obra honesta y útil en el mundo, ¿por qué el que la pone en ejecución será vil e infame? ¡Vos no veis que es un disparate? No digo yo que el oficio del actor es tan aprobado como otros —que, al fin, tiene algo de lo servil y adulatorio—, pero digo que ni es infame ni vil, mas, en cierta manera, necesario; y, si no, mirad a la Santa Madre Iglesia que dice en una Antífona a Nuestra Señora: «Delante de esta Virgen, gozos espesos con cantares y representaciones...». El Pinciano dijo entonces: Los cantares y representaciones que la Iglesia pide son muy buenos y útiles.

Y luego Fadrique: ¿Pues digo yo que en los teatros los traigan malos y dañosos? traigan los actores lo que está dicho que deben hacer los poetas, y serán muy útiles a la República.

Vos, señor Fadrique, dijo Hugo, habéis dicho una cosa que si todos la, aprobasen, habría más representantes de los que hay y más ociosos de lo que sería razón.

Fadrique respondió: También podría haber moderación en eso; y lo que voy a decir no se entienda que es reprehensión a la república, sino consejo para los actores principales de las compañías, los cuales andan perdidos y rematados por no se entender y traer en sus compañías un ejército de gastadores sin necesidad; que con siete y ocho personas se puede representar la mejor tragedia o comedia del mundo, y ellos traen, en cada compañía, catorce o dieciséis, los cuales les comen cuanto ellos sudan y trabajan, de manera que los actores principales ganarían más.

Hugo dijo: Y habría menos hombres ocupados en ese ministerio que podrían ocuparse y ser de provecho en otro, que aunque este oficio del representar no sea malo, si bastan cuatro hombres ¿para qué se han de ocupar ocho?

El Pinciano dijo entonces: Y aun a los que vienen a las comedias sería de provecho, porque les bajarían el estipendio.

Eso es lo de menos, dijo Fadrique, y lo más importante lo que dijo el señor Hugo.

Y el Pinciano luego: Bien estoy con la mengua del número de los representantes, mas ¿cómo se formarán dos ejércitos de ellos en los teatros con siete o ocho personas?

Fadrique se rió y dijo: Para una cosa como ésa, sacar una docena o dos de los que están más cerca mirando.

Y Hugo dijo al Pinciano: ¿No os acordáis que habemos acusado por impropias las acciones a do se representan batallas delante del pueblo, y que dijimos que las tales eran sujetos heroicos y no trágicos?

Ya me acuerdo, respondió el Pinciano, mas ¡si los poetas los hacen así!

Fadrique respondió: No las reciban los actores; con lo cual a sí serán provechosos y maestros a los necios poetas.

Dicho, callaron por un rato los compañeros, y después dijo Fadrique: Muy despacio vienen hoy los oyentes para ser nueva la acción que hoy se ha de representar y nunca en la Corte representada.

El Pinciano dio la causa diciendo: y no sin razón, porque Buratín ha convidado hoy a su voltear, posible porque se mira con la vista, y no verosímil, por la dificultad de las cosas que hace.

Fadrique dijo: Poco debe de haber que ese hombre vino, pues no ha llegado a mis orejas, pero pregunto: ¿qué es lo que hace?

El Pinciano respondió: No se puede decir todo, mas diré una parte. Encima de una soga tirante anda de pies. ¿Qué digo? Anda unas veces sobre chapines, otras, sobre unos zancos más altos que una tercia. ¡Poco digo! Danza sobre la soga y, haciendo las que dicen cabriolas en el aire, torna a caer de pies sobre ella como si fuera una sala muy llana y espaciosa.

Con todo, cuanto dice el Pinciano, dijo Hugo, no es causa bastante la dicha para que un, buen espíritu se vaya a ver esas obras y deje las sabrosas y provechosas del teatro, que, al fin, la representación entretiene más largo tiempo y siempre el hombre saca algún aviso para sus negocios.

Gustos son, dijo el Pinciano, pues, si a mí me dieran a escoger, bien sé lo que eligiera.

Vos eligiérades muy mal, respondió Hugo.

Y Fadrique se entrepuso diciendo: Yo quiero ser juez de esta causa ahora, y, especialmente, que sé esta cuestión estar derramada ya entre algunos que han visto lo uno y lo otro; todas las cosas del mundo fueron sujetas al hombre con razón, por el uso de razón en que a las cosas terrenales todo el hombre se aventaja, de do se ve claramente que la obra guiada por la del entendimiento es de más perfección que no la que lo es por los miembros.

El Pinciano dijo: Aquí no hay acción hecha por el hombre que no sea hecha por el uno y otro eficiente, porque el hombre es una junta de ánima y cuerpo, y las acciones, dice el Filósofo, son de los supuestos o compuestos de materia y forma.

Ya lo veo, respondió Fadrique, que no la ánima anda, ni come, ni bebe, ni discurre, consulta y elige, sino el hombre, que es decir, ánima y cuerpo unidos, andan, comen, beben, discurren, consultan y eligen; mas, porque unas de estas acciones tienen mucho de lo espiritual, y otras, de lo corporal, decimos a unas obras de facultad espiritual, y a otras, de corporal; y en esto no haya dificultad, ni tampoco la haya, por la razón ya dicha, que las operaciones del ánima no sean más altas y principales que las del cuerpo; lo cual supuesto, digo que las acciones dramáticas y de representantes tienen mucho más de lo sutil y espiritual que no las de los volteadotes; y, en cuanto a este particular, son las obras de aquéllos de más lustre y primor que no las déstos;[60] pero puede la obra corporal por la excelencia alzarse tanto, que iguale y sobrepuje a algunas espirituales, por ser bajas y comunes y no tener cosa de lo peregrino y nuevo.

Ya me habéis entendido; pasemos adelante.

Dicho esto, a Fadrique pareció que el Pinciano no lo había acabado de entender, por él haberse quedado como pensativo, y prosiguió diciendo: Digo que las obras de los actores y representantes, en general, son más nobles cuanto al eficiente, porque tienen más de lo intelectual; pero lo de estos volteadotes, en particular, lo son más por la excelencia de lo que con el cuerpo hacen, como, en la verdad, sería más digna y más ilustre la hazaña de un particular soldado, si fuese excelente, que no la consultación de un capitán ordinario; así que la raridad y extremación, por así decir, de la acción, aunque grosera y corporal, la alza sobre la espiritual en breves razones. Lo que de esta plática siento es que los volteadotes sobrepujan y vencen a los ordinarios y comunes representantes por la excelencia de su acción, mas que la obra de suyo útil y más honesta es la de la representación por las causas alegadas.

Sí, dice el Pinciano, si todo fuese vero lo que el pandero dice y los farsantes siempre obrasen con el entendimiento, mas yo los veo obrar con el cuerpo y sin buen juicio muchas veces y contrarios al juicio bueno.

Eso será, respondió Hugo, cuando representan algún loco, en la cual sazón obran con el entendimiento, y en la cual obra quizá es menester mayor primor que en las demás.

---

60   Texto de 1596: Son las obras de aquéllos de más lustre y primor que la de éstos.

No digo eso, dijo el Pinciano, sino cuando hacen oficio de histriones, y con movimientos y palabras lascivas y deshonestas quieren deleitar a los teatros.

Hugo respondió: Quien eso hiciere, echarle de la tierra y enviarle al mar, o, a lo menos, privarle de su patria.

Bien me parece, respondió el Pinciano, y después añadió: Si tuviera autoridad en la administración de la República, yo proveyera de un comisario que viera todas las representaciones antes que salieran en plaza pública, el cual examinara las buenas costumbres de ellas.

Dicho, se quedaron todos callando por espacio, después del cual Fadrique dijo: Para otras cosas más importantes, aunque ésa lo es, fuera conveniente el comisario que pedís, porque yo oigo muchas veces representaciones que ofenden a la buena política, y, en lugar de enseñar, estragan al oyente y le emponzoñan.

El Pinciano dijo: ¡O, cómo el señor Fadrique fuera un sujeto muy apropiado para oficio semejante! Porque, allende que ha escrito en materia de política, sabe muy bien la de economía, y así supiera muy bien juzgar las especies de poética dramáticas mejor que los demás.

Hugo se sonrió diciendo: Mejor estuviera a la persona que decís ponerla en cosas más graves que no en las que ahora decimos.

República y amigos

Fadrique se entrepuso a las razones de los dos con éstas: Yo sé que nacimos los hombres, no solo para nosotros, sino para la República y para los amigos; a causa de lo cual me hallarán en todo lo que me hubieren menester, que yo sé no me mandaran cosa que a mí honor menoscabe.

Frag. 2.

Así Hugo decía cuando comenzaron a templar los instrumentos dentro y cuando al teatro, por entre unas cortinas, sacó la cabeza y parte de los hombros uno de los actores, con hábito de pastor, el zamarro con listas doradas, y una caperuza muy galana, y un cuello muy grande con la lechuguilla muy tiesa, que debía tener una libra de almidón.

Visto por el Pinciano, dijo: ¿Qué tiene que ver un pastor con tragedia? Fadrique dijo: La consecuencia de la fábula puede traer muy a cuento pastores, y aun pescadores; pastores en la acción harto grave, que fue épica, llevaron a Sinón ante el rey Príamo.

Otra cosa, dijo Hugo, había más que considerar en el hombre, digo en su hábito: el pellico tan galano y caperuza que no usan los pastores y parece falta de buena imitación, y, más que todo, la contradice aquel cuello tan ancho como un harnero, y cada habanillo tan grande como la mano del mortero que los hizo o majadero que los trae.

Inconvenientes son éstos, dijo Fadrique, y el postrero mayor, cuanto es menos verosímil y fuera de razón que un pastor traiga aquello, pero todos estos son accidentales, y mientras no llegan a los más principales y de mayor momento, se puede disimular y sufrir mejor.

¡Pues cómo!, dijo el Pinciano, ¿accidental es el ornato al actor y a la acción?

Ornato necesario

No digo tal, dijo Fadrique, sino que el ornato es esencial, mas estas faltas en el ornato no lo son, porque fuera posible que un pastor se pusiera galano un día de fiesta o en alguna boda; el ornato, digo otra vez, así del teatro como de las personas, es esencial, casi tanto como el movimiento y ademán que los latinos dicen bulto y gesto.

El Pinciano dijo: ¿Qué cosa es esto de bulto, gesto y ademán?

Y luego Fadrique riendo: Yo os lo diré; en siendo muerto el enfermo, no tiene que hacer más el médico.

Hugo dijo: Buena está la baya.

Ademán necesario

No, dijo Fadrique, sino de veras, porque luego lo entrega a los clérigos para que hagan su oficio; así, ni más ni menos, en haciendo el poeta el poema activo, luego lo entrega a los actores para que hagan su oficio; de manera que, como muerto el enfermo, espira el oficio del médico y empieza el del clérigo, hecho el poema activo, espira el oficio del poeta y comienza el del actor, el cual está dividido en las dos partes dichas, en el ornato o en el gesto y ademán; y, si no lo entendéis ahora, escuchad: ornato se dice la compostura del teatro y de la persona, y ademán, aquel movimiento que hace el actor con el cuerpo, pies, brazos, ojos y boca cuando habla, y aun cuando calla algunas veces.

Pues eso, dijo el Pinciano, cosa es digna de ser sabida, porque, aunque ella no es poesía, es cosa anexa a ella, y al médico no le estará mal saber de botica.

Fadrique dijo: Vos queréis decir que por la razón que en los días pasados os habemos dado algunos avisos de la Poética, estamos obligados a proseguir los de la acción y representación; que sea enhorabuena; diga el señor Hugo lo que sabe, que yo diré lo que supiere.

Hugo dijo: Lo que sé, presto es dicho. En lo que es ornato tocante a la acción se debe considerar la persona, el tiempo y el lugar —que del género y sexo no hay que advertir—. En la persona, después de considerado el estado, se debe considerar la edad, porque claro está que otro ornato y atavío o vestido conviene al príncipe que al siervo, y otro, al mozo que al anciano; para lo cual es muy importante la segunda consideración del tiempo, porque un ornato y atavío pide ahora la España y diferente el de ahora mil años; por esta causa conviene mucho escudriñar las historias que dan luz de los tiempos en los trajes; asimismo se debe tener noticia de las regiones, que en cada una suele haber uso diferente de vestir, de manera que el actor debe hacer este escrutinio y diligencia dicha, porque el poeta, las más veces, no hace cuenta de esto, como quien escribe el poema para que sea leído más que para que sea representado, y deja las partes que atienden a la acción al actor, cuyo oficio es representar; de a do se infiere que el buen actor, especial el que es cabeza, debe saber mucha fábula e historia mucha para que, según la distinción, dé el tiempo, dé el ornato a las personas de su acción. Ornato también es necesario, conveniente para el teatro mismo y máquina necesaria, la cual debe ser según la calidad del poema: si pastoral, haya selvas; si ciudadano, casas; y así, según las demás diferencias, tenga el ornato diverso; y en las máquinas debe tener mucho primor, porque hay unas que convienen para un milagro, y otras, para otro diferente; y tienen sus diferencias según las personas, porque el ángel ha de parecer que vuela, y el santo, que anda por el aire, los pies juntos, el uno y el otro que descienden de alto, y el demonio, que sube de abajo.

Aquí dijo el Pinciano: ¿Y si fuere de los que se quedaron en el aire? ¿No será razón que se pinten como que suben, sino como que bajan?

Hugo se rió y Fadrique dijo sonriendo: Bien está; y bien sé lo que me digo, que, diciendo demonio, se entiende por el más principal, el cual está más hondo; y prosiguió diciendo: En suma, vea el actor y estudie las especies que hay de máquinas y artificios para que milagrosamente se aparezca súbito alguna persona: o terrestre, por arte mágica, o divina, sin ella. Y esto sea dicho brevemente en lo que al ornato toca. Es también la música parte del ornato, en la cual se debe considerar que, especialmente en las tragedias, nunca se aparte de ella misma, sino que vaya cantando cosas al mismo propósito, para que la acción vaya más substanciada.

El Pinciano dijo: ¿Pues eso no lo hace el poeta? Digo lo que se ha de cantar.

Fadrique dijo: Ahora lo más ordinario es que la música es interposición del actor y no hechura del poeta; no solía ser así; pero con todos hablo, con actores y poetas; que no pongan cantilenas extraordinarias de la fábula, que el ponella fue reprehendido de Aristóteles, en sus Poéticos, con muy justa razón, porque quitan la verosimilitud y a veces la doctrina, como lo hizo Agatón, que comenzó a poner estas canciones o cantos extraordinarios en sus fábulas. Guarde verosimilitud el actor cuanto pudiere en su acción; que poco aprovecha al poeta trabajar[61] si el actor le estraga lo bueno que hace, y podrá el poeta decir lo que Plauto: «Si Pelio hace mi comedia Epídico, que es la que yo más estimo, me parecerá mala». Como quien dice: «Pelio estraga a las representaciones todas». Esto he dicho del ornato.

Frag. 3.

Digo ya de los ademanes y movimientos, los cuales son al actor más intrínsecos y esenciales cuanto más muestra las entrañas del poema. Dicho, prosiguió: En manos del actor está la vida del poema, de tal manera que muchas acciones malas, por el buen actor, son buenas, y muchas buenas, malas por actor malo. Esto significó el poeta epigramático cuando dijo:

El libro que ahora lees, Fidentino,

---

61   Texto de 1596: Poco aprouecha el poeta trabajar.

Tú lo lees y entiendes de manera
Que deja de ser mío y se hace tuyo.

Y, si queréis examinar bien un poema dramático, escudriñadle fuera de la representación, porque el actor bueno, de mala obra, hará buena, y al contrario, el malo, de buena, mala; conviene, pues, que el actor mire la persona que va a imitar y de tal manera se transforme en ella, que a todos parezca no imitación, sino propiedad, porque, si va imitando a una persona trágica y grave, y él se ríe, muy mal hará lo que pretende el poeta, que es el mover, y, en lugar de mover a lloro y lágrimas, moverá su contrario,[62] la risa.

Pues, dijo el Pinciano, no es malo el trueco si, en vez de llanto, nos da placer.

Y Hugo: Esa es la risa sardónica o la que decimos del conejo que le están asando y muestra los dientes como si se riese. Rabian los oyentes con aquel hecho del actor, y el reír no es entonces señal de deleite que reciben de la acción, sino de la mofa y burla que del actor hacen: mueva a sí primero, conviene, como habemos dicho, el que hubiere de mover a otro.

Aquí dijo el Pinciano: Paso, que tengo una duda. Oí decir que, para el mover de la risa con palabra picante y mordaz era mucho más apto el que la decía, quedando disimulado sin moverse punto; y, según esto, parece que será bien que el trágico mueva a llanto sin llorar él.

El argumento, dijo Fadrique, es fuerte, y no sabría yo qué responder a él sino que aquello se entiende solamente con los cómicos; y, aunque hay para esto otra respuesta, es muy metafísica y no será bien entendida, porque yo no me sabré declarar. Muy bien está encarecido lo que debe hacer el actor por el señor Hugo, el cual prosiguió: Bien podría traer yo ahora, y a propósito diferente, la historia del mimo del otro día que tripudió y danzó ante César en el teatro romano; el cual, después de haber hecho su tripudio muy bien, fue mandado que dejase el tablado para otras fiestas que estaban aprestadas; él no lo escuchó, antes comenzó con más furia a tripudiar y a contrahacer; ya está dicho: un loco; como si lo fuera, holgaban de le hacer anchura, y, puesto en su grada, daba muchos mojicones a los que estaban a su lado, de manera que el furioso en la imitación pareció a todos verdadero.

---

62   Texto de 1596: Mueua así primero.

Fadrique dijo riendo: Quizá lo estaba de veras; que un mimo no está dos dedos de loco, y más, encendida la sangre con el movimiento que había usado; y vos alabáis por virtud lo que fue vicio.

Los oradores discípulos de los representantes

Hugo dijo: Como quiera que sea, o loco o cuerdo, él imitó galanamente, tripudió y dio harto que reír al pueblo todo, salvo a los que alcanzó con los tripudios. Y éste baste por ejemplo general de lo mucho que importa que el actor haga su oficio con mucho primor y muy de veras; que, pues nos llevan nuestros dineros de veras y nos hacen esperar aquí dos horas, razón es que hagan sus acciones con muchas veras; los cuales solían hacer de tal manera los actores griegos y latinos, que los oradores antiguos aprendían de ellos, para, en el tiempo de sus oraciones públicas, mover los afectos y ademanes con el movimiento del cuerpo, piernas, brazos, ojos, boca y cabeza, porque, según el afecto que se pretende, es diferente el movimiento que enseña la misma naturaleza y costumbre; y, en suma, así como el poeta con su concepto declara la cosa, y con la palabra, el concepto, el actor, con el movimiento de su persona, debe declarar y manifestar y dar fuerza a la palabra del poeta.

El Pinciano dijo: A mí parece muy bien lo que decís, y deseara yo harto ver algunas reglas de ello.

Ademán de pies
Ademán de manos

Fadrique respondió: No es menester más regla que seguir la naturaleza de los hombres a quien se imita, los cuales vemos mueven diferentemente los pies, las manos, la boca, los ojos y la cabeza, según la pasión de que están ocupados; que el tímido retira los pies, y el osado acomete, y el que tropieza pasa adelante con su voluntad; y así, discurriendo por las personas y edades y regiones, hallaréis gran distancia en el movimiento de los pies, el cual se debe imitar en el teatro, porque las personas graves y trágicas se mueven muy lentamente; las comunes y cómicas, con más ligereza; los viejos, más pesadamente; los mozos, menos, y los niños no saben estar quedos. Y en las provincias también hay gran diferencia, porque los septentrionales son tardos; los franceses, demasiado ligeros, y los españoles e italianos moderados. Y esto digo como ejemplos del movimiento de los pies; y en el de las manos es de advertir la misma presteza y tardanza en las edades y regiones, y, más allende, la variedad de los afectos: acerca de lo cual se considera que, o se mueve una mano sola, o ambas, que la sola debe ser la derecha, que la siniestra no hará buena imitación, porque los hombres son diestros, o casi todos, y así conviene que el representante siniestro sea diestro en el teatro.

Ademán de dedos

Digo, pues, en, general que mire el actor la persona que va imitar; si es grave, puede jugar de mano, según y cómo es lo que trata; porque, si está desapasionado, puede mover la mano con blandura, ahora alzándola, ahora declinándola, ahora moviéndola al uno y al otro lado; y, si está indignado, la moverá más desordenadamente, apartando el dedo vecino al pulgar, llamado índice, de los demás, como quien amenaza; y, si enseña o narra, podrá ajuntar al dedo dicho el medio y pulgar, los cuales, a tiempos, apartará y ajuntará; y el índice solo extendido y los demás hecho puño, hallado hacia el hombro derecho, es señal de afirmación y seguro de alguna cosa. El movimiento de la mano se hace honestamente y según la, naturaleza, comenzando de la siniestra y declinando hacia abajo, y, después, alzándola hacia el lado diestro, y, cuando reprehendemos a nosotros mismos de alguna cosa que habemos hecho, la mano hueca aplicamos al pecho; pero advierto que el actor delante del mayor no le está bien jugar de mano razonando, porque es mala crianza; estando apasionado puede, porque la pasión ciega razón; y en esto se mire y considere la naturaleza común, como en todo lo demás; las manos ambas se ayuntan algunas veces para ciertos afectos, porque, cuando abominamos de alguna cosa, ponemos en la palma de la mano siniestra la parte contraria, que dicen empeine, de la diestra, y las apartamos con desdén; suplicamos y adoramos con las manos juntas y alzadas; con los brazos cruzados se significará humildad; el labio muerde el que está muy apasionado de cólera, y el que está alegre, deja apartar el uno del otro labio un poco; y en el ojo se ve un maravilloso movimiento, porque, siendo un miembro tan pequeño, da solo él señales de ira, odio, venganza, amor, miedo, tristeza, alegría, aspereza y blandura; y, así como, el ojo sigue al afecto, los párpados y cejas siguen al ojo; sirve el sobrecejo caído al ojo triste y el levantado, al alegre; el párpado abierto inmovible, a la alienación y éxtasi y a la saña. En la cabeza toda junta hay también sus movimientos, como el movella al uno y otro lado para negar, y el declinalla, para afirmar, y la perseverancia en estar declinada para la significación de vergüenza. Digo otra vez que estos dichos sean unos ejemplos pocos de lo mucho que hay que considerar en esta parte, que son casi infinitos. Y para abreviar esta materia con una red barredera: el actor esté desuelado en mirar los movimientos que con las partes del cuerpo hacen los hombres en sus conversaciones, dares y tomares y pasiones del alma; así seguirá a la naturaleza, a la cual sigue toda arte, y ésta, más que ninguna, digo la poética, de la cual los actores son los ejecutores.

Frag. 4.

Esto dicho, calló Fadrique y Hugo dijo: Harto había que decir en la obligación del actor para ser el que debe, y harto también que murmurar de algunos que son negligentes, mas el señor Fadrique dijo su doctrina en género por no cansarse a sí mismo.

El Pinciano dijo: Si no dijérades así, yo respondiera que la plática que da descanso al cansado, no cansa, y que lo que cansa es el esperar tanto a que salgan estos actores.

Hugo dijo: No hay que tratar sino que el mejor entretenimiento de todos es la conversación del señor Fadrique. Mas, dejada aparte, no es malo el entretenimiento que aquí se goza con muchas y varias cosas: con ver tanta gente unida; con ver echar un lienzo de alto a abajo, al patio digo, con un nudo pequeño y el ver al frutero o confitero que, deshaciendo el nudo pequeño de metal, hace otro mayor de la fruta que le piden, y, arrojándolo por alto, da tal vez en la boca a alguno que, fuera de su voluntad, muerde la fruta sobre el lienzo; pues, las rencillas sobre este banco es mío, y este asiento fue puesto por mi criado, y las pruebas y testimonios de ello; y el ver, cuando uno atraviesa el teatro para ir a su asiento, como le dan el grado de licencia do con más de mil aes. ¿Pues qué, cuando a la parte de las damas andan los mojicones sobre los asientos, y alguna vez sobre los celos? ¿Pues qué, cuando llueven sin nublado sobre los que están debajo de ellas?

Fadrique dijo: Todas esas cosas que decís son por cierto de mucho entretenimiento, mas el mayor del mundo es el emplear el hombre el tiempo en lo que es de su gusto, y hay personas que no gustan de las cosas que decís; y prosiguió diciendo: En tiempo de los romanos, en otras partes, y mejor en Roma, había un teatro tan espacioso, que en él cabía el pueblo todo, y tenía cada uno, según su calidad, el asiento diputado y señalado, y tan artificioso, que entraba y salía a su lugar, a todas horas, el que quería; y, si el teatro presente fuera de esta forma, muchos dejaran el entretenimiento que decís y estuvieran gozando de otros fuera del teatro, de manera que vinieran más tarde, al tiempo conveniente.

Así decía Fadrique cuando entró el coro de la música y cantó un romance muy al propósito de lo que había de tratar, que era la tragedia de Eurípides con episodios nuevos, mostró la música, con algunos ejemplos, el poder y la poca constancia de la Fortuna. Y, con esto, dejó el tablado y entró en él la persona de la Fortuna, una dama que, en vez de pies, tenía dos ruedas y las alas en las manos, la cual hizo el prólogo.

Entróse y dijo el Pinciano: Bueno ha estado el argumento de la obra, y bien pintó a la Fortuna el que la hizo.

Hugo dijo: ¿Qué argumento? Este no ha sido sino el prólogo trágico, que dice solamente lo pasado que es necesario para entender lo venidero; que el argumento lo pasado dice y lo porvenir, y contiene, en suma, toda la acción.

Verdad, dijo Fadrique, que los poetas nunca suelen hacer los argumentos de los poemas; otros que después se quieren hacer sus intérpretes lo hacen con más curiosidad, que el poeta debe proceder con tanta claridad en su obra, que no sea menester que él se interprete; y aun, si fuese posible, sería bien que se excusase el prólogo, el cuál solo dice lo antes pasado.

Eso, dijo el Pinciano, no me parece muy dificultoso, que muchas acciones veo yo sin los que dicen narrativos.

Fadrique dijo: Prólogos tienen los más de los poemas, sino que son disfrazados, especialmente en las acciones trágicas, a do, en la misma acción, van prologando las personas de ella; que así lo hacían siempre los antiguos poetas, como antes de ahora está dicho cuando se trató del prólogo.

Y aun las acciones épicas le tienen también disfrazado, dijo Hugo.

Y Fadrique: El prólogo épico es lo mismo que es la proposición, como ya está dicho y autorizado con el Filósofo; el cual, no como otros, dice lo pasado, sino, en cierta manera, lo porvenir, prometiendo el poeta lo que ha de cantar en adelante. Todo esto es ya tocado; no nos embaracemos en cosas excusadas. Otras consideraciones hay en esta entrada de más sustancia; y es la una, de la figura que la hizo, la cual hace a la acción con poco verosímil, nacido del poco uso, o, por mejor decir, abuso de introducir espectáculos semejantes; y, a lo que más me arrimo, es a la razón, porque inducir personas inanimadas en la acción, especialmente del poema activo, es cosa poco razonable. Tal es la Fortuna, al presente autora del prólogo.

Dijo Hugo entonces: Verdad sea que la cosa es digna de consideración, porque, en las acciones comunes épicas que no tienen tanta necesidad de la verosimilitud se puede permitir, y aun son buenas tales personas fingidas; mas, en las activas adonde la cosa parece delante de los ojos, no es permitido. Con todo eso, lo han usado algunos poetas cómicos; que Plauto, en el Trinumio, trae a la Lujuria que habla a su hija la Pobreza, y, en la Aulularia, al genio Lar o Ángel de guarda, y, en la Cistellaria, al Socorro, y, en el Rudente, al Arturo, y Aristófanes, en el Pluto, a la Riqueza y Pobreza.

Fadrique: Está bien, pero esas personas están fuera de la acción, porque están en el prólogo cómico, y así se pueden disimular las de Plauto; especialmente en Aristófanes, que salen las personas fingidas, Riqueza y Pobreza, en medio de la acción, no hallo dificultad, porque entre los antiguos era la riqueza tenida por Dios.

Pinciano: Holgara mucho, como me habéis dado ejemplo de esto en comedias, me le diérades en tragedias, como es la que al presente se representa.

Fadrique: No me acuerdo; y soy de parecer que, como en lo demás esté la fábula bien formada, por eso no deja de ser aprobada y alabada, que, como dice Horacio, cuando lo mucho es bueno, no me enojan algunas pocas manchas; mas, antes, no se deben algunas decir manchas por salir del camino ordinario, pues algunas veces se sale con hermosura del arte, y no todos los preceptos de estados y políticas están en las historias, ni tampoco todos los de la Poética se ven experimentados en las acciones; así que no es suficiente causa para culpar alguna acción el decir: «no lo usó Homero, no Virgilio, no Eurípides, no Sófocles».

Esto diciendo, entró en el teatro Clitemnestra con su hija Ifigenia como que había desembarcado en Aulide, y con grande aparato entraron madre e hija, a caballo en sus acaneas hacia donde Agamenón estaba, que era en el tablado.

Hugo dijo, luego que lo vio: ¿Para qué seiscientos mulos en Clitemnestra?

Y Fadrique: ¿Mas para qué Clitemnestra en seiscientos mulos? El uno y otro lo rieron mucho; el Pinciano solo no rió; porque no lo entendió, quiso preguntar, y, por no disturbar la acción, cesó y lo dejó con propósito de lo hacer después. La obra se acabó, y no pareció mal el fin que tuvo, aunque no fue trágico; y quedó el Pinciano no sin gran duda del fin de la tragedia; si fuese o no necesario que fuese trágico y triste, o alegre y placentero, como lo fue el de esta tragedia. La representación se acabó tarde, por ser larga, y, deseoso cada uno de los compañeros tres acudir a sus obligaciones, luego que fue rematada, se apartaron.

El Pinciano desea volver a se ver con alguno de ellos para saber, en particular, esto de los mulos y Clitemnestra, más él los buscará y saldrá, Dios mediante, de la duda lo más qué pueda breve; y de todo os dará aviso como siempre lo hace y debe. Fecha, cuatro días antes de las Calendas de septiembre. Vale.

Respuesta de don Gabriel a la epístola XIII y última del Pinciano

Ya yo estaba, amigo Pinciano, fuera de pensar recibir letra vuestra en lo que toca a la materia especulativa de la Poética por haber venido a las últimas especies de ella; y así no esperaba más que algo de la práctica (ya me entendéis: algunos capítulos de vuestra épica, a quien decís que habéis de dar nombre El Pelayo), cuando recibí otra vuestra que también tiene de lo teórico y contemplación poética, por cuanto es anexa a ella la acción de los actores, de los cuales hablaron los compañeros, y, especialmente, Fadrique no rudamente.

Frag. 1.

Contiene el primero de cuatro fragmentos que tiene, que, aunque la acción poética sea mucho más digna que la dramática y representativa, con todo, no deben ser tenidos por viles los actores, los, cuales son instrumentos del género del poema dicho activo, y, por tanto, son necesarios en el mundo, siendo los que deben, y en el número que conviene, y en el tiempo que es razón.

Frag. 2.

Está bien así, como lo contenido en el segundo fragmento: que el actor debe ser curioso en la imitación del ornato en el tiempo, lugar y personas, según el tiempo, lugar y personas que el poeta finge; y que de las máquinas y anexos a ellas la conveniencia y proporción sea muy observada.

Frag. 3.

Frag. 4.

En el tercero, el gesto y movimiento que el actor debe guardar en su acción y los ademanes propios. En el cuarto se tocan las personas sin cuerpo y alma, que algunos dicen casi personas; todo lo cual me parece a propósito: y no tengo que decir más de que —pues vos me habéis escrito muchas cosas nuevas y buenas— os quiero ahora escribir qué sean estos seiscientos mulos en Clitemnestra que os tienen suspenso. Para lo cual debéis advertir la epístola primera del libro 3 de Cicerón, adonde él mismo escribe a Mario las fiestas que Roma hizo en el segundo consulado de Pompeyo, que Tulio apoca y desprecia, a fin que Mario no esté envidioso de los que a ellas se hallaron.

Dice, pues, Marco Tulio a Marco Mario Vesta manera:[63] «Los juegos no tuvieron la mitad de lo que suelen y deben tener, los aparatos demasiados quitaban todo gusto, los cuales yo sé dejaras tú de buena voluntad, porque ¿qué gusto pueden dar seiscientos mulos en Clitemnestra, o dentro el caballo de Troya tres mil vasos? ¿Qué muchos hombres armados, a pie y a caballo, en una pelea? Confieso que al vulgo daba admiración, pero a ti yo sé que no diera gusto alguno».

Estas son las palabras de Cicerón, y de ellas podéis entender lo que Fadrique y Hugo quisieron decir: que para qué fin tanto aparato en tragedia.

Mas de esto ya se trató abundantemente en la épica, y como tales aparatos solo son buenos para el oído, no para el ojo, y, por el consiguiente, son malos para las tragedias, si no es que se digan en teatro como ya

---

63   Texto de 1596: Dize, pues, Marco Tulio a Marco Mario desta maneia.

acontecidos. En la épica se pueden poner justamente, porque, aunque sean demasiados, como dice Horacio, no mueven tanto cuanto los que son sujetos a la vista —de todo esto que digo vos me habéis ensenado mucho—; quiero decir que, cuando se muestra alguna cosa que de maravillosa tenga falta de verosimilitud, esta falta es menos entrada por el oído que por el ojo. Horacio lo enseñó así a todos, y Fadrique a vos, y vos a mí, por vuestras epístolas. No sé cómo se os fue de la memoria; mejor conviene la tengáis de los preceptos de Fadrique y Hugo si habéis de acabar la épica que decís tenéis comenzada; de quien, si licito me es, os pido un cuaderno para ver cómo hacéis la imitación y cómo formáis el metro, en las cuales dos cosas está puesta la esencia poética a mi parecer, y aun al de vuestro Fadrique. Fecha, después de las Calendas de septiembre un día. Vale.

LAOS DEO

Libros a la carta

A la carta es un servicio especializado para

empresas,

librerías,

bibliotecas,

editoriales

y centros de enseñanza;

y permite confeccionar libros que, por su formato y concepción, sirven a los propósitos más específicos de estas instituciones.

Las empresas nos encargan ediciones personalizadas para marketing editorial o para regalos institucionales. Y los interesados solicitan, a título personal, ediciones antiguas, o no disponibles en el mercado; y las acompañan con notas y comentarios críticos.

Las ediciones tienen como apoyo un libro de estilo con todo tipo de referencias sobre los criterios de tratamiento tipográfico aplicados a nuestros libros que puede ser consultado en Linkgua-ediciones.com .

Linkgua edita por encargo diferentes versiones de una misma obra con distintos tratamientos ortotipográficos (actualizaciones de carácter divulgativo de un clásico, o versiones estrictamente fieles a la edición original de referencia).

Este servicio de ediciones a la carta le permitirá, si usted se dedica a la enseñanza, tener una forma de hacer pública su interpretación de un texto y, sobre una versión digitalizada «base», usted podrá introducir interpretaciones del texto fuente. Es un tópico que los profesores denuncien en clase los desmanes de una edición, o vayan comentando errores de interpretación de un texto y esta es una solución útil a esa necesidad del mundo académico.

Asimismo publicamos de manera sistemática, en un mismo catálogo, tesis doctorales y actas de congresos académicos, que son distribuidas a través de nuestra Web.

El servicio de «libros a la carta» funciona de dos formas.

1. Tenemos un fondo de libros digitalizados que usted puede personalizar en tiradas de al menos cinco ejemplares. Estas personalizaciones pueden ser de todo tipo: añadir notas de clase para uso de un grupo de estudiantes,

introducir logos corporativos para uso con fines de marketing empresarial, etc. etc.

2. Buscamos libros descatalogados de otras editoriales y los reeditamos en tiradas cortas a petición de un cliente.